EVROPA

MARION KOCH

Salomes Schleier

Eine andere Kulturgeschichte des Tanzes

Europäische Verlagsanstalt

Diese Arbeit wurde von der Friedrich-Naumann-Stiftung gefördert

Die Deutsche Bibliothek – CIP-Einheitsaufnahme

Koch, Marion:
Salomes Schleier : eine andere Kulturgeschichte des Tanzes /
Marion Koch. – Hamburg : Europäische Verlagsanstalt, 1995
Zugl.: Bielefeld, Univ., Diss., 1993
ISBN 3-434-50076-6

© 1995 by Europäische Verlagsanstalt, Hamburg
Umschlaggestaltung: MetaDesign, Berlin
unter Verwendung eines Details aus Lovis Corinth
»Salome« (1900)
Signet: Dorothee Wallner nach Caspar Neher »Europa« (1945)
Herstellung: DIE HERSTELLUNG, Stuttgart
Satz: Utesch Satztechnik GmbH, Hamburg
Druck und Bindung: Graphischer Großbetrieb Friedrich Pustet,
Regensburg
Printed in Germany 1995

Inhalt

Auftakt 9

FUNKTIONEN DES TANZES 11
Soziabilität des Tanzes 12
Formgebungen 18
Transzendenz und Ordnung im Sakraltanz 24

DER STÖRENFIED AUF DEM WEG IN DIE MODERNE 38
Zeitzeichen an der Schnittstelle zur modernen Welt 39
Formalisierung des Sexuellen 42
Scheiterhaufen 51

ÜBER DEN TANZ DES EINFACHEN VOLKES 60
Gruppenfigurationen und Paartanz 61
Formalisierung 74
Bewegungsverhalten 78
Schamschwellen 80
Gewaltpotentiale 94
Zwischenbilanz im Spiegel einer Ausnahme 101

Der Tanz – Metapher des Todes 111
Totentänze 112
»Tanz« und »Tod« 117
Gottesnähe 127
Sündengleichheit 138
Weltverzicht 143
Der Tod und seine Huren 150

Die Verdammten des Tanzes 158
Am zeitlichen Wendepunkt 159
Die Strategie 168
Entmachtete Sinne 173
Salome und Herodes 188

Berichte aus der Gegenwelt 214
Hexensabbat 215
Eine fiebrig streunende Hure 225
Tanzhysterien, Tanzhysteriker 233
Wiener Walzer 243
Die Ballerina 247

Der Tanz in seiner distinguierten Umformulierung . . 261
Tanzpädagogik und höfischer Tanz 262
Stilisierte Distanz: Eros und Tod 283

Circes Ringen mit der Staatsmacht 316

Bibliographie 343

Bildnachweis 374

»Ich würde nur an einen Gott glauben, der zu tanzen
verstünde.
Und als ich meinen Teufel sah,
da fand ich ihn ernst, tief und feierlich;
es war der Geist der Schwere – durch ihn fallen alle Dinge.«

Friedrich Nietzsche: Also sprach Zarathustra

Auftakt

In Zoohandlungen ist zuweilen eine erstmals in Japan gezüchtete Mutation der ostasiatischen Hausmaus zu sehen, die zwergwüchsige Tanzmaus. Erhebliche Gleichgewichtsstörungen verleihen diesem meist schwarzweiß gescheckten und vom 16. Lebenstag an tauben Nagetier seine zweifelhafte Attraktivität: Zeitweise läuft es im Kreise, unablässig rast es um die eigene Körperachse und bewegt manchmal den spitzen Kopf so schnell hin und her als wolle es ihn abschütteln. Das ist das Verhalten, dem es den Namen Tanzmaus verdankt. Warum aber werden sinnlose, unkontrollierte, krankhafte Zwangsbewegungen nun ausgerechnet mit »Tanz« in Verbindung gebracht? Wird Tanzen nicht als etwas Sinnvolles und Konstruktives gewertet? – Die Maus führt uns mitten ins Thema: Tanz.

Tanz nicht als solcher, sondern der Tanz des frühen 16. bis zum ausgehenden 17. Jahrhundert, denn in diesem Zeitraum erfährt er einen entscheidenden Wandel.

Was bereits die frühen Kirchengründer für den Tanz vorformulierten, gewinnt an der Schnittstelle zur modernen Welt Struktur. In einer Zeit umfassender psycho- und soziogenetischer Umbrüche und tiefer Religiösität entsteht die Behauptung, der Tanz, als Grenzüberschreitung, habe die Strafe des (ewigen) Todes zur Folge. Die dem Tanz ureigene Sinnesentgrenzung wird zum Gefahrenpotential und mit weiblich belegten Todesmetaphern ausgestattet.

Das Moment der unheilbringenden Entgrenzung macht Tanz dem Sexuellen vergleichbar. Beide, der Tanz und das Sexuelle, geraten in dieser Zeit gesellschaftlicher Veränderungen in den Sog massiver Rückdrängungsschübe. Der einsetzende Diskurs über das Verbot des Sexuellen führt jedoch nicht zur Neutralisierung des Trieblebens, sondern wirkt gerade umgekehrt als Verführung. Im Tanz – und das ist das Entscheidende – nimmt das reizvoll todeslastig Sexuelle Gestalt an, wird vom Tanz inszeniert, dient diesem als Leitmotiv.

Funktionen des Tanzes

Der Tanz ist weder eine Erfindung der Gegenwart noch eines Tanzmeisters der europäischen Renaissance, und selbst zur Zeit der altägyptischen Tempeltänzerinnen hat er bereits eine Vorgeschichte. Getanzt haben die Menschen immer.

Der Tanz ist eine kulturanthropologische Konstante. Er begleitet die Menschen in ihrer gesamten Geschichte. Wenn von irgendeinem Beginn spezifisch menschlichen Seins gesprochen werden kann, so steht am Anfang nicht nur das Wort, sondern auch der Tanz. Das Aufkommen des Homo sapiens beschreibt gleichzeitig auch das Aufkommen des Homo saltans und umgekehrt. Beide stehen in enger, ja symbiotischer Verbindung. Bei der Ausbildung von Ordnung als solcher spielt der Tanz, im Konkreten das Tanz-Ritual, eine zentrale Rolle.

Ethnologische Untersuchungen geben zu verstehen, daß der Tanz *global* in jeder Ethnie präsent ist.[1] In Face-to-face-Gesellschaften, das heißt in Gesellschaften mit kurzen, übersichtlichen Interdependenzgeflechten und starken, gültigen Orientierungsmustern, zeigt sich der Tanz als integrierter Bestandteil kultureller Repertoires und jeweiliger Kosmologien. Eingebunden in ein autoritatives Ritual, verschaffen sich die Menschen Zugang zum Heiligen. Der Tanz ist ihr Gebet.

Soziabilität des Tanzes

»Tanzen« heißt zunächst »Bewegung des Körpers«. Unter einem bestimmten Einsatz an Kraft werden Raum und Zeit zergliedert und geformt. Die gezielte Ausführung einer Bewegung greift jedoch auf Techniken zurück, die zunächst erlernt werden müssen. Um sich zu bewegen, besitzt jeder Mensch zwar eine genetisch fixierte, biologische Ausrüstung, die mit der eines anderen fast identisch ist; was damit im Endeffekt geschieht, ist aber verschieden.

Es gibt Menschen, die ihre eigene Art zu tanzen oder sich zu bewegen, spontan als natürlich und selbstverständlich begreifen. Dabei variieren Bewegungstechniken des Tanzes ebenso wie die des Alltags individuell und, mehr noch, in Abhängigkeit von der jeweiligen Gesellschaft. Ein »natürlicher« Tanz ist weder die Pavane der Renaissance noch der Wiener Walzer des Berufsbürgertums und auch nicht der postmoderne Tanz mit den Ganzheitlichkeitsphantasien hinter den Mauern edukativer oder therapeutischer Einrichtungen. Selbst das banale, alltägliche Bewegungsverhalten ist nur auf den ersten Blick selbstverständlich. Einige Beispiele:

Essenssitten differieren: In arabischen Ländern wird traditionell aus einem gemeinsamen Teller und mit drei Fingern der rechten Hand gegessen. Im heutigen Mitteleuropa benutzen die Tischgäste einen eigenen Teller; mit dem Besteck wird zumeist unter Zuhilfenahme beider Händen hantiert. Schwimmtechniken sind verschieden: Im hiesigen Kulturkreis wird zuerst das Brustschwimmen erlernt; die Techniken, die dabei zugrunde liegen, sind ebenfalls nicht immer gleich. In den USA hingegen lernen die Menschen zuerst das Kraulschwimmen. Wir empfinden das Brustschwimmen als natürlicher. Für die Menschen aus den USA gilt dies für das Kraulen. Auch die Art des Gehens variiert: Der Schritt eines schwarzen Musikers aus New Orleans ist anders als der einer mitteleuropäischen Ballerina, und der Schritt eines englischen Soldaten ist anders als der einer japanischen Geisha. Ob und wie ein Kind in seinen späteren Lebensjahren laufen lernen wird, ist ebensowenig »natürlich« festgelegt, wie seine Art zu schlafen. Jede Gesellschaft hat für die genannten Bereiche ihre eigenen Gepflogenheiten, ihren eigenen sozialen Habitus, der leicht als selbstverständlich und natürlich empfunden wird. Wie aber zu sehen ist: Körpertechniken differieren und stehen in Affinität zu ihrem jeweiligen sozialen Umfeld.

Um den Körper schmiedet jede Kultur unzählige Mythen. Die inzwischen traditionsreiche Suche nach seiner objektiven Wahrheit gleicht denn auch der Mythenjägerei. Der Habitus des Menschen läßt sich durch die ihm eigene Wandelbarkeit charakterisieren. Wie bei keinem anderen Lebewesen zeigt sich sein Verhalten in hohem Maße als flexibel, veränderlich und verschieden. Das Postulat einer dem Menschen angeborenen »façon naturelle« bleibt eine ideologische oder theologische Art der Betrachtung, ein Dickicht an Symbolen, Metaphern und Mythologemen. Der menschliche Körper erstellt sich immer nur in einer Symbolsprache *über* den Körper. Daher kann auch nicht objektiv erfaßt werden, was der Körper eigentlich ist oder darstellt. Seine Wahrheit ist eine imaginär subjektive und sozial gebundene. Sie läßt sich nicht individuell und noch weniger kulturell reproduzieren. Der bedeutungslose, »nackte« Leib ist deshalb eine Unbekannte, es gibt ihn im eigentlichen Sinn nicht. Wer vom Körper spricht, wird sich gesellschaftlich bereitgestellter Metaphern bedienen und mit diesen den Körper »bekleiden«.

Daß die Wahrnehmung des Körpers an Gesellschaft und Entwicklung gebunden ist, läßt sich am Körperbild eines Kindes nachvollziehen: Im Gegensatz zur erwachsenen ist die frühkindliche Körperwahrnehmung autoerotisch, labil und polymorph anarchisch zerstückelt. Ein Kind ist noch unfähig, zwischen Ich und Umwelt zu differenzieren. In einem unstrukturierten Raum erlebt es sich als Körper ohne Grenzen, in eins mit seiner Umwelt. Soziale Formeln des Raumes wie »hoch«, »tief«, »weit«, »nah« sind ihm noch unverständlich. Ähnlich verhält es sich bei der Wahrnehmung von Zeit. Etwa bis zum 5. Lebensjahr kann ein Kind zwischen früh und spät, einer kurzen und langen Zeitspanne nicht unterscheiden. Die Strukturierungen der Zeit hat es noch nicht erlernt, ihre Symbolsprache ist ihm noch unbekannt. In der Welt eines Kindes gibt es solche soziale Formeln nicht.

»Der Körper«, schreibt Marcel Mauss, »ist das erste und natürlichste Instrument des Menschen. Oder genauer, ohne von Instrument zu sprechen, das erste und natürlichste technische Objekt und zugleich technisches Medium des Menschen, das ist sein Körper (...). Alles in uns muß erst geordnet werden.«[2] Über den Körper als Medium der Wahrnehmung werden Erfahrungen gemacht, gelernt, werden Welt und Ich geschaffen. Maurice Merleau-Ponty sagt: »Der eigene Leib ist in der Welt wie das Herz im Organismus: er ist es, der alles sichtbare Schauspiel unaufhörlich am Leben erhält, es innerlich ernährt und beseelt, mit ihm ein einziges System bildet.«[3] Anders formuliert: Mit einer ihm eigenen Redaktion ist der Körper die Ausgangsbasis, eine Art primäre Funk- und Empfangsstation; er ist das erste Mittel für Input und Output jeglicher Form von Kommunikation. In steter Interaktion mit anderen Menschen entwickelt sich über den Körper als dessen Projektion und Produkt die Institution »Ich«. Ich ist Wirkung und Konstrukt des Körpers, nicht dessen (statische oder gegebene) Ursache. Das Ich des Homo socialis, des sozialen Wesen Mensch entsteht mit und durch andere und nicht monadisch-autonom aus sich selbst heraus. Dabei kann es auch nicht einfach als ein »In-Beziehung-zu« verstanden werden, ein Ich ist auch in sich selbst Beziehung. Es ist in sich selbst ein System, stets interaktiv mit anderen gekoppelt.[4]

Konstitutives Moment zur Erschaffung von Welt und Ich sind die Funk- und Empfangskapazitäten der menschlichen Sinne. Über ihre Vermittlung, und nicht ohne eine »*Sinnlichkeit der Sinne*«,[5] der polymorphen Intentionalität des Sexuellen, finden Wahrnehmung und Entäußerung statt.

Kein Körper oder Körper-Ich verfügt über ein von anderen Menschen hermetisch abgeriegeltes Dasein. Vielmehr ist der Körper Brennpunkt gesellschaftlicher Sicht- und Sehweisen, er ist, wie Bernard schreibt, jenes Symbol, »welches eine Gesellschaft benutzt, um von ihren Phantasien zu sprechen.«[6] Für Vigarello wird der Körper zum Exponenten von Gesellschaft: Der Körper erscheint als »der erste Ort (...), der erste Raum, wo sich die sozialen und psychologischen, seinem Verhalten gegebenen Grenzen einschreiben. Er ist das Emblem, in das die Kultur ihre Zeichen einträgt wie in ein Wappen.«[7] Die Wahrnehmung über den Körper ist psycho-sozialer Prägung; sie entwickelt sich im gesellschaftlichen Interaktionsgefüge und steht »in Beziehung zu«. Einerseits wird die Wahrnehmung durch die sozialen Einflüsse geprägt, gesteuert und determiniert. Andererseits manifestiert sich in den durch soziale Kategorien modifizierten und geprägten physischen Wahrnehmungen eine bestimmte Gesellschaftsordnung. Beide, die Wahrnehmung des subjektiven Seins und die Ordnung der jeweiligen Gesellschaft, bedingen einander. Zwischen beiden erfolgt ein ständiger Austausch von Bedeutungsinhalten, sie befinden sich in steter Interaktion. Dabei ist die subjektive Wahrnehmung weder eine einfache Kopie, eine Rekapitulierung von gemeingültigen gesellschaftlichen Symbolen (denn das Subjekt interagiert auch mit sich selbst), noch ist sie selbstbestimmt. Im Wechselspiel bedingt eins das andere. In der psychischen Wahrnehmung des physischen Körpers konzentriert sich so latent das Repertoire der gesellschaftlichen Werteskala. Der menschliche, physische Körper ist in seiner Perzeption immer durch Gesellschaft bestimmt, er konstituiert sich über die ihm zugeteilten Symbole einer gesellschaftlichen Ordnung. Dazu schreibt Mary Douglas:»Der Körper als soziales Gebilde steuert die Art und Weise, wie der Körper als physisches Gebilde wahrgenommen wird; und andererseits wird in der (durch soziale Kategorien modifizierten) physischen Wahrnehmung des Körpers eine bestimmte Gesellschaftsordnung manifest. Zwischen dem sozialen und dem physischen Körpererlebnis findet ein ständiger Austausch von Bedeutungsinhalten statt, bei dem sich die Kategorien beider wechselseitig stärken. Infolge dieser beständigen Interaktion ist der Körper ein hochgradig restringiertes Ausdrucksmedium.«[8] Der menschliche Körper präsentiert gesellschaftliche Symbole, die es ihm erlauben, sich zu konstituieren und zu definieren. Er ist der Reflektor der jeweiligen Gesellschaft (und umgekehrt).

Was für den alltäglichen Körper gilt, gilt für den tanzenden Körper erst recht, denn Tanzen heißt ebenfalls »die durch Handeln vollzogene Vollendung einer bestimmten Art symbolischer Transformation von Erfahrung.«[9] Diese Umwandlung in Symbole betrifft prinzipiell alle Tänze, ihre Früh- und Spätformen. Wenn ein Alltagskörper Gesellschaft ausdrückt, so wird der Tanzkörper zur Informations-Zentrale, ein Schmelztiegel für Mitteilungen. Vergleichsweise unkompliziert steht der Schritt des schwarzen Musikers aus New Orleans gegen den hohen und dichten Informationsgehalt seines Tanzes. Tanzen ist nicht »nur« die kinästhetische Zergliederung von Raum und Zeit unter einem bestimmten Einsatz von Kraft. Tanzen ist überdies eine beschleunigte und konzentrierte, symbolische Umwandlung von Erfahrung und Gesetzmäßigkeiten in Handeln, eben in Tanzen. Die Tanzsprache spricht einen komprimierten Code, sie ist um ein Vielfaches dichter beladen als der Alltagskörper oder die verbale Sprache in analogen Situationen. Geradezu leer wirkt z.B. der Satz:»Wir möchten, daß es regnet«, im Vergleich zu dem in aller Intensität zeremoniell in-

16

szenierten Wunsch in Form eines Regentanzes. Mit hoher Intensität und in knapp bemessener Zeit kann beim Tanzen Kognitives, Affektives und Imaginäres zum Ausdruck gebracht und weitergegeben werden. Aus jedem Tanz, dem magisch-rituellen, dem bürgerlichen Gesellschaftstanz oder auch aus den Schein-Soli der Postmoderne sprechen Unmengen an Details, die über Gesellschaft Auskunft geben und umgekehrt: »Die Semantik des Tanzes und des Tanzverhaltens kann in andere sozio-kulturelle Phänomene übertragen werden und vice versa.«[10] In der normativen, ästhetischen und symbolischen Bedeutung reflektiert das Tanzverhalten unmittelbar gesellschaftliche Strukturen. Jeder Tanz besitzt Soziabilität. Er ist ein fein regulierter, gesellschaftlicher Indikator und steht stets in direkter Bindung zu seinem Kontext.[11] Ändert sich das gesellschaftliche Umfeld, dann ändert sich der Tanz; hat sich ein Tanz verändert, so läßt dies auf eine Veränderung seiner Umgebung schließen. Die Symbolwelt einer Gesellschaft ist immer auch die Symbolwelt ihrer Tänze.

Ohne Symbole gibt es keine Gesellschaft, ohne Gesellschaft keine Symbole, und: ohne Symbole gibt es keine Tänze. Diese Formel ist es, die die nahe Verwandtschaft zwischen Homo sapiens und Homo saltans bekundet. Auf dem Weg vom Es zur Institution »Ich« steht die Wahrnehmung des Körpers nicht für sich allein. Zur Überwindung des bedeutungslosen, »nackten« organischen Körpers hin zur Fähigkeit einer spezifisch menschlichen Symbolbildung und Selbstreflexion bedarf es zumindest eines Minimums an sozialisatorischen Strukturen und Mustern. Gültige Symbole müssen zur Verfügung stehen und abruf- bzw. aktionsbereit sein. Diese Voraussetzungen sind entwicklungsgeschichtlich nicht selbstverständlich; auch sie müssen erst in einem Prozeß – in dem der Tanz eine zentrale Rolle spielt – entstehen.

Formgebungen

Erste Hinweise auf den Tanz geben archäologische Funde aus dem Altpaläolithikum. Primitive Felsmalereien und kreisförmig angeordnete Steine markieren sehr wahrscheinlich Tanzflächen. Seit den Anfängen der Jungsteinzeit[12], im hiesigen Raum etwa das 9. bis 7. Jahrtausend v. Chr., sind die Belege sicher und überaus zahlreich.[13] Eines dieser frühen Dokumente zum Tanz findet sich in der schwedischen Felszeichnung eines Kettenreigens wieder (Abb. 1).

Allen voran sind es Sozialanthropologen, die mit semiologischen Instrumentarien zeigen, daß das symbolisch ritualisierte Tanzen ein konstitutives Moment für menschliche Kultur ist.[14]

Im Tanz findet sich eines der einfachsten und entwicklungsgeschichtlich ältesten psychologischen Ausdrucksmedien, die dem Menschen zur Verfügung stehen. Der Tanz folgt den Gesetzmäßigkeiten der symbolischen Kommunikation. Er benötigt nur ein Minimum an Hilfsmitteln, nämlich den eigenen Körper, und funktioniert mit wenig Aufwand und viel Effekt. Um sich über die tänzerische Körpersprache auszudrücken, bedient sich der Tanz eines dicht befrachteten Codes. Diese »Minimalsprache« ermöglicht es, etwas in einfacher Form mit dennoch hoher, komprimierter Aussagekraft zum Ausdruck zu bringen. Was die Menschen bei der Wahrnehmung von Welt noch nicht verbal artikulieren können, wird gemimt oder getanzt. Im Tanz finden sie, so Hanna, »die Fähigkeit, für Situationen, die sie nicht mittelbar kennen, Bedeutung zu erzeugen, zu verleihen und zu verstehen.«[15]

In der Sphäre des menschlichen Körpers entstehen zunächst der Tanz und die Pantomime (das heißt wörtlich übersetzt: »Allesnachahmung«), dann der Gesang, die darstellende und schmückende Malerei[16] und schließlich die artikulierte, verbale Sprache. Der »Schritt« vom animalischen zum menschlichen Sein – gekennzeichnet durch die Fähigkeit, Symbole zu bilden und nicht auf Signale beschränkt zu sein – vollzieht sich ebenfalls über den ritualisierten Tanz.[17] Der Technikhistoriker Mumford, der im Ritual die erste Maschine (und in der Höhle das erste Kloster) sieht, hat diesen Sachverhalt folgendermaßen beschrieben: »Ehe sie ein verständliches Wort stammeln konnten, haben die primitiven Hominiden vermutlich gegrunzt oder im Chor geheult; bevor der Mensch singen lernte, hatte er sich wahrscheinlich dem Tanz und der dramatischen Pantomime hingegeben. All diesen Tätigkeiten lag die strikte Ordnung des Rituals zugrunde: Die Gruppe tat dieselben Dinge, am selben Ort, in derselben Art (...). Die Bedeutungen, die aus einem derartigen Ritual erwuchsen, hatten einen anderen Status – denn sie implizierten einen höheren Grad der Abstraktion - als die sichtbaren und hörbaren Signale, mit deren Hilfe die Tiere sich verständlich machen.«[18] Die beiden Momente, das Symbol und das Ritual, sind (zumindest in diesem Zusammenhang) kaum getrennt voneinander zu diskutieren.

Dennoch werden wir die einzelnen Komponenten isolieren. Betrachten wir zunächst das Ritual: Seien es die Zeremonien der Voodoo-Kulturen Haitis, die Derwischtänze des Sufismus', das Menuett an den frühneuzeitlichen Höfen Mitteleuropas, der bürgerliche Wiener Walzer zur Hochzeit oder nur das gegenseitige Händeschütteln bei der Begrüßung – jede Handlung, die sich zu formalisierter Wiederholung eignet, birgt in sich die Grundzüge eines Rituals. In Gesellschaften mit kurzen Interdependenzgeflechten tritt der Tanz im Kollektiv ritualisiert auf. Ein Ritual bezeichnet ein zumeist ausdrucksstarkes Handeln nach festgelegten Mustern. Es wird zur psychischen Stabilisierung in, wenn auch noch so rudimentär angedeuteten, Angst- und Entscheidungsdrucksituationen ausgelöst und eingesetzt. Durch seine Wiederholung und Wiederholbarkeit als solche gründet es formalisierte Ordnung. Pointiert gesagt: ein Ritual *schafft* Ordnung und *ist* Ordnung.

In einer Welt voll Unbill und Unsicherheiten befriedigen das charakteristische Schema, die (symbolische) Bedeutung und die Wiederholbarkeit das Bedürfnis nach Sicherheit in einer verläßlichen Ordnung. Bei einem von einer Gruppe ausgeführten Ritual wird mehr Energie – und zwar soziale Energie – frei als in irgendeiner anderen Handlung. Ein Ritual birgt und transportiert konzentrierte emotionale Fracht, es ist sozialer Kitt. Die Gruppensolidarität und -identität wird durch ein Ritual ebenso begünstigt und gefördert wie das Gefühl des Miteinander-Verbundenseins; ein Ritual weckt gemeinsame, emotional intensive und zugleich generalisierende Beziehungen. In einem Ritual liegt nicht nur der Anreiz zu sozialer Kooperation, sondern auch zu systematischer Gedankenbildung.

Ohne ein gemeinsames und gemeingültig generalisiertes Symbol wäre ein (kollektives) Ritual nicht denkbar, es ist ihm konstitutiv zugehörig. Ein Symbol wird in einer bestimmten Situation aktiviert, um ihr den jeweils spezifischen Ausdruck zu verleihen bzw. verleihen zu können. Betrachten wir das Symbol im Zusammenhang mit dem Tanz aus der Nähe:

»Bedeutung liegt im Ganzen.«[19] – Das Symbol, genauer gesagt, seine Bedeutung, ist genuin Reduktion von Komplexität, denn, so Hanna in bezug auf Roland Barthes: »Bedeutung ist vor allem ein Herausschneiden von Formen.«[20] Aus einem formlosen Ganzen wird anhand des Symbols Ordnung als solche nicht nur vermittelt, sondern überhaupt erst geschaffen.[21]

Die Entstehung von Symbolen durch ritualisiertes Handeln hat für Fortschritte in der Entwicklungsgeschichte des Menschen eine größere Bedeutung als die Entwicklung von Werkzeugen, Gefäßen, Waffen. Jede geplante Handlung, sei es die Herstellung einer Axt, die Kultivierung von Pflanzen, der Gebrauch von Werkzeug oder die Jagd von Tieren, setzt eine gewisse Systematik und Ordnung bereits voraus. Eine rein ökonomische Motivation erklärt noch nicht die Fähigkeit zum ökonomischen Verhalten. Vor jedem zielorientierten, geordnet organisierten Handeln steht noch der unentbehrlich erste Schritt einer Reduktion von Komplexität hin zu systematisierter Ordnung. Das dazu impulsgebende Moment des Tanzes beschreibt John Blacking wie folgt: »Die organisierte Bewegung menschlicher Körper, eine allgemein verbreitete Art rituellen Verhaltens, ist die einzige menschliche Aktivität, die in der Lage ist, sich von unbewußter körperlicher Resonanz auf die Umgebung zu einer bewußten Zurückweisung der Welt der Natur zu erweitern … Da ist eine Verwandtschaft zwischen Bewegung und Denken und besonders zwischen gemeinsamer Bewegung und konzeptuellem Denken (…).«[22] Daraufhin prägnanter: »Und gerade weil der Tanz die fundamentale Fähigkeit besitzt, sich *ohne* zu denken zu bewegen, um Gedanken getanzt zu *haben*, so nehme ich an, daß das Denken die fundamentale Fähigkeit besitzt, sich zum Gedanken hinzubewegen, um gedacht zu *sein*.«[23] Nach Blacking bewegen sich die Menschen in das Denken hinein. Der springende Punkt liegt darin: Die tänzerisch ritualisierte Bewegung ist eine mit anderen Menschen koordinierte und geordnete Bewegung in den drei Dimensionen des Raumes und der Zeit. Bewegungen werden also ihrer Beliebigkeit enthoben. Sie werden formalisiert, fixiert und wiederholt. Durch die Reduzierung des an sich unendlichen Bewegungsvokabulars auf eine ausgewählte und eingeschränkte Folge werden – bei gleichzeitiger Freisetzung sozialer Energien – die verbleibenden und ausgeführten Bewegungen wahrnehmbar. Sie bekommen einen Namen, und damit symbolische Bedeutung, um dann überhaupt erst ziel- oder handlungsorientiert eingesetzt werden zu können. Ohne die Gegenwart eines strukturierenden Subjektes gäbe es im Raum als solchem keine Richtung, weder ein Oben und Unten, noch ein Innen und Außen. Auch Zeit wäre nicht beschreibbar, hülfe nicht ein Rhythmus dabei mit. Sein wiederholbares und wiederholtes Gleichmaß macht Zeit erst faß- und definierbar. Gleichzeitig liegt im Rhythmus ein psy-

chologischer Halteeffekt, das tanzende Individuum darf sich unge-
bremst gehen lassen und wird, eben durch die Struktur des Rhythmus', trotzdem nicht der Grenzenlosigkeit überlassen.[24]

Über das gemeinsame, symbolisch ritualisierte Tanzen werden
die ihrem Wesen nach unspezifischen Phänomene »Raum und
Zeit« also spezifisch strukturiert. Ihre Definition wird möglich, um
als Mittel der Orientierung eingesetzt zu werden. Erst unter diesen
Voraussetzungen kann sich menschliches Differenzierungs- und
Abstraktionsvermögen konstituieren. Chaos und Gesetzlosigkeit
erhalten Form und Struktur. Ungerichtete Kreativität wird ausgerichtet, kontrollierbar und produktiv. Dinge und Ereignisse bekommen Sinn, sie werden erklär- und handhabbar. In diesem Sinne
versteht Williams den entwicklungsgeschichtlichen Einfluß des
Tanzes auf den Menschen, wenn er sagt: »Erstes menschliches
Sein würde ich mit ›Homo structuralis‹ benennen.«[25] Im symbolisch ritualisierten Tanz wird Homo sapiens seiner grenzenlosen
Freiheit enthoben.

Ein Symbol ist das Bindeglied für soziale Gruppierungen, es
macht Menschen zu Menschen, es läßt sie sprechen, mit sich, über
sich und über die Welt. Ein gemeinsam genutzter Code kreiert sowohl soziale Ordnung als auch individuelle und gemeinschaftliche
Identifikation; er dient der Orientierung und Abgrenzung.

Nach dem Prinzip der Selektion helfen Symbole einerseits die
Komplexität von Welt zu systematisieren, zu strukturieren und zu
reduzieren. Durch den psychischen Effekt der Entlastung wird
Welt damit erst besprech- und lebbar. Andererseits ermöglicht ein
Symbol, und ganz besonders das tänzerische, anhand seiner kom-
munikationserleichternden Restringiertheit, das heißt seiner möglichen komprimierten Bedeutungsinhalte, einen beschleunigten
Ausdruck kognitiver und affektiver Gehalte. Komplexe Gesetze
können nun ebenso »einfach« vermittelt und ausgedrückt werden
wie emotional dicht beladene Empfindungen.

Halten wir fest: Homo sapiens und Homo saltans sind Verwandte ersten Grades. Durch das Angebot des Tanzes, Symbole zu tragen bzw. zu verleiblichen, gehört der ritualisierte Tanz zu den frühesten Formen sozialer Ordnung schlechthin. Er liefert einen Impuls zu einem ersten, zunächst nur zaghaft angedeuteten Kulturschub. Mit dem Aufkommen des Tanzes formiert sich das Ich, wenn auch nur in seinen schwachen, rudimentären Zügen. Die bis dahin zurückgelegte Distanz zwischen Es und Ich ist noch eine geringe, vielleicht die geringstmögliche. In nur vage fixierbaren Zeiten der Menschheitsgeschichte findet sich im Tanz eines der ersten Medien, mit denen sich der Mensch zu seiner eigenen Kultivierung verhilft.

Das Verstehen eines Symbols setzt die Existenz eines von Tanzenden (Sendenden) und Mittanzenden oder Zuschauenden (Empfangenden) gemeinsam genutzten und generalisierten Codes voraus. Nur dann hat der kollektiv, symbolisch ritualisierte Tanz einen für alle weitgehend verständlichen Sinn[26] und nur dann kann ein solcher überhaupt erst zustande kommen. Die Mitteilungsfunktion des Tanzes ist ihrerseits an kurze gesellschaftliche Interdependenzgefüge mit den dazugehörenden starken, autoritativ gültigen Orientierungsmustern gebunden. Beim Tanz als Medium symbolischer Kommunikation bleibt jedoch zu beachten, daß, so zum nächsten Gedankengang überleitend die Worte Dieter Baackes, »ein entscheidender Aspekt der Kommunikation ihre *Organisation* ist. Denn jede Interaktion wird durch Normen- und Rollensysteme sowie Rangplätze oder Machtverhältnisse der Beliebigkeit ihres Ablaufs entzogen.«[27]

Richten wir den Blick auf einen bis hierher zu wenig beachteten Aspekt des Tanzes, nämlich seine Transzendenz, und machen wir damit – aller Wahrscheinlichkeit nach – einen zeitlichen und vielleicht auch räumlichen Spagat.

Transzendenz und Ordnung im Sakraltanz

Was wäre der Tanz ohne seine Arabesken des Imaginären? Neben seiner Trägerfunktion für Symbole zeigt der Tanz eine weitere Besonderheit, durch die er sich von Bewegung – auch von ritualisierter – abgrenzt und unterscheidet: Zum Tanz gehört genuin das Transzendente. Tanzen heißt stets Transzendenz erleben. »Transzendenz« leitet sich ab vom lateinischen »transcendere«: »überschreiten«, die Grenzen des Erkenn- und Faßbaren öffnen. Transzendente Medien haben die Eigenschaft, die von ihnen ausgelösten Assoziationsketten weitgehend offen zu halten und in ihrer Rezeption dem subjektiven Empfinden einen relativ großen Spielraum zu gewähren. Die Grenzen des Erfahrbaren und Erkennbaren werden überschritten, Wahrnehmungswelten aufgeweicht und erweitert. Das Imaginäre nimmt seinen Lauf, das Ich wird geöffnet.

Eine der Erscheinungsarten der Transzendenz ist die Ekstase. »Ekstase« leitet sich etymologisch aus dem griechischen »ék-stasis« ab und heißt etwa »Aus-sich-heraustreten, Begeisterung, Verzükung«. Auf das Ich hat sie die Wirkung einer geöffneten Schleuse. Die Surrealisten widmen sich diesem Thema mit besonderem Interesse. Salvador Dali versucht eine beschreibende Annäherung an das Phänomen: »Ekstase begründet den ganz phänomenal verwirrenden ›Lebenszustand‹ der Phantome und psychischen Vorstellungen (…) von der Wirklichkeit ebenso weit entfernt (…) wie diejenige des Traumes. (…) Die Welt der Vorstellungsbilder, die durch Ekstase hervorgerufen werden, ist unbegrenzt und unbekannt.«[28] Die Intensitätsstufen der Ekstase sind unterschiedlich. Ekstase kann in leichter, feiner Form der Entäußerung auftreten und so das Ich nur wenig öffnen und nur schwach verwirren. Ein ekstatischer Zustand kann sich aber auch bis zu orgiastischer Raserei steigern, Halluzinationen hervorrufen, körperliche Wahrnehmungen verändern und organisch vegetative Funktionen manipulieren. In der intensiven Form der Ekstase wird Transzendenz radikal. Zu den traditionellen Medien der Ekstase gehört der Tanz.

Je schärfer die ethnologische Blende auf Face-to-face-Gesellschaften gerichtet wird, desto höher zeigt sich in aller Regel die Intensität der Ekstase und desto deutlicher präsentiert sich der eigentliche Herkunftsbereich des Tanzes, nämlich der des Sakralen bzw. des Religiösen. Maple beschreibt dies wie folgt: »In primitiven Gemeinschaften ist der Tanz ein altes mystisches Element, das der ›soziale‹ Tanz des Westens schon lange abgelegt hat. Die ältesten Tänze zelebrieren jede Art von Ritus des Stammeskalenders. Sie dienen auch als eine persönliche Art des Sprechens mit den mystischen Kräften durch die Formen des sich bewegenden Körpers.«[29] Dem Erfahren mystischer Welten ist der Tanz das traditionelle Medium schlechthin: »Tanz war und ist Religion, d. h. körperlich-seelisches Erleben des Göttlichen.«[30] Der Tanz ist das Gebet, über das die Menschen sich Zugang zum Heiligen verschaffen. Im religiösen Ritualismus wird zwischen der menschlichen und der göttlichen Welt eine Brücke getanzt.

Mit dem Tanz lassen sich ganze Kosmologien produzieren und reproduzieren. Emotionen wie Freude, Angst, Hoffnung, Trauer, Liebe, Haß werden zum Ausdruck gebracht und verarbeitet; Konflikte werden bewältigt und kompensiert.

Im Gegensatz zu den modernen, großen Weltreligionen Christentum, Judentum, Islam, Buddhismus und Hinduismus ist der Tanz in den sogenannten archaischen oder Stammesreligionen zentrales Ausdrucksmedium gottesdienstlicher Handlungen. Er ist fester Bestandteil der jeweiligen Kosmologien und Höhepunkt des sozialen Lebens. Eingebettet im Ritualismus hat die Erscheinungsform der Tänze den Charakter theatralisierter Zeremonien, die sich über Stunden, Tage und sogar mehrere Wochen hinweg erstrecken können. Oft werden dafür Masken und eigens bestimmte Kostüme getragen, Gegenstände und Farben werden miteinbezogen, die ihrerseits als Fetische eine hohe symbolische Bedeutung haben. Feste, gleich welcher Art, finden im religiösen Kontext statt und gipfeln im Tanz, genauer: in der tänzerischen Ekstase.

Die Ekstase kann das Resultat des Tanzes sein oder umgekehrt der Tanz das Resultat der Ekstase. Obwohl es sich zumeist um Misch- und selten um Reinformen handelt, geben sich trotzdem zwei Typen an stammesgesellschaftlicher Religiösität zu erkennen: der vorwiegend in den präkolonialen Indianerkulturen Amerikas verbreitete Schamanismus und das hauptsächlich im traditionellen Schwarzafrika vorzufindende Besessensein, die Possession.

Das Wort »Schamane« ist wahrscheinlich aus dem mandschurischen »samarambi« abgeleitet; das heißt etwa »sich empören, um sich schlagen«. Die Schamanentänze sind abstrakt und haben das Ziel, die Ekstase auszulösen. Ein Schamane versteht sich als Magier. Sein Tanz ist Instrument, um die Welt des Göttlichen aufkommen zu lassen und sodann zu beschwören, zu bannen, zu beschwichtigen.

Beim Besessensein hingegen sind die Tänze figurativ-mimisch und manifestieren den Zustand des Besessenseins selbst. Der Tänzer [31] tanzt sich allmählich in Ekstase; in diesem Prozeß legt er seine eigene profane Identität ab, läßt währenddessen den von ihm angerufenen Gott in sich fahren, schlüpft in die Identität desselben, um in diesem Zustand sodann ekstatisch besessen zu tanzen. Die Ekstase stellt hier nicht nur den Höhepunkt der religiösen Zeremonie dar, sie ist mit ihm identisch. [32]

Tanzrituale sind Regulative, sie versprechen verläßliche Ordnung und Sicherheit. Betrachten wir kurz, welchen Motiven oder Symbolen die gebetstänzerischen Arabesken des Imaginären nachgehen. So unterschiedlich und vielfältig sich ihre inhaltliche Ausrichtung auch zeigt, in irgendeiner Art und Weise kreisen sie immer um den Fortbestand von Mensch und Gesellschaft: Fruchtbarkeit der Menschen und der Erde, Regen, Sonne, Ernte, Jagd, sexuelle Potenz, Initiation, Geburt, Heirat, Tod, Krieg, Sieg.[33] Nicht jedes Thema besitzt in jeder Gesellschaft den gleichen Stellenwert, und nicht jedes Thema wird in jeder Gesellschaft aufgegriffen. Vorzufinden sind jedoch stets zwei Motive, die, einmal stärker und einmal schwächer, einer mythologischen Ordnung unterliegen. Es ist der Themenkreis, der wohl in keiner Kultur absolute Neutralität besitzt, nämlich der des Sexuellen und der des Todes. Wenngleich in rudimentärer Form, obliegen diese Momente zunächst der Dämonisierung, obwohl ihnen gleichzeitig ein Protektorat und Regulativ zur Verfügung gestellt wird.[34] Hier liegt, wie noch zu erläutern sein wird, der entscheidende Unterschied zum christlichen Glaubensmodell. Aufgrund der nicht-dualistischen Konzeption stammesgesellschaftlicher Religionen können deren Körpermythologien dem Obszönen keinen Platz einräumen. Eine solche Kategorie ist ihnen fremd. Weniger scharf gefaßte Definitionen von polaren Begriffen wie »gut« und »böse«, »rein« und »unrein« stehen sich nicht in wechselseitiger Ausschließlichkeit gegenüber. Beide Momente gehören zur Sphäre des Heiligen, sie werden von dort aus reguliert und protegiert.[35]

Menschen sind die einzigen Lebewesen, die ein Bewußtsein ihrer Diskontinuität, ihres Todes, haben und die einen Bestattungskultus kennen. Jede Religion stellt den Menschen einen Imaginationsraum für ein Weiterleben nach dem Tod zur Verfügung. Diesem Sachverhalt tragen nach dem Phänomenologen Bernard zwei Arten von Körpermythen Rechnung: erstens die theologischen mit der gemeinsamen Idee der Macht über den Tod und zweitens die vermeintlich wissenschaftlichen Mythenmodelle, die, im hiesigen Kulturkreis von Descartes modifiziert, allen Diskursen über den Körper vorangehen.[36]

Dem Tanzhistoriker Schneider folgend, sind Bestattungstänze

»bei allen Kulturen und zu allen Zeiten zu finden.«[37] Der Autor bezieht sich auf Face-to-face-Gesellschaften, schließt aber noch ausnahmslos alle Kulturen des Klassischen Altertums mit ein.[38] Erste Bestattungstänze, die als solche für den okzidentalen Raum belegbar sind, finden sich in der vorgriechisch minoischen, aller Wahrscheinlichkeit nach matriarchal strukturierten Kultur Kretas (etwa 3000–1200 v. Chr., Bronzezeit).[39] Bei Bestattungstänzen werden – einige Schemata sind bekannt – böswillige Geister von den Verstorbenen abgewendet oder besänftigt, damit den Toten die Reinkarnation erleichtert wird. Auch erhalten die Verstorbenen, das eine schließt das andere nicht unbedingt aus, durch den Rhythmus des Tanzes quasi Geleitschutz, um ihren Seelen (oder wie immer genannt) den Weg in das Jenseits, das im und gegen den Tod Bestehende, zu vereinfachen. Schamanische Kulturen nehmen mit dem Tanz Kontakt zu ihren Verstorbenen und Ahnen auf und beschwören diese; ruhelose Dämonen sollen von ihnen abgewandt und so die Seelen befriedet werden.[40]

»Die Kontinuität ist uns in der Erfahrung des Heiligen gegeben. Das Göttliche ist das Wesen der Kontinuität.«[41] – Sollte diese religionsphilosophische These von Georges Bataille haltbar sein, dann wären Bestattungstänze nicht nur Regulative, sondern das Regulativ schlechthin.

Gleich welches Motiv den Gebetstänzen zugrunde liegt, es entstammt stets dem Mystischen, es handelt sich um Zeremonien und magisch-religiöse Rituale. In Gesellschaften mit solchen sozialen Praktiken liegt zwischen dem Sakralen und dem Profanen eine nur geringe semiotische Differenz. Imagination und das, was als »soziale Wirklichkeit« zu bezeichnen ist, sind kaum voneinander trennbar. Ihre definitorischen Grenzen überlagern einander, sie verlaufen fließend.

Eine anschauliche Schilderung eines magisch-religiösen Rituals liefert eine Untersuchung aus dem letzten Jahrhundert. Be-

28

schrieben wird eine der zahlreichen Dialektgruppen der Sioux-Sprachfamilie, die Mandanindianer, und es geht um das Thema »Jagd«. Der Stamm ernährt sich von Büffeln, er ist also existenziell an diese Tiere gebunden. Bleibt die Herde aus und verläuft die Jagd erfolglos, dann ist ein ritualisierter Kreistanz vorgesehen. Einen bildlichen Eindruck dieses »Büffeltanzes« vermittelt die Zeichnung von John White aus dem Jahre 1585 (Abb. 2). Auch Tylor bekam genau diesen Tanz noch zu Gesicht und beschreibt ihn in seiner 1883 veröffentlichten Studie: »Zehn bis fünfzehn maskirte (sic) Tänzer bildeten einen Ring und tanzten unter Trommeln, Klappern, Singen und Schreien. Wenn einer so erschöpft war, dass er den Tanz unterbrechen musste, so wurde durch Pantomimen ausgedrückt, er sei durch einen Pfeil niedergestreckt und werde abgehäutet und in Stücke zerlegt. Zugleich trat ein anderer bereitstehender Maskirter an seine Stelle in die Reihe der Tanzenden ein. Dieser Tanz dauerte oft ununterbrochen zwei bis drei Wochen lang Tag und Nacht, bis endlich das Erscheinen einer Büffelherde demselben ein Ende machte.«[42] War es nun das Wunder der symbolischen Opfergabe[43] oder Zufall, daß die Büffel endlich erschienen? Für die Mandanindianer jedenfalls wäre diese Frage gegenstandslos und ebenso irrelevant gewesen wie für uns die Suche nach einem Gottesbeweis. Wenn es im Gebetstanz ein Mysterium geben sollte, so liegt es sicherlich in der Aktivierung der entfesselnden Kräfte des Emotionalen, Suggestiven und Imaginären. Für die Lebenswelt jener Indianer ist das göttliche Erscheinen und Wirken *wahr*. Für sie ist dergleichen genauso real wie die, durchaus effektive, Protegierung ihrer Verstorbenen vor böswilligen Dämonen, die zugleich die Lebenden schützt.

Vor dem Hintergrund des transzendenten Wesens des Tanzes legt der religiös ritualisierte Tanz einen anderen Aspekt offen. Die unter Umständen enorme Intensität und weitgehende Hemmungslosigkeit dieser Tänze oder, mit Norbert Elias gesagt, deren lockere Trieb- und Affektmodellierung sollte nicht täuschen. So kompensatorisch solche Tänze auch wirken können, so erfolgreich sie existenzielle Ängste bewältigen, Freude oder Lust Ausdruck geben, »Neurosen« entgegenwirken, mithin für Konflikte vielfacher Gestalt als Regulativ dienen: Diese prototypischen Tänze fordern ihren Tribut. Sie sind ambivalent.

Bedingung für das Zustandekommen und Funktionieren eines kollektiven Rituals ist ein höchstmöglicher Konsens in der Gruppe oder Gesellschaft, ein einziger, von allen genutzter Code eines bestimmten symbolischen Zeichens. Bestehen kann ein solcher nur im engen, übersichtlichen Gefüge einer Face-to-face-Gesellschaft und ihrer direkt wirkenden, lückenlosen sozialen Kontrolle. Starke, autoritativ gültige Orientierungsmuster müssen zur Verfügung stehen und zu gegebener Zeit abrufbereit sein. Gesellschaften mit solchen Strukturen ist gemeinsam, daß sie sich theokratisch, in aller Regel polytheistisch bestimmen.

Betrachten wir das generalisierte Symbol und den Ablauf der kollektiv ritualisierten Zeremonien selbst. In beiden Momenten findet sich, quasi als Motor, ein hohes Maß an Kontroll- und Machtmechanismen wieder. In Anlehnung an Elias soll unter »Macht« die besonders große Möglichkeit und Reichweite einer oder auch mehrerer Personen »die Selbststeuerung anderer Menschen zu beeinflussen und das Schicksal anderer Menschen mitzuentscheiden (. . .),«[44] verstanden werden.

Eine Theokratie macht das eigentlich Unmögliche möglich. »Welt« wird objektiviert, die Doktrin entzieht ihr Regelwerk der Hinterfragbarkeit. Jede Religion ist ein Begriffssystem. Sie ist historisch die erste (und letzte) Instanz, die erklärt, Ordnung schafft, Sinn definiert und festlegt. Maurice Bloch beispielsweise sieht in der Religion eine »extreme Form traditioneller Autorität und Gewalt«.[45] So rasend orgiastisch sich ekstatische Tänze im Extremfall auch zeigen können, die Imagination des geöffneten Ichs nimmt im Sakraltanz keineswegs einen freien, anarchischen Lauf. Im Gegenteil, sie wird zielorientiert gelenkt, sie folgt einem Leitbild. Im Strombett des magisch religiösen Symbols wird die gelöste Imagination aufgefangen, kanalisiert, gelenkt und gerichtet. Vor dem gemeingültigen und unhinterfragbaren Leitbild gibt es für die Menschen bzw. Tanzenden kein Entrinnen. Bloch beschreibt diesen Moment des Aufgefangenseins als einen Umschlag der dialektischen Kommunikation in bloße Imitation: »Das Akzeptieren dieses Codes impliziert Zwang. Kommunikation hörte auf dialektisch zu sein und wurde zu einer Sache korrekter Wiederholung.«[46] Das choreographische Zeichen selbst und seine Symbolik sind Imperative. In einer Gesellschaft mit solchen sozialen Praktiken darf und kann es niemand wagen, z. B. das vorgesehene Initiationsritual zu verweigern oder dessen Sinn und Zweck in Frage zu stellen. Eine solche Abweichung käme einem sozialen Exitus wohl sehr nahe. Wer von den Tanzenden ausersehen ist, die Opferrolle zu übernehmen, wird sich dieser Autorität beugen und beugen müssen. Dies gilt auch dann, wenn, wie in manchen Gesellschaften früher Entwicklungsstufen üblich, das Menschenopfer nicht nur symbolisch, sondern tatsächlich dargebracht wird.

Noch pointierter treten diese Macht- und Kontrollmechanismen beim Prozedere der kollektiv ritualisierten Zeremonie selbst hervor. Die Komponenten ihres Ablaufs sind in hohem Maße reglementiert. Kein modernes, politisches Ritual reicht an die Rigidität eines religiösen Rituals heran. Insbesondere in den fortgeschrittenen Stadien, wenn sich die Zeremonie ihrem Höhepunkt nähert, tritt die unflexible Starre des Rituals deutlich hervor. Jede einzelne Bewegung, jeder Laut ist einem strengen Reglement unterworfen, variierendes Abweichen ist undenkbar. Fernab eines individuellen Entscheidungsspielraumes verstärkt sich zum Zeitpunkt der Kulmination das Diktat zur Diktatur. In diesem Sinn kann ein solches Ritual, wie Bloch schreibt, als initialer Kontrollmechanismus greifen, es erscheint »als eine Form sozialer Kontrolle. Es ist tatsächlich eine Art von Kommunikation, in der Rebellion unmöglich ist und nur Revolution machbar wäre. Es ist eine Situation, in der Macht alles oder nichts ist, und natürlich steht die totale Verweigerung von Gesellschaft normalerweise außer Frage.«[47]

Allerdings: *Im* Zustand der intensiven Ekstase – nicht vorher, das heißt auf dem Weg dorthin – löst sich die Ordnung des Rituals auf und erlischt.

Gegen eine den Wandel beschleunigende Funktion des Rituals steht folglich lange Zeit seine unerschütterliche, bloße Wiederholungsstruktur. Mumford macht darauf aufmerksam, wenn er in der Vorherrschaft des Rituals die »Bremsen« gesellschaftlicher Veränderung sieht: »Lange Zeit waren die Bremsen weit stärker als die Maschinen, die sie kontrollierten.«[48] Gemessen an der Geschwindigkeit der Entwicklung seit der schubhaften, frühneuzeitlichen Einleitung der Moderne, hat sich Gesellschaft über Jahrtausende hinweg nur mit einer extremen Langsamkeit verändert. Ein kollektives Ritual, so können wir schließen, produziert und re-produziert Ordnung. Neben seinem Kreativitätspotential steht unmittelbar ein Kreativitätsverlust. Wertkonservierend verhindert der autoritative und stur repetitive Corpus eines Rituals gesellschaftlichen Wandel, es hält ihn zurück und bremst ihn ab. Einer Festung vergleichbar, trotzt er Innovationen. Symbolwelten mit all ihren immanenten Regelwerken, Bedeutungen und Orientierungsmustern bleiben beharrlich erhalten.

Kleine, übersichtlich strukturierte Gesellschaften aber sind in sich instabil und in hohem Maße störanfällig. Veränderungen machen ihr Gefüge leicht und schnell brüchig. In den Macht- und Kontrollmechanismen eines autoritativen und wertkonservierenden Rituals liegt deshalb auch eine gewisse Notwendigkeit. Die Menschen müssen auf sie rekurrieren, ja, sie verehren, weil sie ihnen Sicherheit versprechen – die Sicherheit von Ordnung.

32

Je rudimentärer sich also eine Sozialordnung strukturiert, desto stärker greift die direkt wirkende soziale Kontrolle und desto mehr und intensiver wird getanzt. Die autoritativen Grundzüge eines kollektiven Rituals und sein immanenter Macht- und Kontrollmechanismus können es sich erlauben, das (schwache) Ich in der ekstatischen Turbulenz des Tanzes loszulassen – es wird ja wieder aufgefangen.[49]

Richten wir den Blick auf den Werdegang des Tanzes auf seinem Weg in die abendländische Moderne. Das Konzept des Tanzes wird hier umformuliert, es ergeben sich einschneidende Veränderungen.

ANMERKUNGEN

1 Einen Überblick dazu gibt: Weidig, Jutta: *Tanz-Ethnologie*, Hamburg 1984. Als Ausnahme nennt die Autorin eine Ethnie, die keinen Tanz kennt, nämlich die Tusadays der Philippinen. Sie läßt diese Aussage unkommentiert; ebenda, S. 76.

2 Mauss, Marcel: Les techniques du corps, in: *Journal de la Psychologie normale et pathologique*, 32, 3/4, 1936, S. 271–293, im Original S. 278 f. (Unter »natürlich« versteht Mauss das Organische, das gegebene »Nackte«.)

3 Merleau-Ponty, Maurice: *Phänomenologie der Wahrnehmung*, Berlin 1966, S. 239.

4 Zum Körper-Ich ausführlich: Bernard, Michel: *Der Körper und seine gesellschaftliche Bedeutung*, Bad Homburg 1980, insb. S. 65–88. Dem Thema »Interdependenz von Ich und Gesellschaft« widmet sich: Elias, Norbert: *Die Gesellschaft der Individuen*, Frankfurt/M. 1987.

5 Fabeck, v., Hans: *An den Grenzen der Phänomenologie*, München 1992, S. 16. Mit dem zitierten Terminus kennzeichnet von Fabeck das phänomenologisch grundlegende Wirken des Sexueller für die Wahrnehmung. Vgl. insb. auch: ebenda, S. 36 ff.

6 Bernard, Michel: *Der Körper*, a.a.O., S. 116.

7 Vigarello, Georges: *Le corps redressé*, Paris 1978, im Original S. 1.

33

8 Douglas, Mary: *Ritual, Tabu und Körpersymbolik*, Frankfurt/M. 1974, S.99; vgl. auch: Blacking, John: Towards an Anthropology of the Body, in: ders. (Hg.): *The Anthropology of the Body*, London 1977, S. 1–28.

9 Williams, Drid: Deep Structures of the Dance, in: Schwimmer, Eric (Hg.): *The Yearbook of Symbolic Anthropology I*, London 1978, S. 211–230, im Original S. 213; vgl. auch ders.: *Signs, Symptoms and Symbols*, in: *Journal of the Anthropological Society of Oxford*, 3, 1, 1972, S. 24–34.

10 Hanna, Judith Lynne: Toward Semantic Analysis of Movement Behavior: Concepts and Problems, in: *Semiotica*, 25, 1/2, 1979, S. 77–110, im Original S. 84.

11 Beim Tanz in der Kulturpflege (Volkstanzvereine, Vereine für höfische oder exotische Tänze aus anderen Kulturkreisen, Tanzclubs etc.) wird in der Regel recht beharrlich und wenig spielerisch davon ausgegangen, Tänze seien authentisch rekonstruierbar. In den Übungsräumen liegt dann beispielsweise die mühsam aufgestöberte Choreographie einer höfischen Galliarde und daneben das Modelexikon für die entsprechende Kleidung. Doch bereits die Wiederholung des vermeintlich gleichen Tanzes einige Minuten später, ist ja ein anderer als das »Original«. Auch kann der Tanz von Person A nie identisch sein mit dem der befreundeten Person B. Wieviel begrenzter noch muß die Möglichkeit sein, sich in die Psychostrukturen der Menschen anderer historischer Epochen oder gar anderer Kulturkreise hineinzuversetzen, um ihre Tänze nachzutanzen. Von Authentizität ist die »Gavotte zum Mozart-Jubiläum«, der »Haxenschlager für die Touristen« o. ä. weit entfernt. Allen Mühen zum Trotze liegen zwischen diesen Tänzern und ihren Tänzen (Lebens-) Welten. Tänze sind nur sehr begrenzt reproduzierbar.

12 Zu dieser Epoche einige Stichpunkte: erste Zusammenschlüsse in Siedlungen, Bearbeitung von Werkzeugen und Gefäßen, z. T. Erstellen von Figuren, erste Domestizierung von Tieren und Kultivierung von Pflanzen, Anfänge des Gartenbaus. Auf die Jungsteinzeit folgt die Bronzezeit.

13 Zu archäologischen Fragen an den Tanz ausführlicher: Maringer, Johannes: Der Tanz im Leben der vorgeschichtlichen Menschen, in: *Zeitschrift für Ethnologie*, 107, 1, 1982, S. 7–22; Prokosch, Kurath Gertrude: Panorama of Dance Ethnology, in: *Current Anthropology*, 1, 3, 1960, S. 233–254.

14 In der Reihenfolge ihrer Gewichtung sind als Beispiele solcher Untersuchungen zu nennen: Blacking, John: Dance, conceptual thought and production in archeological record, in: *Sieveking, L. W.* (Hg.): *Problems in economic and social archeology*, London 1977, S. 3–13; ders. (Hg.): *The Anthropology of the Body*, London 1977; Williams, Drid: *Signs, Symptoms and Symbols*, a.a.O.; ders.: *Deep Structures of the Dance*, a.a.O.; Hanna, Judith Lynne: *Toward Semantic Analysis*, a.a.O.; Mumford, Lewis: *Mythos der Maschine*, Frankfurt/M. 1981; Boas, Franziska: *The Function of Dance in Human Society*, New York 1972; dies.: *Primitive art*, New York 1955. Zahlreiche der genannten Autoren und Autorinnen knüpfen erweiternd an die Ergebnisse Durkheims an.

15 Hanna, Judith Lynne: *Toward Semantic Analysis*, a.a.O., im Original S. 80.
16 Die vokale Musik ist älter als die instrumentale. Bevor die Menschen Wände, Gegenstände u.ä. bemalten, bemalten sie ihre Körper.
17 Tanzen gehört insofern zu den gattungsspezifischen Phänomenen der Menschen. Zwar weisen Tiere (z.B. Kraniche, Bienen) ein ähnliches Verhalten auf, doch bleibt bei ihnen der Nachrichtenaustausch auf Signale beschränkt. Die Message steckt direkt, ohne die Vermittlung eines Symbols, im Signal. Tiere benötigen und kennen keine symbolische Interaktion bzw. Kommunikation. Von einem »Tanz der Bienen« (o.ä.) zu sprechen ist somit unscharf, um nicht zu sagen falsch. Auch die eingangs angeführte Tanzmaus trägt insofern eine unpassende Benennung.
18 Mumford, Lewis: *Mythos der Maschine*, a.a.O., S. 79.
19 Hanna, Judith Lynne: *Toward Semantic Analysis*, a.a.O., im Original S. 82.
20 Ebenda, S. 84f.
21 Vgl. Baacke, Dieter: *Kommunikation und Kompetenz*, München 1980, S. 56.
22 Blacking, John: *Dance, conceptual thought*, a.a.O., im Original S. 6f.
23 Ebenda (Hervorhebungen vom Verfasser). Blacking schlägt für diese Prototypen des Tanzes den Begriff »biosocial dances« vor; ebenda, z.B. S. 11.
24 Zur Funktion des Rhythmus' s.: Schott-Billmann, France: *Possession, danse et thérapie*, Paris 1985. Die Verfasserin bekleidet eine Professur an der Sorbonne und ist gleichzeitig Therapeutin in der Psychiatrie. Das Prinzip des psychologischen Halteeffektes des Rhythmus' entnimmt sie modifiziert aus den Traditionen verschiedener afrikanischer Kulturen und wendet es, ohne auf die in der Tanztherapie gerne beanspruchte Esoterik zu rekurrieren, therapeutisch erfolgreich an.
25 Williams, Drid: *Deep Structures of the Dance*, a.a.O., im Original S. 213.
26 »Wenn ich mit Worten sagen könnte, was meine Tänze meinen, gäbe es keinen Grund, sie zu tanzen.« – So die klagende Feststellung der Tanzreformatorin Mary Wigman in der frühen Postmoderne (zitiert nach: Müller, Hedwig, Servos, Norbert: *Pina Bausch – Wuppertaler Tanztheater*, Köln 1979, S. 10, ohne weitere Angaben). Die Kluft, die im Verstehen zwischen Sendern und Empfängern bleibt und bleiben wird, ist für symbolische Kommunikation existentiell notwendig. Es ist lediglich eine Frage ihrer gesellschaftlich-strukturell bedingten Größe. Wäre dieser Dissens nicht, bräuchten wir nicht zu sprechen und wahrscheinlich auch nicht zu tanzen.
27 Baacke, Dieter: *Kommunikation und Kompetenz*, a.a.O., S. 55 (Hervorhebung vom Verfasser).
28 Dali, Salvador: *Unabhängigkeitserklärung der Phantasie und Erklärung der Rechte des Menschen auf seine Verrücktheit*, München 1974, S. 227.
29 Maple, Eric: *Witchcraft*, London 1973, im Original S. 115.
30 Günther, Helmut: *Die Tänze und Riten der Afro-Amerikaner*, Bonn 1982, S. 11.

31 Aus der vorliegenden Literatur geht nicht hervor, ob diese Tänze auch Tänzerinnen kennen. In der Gesamtbetrachtung scheint die Ekstase der Gebetstänze jedoch mehr eine Domäne der Männer. Es sind die in der sozialen Hierarchie bedeutungsvolleren und in der Regel eben männlichen Priester, Magiere und Häuptlinge, die tanzen. Vgl.: Klein, Gabriele: *FrauenKörperTanz*, Weinheim 1992, S. 17 ff.

32 Zum Thema Schamanismus und Besessensein, zu deren Differenzen und Besonderheiten s.: Rouget, Gilbert: *La musique et la transe*, Paris 1980; Eliade, Mircea: *Schamanismus und archaische Ekstasetechnik*, Frankfurt/M. 1980. Speziell zu den schwarz-afrikanischen Tänzen finden sich Hinweise in: Günther, Helmut: *Die Tänze und Riten der Afro-Amerikaner*, a.a.O.; Huet, Michael: *Afrikanische Tänze*, Köln 1979.

33 Über religiös eingebundene Tänze geben u. a. Auskunft: Bonnet, Jacques: *Histoire générale de la danse sacrée et profane*, Paris 1723, Faks. Genf 1969, S. 1–70; Sachs, Curt: *Eine Weltgeschichte des Tanzes*, Berlin 1933, Repr. Hildesheim 1984, S. 7–169; Leeuw, v. d., Gerard: *Vom Heiligen in der Kunst*, Gütersloh 1957, S. 23–77; Baaren, v., Th. P.: *Selbst die Götter tanzen*, Gütersloh 1964; Maple, Eric: *Witchcraft*, a.a.O., S. 102–117. Huet, Michael: *Afrikanische Tänze*, a.a.O.

34 Zur Dämonisierung des Sexuellen und des Todes: Bataille, Georges: *Les larmes d'éros*, Paris 1981, insb. S. 11–45.

35 Zu den Schnittstellen stammesgesellschaftlicher Religionen im Vergleich zu den dialektisch konzipierten großen Weltreligionen und hier besonders zur christlichen vgl.: Bérard, Pierre: Le sexe entre tradition et modernité, XVIe-XVIIIe siècle, in: *Cahiers internationaux de sociologie*, 31, Jan.-Juni 1984, S. 135–160.

36 Bernard, Michel: *Der Körper*, a.a.O., S. 117 f.

37 Schneider, Otto: *Tanzlexikon*, Mainz 1985, S. 56.

38 Ebenda. Zu Bestattungstänzen zeigt sich informativ und aufschlußreich: Dezernat für Kultur und Freizeit (Hg.): *Langsamer Abschied*, Frankfurt/M. 1989 (Katalog zur gleichnamigen Ausstellung mit dem Untertitel »Tod und Jenseits im Kulturvergleich« im Museum für Völkerkunde, Frankfurt/M. 1989).

39 Bei Bestattungen werden dort sogenannte Labyrinthtänze aufgeführt, die symbolisch und in der choreographischen Raumgestaltung eine (sicher noch nicht radikal negativ belegte) Schlange als Motiv haben. Labyrinthtänze gehören zu den weitverbreiteten Bestattungstänzen. Sie sind dem okzidentalen Raum, dem frühen Vorderen Orient, dem (präkolonialen) afrikanischen Kontinent und auch dem (präkolonialen) Mittel- und Südamerika bekannt.

40 Auffällig oft variiert vor allem der Umfang und auch die Art eines Bestattungsrituals stark nach dem jeweiligen sozialen Status von Verstorbenen. Verstorbene Frauen finden in diesem Zusammenhang daher ungleich seltener Erwähnung.

41 Bataille, Georges: *Der heilige Eros*, Frankfurt/M. 1984, S. 115.

42 Tylor, Edward: *Einleitung in das Studium der Anthropologie und Civilisation*, Braunschweig 1883, S. 355.

43 Je höher der Zivilisationsstand einer Gesellschaft, desto größer wird die Wahrscheinlichkeit, daß Menschen- oder Tieropfer nur noch symbolisch dargebracht werden.

44 Elias, Norbert: *Die Gesellschaft der Individuen*, a.a.O., S. 80.

45 Bloch, Maurice: Symbols, Song, Dance and Features of Articulation, in: *Archives Européennes des Sociologies*, 15, 1974, S. 55–81 im Original S. 55. Zu vergleichbaren Ergebnissen kommt: Wulf, Christoph: Religion und Gewalt, in: Kamper, Dietmar, Wulf, Christoph (Hg.): *Das Heilige und seine Spur in der Moderne*, Frankfurt/M. 1987, S. 245–254. Wulf bezieht sich vorwiegend auf Girard und Durkheim.

46 Bloch, Maurice: *Symbols, Song, Dance*, a.a.O., im Original S. 72.

47 Ebenda, S. 64.

48 Mumford, Lewis: *Mythos der Maschine*, a.a.O., S. 87.

49 Sicherlich wären die Betrachtungen der Prototypen des Tanzes noch zu differenzieren, indem z. B. *ein* Tanz aus *einer* Gesellschaft exemplarisch herausgegriffen und vorgestellt würde. Mir ging es jedoch vorrangig um generelle Strukturmerkmale und Schnittstellen. Genauer zu betrachten wäre z. B. das Maß der asketischen Ausrichtung der jeweiligen Religion, choreographische Bilder im Spiegel der einzelnen Symbolwelten, die Hierarchie in den Strukturen von Macht- und Entscheidungsträgern und die Machtbalance zwischen den Geschlechtern. Eine (ausgezeichnete) differenzierte Untersuchung kollektiv ritualisierter Tänze im Kontext ihrer Gesellschaft findet sich am Beispiel der afrikanischen Venda-Ethnie in: Blacking, John: *How musical is man?*, Washington 1983.

Der Störenfried auf dem Weg in die Moderne

Was die Kirchenväter des Frühchristentums bereits verkündeten, gewinnt in der frühen Neuzeit an Struktur und wird radikal: Der »Engel der Übertretung, des Ungehorsams und der Revolte«, so Batailles Bezeichnung für die Teufelsimagination,[1] wird aus der Sphäre des Heiligen verjagt. Mit der Verbannung des Gegengottes erfolgt unmittelbar auch die des Tanzes. Inmitten tiefer Religiösität lehnt eine der kurz- und langfristig wirkmächtigsten Sozialisationsinstanzen – die Kirche – den Tanz ex cathedra als Medium des Sakralen ab, ohne den Menschen ein analoges Ritual zur Verfügung zu stellen. Es ist allem voran die ständig thematisierte Absage an das Sexuelle, die die Absage an den Tanz motiviert. Damit fällt aber auch seine Funktion als psychologisches und soziales Regulativ aus, so daß der Tanz fortan von der einmal stärker und einmal schwächer ausgeprägten Transgression des Verbotes gekennzeichnet ist.

In seiner bahnbrechenden Untersuchung »Über den Prozeß der Zivilisation« macht Norbert Elias darauf aufmerksam, daß die frühe Neuzeit wie keine andere Zeitspanne durch zahlreiche und entscheidende psycho- und soziogenetische Umbrüche gekennzeichnet ist.[2] Mit den Staatsbildungen gehen Individualisierungsschübe und Gewissensbildungsprozesse einher. Die Moderne wird eingeleitet.

38

Wir betrachten zunächst den Weg des alten hin zum neuen System der Verhaltens- und Konfliktregulierung, sodann die Formalisierung des Sexuellen im Zuge eines umfassenden Distanzierungsprozesses und den Eheentwurf der Reformation. Schließlich wird die auf den Scheiterhaufen der Inquisition kulminierende Abwehr des Bösen einer Deutung unterzogen.

Zeitzeichen an der Schnittstelle zur modernen Welt

In Rivalität zur Feudalmacht steigen seit etwa dem 12. Jahrhundert mehr und mehr Kaufleute und Handwerker in der gesellschaftlichen Hierarchie von unten nach oben auf. Parallel erfolgt die Monetarisierung des Alltagslebens, die Geldwirtschaft wird zum ausschlaggebenden Regulator der Produktions-, Konsum- und Lebenschancen. Ausgestattet mit den entsprechenden Machtpotentialen, entsteht eine neue, konkurrierende gesellschaftliche Größe, die die machthabende Feudalherrschaft immer weniger ignorieren kann und eigene Rechte geltend macht. Das energische Aufbegehren bisher schwächerer Gruppen erschüttert das ausdifferenzierte System alter feudaler Familienvorrechte bis in die Grundfesten und drängt in Richtung einer sozialen Nivellierung durch Berufung auf den Regierungs- und Behördenapparat. Dieser Prozeß steht in Zusammenhang mit einem gesamtgesellschaftlichen Gefüge, das durch zunehmende Urbanisierung und langsam ansteigende, geographische Mobilität komplexer und unübersichtlicher wird. In der frühen Neuzeit erfahren so seit langem bestehende gesellschaftliche Ordnungen grundlegende Umbrüche.

Mit dem sozialen Wandel geht ein Umschwung in der Verhaltens- und Konfliktregulierung einher. Dieser Umschwung besteht darin, daß sich die Verhaltens- und Konfliktregulierung aus einer unmittelbar wirkenden Augenkontrolle von Familien- und Nachbarschaftsverbänden nach und nach auslagert und allmählich von übergeordneten, frühstaatlichen Instanzen abgelöst wird. In dem vormaligen, strikt patriarchalisch organisierten System besitzen die Väter das absolute, innerfamiliäre Entscheidungs- und Verfügungsrecht. »Macht« findet sich im Vater personifiziert. Die Instrumente der Verhaltens- und Konfliktregulierung dieser Verbände heißen Selbsthilfe und auch Selbstjustiz. In sich instabil und störanfällig, beruht die Funktionsweise der Verbände auf zwei Grundbedingungen: Erstens sind sie auf ein Höchstmaß an räumlicher Nähe, das Geschehen und Ereignisse überschaubar macht, angewiesen. Zweitens bedarf es entsprechender Gewaltmittel, sei es in Form von höherem körperlichen Durchsetzungsvermögen oder in Form von höheren Waffenpotentialen als der Gegner. Der Ablösungsprozeß des alten durch das neue System der Kontrollmechanismen, der sich, dynamisch schwankend und dennoch kontinuierlich, bereits im Hochmittelalter abzeichnet, ist in der frühen Neuzeit unumgänglich und unaufhaltsam, denn beide Funktionsgrundlagen sind zu diesem Zeitpunkt nicht mehr in der gleichen Zuverlässigkeit gegeben wie zuvor: Die neue geographische Mobilität und die komplexer werdende Welt gehen auf Kosten der Übersichtlichkeit. Durch die wachsende Kluft zwischen macht- und besitzstarken und macht- und besitzschwachen Gruppen reichen die Gewaltmittel zur Interessensdurchsetzung – von unten nach oben – nicht mehr aus. Durch diesen Wandel erfährt das ehemalige, absolute Kontroll- und Gewaltmonopol der Väter einen Machtverlust zugunsten außerfamiliärer, gesellschaftlicher Regulatoren. Diese zunehmende Machtverschiebung nach außen ist der Schlüsselprozeß zum modernen Zeitalter schlechthin. In der frühen Neuzeit gewinnt die Ausformung des modernen Staates durch die Doppelfunktion »Gewaltmonopol« und »Steuerhoheit« erste feste Konturen. Die personifizierte väterliche Macht beginnt sich zu entpersonifizieren.

Eine Soziogenese beschreibt stets auch eine Psychogenese oder, anders gesagt, eine Psychogenese impliziert immer auch eine Soziogenese. Dem Eliasschen Zivilisationstheorem zufolge, ist die Zentralisierung der Staatsmacht nicht von der Ich-Bildung zu trennen und vice versa. Die zwei Momente sind wie wechselseitige Dispositive zu verstehen. Staatliche Instanzen entsprechen in etwa dem »Ich« im kleinen und umgekehrt. In der frühen Neuzeit jedoch sind beide Instanzen noch schwach ausgeprägt. Bei der prozessualen Ablösung des alten Modells der Familien- und Nachbarschaftsverbände steht der vakant gewordenen Instanz des Vaters kein entsprechendes Pendant als Verhaltensregulativ gegenüber. Das heißt: In der sozialen Regulierung des Verhaltens entsteht eine Lücke. Normenunsicherheiten und Desorientierungen machen sich breit, Potentiale werden freigesetzt, die vormals – wenn auch schwachen – Regulativen gehorchten. Alte Muster besitzen in diesem Moment nicht mehr die gleiche Gültigkeit, neue Muster haben sich erst noch durchzusetzen. Durch das entstandene, überspitzt gesagt, Vakuum lockert sich die bereits im Vorfeld schwache Trieb- und Affektmodellierung zunächst um ein weiteres. Die Lücke schließt sich erst unter dem Regime stabiler staatlicher Instanzen und deren Dispositiv eines eher männlich modellierten Über-Ichs um die Wende zum 20. Jahrhundert. An der Stelle der ehemaligen Macht des Vaters stehen nun entpersonifizierte abstrakte Autoritäten.[3]

Seinen deutlichsten Niederschlag erfährt dieser sozio- und psychogenetische Prozeß der Staatenbildung im absolutistischen Frankreich, eine Entwicklung, die sich auch im höfischen Kunsttanz widerspiegelt.

Formalisierung des Sexuellen

An der Schnittstelle zur modernen Welt geraten breite Spektren des Verhaltens, die in der mittelalterlichen Welt schwach generalisierten Normen unterliegen, in einen umfassenden Sog an Formalisierungsschüben. Die Menschen beginnen sich von zahlreichen Momenten, die vormals als wenig störend empfunden wurden, zu distanzieren und nehmen dadurch allmählich Abstand zu sich selbst ein. Ein Teil dieser Mechanismen beschränkt sich vorerst auf macht- und besitzstarke Gruppierungen und auf die Studierstuben der Gelehrten, um von dort aus nach »unten« zu gelangen. Aus diesem Abgrenzungsprozeß werde ich einige Fragmente herausstellen.

Zunächst muß jedoch von einem Ereignis die Rede sein, das noch vor dem abgehandelten Zeitraum, nämlich in der Mitte des 14. Jahrhunderts liegt: die Pest. Der Schwarze Tod von 1347–1352, »wohl noch immer die größte Katastrophe, die die in Europa lebenden Menschen je getroffen hat (. . .),«[4] kostet im europäischen Gesamtdurchschnitt etwa 30% der Menschen das Leben. Auf regionaler Ebene schwanken die Zahlen zwischen 12,5% und 60%. Im Vergleich dazu beträgt im Zweiten Weltkrieg der Bevölkerungsverlust in Westeuropa ungefähr 5%. Gesellschaftliche Organisationsstrukturen geraten aus den Fugen. Ohnmächtig erliegt die Karitas dem Desaster. Die Todeserfahrung des Massensterbens gräbt sich prägend ins Gedächtnis der Menschen ein. Möglicherweise hat die Erfahrung dieser Pestwelle für zahlreiche, sich später verselbständigende Phänomene auslösende oder forcierende Wirkung. Vielleicht findet hier die für die Folgezeit ausschlaggebende Kapitalakkumulation durch radikal verkürzte Erbfolgen ihren Anfang, und vielleicht entspringt dieser Erfahrung auch der Impuls für die Reformationsbewegung. Ebenso könnte die Pest das schürende Moment für das sich erst in der frühen Neuzeit entfachende Teufels-

bzw. Hexenpogrom sein. Diese Annahmen sind hypothetisch, sie sollten für unsere kulturgeschichtliche Abhandlung über den Tanz aber nicht ganz unberücksichtigt bleiben.[5]

Paradezeugnis des Distanzierungsprozesses sind die Schriften von René Descartes (1596–1650). Sie belegen ein gedankliches Abstandnehmen von den Objekten des Erkennens. Zwischen den Menschen und ihrer Umwelt beginnt die Mauer der Reflexion und der Kontrolle über sich selbst sich zu erheben. Das kartesianische »Ich denke, also bin ich« beschreibt die individuelle Erfahrung eines Selbst, eines Individuums mit einem fiktiven Innen und Außen. Dieser Kern des modernen Homo clausus kündigt sich im selbstreflexiv gesteuerten Hoftanz an.

Unter dem Hegemonialstreben der Konquisition und gleichermaßen bei dem schockartigen, aber dennoch zähen Übergang vom geo- zum heliozentrischen Weltbild bersten die Grenzen der bisherigen Lebenswelten. Ein spontaner und unreflektierter Selbstbezug gerät ins Wanken, denn um mit einem solchen, nun stark vergrößerten Weltbild umgehen zu können, »bedarf es eines erhöhten Vermögens der Menschen, sich im Denken von sich selbst zu distanzieren.«[6]

Die Gelehrtenwelt der Humanisten entdeckt allmählich ihren Homo educandus und die Kindheit im modernen bzw. vormodernen Sinn. Der Nachwuchs bleibt immer weniger, ich überziehe, sich selbst überlassen.

Weiterentwicklungen des Buchdruckes lassen das Kommunikationsnetz expandieren und verdichten es. Die neue Flut an Information benötigt eine größere Reduktion von Welt. Die Fähigkeit dazu erfordert ebenfalls ein erhöhtes Vermögen der Selektion und damit auch des Abstands zu sich selbst.

Zwischen die Hände oder den einfachen Löffel und die Mahlzeiten schiebt sich distanzierend das Eßbesteck. Ausscheidungen der Nase werden mit dem Taschentuch aufgenommen. Der weiße und säuberlich in Falten gelegte Hemdkragen der Höflinge der Renaissance demonstriert ein erstes, individuell ausgerichtetes Hygieneempfinden. Dennoch: Mit Ausnahme der Hände und des Mundes bleibt der Rest des Körpers ebenso wie die restliche Kleidung – dazu gehören selbstredend auch die Kostüme und Gewänder für die Bälle - bis in das 18. Jahrhundert hinein ungewaschen.[7]

Den erotischen Vergnügungen in den Badehäusern wird ein Ende gesetzt, diese Einrichtungen verschwinden im 16. Jahrhundert. Ein Großteil der Bordelle wird von den frühstaatlichen Behörden geschlossen. Das tendenziell unbefangen gelebte Sexuelle tritt allmählich zurück.

Die Feuerwaffen werden weiterentwickelt. Das Schießen mit einer Waffe bedingt eine qualitativ andere, nämlich distanziertere Erfahrung des Tötens, als der Gebrauch eines Schwertes, Messers.

Die Einführung des Zeitmessers fixiert Zeit in straffer gesetzten Normen. Ähnlich erfolgt über die zunehmende Geometrisierung des Körpers und seines Raumes eine stärkere Kontrolle des Leibes. Die Entwicklung der modernen Perspektive soll ebenfalls in diesem Zusammenhang gedeutet werden.

Im Prozeß des Abstandnehmens und dem damit verbundenen Ansteigen des Zivilisationsniveaus wirkt ein zusehends individueller ausgerichtetes Todesbewußtsein entscheidend mit. »Keine Zeit hat mit solcher Eindringlichkeit jedermann fort und fort den Todesgedanken eingeprägt,« stellt Huizinga fest, »wie das 15. Jahrhundert. Unaufhörlich hallt durch das Leben der Ruf des Memento mori. (...) Erst seitdem mit dem Aufkommen der Bettelorden die Volkspredigt sich entwickelt hatte, schwoll die Ermahnung zu einem drohenden Chor an, der mit der Heftigkeit einer Fuge die Welt durchschallte.«[8] Um den Tod legt sich fortan die Aura von Scham und Furcht, das Wissen um ihn wird beklemmend. Die Menschen beginnen, die Leichen und auch deren Gesichter zu bedecken. Gräber werden immer häufiger mit individuellen Nameninschriften versehen und schmückend gestaltet.[9] Der frühneuzeitliche Bedeutungswandel des Todes steht in engem Zusammenhang mit dem Bedeutungswandel des Tanzes.

Die Kraft, ohne die die Moderne nicht denkbar geworden wäre, ist die Reformation. Den revolutionären Momenten dieser Bewegung – der Erklärung des Gnadenrechtes und ihrem Postulat der Gleichheit (vor Gott bzw. dem göttlichen Richter) – sind eine permanente Selbstbefragung und Selbstüberprüfung eingeschrieben. Von Gedanken Martin Luthers (1483–1546) angeregt, verlagert sich die Kollektivbeichte zur Einzelbeichte. Bereits diese Verschiebung muß als ein kräftig wirkender Schub hin zu einem »souci de soi« gewertet werden. Ohne das Wirken von Johannes Calvin (1509 bis 1564) aber wäre das Wirken Luthers nur bedingt von Bestand gewesen. Bei gleicher Pflicht zur Selbstzensur fällt bei den Calvinisten, durch die radikale Absage an jegliche Mittelsfunktion und -person zwischen Mensch und Gott, die Beichte und damit auch deren psychologischer Effekt der Entlastung weg. Folgen wir Max Weber, bildet dieser Wegfall den eigentlichen Motor der bürgerlich kapitalistischen Produktionsweise und der damit verbundenen Lebensorganisation.[10] Die durch das Wirken der Reformation in die Höhe schnellende Selbstkontrolle schließt die Entgrenzung des Tanzes aus; die Calvinisten lehnen die ihrer Ansicht nach todeslastigen Entäußerungen des Tanzes kompromißlos ab.

In diesem Prozeß der Selbstdistanzierung gerät ein Phänomen in den Sog der Formalisierung, das im alten System der mittelalterlichen Familien- und Nachbarschaftsverbände nur schwacher Normierung unterlag. Für den Formalisierungsschub im abendländischen Zivilisationsprozeß steht es allerdings an zentraler Stelle. Die Rede ist von der Formalisierung des Sexuellen. Diese einsetzende Formalisierung wird für den Tanz – stände- bzw. schichtunspezifisch – in den folgenden Epochen zum Wegweiser, sie prägt ihn wie kaum etwas anderes.

In der frühen Neuzeit erweisen sich die alten Verhaltensmuster des Sexuellen als kaum noch tragbar, die neuen hingegen besitzen noch keine Realitätsrelevanz. Insofern birgt die Zeit des Übergangs zwei soziale Sprengkapseln: Erstens wird die Frage der Versorgung der Frauen und ihrer Kinder aufgrund sexueller Aktivitäten zum Problem, und zweitens – dieser Punkt scheint damals wichtiger – die gesellschaftlichen Machtstrukturen zeigen sich als offen bedroht.

Eine besondere Gefahr taucht aus der Institution Ehe auf, die außer Kontrolle zu geraten droht. So wenig normiert Eheschließungen selbst im Mittelalter bis hin zur frühen Neuzeit auch sind, ihr gesellschaftlich stabilisierender Stellenwert ist nicht hoch genug einzuschätzen. Diese Einrichtung gewährt (spätestens) seit der Feudalisierung und über die folgenden Jahrhunderte hinweg die soziale Ordnung. Jeglicher Macht- und Besitztransfer findet durch sie statt. Eheliche Bindungen sind auch aus diesem Grund offiziell und inoffiziell nur unter Standesgleichen zugelassen. Die Ehe ist Garant der Machtdifferentiale zwischen den Ständen, sie perpetuiert die gesellschaftliche Struktur mit all ihren Gleichheiten und Ungleichheiten. Für die Mittellosen dient diese Institution vorwiegend der Altersversorgung, sonst ist sie für den Tuchmacher, den Bauern, den Schmied von prinzipiell vergleichbarer Bedeutung wie für die Machthaber und Mitglieder der Fürstenhöfe, mag auch ihr Stellenwert nach der sozialen Position des Vaters variieren.

In der Ehe sind die Rollen und Verantwortungsbereiche zwischen den beiden Geschlechtern ungleich verteilt. Frauen sind Mittelinstanzen des familiären und damit auch des gesellschaftlichen Reproduktionsmonopols. Ihre Anatomie wird dadurch zum bestimmenden biographischen Wegweiser. Zur Ehe seit der Feudalisierung schreibt der Mediävist Duby: »Sie ist eine rigorose Institution zur Reproduktion der sozialen Ordnung geworden, und diese Funktion (und diese *Verantwortung)* ist mehr denn je zentral

46

mit der Frau verknüpft (biologisch, moralisch, symbolisch), mit der Frau als Bauch.«[11] Schwangerschaften aus nicht standesgemäßen Verbindungen bringen die soziale Ordnung durcheinander, Machtdifferentiale können dadurch kippen. Für die Zeit der Schwangerschaft und der Kindesfürsorge sind Frauen weitgehend auf die Versorgung durch ihre Familien angewiesen. Auf feste, staatliche Garanten können sie nicht rekurrieren. Schon deshalb unterliegt das weibliche Sexualverhalten ungleich höherer Zensur als das der Männer.

Im gesamten Mittelalter ist das männliche Sexualverhalten so gut wie freigegeben. Im Prinzip können Männer tun und lassen, was sie wollen; das Bekunden sexueller Potenz verspricht Prestigegewinn. Das einzige Regulativ wirkt sekundär von außen – also als Fremdzwang und nicht als internalisierter Selbstzwang – über die Kontrolle der Frauen. Sobald diese Kontrolle Lücken zeigt, wird sie genutzt; Momente der Gewalt sind hier miteingeschlossen. Den Riegel gegen den Mißbrauch des schwachen Regulativs übernimmt die soziale Vereinbarung, daß der Beischlaf, ja schon die Nachrede darüber, als Eheversprechen gilt. Materielle oder finanzielle Entschädigungen können geltend gemacht werden, und nicht zuletzt löst das Konkubinat – die Ehe minderen Rechts – das Versorgungsproblem einer eventuellen Nachkommenschaft und Rufschädigung der Frau, und damit der ganzen Familie. Über das Einhalten dieser Verhaltensmuster wacht die Kontrolle der Brüder, der Familie und der Nachbarn, mit dem Vater als Vertreter der Ultima ratio an der Spitze. Die väterliche Gewaltandrohung gegen den Liebhaber der Tochter tritt bei Defloration, und auf jeden Fall bei Schwangerschaft, in Kraft. Diese Konditionen sind in der Übergangszeit des ausgehenden Mittelalters zur Neuzeit nicht mehr gewährleistet. In der sozialen Regulierung des Sexuellen klafft die Lücke.

Lückenfüllend und regulativ treten nun außerfamiliäre, frühjustizielle Instanzen in Kraft. Mit dem Einklagen des Rechts – jetzt in aller Regel von den Frauen selbst – stehen die Chancen jedoch nicht besser, im Gegenteil. Die Gerichte, in diesem Fall Ehegerichte, sind zum einen ausschließlich von Männern und zum anderen ausschließlich von Mitgliedern machtstarker Gruppen besetzt. Die neue Figuration, die sich vor Gericht wiederfindet, birgt brisante, soziale Sprengkraft: Hier werden hochgestellte Männer wegen der von ihnen geschwängerten, niedriggestellten Mägde angeklagt. Um den machtschwächeren Frauen zu ihrem Recht zu verhelfen, müßten diese Männer nun einerseits einen Schritt in Richtung soziale Nivellierung zulassen und andererseits ihr Fehlverhalten zugeben und sich damit selbst der Zensur unterwerfen. Weder zu dem einen noch zu dem anderen sind sie bereit. Die Ordnungsmuster werden daher umgedreht. Seit dem Übergang vom alten (familiären) zum neuen (staatlichen) System der Verhaltensregulierung gilt, so der Eliasschüler Schröter: »Nicht mehr Frauen sollen vor Männern, sondern Männer sollen vor Frauen geschützt werden.«[12] Aus der Klägerin wird die Angeklagte: das ist ein Stigma, das erst heute allmählich seine Macht verliert.

Besonders problematisch erweist sich in dieser Situation, daß bis dahin das Sexualverhalten *nicht als solches* formalisiert ist. Reguliert sind lediglich die Folgen wie Defloration oder Schwangerschaft. Die frühneuzeitliche Gesellschaft des Übergangs steht damit vor einem vehementen Versorgungsproblem der Frauen und Kinder und, dringlicher noch: sie steht vor bedrohten Machtstrukturen. Als Lösung setzt sich unter diesem Druck die Tendenz durch, das Sexuelle generalisierten Normen zu unterwerfen. Das Sexuelle gerät so in den Sog von Formalisierungsschüben breiter Spektren des Verhaltens, »indem er legitime Sexualbetätigung kompromißlos auf eine vorschriftsmäßig eingegangene Ehe beschränkte.«[13] Außer- und vorehelicher Verkehr steht bald unter Strafe. Das Zusammenleben ohne Trauschein wird verboten und das Konkubinat alsbald zur Rarität. Uneheliche Kinder müssen gemeldet werden, Hebammen stehen unter Denunziationspflicht. Der Zeitpunkt der Eheschließung wird festgelegt, das Ja-Wort *muß* vor einem Priester erbracht werden und besitzt nur dann Gültigkeit. Das Auflösen der Ehe wird zunehmend schwieriger. Ehegerichte tragen fortan die Züge von männerfreundlichen Sittengerichten. Luther und Calvin beispielsweise fordern für Ehebrecherinnen die Todestrafe. Im Interesse macht- und besitzstarker Gruppen wird versucht, die gesellschaftliche Reproduzentin Ehe – rigide modifiziert – zu restabilisieren.

Die eigentliche Gefahr einer Überschreitung der verschärften Normen geht fortan von Frauen aus. Ihnen wird die Verantwortung für das Sexualverhalten der Männer aufgebürdet – eine Vorstellung, die sich ebenfalls über Jahrhunderte halten wird, in Ansätzen erst in der heutigen Zeit an Gewicht verliert und auch im Tanz ihren Widerhall findet.

An der Bildung der außerfamiliären, frühjustiziellen Einrichtungen ist die Reformation maßgeblich beteiligt. Ihr Gedankengut findet sich in den Institutionen des frühen Staatsgefüges eingebunden. Ehegerichte und Sittengesetzgebungen stehen fast ausschließlich unter reformatorischer Regie.

Unter dem reformatorischen (und auch dem humanistischen) Fittich wird das Modell der modernen berufsbürgerlichen Organisationsweise entworfen, das sich per definitionem über die Trennung von Produktions- und Reproduktionsarbeit beschreiben läßt und auf einem breitgefächerten Kanon an geschlechtspezifisch polarisierten Charakteren und Aufgabenbereichen beruht. Männer leisten bezahlte Arbeit, Frauen kostenlosen »Output«.

Mit der Reformation erhält die von den Papisten stets heftig diskutierte und im Prinzip abgelehnte Ehe erstmals ihre theologische Befürwortung. Mit geradezu überschwenglichem Lob ausgestattet, erfährt diese Einrichtung eine mächtige, religiöse Aufwertung. »Daß Gott die Ehe geschaffen hat, das wissen die Heiden und Ungläubigen nicht, darum bleibt ihr Wasser Wasser und wird nimmer Wein.«[14] Für moderne Scheidungsrichter klingt das wohl nur wie blanker Hohn, Luther aber ist es mit dieser Feststellung ernst: er formuliert das Ehemodell um. Die Einrichtung Ehe dient ihm als »Auffangbehälter«, der das Sexuelle aufheben, außer Kraft setzen und, modern gesagt, sublimieren soll. Er schreibt: »Wenn du aber in den wahren und rechtmäßigen Ehestand trittst, so fällt dieses Wüthen und Toben des Fleisches weg.«[15] Luther macht diese Aussage keineswegs zufällig ausgerechnet in seinen Kommentaren zur Apokalypse. Wie an späterer Stelle deutlich wird, steht der Gedanke an den Weltuntergang in engem Zusammenhang mit der reformatorischen Absage an den Tanz. Unter Berufung auf die Werkheiligkeit sieht Luther den Idealtypus eines Ehelebens von ruhelos emsiger, alltäglicher Arbeit geprägt und deshalb ist »der Ehestand ein rechter himmlischer, geistlicher und göttlicher Stand (. . .).«[16]

Die reformatorische Aufwertung der Ehe bedingt eine Bedeutungsverschiebung in der Stellung der Frau. Während der frühe Luther eine inbrünstige und überschwengliche Marienverehrung pflegt, sagt er ihr in seinen späteren Lebensjahren jählings ab. Diese Absage muß jedoch als eine Absage an die Figur der Maria als Mittlerin zwischen Mensch und Gott verstanden werden, weniger als Absage an ihre inhaltliche Ausgestaltung, die Metaphern der Immaculata.

Luther gesteht Frauen eine Seele zu. Er nimmt ihnen ihre vom papistischen Chor postulierte, genuin unüberwindbare Sündhaftigkeit eines seelenlosen Seins und enthebt sie damit gleichzeitig dem mittelalterlichen, juristischen Status eines Sachmittels. In einer detaillierten Vorformulierung berufsbürgerlicher Rollenverteilungen und -stigmata preist er Frauen im Stand der Mutter, der Gattin und der Hausfrau. Zur Ausgestaltung dieses Frauenentwurfes bedient Luther sich marianischer Muster. Allerdings deutet er diese handlungsorientiert um: Er holt die Immaculata von ihrem unerreichbaren Thron in die irdische Welt des Alltags. Damit rundet er sein Frauen-, Ehe- und Familienkonzept ab.[17] Nur in diesem Sinn ist der von ihm gesetzte, abendländische Meilenstein – die theoretische »Beseelung« der Frau – zu verstehen.[18]

Martin Luther, ein ehemaliger Augustinermönch, ausgebildeter Jurist und promovierter Theologe, macht seine Aussagen zum Tanz fast ausschließlich im Kontext seiner asexuellen Eheentwürfe.

Mit der frühneuzeitlichen Formalisierung des Sexuellen hängt aber noch ein weiterer Abgrenzungsprozeß zusammen:

Scheiterhaufen

In der frühen Neuzeit steigt der »Engel der Übertretung, des Ungehorsams und der Revolte« zum triumphierenden Gegen-Gott empor und wird aus der Sphäre des Heiligen verbannt.[19] Mit der Absage an die Vorstellungsräume des Teuflischen wird die breite Palette von Transzendenz auf die schmalen Kanäle eines »guten« spirituellen Jenseits reduziert. Das zur Verfügung stehende Regulativ für das facettenreiche »Böse« heißt fortan nur noch »Überwindung«. Diese Formel trifft den Tanz an überaus sensiblen, da genuinen Stellen. Durch sie wird seine Funktion als Regulativ hinfällig und die Arabesken des Imaginären verwildern in Richtung sexuelle Obsession.

Die dialektische Aufsplittung in »gute« und »böse« Mächte läßt sich verstärkt seit etwa dem frühen 15. Jahrhundert beobachten. In den damaligen Vorstellungswelten kursieren Bilderströme von Erbsünde, von Inferno, Jüngstem Gericht und Paradies. Dem festen Glauben an positiv belegte Heilige steht ein ebenso inbrünstiger, tiefer Teufelsglaube als Pendant gegenüber. Aus der mittelalterlichen, mitunter noch schalkhaften, ja kecken Imagination des Diabolischen (den Beelzebuben, und wie die Figuren alle heißen) wird die nicht mehr lenk- und überlistbare Inkarnation des Unheils. Der Teufel wird zum Gegengott, er entstammt einer Gegenwelt und wird zum mächtigen, nicht mehr tragbaren Störfaktor. Die Apokalypse scheint zum Greifen nahe.

Der Versuch der Menschen, sich von diesem Gegengott abzugrenzen und ihn aus der Welt zu schaffen, bedarf massiver Anstrengungen. Er erreicht in den einzelnen Verfahren der Inquisition seinen Höhepunkt. Die Gnadenmittel reichen für das explosive Gemisch jener Zeitspanne nicht mehr aus. Seit dem frühen 16. Jahrhundert lodern im mitteleuropäischen Raum die Scheiterhaufen wie nie zuvor. Heinemann, sie bedient sich in ihren Untersuchungen zivilisationstheoretischer und psychoanalytischer Instrumentarien, sieht im Hexen- bzw. Teufelswahn »die frühesten Äußerungen des Gewissens.«[20]

Zentren sind das päpstliche Italien und die reformierten Gebiete des deutschsprachigen Raums. Für das Aufblähen des Wahns gerade hier sprechen, kurzgefaßt, zwei Gründe:

Im Vergleich zu anderen Ländern sind hier die außerfamiliären Instanzen des Justizapparates schwächer ausgeprägt. In den zersplitterten Ländern existiert keine zentrale, ausdifferenzierte und verbindlich gültige Gerichtsbarkeit. Meistens werden die Urteile durch den simplen Rekurs auf (zumindest für das heutige Auge obskur ausgelegte) Bibelstellen und theologische Schriften begründet. »Exekutive, Legislative und Judikative« stellt zunächst die reformierte Kirche; seit der zweiten Hälfte des 16. Jahrhunderts mischen sich unter diese auch religiös motivierte, weltliche Instanzen. Der Willkür ist Tür und Tor geöffnet.

Die damalige Volksfrömmigkeit ist geprägt durch einen starken Heiligenkult. Jedes Dorf, jede Krankheit, jeder Kalendertag haben ihre Schutzpatrone. Eine geradezu überschwengliche Verehrung genießt die Jungfrau Maria. Allerorts finden Wallfahrten zu ihren Erscheinungsarten statt; zur Heilung der Kranken genügt das Berühren einer Statue. Durch die Absage der Reformation an Mittelsfiguren zwischen Mensch und Gott fällt – ein Schritt mit verheerenden Folgen – die ranghöchste aller Schutzpatrone als ausgleichendes, positiv belegtes Projektionsmedium aus. Den Menschen ist damit die Möglichkeit der Fürbitte, der positiven Identifikation und der Kanalisation ohne entsprechendes Alternativangebot entzogen.

Sanktioniert wird nicht nur (wie vormals) der Schadenzauber, auch der nichtschädliche Zauber wird verfolgt und steht unter Strafe. Theoretisch grundlegend hierfür werden die frühchristlichen Abhandlungen von Aurelius Augustinus (354–430) über den Dämonenkult. Die Auslegungen des Kirchengründers erfahren zu diesem Zeitpunkt Hochkonjunktur: Jegliche Form des Zaubers gehöre in den genuinen Wirkungsbereich des Teufels, nur er sei dazu mächtig.[21] Folgerichtig ist das Corpus delicti der Anklagen nicht die Magie selbst, sondern die Zuwendung zum Teufel und die daraus resultierende, häretische Abkehr vom »guten« Gott. In letzter Konsequenz bleibt auch die Figur der Hexe sekundär. Das Interesse gilt dem Satan, er ist der Protagonist: »Der Teufel und nicht die Hexe bzw. das Bündnis mit dem Teufel stehen im Vordergrund der Hexenprozesse.«[22] Wie tragisch das Phänomen, wie maßlos die Torturen, wie obsessiv die Phantasien der richterlichen Obrigkeit sein mögen – die Hexe ist nur das Medium, mit dem sich der Gegengott verbündet, um *durch* sie zu wirken. Dieses Skandalon gilt es im Prozeß zu beweisen, um es dann aus der Welt zu schaffen.

Vor dem Zugriff der Inquisition gibt es in aller Regel kein Entrinnen, de facto steht das jeweilige Delikt schon vor dem Verhör fest. Allerdings – hierin liegt das Besondere – ohne Geständnis des Bündnisses mit dem Gegengott wird kein einziges Urteil gefällt. Ohne Berichterstattung über die geschlossene Allianz darf und wird niemand hingerichtet werden. Auch Zeugenaussagen reichen nicht aus. Beharrliche Erpressungen, das Herausquetschen der Bekenntnisse durch Folterungen sind die Regel. Bei sämtlichen Prozessen wird penibel darauf geachtet, daß die Angeklagten nicht bereits unter der Marter sterben. Sollte die Suche nach dem empirischen Beweis, dem Stigma diabolicum, vergeblich sein, dann manipulieren die Tribunale buchstäblich auf »Teufel komm raus« und schaffen das Zeichen bekanntlich selbst. Was immer die Inquisitoren und deren Schergen an Destruktionsgelüsten, Machtzuwachs oder anderen Motiven zu dergleichen Handlungen treibt, das Ausfindigmachen des Teufels besitzt Dringlichkeit. Insofern ist es wortwörtlich zu verstehen: Im aufgerüsteten Beichtstuhl »Folterkammer« heiligt der Zweck die Mittel. Um den Teufel aus der Welt zu schaffen, muß er zunächst gefunden und benannt werden, koste es, was es wolle.[23]

Seine höchste Intensität erreicht der Teufelsglaube unter den Klerikern beider Konfessionen – seien es Lutheraner oder Calvinisten, die Reformierten[24] unterscheiden sich hier nur unwesentlich von den Papisten – und unter denjenigen, die dem Scheiterhaufen fast ausnahmslos selbst zum Opfer fallen, nämlich den macht- und besitzschwachen Bevölkerungsgruppen. Sicherlich handelt es sich bei dem Hexen- bzw. Teufelspogrom auch um eine am Machtzuwachs interessierte Zwangsmissionierung der Bevölkerung, eine Art bewaffnete Wallfahrt und Disziplinarmaßnahme eines Schreckensregimes, um »die Herde ruhig zu stellen«. Ausgesetzte Prämien für Denunzianten wie auch für Richter, klerikale und weltliche, Hetzkampagnen schüren die Intensität des Pogroms. Alle sollen und müssen es sehen, die Scheiterhaufen sind stets gut sichtbar aufgebaut, denn die Disziplinarmaßnahme hat zu greifen. Aber: zu beachten bleibt, daß die Bevölkerung das Phänomen unterstützt. Nur die Machthabenden allein können solche Massenbewegungen nicht hervorrufen. So werden die Angeklagten »unter starker Anteilnahme der Bevölkerung hingerichtet, teilweise fanden richtige Volksfeste statt.«[25] Ohne die Mithilfe der Nachbarschaft, der Bekannten und Verwandten wären die Verfolgungen nur bedingt möglich gewesen. Der weitaus größte Teil der Hinrichtungen beruht auf der Denunziation durch die Mitmenschen der Betroffenen. Die Prozesse, die *nicht* vor Gericht kommen, sondern sich zwischen den Häusern und in den Gassen als mehr oder minder scharfe Gerüchteküche ausbreiten, sind mit einzubeziehen. Sie bilden, so die Einschätzung Behringers, den Großteil und die eigentliche, breite Basis der Verdächtigungen.[26] Am Teufel und seiner Gegenwelt zweifelt damals niemand, weder die Tanzmeister noch die Tuchmacher, nicht der Landesfürst und auch nicht die intellektuelle Elite. Durchzogen von einer leisen und seltsamen Art von Lust, durchsetzt die Angst vor Verhexung, wenn auch milieuspezifisch variierend, den Alltag der Menschen bis in das 18. Jahrhundert hinein und zum Teil noch darüber hinaus. Die Imagination des störend Gegenweltlichen durchtränkt die Gesellschaft bis in ihre feinen Kapillare. Die zahlreichen, *nicht* auf Personen projizierten Riten der Teufelsabwehr – das Salz in den Rocksäumen, das Kruzifix an den Wänden, der Tanz um und über das Johannisfeuer etc. – seien lediglich kurz erwähnt. Nicht zuletzt stehen neben den tatsächlichen Hinrichtungen die unter Umständen nicht minder destruktiven Verbannungen, die Gerüchteküche, die Exkommunikationen, die Gefängnisstrafen. Die tatsächlichen Exekutionen verweisen folglich nur auf die Spitze eines Eisberges. Hier finden sich die Kulminationspunkte eines breitgefächerten Abgrenzungs- und Distanzierungsprozesses. Abwehrmechanismen laufen hier unter Hochdruck.

Während der Höhepunkte des Pogroms werden Männer nur sehr selten beschuldigt und verfolgt. Regional verschieden, erhöht sich ihr Anteil erst beim allmählichen Abklingen des Wahns seit etwa der Mitte des 17. Jahrhunderts auf rund ein Viertel der Verfolgten.

Bei der Belegung des Weiblichen mit magisch-diabolischen Metaphern dürfte es sich um einen der ältesten Mythen überhaupt handeln. In der frühen Neuzeit wird dieses Projektionsgefilde in seiner Gegenweltlichkeit dichter und radikaler denn je ausgefüllt. Theologische Vorarbeiten zum Phänomen gibt es zur Genüge, zahlreiche davon kommen aus der Scholastik, die die Lehren des Augustinus wiederaufbereitet. Mit dem »Hexenhammer« von 1487 wird endgültig manifest, daß das Instrument des Gegengottes prinzipiell weiblichen Geschlechtes ist.[27] In dieser Proklamation liegt die historische Besonderheit des Werkes, die es von seinen Vorläufern unterscheidet und seinen Nachfolgern den Weg weist. Die Autoren argumentieren etymologisch: Das »Wort *femina* nämlich kommt von *fe* und *minus* (fe = fides, Glaube, minus = weniger), also femina = die weniger Glauben hat.«[28] Die Conclusio ist folgerichtig und unvermeidbar: »Also schlecht ist das Weib von Natur, da es schneller am Glauben zweifelt, auch schneller den Glauben ableugnet, was die Grundlage der Hexerei ist.«[29] Durch ihre Labilität im Glauben und den an diesen Sachverhalt geknüpften Verhaltenskanon habe der Teufel leichtes Spiel beim Eingehen des Bündnisses. Der »Malleus maleficarum« wird rund zwei Dekaden nach seinem Erscheinen und dann für zweieinhalb Jahrhunderte zum autoritativen Gesetz- und Handbuch der Inquisition. Daneben und danach folgt eine Flut an Abhandlungen, die das avantgardistische Werk an misogyner Originalität noch übertreffen.[30] Mit den Scheiterhaufen vergleichbar, bilden auch diese Abhandlungen nur die Spitze des Eisberges. Es sind Ausformulierungen eines konsequent dämonisierten Frauenbildes ohne besondere, seien es künstlerische, pädagogische, theologische, medizinische, frühpsychiatrische oder tänzerische Schnörkel.

Die enge Verknüpfung des zu Überwindenden mit dem weiblichen Geschlecht stilisiert Frauen zu Mythenkonzentraten und liefert Deutungsmuster, die an Macht und Resistenz im weiteren

Verlauf der Geschichte ihresgleichen suchen. Auf die des Widerstands unfähige, labile Agentin des Teufels, die historische Hexe, folgt die variantenreich säkularisierte.[31] Die Terminologie ändert sich allerdings: Die weibliche, charakterliche Insuffizienz sei bedingt durch eine gesteigerte sexuelle Potenz und ein erhöhtes Imaginationsvermögen, behaupten die modernen Definitionsmächte. Daß es sich bei der ambivalenten Figur der Salome um eine tanzende und um eine weibliche Dämonin handelt, ist insofern kein Zufall.

Die Verbannung des Teufels über das Medium Frau geht Hand in Hand mit dem progressiven Schwinden des Tanzes im Laufe des Zivilisationsprozesses.

Von diesem Hintergrund ausgehend, folgt eine Betrachtung des Tanzes vom mehrheitlichen, macht- und besitzschwachen Teil der Bevölkerung in der frühen Neuzeit.

ANMERKUNGEN

1 Bataille, Georges: *Der heilige Eros*, a.a.O., z.B. S. 118.
2 Elias, Norbert: *Über den Prozeß der Zivilisation*, Frankfurt/M. 1980, 2 Bde.
3 Von grundlegender Bedeutung für die Aspekte »Lücke in der Verhaltens- und Konfliktregulierung« und »Entpersonifizierung väterlicher Macht hin zu einem abstrakten, männlich modellierten Über-Ich« ist die Spezifizierung des Eliasschen Zivilisationstheorems bei: Schröter, Michael: Staatsbildung und Triebkontrolle, in: Gleichmann, Peter, Goudsbloom, Johan, Korte, Hermann (Hg.): *Macht und Zivilisation*, Frankfurt/M. 1984, S. 148–192; ders.: »*Wo zwei zusammenkommen in rechter Ehe ...*«, Frankfurt/M. 1990. Aus anderer Perspektive und mit anderen Instrumentarien kommen zu vergleichbaren Ergebnissen: Irigaray, Luce: *Ce sexe qui n'en est pas un*, Paris 1977; Theweleit, Klaus: *Männerphantasien*, Reinbek bei Hamburg 1983, 2 Bde.

4 Bulst, Neithard: Der Schwarze Tod, in: *Saeculum*, 30, 1979, S.45–67, S.45.

5 Zu den ausgesprochen konträr eingeschätzten Auswirkungen dieser Pestwelle auf demographische, sozio-kulturelle und ökonomische Faktoren s.: ebenda.

6 Elias, Norbert: *Über den Prozeß der Zivilisation*, a.a.O., Bd. 1, S. LVIII.

7 Über die in der frühen Neuzeit einsetzende und parallel zum Ansteigen des Zivilisationsniveaus langsam, aber beständig individueller ausgerichtete Hygiene berichtet: Vigarello, Georges: *Wasser und Seife, Puder und Parfüm*, Frankfurt/M. 1988.

8 Huizinga, Johan: *Herbst des Mittelalters*, Stuttgart 1965, S.190.

9 Vgl. dazu: Elias, Norbert: *Über die Einsamkeit der Sterbenden in unseren Tagen*, Frankfurt/M. 1984; Ariès, Philippe: *Studien zur Geschichte des Todes im Abendland*, München 1976; ders.: *Geschichte des Todes*, München 1987.

10 Weber, Max: *Die protestantische Ethik*, Gütersloh 1984.

11 Duby, Georges: Die Frauen und die feudale Revolution, in: *Das Argument*, 150, März/April 1985, S.219–228, S.222 (Hervorhebung vom Verfasser).

12 Schröter, Michael: *Staatsbildung und Triebkontrolle*, a.a.O., S.170.

13 Ebenda, S.175.

14 Luther, Martin: *Sämtliche Schriften*, St. Louis 1880–1910, Repr. Groß-Oesingen 1986, 24 Bde., Bd. 11, Sp. 465.

15 Ebenda, Bd. 9, Sp. 1433.

16 Ebenda, Bd. 8, Sp. 1044.

17 Zu entnehmen aus: Ahme, Elisabeth: Die Wertung und Bedeutung der Frau bei Martin Luther, in: *Luther*, 35, 1964, S.61–68. Wie der weitgehend deskriptiven, mit Originalzitaten gespickten Ausarbeitung dieser Lutheranerin (von ihr sicherlich nicht beabsichtigt) zu entnehmen ist, läßt sich die Luthersche Position zum Themenkreis »Frau, Ehe, Familie« mit einer nur geringfügigen Abweichung auf jedes moralische Traktat, Familien-, Sittenkonzept etc. des berufsbürgerlichen 19. Jahrhunderts übertragen. Ähnlich auch: Düfel, Hans: *Luthers Stellung zur Marienverehrung*, in: Luther, 35, 1964, S.122–131.

18 Vgl. auch: Wunder, Heide: Überlegungen zum Wandel der Geschlechterbeziehungen im 15. und 16. Jahrhundert aus sozialgeschichtlicher Sicht, in: Wunder, Heide, Vanja, Christina (Hg.): *Wandel der Geschlechterbeziehungen zu Beginn der Neuzeit*, Frankfurt/M. 1991, S.12–26; Scharffenorth, Gerta: »Im Geiste Freunde werden«. Mann und Frau im Glauben Luthers, in: ebenda, S.97–108.

19 Vgl. dazu auch die kulturhistorische Untersuchung zum Bedeutungswandel der Teufelsimaginationen von der Antike bis in das 18. Jahrhundert von: Roskoff, Gustav: *Geschichte des Teufels*, Leipzig 1869, Repr. Nördlingen 1987. Über den Weg und den Aufstieg des Teufels von etwa dem 12. Jahrhundert zum triumphierenden Gegengott in der frühen Neuzeit berichtet: Le Goff, Jacques: *Die Geburt des Fegefeuers*, Stuttgart 1990.

20 Heinemann, Evelyn: *Hexen und Hexenangst*, Frankfurt 1989, S.52. Die Autorin bezieht sich auf Elias, Piaget und Melanie Klein.

21 S.: Augustinus, Aurelius: *Der Gottesstaat*, Paderborn 1979, 2 Bde., insb. Bd. 1, S. 563–605 (Buch 9).

22 Dülmen, v., Richard: Imaginationen des Teuflischen, in: ders. (Hg.): *Hexenwelten*, Frankfurt/M. 1987, S. 94–130, S. 105. Zu dem Ergebnis, daß es primär um den Teufel und nur sekundär um die Frauen geht, kommt auch Behringer, Wolfgang: *»Erhob sich das ganze Land zu ihrer Ausrottung …«*, in: ebenda, S. 131–169; Heinemann, Evelyn: *Hexen und Hexenangst*, a.a.O. Kunze, Michael: *Straße ins Feuer*, München 1982, insb. S. 268–298 (»Das Delikt«).

23 Daß es in den Prozessen primär um den Teufel und nur sekundär um die Frauen geht, zeigt auch der Sachverhalt, daß die Foltermethoden geschlechtsunspezifisch sind. Im großen und ganzen zumindest, das Rädern beispielsweise ist ausschließlich bei Männern erlaubt.

24 Den Positionen Luthers. Calvins, Zwinglis etc. als überzeugte Förderer der Hexenprozesse widmet sich besonders: Paulus, Nikolaus: *Hexenwahn und Hexenprozeß*, Freiburg 1910. (Diese inzwischen etwas ältere Untersuchung ist zu Unrecht in Vergessenheit geraten. Sie hat an Aktualität nur wenig eingebüßt.)

25 Heinemann, Evelyn: *Hexen und Hexenangst*, a.a.O., S. 11.

26 S.: Behringer, Wolfgang: *»Erhob sich das ganze Land zu ihrer Ausrottung … «*, a.a.O., insb. S. 165 f.

27 Die Verfolgung und Hinrichtung der nächstbeliebten Medien Satans, der Juden, geschieht mit vergleichbaren Motiven. Im Zentrum ihrer Prozesse steht der angeblich durch den Teufel initiierte Gottesmord. Im Gegensatz zu den Frauen existiert für sie allerdings das Heilmittel der Bekehrung durch die (Zwangs-) Taufe. Weiteres dazu: Delumeau, Jean: *Angst im Abendland*, Reinbek bei Hamburg 1989, S. 412–455.

28 Sprenger, Jakab, Institutoris, Heinrich: *Der Hexenhammer*, Straßburg 1487, Repr. München 1985, 3 Teile, Teil 1, S. 99 (Hervorhebungen von den Verfassern).

29 Ebenda, S. 100.

30 Zahlreiche Dämonologien, darunter auch den »Hexenhammer«, stellt vor und diskutiert im Zusammenhang der Stellung der Kirchen zu den Hexenverfolgungen: Behringer, Wolfgang: »Vom Unkraut unter dem Weizen«, in: Dülmen, v., Richard (Hg.): *Hexenwelten*, a.a.O., S. 15–48.

31 Über die Säkularisierung dieses Deutungsmusters berichtet das Standardwerk zum Thema: Honegger, Claudia (Hg.): *Die Hexen der Neuzeit*, Frankfurt/M. 1978.

Über den Tanz des einfachen Volkes

Die frühe Neuzeit, Zeitalter des Übergangs, ist eine Ära ausgesprochen ausgelassener Tänze. Die spezifischen Kennzeichen des Tanzverhaltens des einfachen Volkes können so zusammengefaßt werden: Menschen tanzen in Gruppen in einer Welt, in der das Interdependenzgeflecht im Vergleich zur Moderne noch übersichtlich ist. Ein Kuriosum ist der Paartanz, der sich zwischen die Gruppentänze gesellt. In den Figurationen, die die Tanzenden miteinander prinzipiell als Gruppen bilden, zeigen sich analog eine niedrige Selbstdistanz und eine lockere Modellierung des gesamten Trieb- und Affektbereiches: es wird viel getanzt. Die Tanzmotorik, geprägt von hohem Krafteinsatz, erscheint tendenziell ungerichtet. Eher schamlos frönen die Menschen im Tanz ihren erotischen Gelüsten. In der Gunst der Stunde gewinnt das Sexuelle an Dominanz; die Transgression des Verbotes zeichnet sich deutlich ab, der Entzug bzw. der progressive Wegfall eines Regulativs für den Tanz und für das Sexuelle wird sichtbar. Die Tänze sind in sich roh und von vergleichsweise hohen Gewaltpotentialen durchzogen. Der Grund dafür liegt auch hier in einer wenig straffen Affektmodellierung. Insgesamt stehen die Tänze unter männlicher Regie. Beobachtbar ist das beim Gros der Bevölkerung, nämlich beim macht- und besitzschwachen, einfachen

Volk.[1] Die Charakteristika dieser Tänze sollen abschließend im Spiegel einer Ausnahme, den gebündelt vorgestellten Tänzen der Zünftler und Handwerker, diskutiert werden.

Gruppenfigurationen und Paartanz

Zunächst soll von den spezifischen Verflechtungsstrukturen und dem Interaktionsgefüge der Menschen untereinander die Rede sein, von den Bindungen, die sie eingehen und die sie prägen. Beschrieben werden die Figurationen, die die Menschen als Reflex ihres gesellschaftlichen Gefüges in den Tänzen bilden.[2]

Zu sehen sind in den damaligen Tanzlandschaften Reigentänze, Paarreigen, von der Gruppe isolierte Paartänze und Solotänze.

Da es sich bei den Solotänzen vorwiegend um professionelle oder semiprofessionelle Tänze handelt, erwähne ich sie lediglich der Vollständigkeit halber. Diese Einzeltänze, meistens mit burlesken, akrobatischen Elementen versetzt, gehören den Gauklern und den Berufstänzern oder denjenigen, die gerade Lust verspüren, sie zu imitieren. Kraft, Geschicklichkeit, Ausdauer und Geschmeidigkeit, Witz und Erotik werden zur Schau gestellt. Bereits die frühchristlichen Kirchengründer setzen diese Tänze auf den Verbotsindex. Dessen ungeachtet erfreuen sie sich einer hohen Beliebtheit und Popularität. Solotänze sind stets auf Schau und Kommunikation angelegt. Sie benötigen genuin den Gruppenbezug durch ein Publikum. Anders gesagt: es sind Schein-Soli.

Bei der Betrachtung der damaligen Tanzflächen fällt eine eher geringe Ab- und Ausgrenzung der Tanzenden ins Auge. Die soziale Dichte der Veranstaltungen ist relativ hoch. Ungleich ausgerichtete gesellschaftliche Macht- und Spannungsbalancen sind ja insgesamt für die frühe Neuzeit bestimmend. Blicken wir vom 15. und frühen 16. Jahrhundert aus zurück, so ist hier die soziale Segmentierung und Hierarchisierung in Relation zu den vorherigen Epochen eher hoch. Verglichen jedoch mit der rigorosen sozialen Spaltung und dem Machtgefälle im absolutistischen Zeitalter, vom späten 16. bis zum 18. Jahrhundert, ist die Kluft zwischen den einzelnen gesellschaftlichen Gruppierungen gering: Bei den Geselligkeiten der Reichen nehmen die Armen zumindest noch die Stellung »der letzten Reihen« ein, und umgekehrt findet sich, mit dem Effekt einer progressiven, konstitutiven Abgrenzung durch die ständischen Symbole wie Kleidung, Sprache, Tanzverhalten, auch der eine oder andere der höheren Stände unter dem niederen Volk. Die soziale Ab- und Ausgrenzung ist zunächst relativ gering. Lediglich die reformierte Geistlichkeit und das orthodoxe, reformierte Frühbürgertum halten sich zu den Tänzen auf Distanz.

Über den Ausschluß dieser beiden Gruppierungen berichtet offenbar Pieter Brueghel d. J. (1564–1638) in seiner »Dorfhochzeit« (Abb. 3). Bei dem Mann links neben dem Hauseingang und jenem seitlich des Tanzbaumes scheint es sich um reformierte Geistliche zu handeln; die dunkle Kleidung deutet darauf hin. Der erste Mann kehrt der Gesellschaft den Rücken zu, vielleicht uriniert er. Der zweite befindet sich in der Mitte des Tanzkreises und läßt, die Arme nach hinten verschränkt, das Geschehen an sich vorüberziehen. Am Tanz nimmt er nicht teil. Sein Blick ist kritisch auf den ihm gegenüberstehenden Trinker gerichtet. Die Personen am Rande der Dorfgesellschaft, die sich hinten rechts neben dem Tisch aufhalten und diejenigen, die einem aus einem Kruge trinkenden Mann gegenüberstehen, stellen in Körperhaltung und Kleidung das reformierte und vielleicht das calvinistische Frühbürgertum dar. Auch sie tanzen nicht mit.[3]

Meldet sich, aus Anlaß eines Festes, ein Tanz an, so wendet sich diese Ankündigung potentiell an alle Bewohnerinnen und Bewohner eines Dorfes oder einer Stadt. Sei es bei der Kirchweih, beim Karneval oder bei einer Hochzeit, stets findet sich das Neben- und

Miteinander des Bauern und seines Knechts, des Schmieds und der Hebamme; selbst Bettler und Vaganten mischen sich unter die Teilnehmenden. So spontan die Tänze kleinerer, nicht institutionell eingebundener Feste (z. B. aus Anlaß der Genesung eines Kranken) organisiert werden, so spontan und selbstverständlich können sich Dritte hinzugesellen. Die jüngeren Menschen zeigen eine größere und ausgelassenere Lust am Tanz, dennoch gehören, generationsübergreifend und mit nur geringem Interessengefälle, Tänze auch zum Alltag älterer Menschen. »Da vor Jahren junge Leute getantzet/ und man es für eine Kinder-Freud gehalten/ so tantzen heutiges Tages die Alte in Eyßgrauen Bärten/ und stellen sich viel närrischer als die Junge (...),«[4] heißt es in einem Text von Albrechten aus dem Jahr 1705.

Je kleiner und überschaubarer die Lebenswelten sind, desto vollständiger ist die Einbeziehung aller und desto gemeingültiger oder, unhistorisch ausgedrückt, desto »öffentlicher« ist die Veranstaltung. In den damaligen, relativ kleinen Gemeinden kennen sich die Menschen untereinander, inkognito lebt hier niemand. Der Gerber ist in zahlreichen Details über die Biographie des Müllers informiert; Kunel, des Drechslers Schlafweib (und wie die Konkubinen alle heißen), weiß recht genau, welches und wieviel Gemüse ihre Nachbarin letzte Woche zum Markt brachte, was diese vor einigen Tagen ärgerte oder freute. Kurzum, daß der Gerber am Namenstag des Müllers mitfeiert und mittanzt, ist genauso selbstverständlich wie die Einbeziehung der Tante des Schreibers zur Vermählung des Messerschmieds mit der Großnichte des Tuchmachers ein paar Häuserecken weiter.

Gemessen an heutigen Verhältnissen beschränkt sich der Bewegungsradius der Menschen auf kurze Distanzen. Die Straßen und Gassen sind unbefestigt und, je nach Wetterverhältnissen, unwegsam. Mittel der Fortbewegung sind zumeist die Beine. Aufgrund der in der frühen Neuzeit zögernd ansteigenden Mobilität ist eine Reise in das nächste Dorf oder gar in die nächste Stadt zwar möglich, in aller Regel trägt eine solche jedoch noch den – wörtlich zu nehmenden – Charakter einer Weltreise. Räumliche Ferne bedeutet zumeist das Verlassen der bekannten Lebenswelt hin zum Fremden und Unbekannten. (Über den Antritt, die Rückkehr und den Verlauf einer solchen Reise weiß denn meistens auch ein Großteil der Gemeindemitglieder Bescheid.)

Ähnlich verhält es sich mit dem Informationsnetz, es ist eher kurz und wenig komplex. Ein Großteil der Weitergabe von Informationen verläuft noch von Person zu Person, »Wissen« ist noch relativ überschaubar.

Trotz einer allmählichen Vernetzung der Lebenswelten nach außen, sind die ökonomischen und sozialen Abhängigkeiten und Verknüpfungen auf der lokalen Ebene nach wie vor relativ hoch. In den Funktionsgemeinschaften ist eine Biographie in die andere verstrickt.

In der heutigen hochzivilisierten Gesellschaft garantieren staatliche Einrichtungen wie Sozialämter, Jugendämter, ein liberalisierter Justizapparat, Gewerkschaften, Krankenkassen etc. weitgehend die Sicherheit der Bürger und Bürgerinnen. Solche Institutionen stehen den damaligen Menschen nicht zur Verfügung. Die übergeordneten frühstaatlichen Apparaturen, die sich aus den Familienverbänden auslagern, funktionieren noch unzuverlässig. Hilfsbedürftige sind auf die Mitmenschen, auf Familie und Nachbarn angewiesen. Hilfe ist hier nicht nur abhängig von den ökonomischen Möglichkeiten der Hilfestellenden, sondern auch von für Lust und Laune durchlässigem Wohlwollen. Trotz der relativen Instabilität dieser Regulatoren oder vielleicht auch gerade deswegen, wirkt das Aufeinanderangewiesensein wie sozialer Kitt. Vergleichbar wirkt eine noch weitgehend ungezähmte Umwelt. In einer Welt, in der (neben den feudalherrschaftlichen Repressionen) Stürme, Trockenperioden, Frost und Überschwemmungen

Lebensplanung bis hin zu existentiellen Krisen mit dramatischen Folgen durchkreuzen, ist das Interaktionsgefüge der Menschen untereinander dicht. Bildlich gesprochen: Hagel verbindet.

Dementsprechend ist die gesellschaftliche Differenzierung zwischen »privat/intim« und »öffentlich/publik« in der frühen Neuzeit de facto noch kaum erkennbar. Von den noch fließend verlaufenden Grenzen berichten bereits die Wohn- und Lebensformen der Menschen. Das ökonomisch und psychologisch autarke »Ganze Haus« eines harmonischen und gewaltfreien Gemeinschaftslebens darf inzwischen als patriarchaler Mythos fernab jeglicher Realitätsrelevanz verstanden werden.[5] Der Begriff »offenes« oder »nach innen und außen poröses Haus« kommt den historischen Gegebenheiten näher: Die einzelnen Wohneinheiten bestehen aus einem Raum, der vom Hausherrn und seiner Frau, den Kindern, den eventuellen Bediensteten wie Knechten und Mägden, wenn auch nicht paritätisch aufgeteilt, so doch gleichzeitig benutzt wird. In diesen Räumen spielt sich das gesamte Treiben ab, Kochen, Essen, Feiern oder die Erledigung beruflicher Arbeit. Dazu zählen auch Dinge, die heute in die scharf abgetrennte Sphäre des Intimen gehören, nämlich Schlaf, sexueller Verkehr, Geburt und Sterben. Die Wohnformen könnten noch detaillierter betrachtet werden, deutlich wird jedoch bereits hier, daß sämtliche Äußerungen des Trieb- und Affekthaushaltes von einer nur geringen individuellen Abgrenzung in Form von Intimität geprägt sind. Weitere Hinweise hierauf finden sich in der Art der Verrichtung der Notdurft; denken wir an die Latrinen, die sich etliche Menschen teilten, oder an das Fehlen von Wasser und erst recht von Seife für Körper und Kleidung.

Das kurze und übersichtliche Interdependenzgeflecht der damaligen Gesellschaft benötigt und kennt keinen Rückzug in das Private oder Intime. In Korrelation dazu steht die geringe individuelle Selbstdistanz eines noch schwach ausgeprägten »Ichs«. »Es gibt«, folgert Elias, »keine Ich-Identität ohne Wir-Identität. Nur die Gewichte der Ich-Wir-Balance, die Muster der Ich-Wir-Beziehung sind wandelbar.«[6] Die Fürwörter sind untereinander abhängig, »Du« ist ohne »Ich«, »Sie« ohne »Er« nicht denkbar, es sind Bezugsketten. So auch die Pronomen »Wir« und »Ich«, eines ist ohne das andere nicht sagbar. Für die Menschen der frühen Neuzeit heißt das, daß dem schwach ausgeprägten »Ich« ein nur vage definiertes und nur leicht akzentuiertes »Wir« korreliert.[7]

All diese Charakteristika drücken sich im Tanz aus. Auf den Tanzflächen findet sich eine hohe soziale Dichte (und Kontrolle); die Menschen kommunizieren mit- und nebeneinander, horizontal und vertikal durch die sozialen Schichtungen der Gemeinden und quer durch die Generationen. Der Tanz in diesem oder jenem Dorf ist dem weitaus größten Teil der Gemeinde bekannt und sein Code bzw. seine Symbolik allgemein verständlich und gültig. Wenn auch leicht gebrochen, ist die Sprache des Tanzes eine gemeinsame, die identifikatorisch die Gemeinschaft bindet. In der frühen Neuzeit erscheint der Tanz noch als kollektives Ritual, dessen gemeinsamer Codifizierung nur geringfügige Risse innewohnen. Der verbindliche und autoritative Charakterzug eines gemeinsamen Rituals versteht sich hier von selbst, ob dieser von den Tanzenden nun so empfunden wird oder – das ist ungleich naheliegender – eben nicht.

Aus der gemeinsam benutzten Sprache wird auch die damalige hohe Zahl an Tänzen erklärlich. Obwohl die heute zur Verfügung stehenden ikonographischen und literarischen Zeugnisse einzelner Choreographien nur Bruchstücke überliefern, deuten ausnahmslos alle Quellen auf eine ausgesprochen reiche Vielfalt an Tänzen.[8] Einen anschaulichen Eindruck von der Masse vermittelt Geiler von Kaisersberg aus dem Jahr 1498: Auf den Tanzflächen, da »bringt man sovil täntze auff die ban (...) in summa, wann ich sie all wollt erzellen, het ich wol ein gantze Wochen gnug zu schaffen.«[9] Lediglich ein gemeinsam definierter Code macht diese Menge an Tänzen für alle verständlich und gemeinsam tanzbar. Choreographische Fülle benötigt soziale Dichte.

In engem Zusammenhang mit der sozialen Dichte steht die körperliche Nähe der Tanzenden. Die Menschen haben untereinander Körperkontakt, selbstverständlich und ohne Scheu fassen sie sich an den Händen und berühren einander. Die räumliche Nähe der Körper entspricht der psycho-sozialen (und umgekehrt). Es existiert weder eine scharfe soziale noch eine körperliche Distanz. Im Gegensatz zur räumlichen Nähe und psychologischen Ferne des modernen Individualtanzes erscheint der damalige Homo saltans noch weitgehend als Homo socialis, der in Gruppen tanzt:

Unter den Gruppentänzen finden sich zwei Formationsarten, die wahrscheinlich älteste Form, der Kreis- bzw. Chorreigen, und die Kette. Zumindest für den abendländischen Tanz dürfen beide als die Grundtypen des Tanzes schlechthin verstanden werden. Trotz zahlreicher Mischformen bleiben die Grundprinzipien erkennbar:

Die Formation im Kreis spricht für sich. Die Tanzenden bilden einen geschlossenen Ring und bewegen sich im Rund auf der Kreislinie. Variationen entstehen durch Tanzen gegen den Uhrzeigersinn, Unterbrechung der Fortbewegung durch Figurentanz am Platz, Änderung der Art der Fortbewegung, aus dem populären Springen wird dann das nicht minder beliebte Hüpfen.[10] Die Kreise werden durch Bildung von Doppelkreisen geöffnet, sodann wieder zu einem Kreis geschlossen etc.

Beim Kettentanzen fassen sich die Tanzenden an den Händen und bilden eine Reihe, die sich, angeführt von der ersten Person, auf einfachen Linien wie Schnecken, Achten, Schlangen gemeinsam fortbewegt. Verschiedene Kettenreigen verlängern die Kette durch Tücher oder schließen die – vorn und hinten offene – Reihe, andere sind mit einem Figurenspiel am Platz oder in der Fortbewegung durchsetzt. In der frühen Neuzeit ist die Kettenbildung die geläufigste Formation des Gruppentanzes. Eine bildliche Vorstellung davon gibt der »Nadeleinfädeltanz« von Rubens (Abb. 4). Bis etwa zur Mitte des 17. Jahrhunderts gehört zu jeder der beiden Reigenarten untrennbar der Gesang. Daneben findet sich stets das spielerische Element. Manche Tänze sind choreographisch, in der Art der Fortbewegung und der Figurenfolge feststehenden Reglements unterworfen. Andere, insbesondere die Kettentänze, lassen der Improvisation einen relativ großen Spielraum.[11]

Ob Kreis- oder Kettenbildung, ausschlaggebend für alle Bewegungen und Lieder ist stets der Vortänzer. Im vorliegenden Quellenmaterial für die gemischtgeschlechtlichen Tänze fehlt, vertikal durch die Schichten und horizontal durch die gesamte, abendländische Geschichte des Tanzes, jeder Hinweis auf eine Vortänzerin.[12] Der Vortänzer ist männlich. Er bestimmt, welcher Tanz wann getanzt wird, und je nach Improvisationsmöglichkeit der einzelnen Tänze gibt er sodann, nach persönlichem Gusto, Figuren, Fortbewegungsart und Richtung an. Alle anderen folgen dem Vortänzer – manchmal mehr, manchmal vielleicht auch etwas weniger willig.

»Der Verfall des Reigens begann bereits im Mittelalter und endet im Paartanz des neunzehnten Jahrhunderts.«[13] Erste, unsichere Hinweise auf eine Öffnung der Gruppe nach außen durch die Bildung von Paaren finden sich bereits im 11. Jahrhundert.[14] Die nach der Minne sporadisch auftauchenden Zeugnisse für eine solche Öffnung mehren sich deutlich im 15. und dann im 16. Jahrhundert. Der Paarreigen erlangt von da an große Popularität. Das Öffnen und Schließen der Kreise und Ketten durch die verschiedenen Figuren wird mit der – in der Tanzgeschichte keineswegs selbstverständlichen – Bildung von Paaren durchsetzt. Das gemeinsame und in sich unpersönliche Motiv des Tanzes wird also personalisiert, denn es richtet sich an einen einzigen Menschen, in diesem Fall auf das jeweils andere Geschlecht. Ein Beispiel: Mann und Frau finden sich in meist geöffneter Fassung, während des Reigens, zusammen, tanzen verschiedene Figuren und reihen sich wieder unter die anderen Tanzenden. Im Paarreigen wird der Gruppenbezug aufgebrochen und wieder zusammengefügt.

Besonders beliebt und verbreitet bei der Paarbildung ist das gemeinsame Drehen. Das ist ein Aspekt, der eine genauere Betrachtung lohnt:

Gemessen an den bis dahin gebräuchlichen Tanzformen geschieht andeutungsweise bereits seit dem ausgehenden Mittelalter und dann deutlich im 16. Jahrhundert etwas Merkwürdiges: »Beim Volke, besonders auf den Dörfern, war neben dem Reihen das paarweise Tanzen gebräuchlich.«[15] Ein Mann und eine Frau isolieren sich als Tanzpaar aus der Gruppe heraus und sagen sich damit von der Gemeinschaft los. Die Beiden finden sich zusammen und bewegen sich, zu zweien drehend, unabhängig von allen anderen. Nehmen wir es vorweg: sie tanzen Walzer.

»Walzer tanzen« oder auch einfach »Walzen«, heißt lediglich, daß sich ein Paar, in offener oder geschlossener Fassung, rundtanzend um die eigene Achse dreht. Ein weiteres Charakteristikum des Walzens ist der sogenannte dritte Tritt, der damals »erfundene« Wechselschritt.

Der Wiener Walzer ist ein geschlossener Paartanz (Abb. 14). Das heißt, der Körperkontakt wird die gesamte Tanzdauer hindurch gehalten; das Paar erscheint wie eine in sich geschlossene Einheit. Bei der Frage nach der Fassung des frühneuzeitlichen Drehtanzes zeigen sich die literarischen Quellen wenig informativ. Die ikonographischen Zeugnisse hingegen lassen auf eine geöffnete Haltung schließen. Ist diese geschlossen dargestellt, was seltener der Fall ist, so muß bedacht werden, daß Bilder nur Momente wiedergeben können und nicht die gesamte Tanzdauer.

Choreographische Details dieser Tänze lassen sich heute kaum noch rekonstruieren, wahrscheinlich gab es mehrere Ausführungsarten. Die damaligen Künstler, darunter auch de Bry (Abb. 16), dürften zumindest einige Elemente des frühen Walzers festgehalten haben. Zwei dieser Drehtänze, wenigstens namentlich bekannt, sind der »Spinner« und der »Wilde -« oder der »Wüste Weller«, die Bezeichnungen sind verschieden. Der »Weller ist«, so der Tanzhistoriker Curt Sachs, »ein Drehtanz und sein Name ist der erste Beleg des Wortes Walzer.«[16] Bildliche Vorstellungen des Wellers geben Albrecht Dürer aus dem Jahr 1514 (Abb. 5) und Urs Graf (1525). Gewalzt wird auch in den verschiedenen Hüpftänzen, dem gehopsten »Hoppeldei«, dem »Rimpfereie« etc. Ob sich die Paare bei diesen Tänzen von der Gruppe isolieren, ist jedoch ungesichert.[17]

Zentrum des paarweisen Drehens ist der südliche Raum der deutschsprachigen Länder. Das Walzen verbreitet sich von dort aus in Richtung Norden.

Vom Saulus zum Paulus – das gruppenabgekehrte, paarweise Drehen legt den Grundstein für einen Tanz, der erst ein paar Jahrhunderte später Furore macht, eben der Drehtanz »Wiener Walzer«. Die frühneuzeitliche Figuration des paarweise Drehens existiert aber lediglich etwa einhundert oder einhundertfünfzig Jahre lang, um sodann wieder zu verschwinden. Denn das Paar nimmt den Bezug zur Gruppe wieder auf. Die Reintegration erfolgt in die verschiedenen Arten der Ländler und Dreher,[18] den maßgebenden, direkten Vorläufern des Wiener Walzers. Mit diesem figurenarmen Tanz nun löst sich das Paar erneut und »endgültig« aus der Gruppe heraus. Indem Johann Strauß Vater (1804–1849) und Joseph Lanner (1801–1843) die unmittelbaren, ländlichen Inspiranten des berufsbürgerlichen Favoriten orchestrieren, ihre Melodie betonen und ihnen damit ihr charakteristisches Pathos verleihen, ist das epochale Werk geschaffen:[19] Der Wiener Walzer versetzt München, Frankfurt, Berlin, London, Paris bis hin nach Petersburg – von Wien selbst ganz zu schweigen – in einen Taumel der seinesgleichen sucht. Johann Strauß Vater wird gefeiert wie der Musengott persönlich. Der 1867 von Johann Strauß Sohn komponierte Walzer »An der schönen blauen Donau« kommt der Nationalhymne gleich. Arm in Arm, in schier endlos wirbelnden Kreisen gedreht und gewiegt, wird der Walzer im Laufe des 19. Jahrhunderts, so der Tanzhistoriker Franz Böhme diesmal als Zeitzeuge in der für den Dreivierteltakter typischen Sentimentalität, »bald bis zu den Sternen«[20] bekannt. Kurzum, der Wiener Walzer beschreibt ein in der gesamten Tanzgeschichte bis dahin eigentlich unbekanntes und in der Tat globales Novum, nämlich den geschlossenen Paartanz, dessen Epoche er unbestreitbar einleitet.[21] Ohne den Walzer, die beliebte Polka, der Galopp und die Mazurka sollen nicht unerwähnt bleiben, wären die Paarfigurationen des Tangos, des Charlestons und des Schiebers, des Twist oder gar des Rock'n Rolls nicht denkbar geworden.

Der frühe Drehtanz ist (wie an späterer Stelle noch deutlich wird) offen sexualisiert. Sein Nachfolger hingegen zeigt diese Sexualisierung nur indirekt; er schwelgt in pathetischer Ergriffenheit. Legen wir das Zeugnis zum Walzer von Dürer (Abb. 5) neben dasjenige von Rezniceks (Abb. 14), so ist die nahe Verwandtschaft dieser beiden Tänze ohne Hinweis kaum erkennbar. Die Metamorphosen, die die Mann-Frau-Figuration vom frühen 16. Jahrhundert bis hin zum Wiener Walzer durchläuft, lassen diese Dokumente nur erahnen. Obwohl dieser Gestaltwandel zu berücksichtigen ist (bzw. gerade deshalb), stellt sich für die frühe Neuzeit die Frage nach dem Motiv der Paarbildung selbst. Zumindest auf den ersten Blick paßt diese Figuration nicht in die zugehörige Gesellschaft, sie steht im Widerspruch zu den Wohnformen, den geschlechtsspezifischen Rollenverteilungen, dem gesellschaftlichen Umgang mit dem Sexuellen. Der frühneuzeitliche Paartanz steht eigentlich in Diskrepanz zum gesamten damaligen Interaktionsgefüge. Anders der Wiener Walzer, der auch als Reflex auf die im

Zuge der Demokratisierung sich verringernden Machtdifferentiale zwischen den gesellschaftlichen Gruppierungen verstanden werden kann. Der Paartanz des 15. und 16. Jahrhunderts hingegen taucht noch vor dem absolutistischen Zeitalter auf; Demokratisierungstendenzen geben sich gerade vage am politischen Horizont zu erkennen. Der Wiener Walzer steht im Zeichen der privaten Intimität der vorrangig emotional verankerten, sexuell fundierten Liebesehe. So ambivalent sich dieser getanzte »neue Liebesfrühling«, diese »rauschende Wonne«[22] auch zeigen wird, das Diabolische, das Sexuelle ist ungleich gezügelter. Liebes- oder Ehebindungen können als möglicher Erklärungsgrund für den Paartanz der frühen Neuzeit keine Rolle spielen, denn diese Beziehungen sind damals keineswegs emotional motiviert. Die Partnerwahl ist funktional bestimmt und wird nicht individuell entschieden, sie beruht auf Entscheidungen des Vaters. Daß sich Ehekandidaten und -kandidatinnen vor einer Eheschließung überhaupt zu Gesicht bekommen, setzt sich erst seit dem 16. Jahrhundert allmählich durch. Außerdem boten sich für einen hoch differenzierten und subjektorientierten Emotionshaushalt bei den Menschen der damaligen Zeit wenig Voraussetzungen. Zur Rückbindung des frühen Paartanzes in die Gesellschaft fällt das Motiv »Liebe«, zumindest in seiner höfischen und berufsbürgerlichen Codierung, aus.

Der Tanz als gesellschaftlicher Spiegel erscheint im frühneuzeitlichen Paartanz als Zerrbild. Die choreographische Loslösung des Paares von der Gruppe steht in Diskrepanz zu den sozialen Bindungen und Verknüpfungen der Gesellschaftsmitglieder. »Ich spring an disem ringe des pesten so ichs kann,«[23] so beginnt ein Tanzlied aus dem 15. Jahrhundert. Eine solche Formel ist mit dem damaligen Interaktionsgefüge stimmig.

Als Erklärungshintergrund für die Paarbildung, die sich bereits im Hochmittelalter abzeichnet und in der frühen Neuzeit Furore macht, sind zwei voneinander abhängige Motive denkbar: freigesetzte Potentiale eines sich im Umbruch befindlichen Kontrollsystems und die Transgression eines vielgestaltigen Verbotes des Sexuellen selbst.

Das Herauslösen des Paares aus der Gruppe geschieht zeitgleich mit der allmählichen Ablösung der Verhaltensregulierung von Familien- und Nachbarschaftsverbänden durch staatliche Instanzen. Dem relativen Außerkraftsetzen der väterlichen Macht als Verhaltensregulativ, steht weder personell noch institutionell ein entsprechend starkes und stabiles Pendant gegenüber. Das zeichnet sich deutlich in der frühneuzeitlichen Paarbildung ab. Das Machtvakuum wird sozusagen tänzerisch in Szene gesetzt – die Geschlechter prallen aufeinander. Wie sonst wäre das Verschwinden des Paartanzes im Verlauf des 17. Jahrhunderts zu erklären? Das Paar reintegriert sich genau dann wieder in die Gruppe, als die neuen Verhaltensvorgaben an Realitätsrelevanz zunehmen und sich die Lücke allmählich zu schließen beginnt.

Der Volkstanz jedenfalls, der in übersichtlich strukturierten, ländlichen Gegenden selbst im heutigen, modernen Mitteleuropa noch existiert, wird ähnlich wie die höfischen Tänze in der Kulturpflege noch immer in Gruppen getanzt, sei es in einer Formation ohne Paarbildung oder als offenes oder geschlossenes Paar im Paarreigen, mit oder ohne Partnerwechsel. Die vereinzelten Paartänze ohne Gruppe hingegen sind, wie auch die Solotänze, Schautänze, das heißt, sie setzen ein Publikum als konstitutives Moment voraus und stellen damit den Gruppenbezug und auch die Kontrolle wieder her.

»Das Affektgefüge des Menschen«, erläutert Norbert Elias, »ist in sich ein Ganzes.«[24] – Mit den Figurationszusammenhängen untrennbar verbunden sind spezifische Modellierungen aus den Bereichen von Trieb und Affekt. Das eine Moment bedingt das andere. Die Konstellationen, die die Menschen in ihren Tänzen eingehen, befinden sich stets in Affinität zum Trieb- und Affekthaushalt:

Formalisierung

Wann und wieviel in der frühen Neuzeit getanzt wird, sagt prägnant und bündig Böhme: »Zu jeder Zeit, wenn eine tanzlustige Gesellschaft sich zusammenfand, begann der Tanz. Vor allem lockte der Lenz (...). Ganze Tage der fröhlichen Sommerzeit wurden vertanzt (...). Dem großen Haufen des Volkes waren die Sonn- und Feiertage die bequemste Zeit zu ihren Tanzlustbarkeiten (...).«[25] Der Tanz- und Kulturhistoriker Boehn spricht von einer »geradezu leidenschaftlichen Freude, mit der die Bauern am Tanze hingen und im Frühling ganze Tage vertanzten.«[26] Ein Zeitzeuge von 1564 schildert die Tanzleidenschaft seiner Mitmenschen so: Sie »lauffen vngefordert/ nicht allein zu den Täntzen im Dorffe/ sondern wo sie nur einen Tantz riechen/ auff Kirchweihen/ Hochzeiten/ über die Grenzen in andere Dörfer/ mit grossem hauffen/ (sage ich) ganz emsig vnnd fleissig/ eine halbe vnd gantze Meilen/ wo nicht drüber/ Es sey Winter oder Sommer/ sauber oder vnsauber wetter.«[27]

Als besondere Tanzzeiten gelten bis weit in die Moderne die Kirchweih-, Pfingst-, Oster- und Erntefeste, die Fastnacht und der Kathrinentag. Bereits der Kirchenkalender bietet genügend (meist verbotene) mit Hingabe genutzte Gelegenheiten.

Der Tanz um das Feuer ist einer der ältesten mit Mythen umsponnenen Bräuche überhaupt. Am Vorabend des Johannistages (24. Juni, Geburtstag Johannes des Täufers) wird vor den Rathäusern oder auf den Marktplätzen, ab und an auch auf Kreuzwegen, gemeinsam ein Feuer entfacht. Die Menschen umtanzen die Flammen im Kreis und springen über sie hinweg um, »die Luft zu reinigen, böse Geister und Hexen zu verscheuchen.«[28] Das mit einem Dickicht an Aberglauben umrankte Ritual verspricht Kindersegen, Gesundheit und Reichtum; an der Höhe der Sprünge läßt sich die Höhe des Kornwachstums ablesen etc. Dieses im Brauchtum beharrlich verankerte Fest ist in zahlreichen Gemeinden verboten. Das Verbot wird dort

74

durch folgende Sitte karikiert: Wer trotzdem das Feuer entfacht, umtanzt und über es hinwegspringt, wird – so die feste Überzeugung des einfachen Volkes – in den nächsten zwei Tagen belohnt, denn er (oder sie) wird hundert Taler finden. Der Tanz um das Mittsommernachtsfeuer steht in Mitteleuropa mit auf der obersten Stufe der Beliebtheit. Im deutschsprachigen Raum steigert sich die Tanzintensität an diesem Tag bis hin zur Hysterie der Tanzwut.

Zu den kirchlichen oder religiösen Anlässen zum Tanz kommen weltliche bzw. frühbehördliche wie Staatsverträge, Friedensabschlüsse, Grundsteinlegungen oder Einweihungen von Gebäuden oder Plätzen. Auch bei einer Taufe, bei Flur- und bei Handwerkerumzügen ist der Tanz nicht wegzudenken, schon gar nicht bei einer Hochzeit. Ebenso ist jeder Namenstag ein potentieller Festtag. Selbst nach und nicht selten sogar während der sonntäglichen Messe steht der Tanz auf dem Programm. Und schließlich ist die Tanzlust auch formlos allgegenwärtig. So kann z. B. die Genesung eines Kranken durchaus Anlaß zu einer kleineren oder größeren Feier geben. Dabei gilt hier wie auch sonst: ein Fest, gleich welcher Art, ohne Tanz ist kein Fest, es hätte seinen Namen nicht verdient.

Ob nach dem Essen, nach der Arbeit, auf dem Feld oder auch zwischendurch, einem Tanz zeigen sich die Menschen nur selten abgeneigt, denn der Tanz ist integrierter Bestandteil des alltäglichen Lebens. Aufgrund eines geringen Formalisierungsgrades der einzelnen lebensweltlichen Segmente durchsetzt und durchbricht der Tanz, unhistorisch ausgedrückt, die »Freizeit« ebenso wie die »Arbeitswelt«.

Feste, die mehrere Tage dauern, sind keine Seltenheit. Von morgens bis abends wird getanzt und gefeiert, die Anstrengung und die Müdigkeit bleiben nahezu unbeachtet. Folgen wir dem Brant'-schen »Narren Schyff« an der Wende zum 16. Jahrhundert, so wird demnach selbst die Nahrungsaufnahme zweitrangig: »Wann Kürtz mit Mätzen dantzen mag/ Inn hungert nit eynn gantzen dag.«[29]

Armut bedeutet kein Hindernis. In der frühen Neuzeit (und zum Teil auch darüber hinaus) lebt die Mehrheit der Menschen an den Grenzen des Existenzminimums. Allem Anschein nach werden die sparsamen Mittel recht großzügig genutzt. Von einer utilitaristischen Zweckrationalität ist hier noch keine Spur, so zynisch das klingen mag und so fatal die Folgen oft sein mögen. Wie weit die Menschen dabei gehen, beschreibt van Dülmen: »Gerade tagelange Hochzeitsfeiern mit großen Eßgelagen, die durch Tanz und Spiel unterbrochen werden, hatten den Ruin mancher Familie zur Folge.«[30] Vergleichbar skizziert Brant diese »unvernünftige« Leidenschaft seiner Mitmenschen: »Vil wartten uff den dantz lang zytt/ die doch der dantz ersettigt nit.«[31]

Die Hemmschwellen, die heute bei den am Rande der Tanzflächen Harrenden zu beobachten sind, existieren in der frühen Neuzeit nicht. Bietet sich irgendwo eine Gelegenheit zum Tanz, so wird sie ohne Zurückhaltung spontan genutzt und »da wil niemandts der letzte seyn.«[32]

Ähnliche Verhaltensweisen finden sich hinsichtlich der Voraussetzungen, die gegeben sein müssen, um zum Tanz zu motivieren. Zur Stimulierung ebenso wie zur Begleitung des Tanzes bedarf es nur eines geringen Aufwands. Die Bereitschaft der Menschen zu tanzen, ist leicht weckbar und braucht nicht erst von einem riesigen Orchester oder gar (wie dies heute allgemein der Fall ist) durch die enormen Phonstärken baßbetonter High-Fidelity aktiviert zu werden. Ein einziger Spielmann oder eine kleine Gruppe von Spielleuten genügt. Fehlen diese, so ist auch das kein Hindernis, spontan werden die körpereigenen Instrumente benutzt, die Menschen singen, klatschen in die Hände und begleiten so ihren Tanz selbst.

So ist es nicht üblich, an einem Spektakel stehend oder gar nur sitzend teilzunehmen. Kommen Musikanten in das Dorf oder die Stadt, so kommt auch der Tanz. Eine Musikvorstellung verspricht aktive Beteiligung. Jede Gelegenheit *kann* genutzt werden und *wird* genutzt. Für die Menschen ist die Einheit von Musik, Tanz und Spiel kaum gesplittet. Die geringe Trennung zwischen »Bühne« und »Wirklichkeit« hängt damit eng zusammen. Eine solche Spaltung vollzieht sich nur ganz allmählich und wird im Bereich des Tanzes zuerst am Ballett der Höfe des 16. Jahrhunderts manifest. Noch bis in den Absolutismus hinein bleibt die (heutige) Bühne nur skizziert; die Höflinge sind Zuschauer, Tänzer, Sänger und Schauspieler in einem, bruch- und übergangslos geht es nach den Vorstellungen zum »Grand bal«.

Gleichermaßen wenig formalisiert sind die Tanzlokalitäten. Zum Tanzen ist prinzipiell jeder Ort geeignet. Die spontane Tanzlust läßt sich von einem Ort weder begrenzen noch bestimmen, dazu ist dieser zu schwach definiert.

Abgeschlossene und von anderen Lebensbereichen abgesonderte Lokalitäten wie den Ballsaal oder das Tanzhaus der oberen Stände, die nur zum Tanzen eingerichtet sind, kennt das untere Volk so explizit nicht. Im Sommer wird vorzugsweise im Freien getanzt und im Winter in den Wohnräumen, den Scheunen oder anderen vor der Kälte schützenden, geschlossenen Räumlichkeiten.

Bei Festen im Freien ist der Tanzplatz durch einen Baum markiert (Abb. 3). Fehlt er, so gehört es ausdrücklich zur Festvorbereitung, diesen zu beschaffen, an einem zentralen Ort aufzustellen, um dann um ihn herumzutanzen.

Dennoch ist der Tanzort »Baum«, wie jeder andere Ort auch, keineswegs unverzichtbar. Wer beispielsweise gerade während des Festessens oder danach Lust verspürt zu tanzen, kann dies ebensogut neben dem gemeinsamen Eßtisch tun. Wer es, aus welchen Gründen auch immer, im Moment gerade vorzieht, etwas abseits von der Gesellschaft zu tanzen, wird sich nicht hindern lassen.

Eine Gaststube ist stets auch eine Tanzstube. Ob irgendwo im freien Feld, an Straßenrändern, in den Wohnhäusern, in den Spinnstuben, um den Baum oder sonstwo, Tanzen ist eigentlich überall, bis etwa in das ausgehende 17. Jahrhundert hinein – obwohl für das einfache Volk verboten – sogar in der Kirche möglich.[33]

Die wenig differenzierten, einzeln aufgeteilten und für sich definierten Segmente der Lebenswelt der Menschen gehen Hand in Hand mit einer geringen Kontrolle über Trieb- und Affektäußerungen. Die Grenzen zwischen dem »sonstigen« Leben und dem Tanz verlaufen schwimmend. In summa: Die Menschen tanzen viel, spontan und fast überall.

Bewegungsverhalten

Von der Minne bis mindestens in das 16. Jahrhundert hinein tanzt das einfache Volk den sogenannten Firlefanz, einen wahrscheinlich schnellen und auf jeden Fall lustigen Reigen. Der Name dieses Tanzes – vermutlich ein Sammelbegriff – leitet sich aus dem französischen »faire l'enfant« ab, das heißt »kindisch sein«, »Unsinn machen«, »Kindereien betreiben«. Der Firlefanz führt uns zum nächsten Aspekt, denn mit dem bisher beschriebenen Tanzverhalten ist ein spezifisches Bewegungsverhalten verbunden.

Bei Betrachtung der ikonographischen Darstellungen des Tanzes springen die Charakteristika des motorischen Verhaltens förmlich ins Auge. An den Zeugnissen von Brueghel, Dürer und de Bry lassen sich die folgenden Ausführungen anschaulich nachvollziehen (Abb. 3, 5 und 16, unten):

Ohne Zweifel erfordern die Tänze des einfachen Volkes Geschicklichkeit, Gewandtheit, Wissen und Können, um die einzelnen choreographischen Elemente zu koordinieren. Dennoch haben die Bewegungen etwas Flüchtiges, Fahriges, Willkürliches und Unkontrolliertes. Genau beobachten läßt sich dies an der Steuerung der Feinmotorik. Aus der Bewegungsführung der einzelnen Körperteile – wie des Kopfes, der Arme, der Finger und der

Füße – spricht eine geringe Präzision. Bei einer Drehung beispielsweise schlackern Arme und Hände auffällig oft ungezielt und formlos im Raum. Eine relativ geringe Kontrolle über den Körper läßt die Bewegungen recht willkürlich erscheinen. Das Bewegungsverhalten trägt tendenziell kindliche, ungerichtete Züge.

Die Bezeichnung »ungerichtet« stammt aus dem Vokabular der Bewegungslehre, konkret aus Untersuchungen zum Entwicklungsverlauf der menschlichen (Psycho-) Motorik. Ein ungerichtetes Bewegungsverhalten läßt sich bis etwa zum 5./6. Lebensjahr, dem frühen Schulkindalter, beobachten. Erst ab dieser Entwicklungsphase, und zweifelsohne sozialisationsbedingt, erfolgt die Perfektionierung vielfältiger Bewegungsformen der Feinmotorik, wie Fangen und Werfen kleinerer Gegenstände, die Ausbildung des Kombinationsvermögens komplexerer Bewegungsformen, ein präzises Springen etc.?[34]

Ein ähnlich ungerichtetes Bewegungsverhalten zeigt die Körperhaltung der Tanzenden. Sie befinden sich zumeist im leichten Kniestand, der Oberkörper ist ein wenig nach vorn gebeugt, die Füße stehen knapp schulterbreit auseinander und ihre Spitzen sind etwas nach außen gekehrt. Eine solche Haltung ist die Grundhaltung in den mit Abstand meisten afrikanischen, arabischen, südamerikanischen und asiatischen Tänzen und ebenso in den Kampfsportarten. Von der menschlichen Anatomie her gesehen, ergibt eine solche Haltung den stabilsten und sichersten Stand, da der Körperschwerpunkt optimal gesetzt ist. Das gesamte Bewegungsvokabular kann so bestmöglich genutzt werden. Bei genauer Betrachtung der bildlichen Darstellungen entsteht jedoch der Eindruck, daß dieser Haltungsansatz weniger auf gezielter, willentlichbewußter Steuerung beruht, denn dazu fehlt die scharfe Präzision der Ausführung. Die Körper, insbesondere die Oberkörper, wirken eher unkontrolliert, ja leicht eingefallen und eben wieder: ungerichtet.[35]

Manchmal entsteht der Eindruck, als ob den Menschen ihr Tanz gleichgültig wäre, die Bewegungen erscheinen dann »en passant« ausgeführt. Doch dies ist tatsächlich nur selten der Fall. Mit Abstand häufiger spricht aus dem Bewegungsansatz und der Bewegungsausführung eine hohe Intensität. Die körperlichen Kräfte werden eingesetzt. Die Tanzenden oder, genauer, die Körper der Tanzenden sind in hohem Maße engagiert, die Bewegungen sind in sich ausladend und raumgreifend, dynamisch und intensiv. Bis etwa gegen Ende des 17. Jahrhunderts bestehen die Hauptelemente der Tänze aus Springen und Hüpfen. Bereits darin, und erst recht in deren Steigerung, nämlich dem kräftigen Stampfen, steckt geballter Elan. Das Gesamtbild verweist auf ein derbes, burschikoses und manchmal sogar rohes Bewegungsverhalten mit hohem, dynamischen Krafteinsatz. Von der Grazie, der Gravität und der Contenance der geometrisierten Kunsttänze der Höfe ist beim einfachen Volk wenig zu sehen.

Der laufende, ungebremste Motor »Vitalität« setzt sich, abhängig vom Improvisationsspielraum der einzelnen Tänze und je nach Anzeige des persönlichen Stimmungsbarometers – Freude, Wut, Lust – in Tanzbewegung um und bringt die jeweilige Laune wenig zurückhaltend zum Ausdruck.

Wie sich das Tanzbild dann im Extremfall darstellt, beschreibt Albrechten im Jahr 1705: So »springet/ juchzet und schreyt man überlaut/ als wann lauter unsinnige Teuffel beynander wären/ das gantze Haus muß davon erzittern.«[36]

Schamschwellen

Beginnen wir die Untersuchung zum Schamverhalten mit »der Nase«: Die damaligen Badehäuser stehen nicht im Dienste der Hygiene, sondern der Erotik. Frequentiert werden diese Einrich-

tungen vorwiegend von den oberen Ständen, werden aber, nicht
zuletzt auf Drängen der Reformatoren, im 16. Jahrhundert geschlossen. Der Begriff »Hygiene« gewinnt erst im späten 18. und
19. Jahrhundert an Bedeutung. Die Quellen zum Reinigungsver-
halten des einfachen Volkes sind noch lückenhaft. Nach Vigarello
deutet jedoch alles darauf hin, daß die frühneuzeitlichen Menschen in ihrem ganzen Leben kein einziges Körperteil gezielt zur
Reinigung mit Wasser in Berührung bringen. In der Regel scheinen
sie Wasser sogar zu scheuen und versuchen, es möglichst zu mei-
den. Ähnlich ergeht es der Kleidung. Aller Wahrscheinlichkeit
nach heißt das: zumindest über den Tanzflächen in geschlossenen
Räumen, schwebt ein – für das moderne Riechempfinden – erbärmlicher Gestank.[37]

Jeder höfische Tanzmeister hätte sich sicherlich beflissen ge-
ekelt, die Reformierten packte wohl das schiere Entsetzen, dem
hochzivilisierten Menschen stünde zweifelsohne die Schamröte im
Gesicht, wenn es ihnen in den Sinn käme, so zu tanzen, wie es für
die Menschen der frühen Neuzeit Sitte ist. Denn beim Tanzen, so
ein Zeitzeuge von 1533, »werden mänlin vnd freylin frech/ frisch/
frey vnnd gayl (. . .).«[38] Der gesamte Bereich des Sexuellen tritt im
Tanz mit einer großen Unbekümmertheit zutage. Vergleichsweise
ungeniert frönen die Menschen, unhistorisch gesagt, in aller Öf-
fentlichkeit dem Geschlechterspiel. Trieb- und Affektäußerungen
werden nur gering zurückgehalten, vielmehr unmittelbar ausgelebt. Wenig schambefrachtet gehen die Menschen ihren sexuellen
Gelüsten nach, so, wie es ihnen gerade in den Sinn kommt, manchmal feinsinnig verspielt, meist jedoch eher derb oder sogar grob. In
den Tänzen berühren sich die Menschen, sie schaffen Körperkontakt, bis hin zu beidseitigem engen Umschlingen und dichtem Ineinanderwinden. Die Tanzpaare auf Brueghels »Dorfhochzeit«
(Abb. 3, links) sind so sehr aneinandergedrückt, ja gepreßt, daß
wechselseitig, vom Kopf über den Torso bis mindestens zum Bek-

ken, jedes einzelne Körperteil, die erogenen Zonen inbegriffen, deutlich zu fühlen sein dürfte. Zum Standard beim Tanzverhalten zählt, wie selbstverständlich, das Küssen und, bis etwa zur Mitte des 16. Jahrhunderts, das Entkleiden.

Spätestens bei den Tänzen in der Nacht fallen die ohnehin losen Zügel. Tagsüber wird sich nach dem Tanz gerne »in heimlich Winckel verkreucht (und, M.K.) da hat Zucht und Ehr ein End.«[39] Als wenig schambefrachtet beschreibt auch Daull seine Mitmenschen. Nach oder zwischen den Tänzen machen sie »öffters stationen/ ruhen/ setzen vnnd legen sich nider/ (am besten/ wo der schatten ist vnnd der Strauch am dickesten.) Darnach aber stehn sie wider auff (. . .).«[40] Zwar scheint hier zwischen »Strauch« und »Strauch« unterschieden zu werden, aber der Rückzug in die Verborgenheit ist nicht unbedingt notwendig (wenn von einem solchen bei »Sträuchern« überhaupt die Rede sein kann). In Sichtweite und allernächster Nähe zu den Anwesenden, worunter sich auch Bekannte, Nachbarn, Verwandte, Bedienstete und Kinder befinden, geben sich die Menschen beim Tanz dem erotischen Spiel hin, »lassen jederman zusehen (und, M.K.) scheme sich gar nichts.«[41] In diesem Zitat steckt bestenfalls ein Hauch an Übertreibung. Denn das damalige Empfinden steht gerade an der Schnittstelle zwischen einem über die Verhaltenskodizes der Familienverbände nur formal von außen bestimmten, also einem nicht verinnerlichten *Schuld*gefühl einerseits und einem erst Jahrhunderte später zum modernen *Scham*gefühl sich entwickelnden Phänomen andererseits, das in der vorwiegend weiblichen Scham- Angst seine Zuspitzung finden wird.[42] In diesem Prozeß wandeln sich von außen an das Individuum herangetragene Fremdzwänge in internalisierte Selbstzwänge um.

Auf die enge Vernetzung sozialer Beziehungen in der frühen Neuzeit und deren Spiegelung in den Wohnformen der Menschen wurde bereits verwiesen. Die Architektur sieht keine privatintimen Rückzugsmöglichkeiten vor, die Wohn- und Schlafbereiche der Menschen sind nicht voneinander getrennt. Ganz ohne Tabu war der Sexualverkehr zwar zu keiner Zeit und in keiner Gesellschaft; wie Elias beschreibt, machen aber allein die räumlichen Verhältnisse das, was heute unter »Sexualaufklärung« verstanden wird, schlichtweg überflüssig.[43] Von der sich mit Beginn der Neuzeit zunehmend schärfer definierenden, mit Scham und Peinlichkeit besetzten Intimsphäre der folgenden Epochen ist diese Zeit weit entfernt. Die Grenzen zwischen den Bereichen »privat« und »öffentlich« sind noch schwach definiert und verlaufen fließend. Das räumliche Fehlen des Intimen wird nicht zuletzt auch durch den Sprachgebrauch unterstrichen. Van Ussel z.B. macht darauf aufmerksam, daß der Begriff »Sexualität« in seiner modernen semantischen Bedeutung erst im 19. Jahrhundert auftaucht und verwendet wird, zu einem Zeitpunkt also, als die negative Obsession des Sexuellen in seiner fortgeschrittenen Diskursivierung ihre begrifflich-definitorischen Früchte trägt.[44]

Die geringe Formalisierung des Sexuellen in der sozialen Realität bis zum Umbruch in der frühen Neuzeit hinterläßt folglich auch im Tanz ihre Spuren. Dem Tanz fehlt die Intimität. Die Trieb- und Affektmodellierung des Menschen des 19. und insbesondere des 20. Jahrhunderts, darunter vor allem die der Frauen, würden einem solchen Tanzverhalten jähen Widerstand leisten, ja, sie würden es unmöglich machen. Die noch gering ausgeprägte Selbstkontrollapparatur des vormodernen Menschen hingegen setzt sexuell-körperlichen Äußerungen keine Schranken. Das Sexuelle ist weder vom Bann der Heimlichkeit noch von einem »lautstarken Schweigen« umhüllt. Es erscheint relativ ungehemmt. Neutrale Züge trägt es jedoch keineswegs, im Gegenteil. Wie im folgenden zu sehen sein wird, steht die fast hemmungslose Transgression seines Verbotes im Vordergrund des tänzerischen Geschehens.

Bereits vom ausgehenden Mittelalter an, dann deutlicher seit der frühen Neuzeit und sodann bis in die Moderne hinein wird das vormals gering formalisierte Sexuelle – stände- bzw. schichtunspezifisch – zunehmend zentraler. In der Dramaturgie des Tanzes gewinnt ein profaniertes und subjektorientiertes Geschlechterspiel zusehends an Bedeutung. Explizit oder implizit tritt das Werbe- und Sprödenmotiv in den Vordergrund. So labyrinthisch die Spurensuche am Material dieser Tänze auch sein mag, ausnahmslos alle Quellen deuten darauf hin.

Es liegt in der Gunst der Stunde, in der abzuhandelnden Zeitspanne – definiert als eine des Übergangs – verlagern sich Kontrollinstanzen von familiären hin zu außerfamiliären Instanzen. Das gesamte Mittelalter hindurch ist das männliche Sexualverhalten im Prinzip ungebunden, sexuelle Aktivitäten versprechen Prestigegewinn und werden nur sekundär, nämlich bei sozialer Beeinträchtigung der Partnerinnen, zensiert. Bei Frauen erfolgt die Verhaltenskorrektur bei Defloration, bei Schwangerschaft und sonst nur dann, »wenn ein Verstoß notorisch wird.«[45] In der frühen Neuzeit funktioniert nun das alte Kontrollsystem nicht mehr in der gleichen Zuverlässigkeit, und das neue, das vornehmlich unter reformatorischer Regie hin zur Formalisierung des Sexuellen in Richtung Ehe drängt, besitzt noch wenig Wirkkraft. In der Lücke der Verhaltensregulierung, die sich zur Zeit des Übergangs auftut, fallen somit, bei beiden Geschlechtern, die schon im Vorfeld losen Zügel ungleich leichter. Die Forderungen nach einer Zensur im Verhalten richten sich hier vorwiegend an die »Femina«, Rollenzuweisungen und -stigmata treffen sie besonders hart.

Inmitten eines inbrünstigen Teufelsglaubens und vehemter Versuche der Teufelsabwehr tritt in die Bresche der freigesetzten Potentiale eine permanente Thematisierung des Sexuellen. Unablässig kreist der Diskurs um sein Verbot. Auf den lockenden Effekt des elementar gewordenen Interdiktes macht Michel Foucault aufmerksam: »Damit keine Mißverständnisse aufkommen, ich unterstelle nicht, daß der Sex seit dem klassischen Zeitalter nicht verboten, verschlossen, maskiert oder verkannnt worden ist; ich behaupte noch nicht mal, daß sein Schicksal von da an leichter gewesen ist als in früheren Zeiten. Ich sage nicht, daß das Verbot des Sexes eine Lockung ist, behaupte aber, daß es ein Köder ist, wenn man es zu dem fundamentalen und konstitutiven Element macht, von dem ausgehend sich die Geschichte dessen schreiben läßt, was seit Beginn der Moderne über den Sex gesagt worden ist.«[46] Dies trifft auch für den Tanz zu. Ungeachtet der sozialen Herkunft von Tänzer und Tänzerin ist seine Sprache fortan von der Sprache des Verbotes bestimmt.

Die Absage an das Sexuelle bedingt die Absage an den Tanz. Die Sozialisationsinstanz Kirche stellt den Menschen kein (realitätsrelevantes) Tanzritual zur Verfügung. Einen institutionell eingebundenen Tanzkult ex cathedra kennt das Christentum nicht. In den Tanzbeschreibungen findet sich des öfteren der Hinweis, daß der niedrige und manchmal sogar der hohe Klerus – darunter, wenn ich es recht überblicke, ausschließlich der katholische – an den Tänzen teilnimmt. In einem Beispiel aus dem Jahr 1498 klingt dies so: »Den Priestern, Pfaffen, Mönchen und Nonnen ist es uberall verbotten zu tantzen. Dann sie sollen eingezogen vnd züchtiger sein weder anderleut, nicht daher tantzen, das ihm die Kutte auff dem hindern auffhupffet, gleich als wann noch einer under im tantzet. Wer weiß aber, vielleicht tantzet der Teuffel darunder (...).«[47] Sicherlich ist die Teilnahme selbst bereits eine Unterstützung des Tanzes, wenn auch nicht beabsichtigt. Jedoch, sie »predigen öffentlich Wasser und trinken heimlich Wein«, das ist eine Formel der Papisten; deren Widersacher, die Reformatoren, räumen damit auf. Die Übereinstimmung von »Anspruch und Wirklichkeit« ist eine Forderung der Reformation und mehr noch der Moderne. Vereinzelt sind in ländlichen, übersichtlich strukturierten und – soweit überschaubar – ausschließlich katholischen Gegenden noch heute Tänze im Rahmen der Liturgiefeiern zu sehen. Es handelt sich hier jedoch lediglich um Kompromisse, um Zugeständnisse. Die Ignoranz, das »Nicht-hinsehen-Wollen«, spielt dabei gewiß mit; diese Tänze sind allenfalls geduldet. Von einer institutionellen Einbindung und Förderung des Tanzes ex cathedra kann nicht die Rede sein, im Gegenteil. Die nächsten Abhandlungen, darunter insbesondere die Betrachtung der Totentänze, werden die innere Kausalität dieses Sachverhaltes erhellen.

Im Leitbild und im autoritativen Corpus eines Rituals liegt eine Haltefunktion, denn es sind ordnungsschaffende Regulative. Die auf den Wegfall des Rituals folgende Sexualisierung und Verwilderung der Tänze ist insofern nur konsequent. Ihr Erscheinungsbild soll im folgenden betrachtet werden.

In der frühen Neuzeit bläht sich die »Sündenlust« ohne Umschweife auf, der ködernde, diskursivierende Effekt des Sexualverbotes kommt zur Wirkung. Auf die Frage aus dem Jahr 1545 »Was ist aber Tantzenn anders/ den ein schawspiel/ der ertzhuren fraw Venus/ vnd ihrem son Cupido auffgerichtet (. . .)«[48] läßt sich kurz und bündig mit Agrippa antworten, der »tanz ist ein nachhengung der gaylheit (. . .).«[49]

Hinsichtlich ausführlicher Details sind die meisten Autoren zurückhaltender als die Menschen, die von ihnen beschrieben werden. Die Primärquellen unterscheiden sich dabei nur wenig von den sekundären Dokumenten. Oft liegen die Informationen zwischen den Zeilen und in der Wortwahl versteckt. Als »*Sewisch und unflätig*«, wird das Tanzverhalten beschrieben; Geiler von Kaisersberg berichtet 1498 von »vnzüchtigklich vnnd üppigklich Tantzen. Dann es werden vil gefunden die tantzen also Bübischer weiß mit wercken und geberden, das nicht gnugsam von ihrer üppigkeit zu sagen ist. Man treibt zu unseren zeiten solche vnzimliche vnzüchtigkeit vnder dem tantzen, das vor nie ersehen noch erhört ist worden.«[50] Die Menschen betreiben, so Albrechten im Jahr 1705, »eine verdammliche und Teufelische Greuel-Sünde«[51] durch

»Geilheit im Springen (...)/ umlauffende Augen/ lüstrene Füsse/ reitzende Handkoppel (...)«[52] und immer wieder durch »ärgerliches Drehen tantzet man sich zum Land hinaus/ ja in die Hölle hinunter.«[53] Ein detaillierteres Bild vermittelt Agrippa aus dem Jahr 1533 »Man tanzet mit vnartlichen geperde/ mit vngewöhnlichem getümel derfüß/ vnd solliches alles bey leychtfertigem gedön/ nach geylem vnzüchtigen gesang vnnd liedern/ alda werden dan züchtige weyber vn junckfrawen/ mit vnuerschempten henden angetast/ mit hurischem halsen (Drehen, Umdrehen, Walzen, M. K.) vnd küssen betalftert vnd das yenig (sic) so die natur selbs am menschen verborgen/ oder die schamhafftigkeit bedeckt hat/ das wirdt durch dise leuchtuertige gaylheit offt emplößt vnd auffgedeckt (...).«[54] Aus den Quellen geht hervor, daß es genau die Schlüsselbegriffe des Verbotes sind, die den Tanz gestalten. »Unzüchtiges Tanzen«, »hurisches Drehen«, »Geilheit im Springen«, »geile, unzüchtige Gesänge« – die Sprache des Verbotes diktiert die Sprache des Tanzes.

Von den nominier- bzw. überlieferbaren Tänzen findet das sexuell motivierte Verhalten Aufnahme in den zahlreichen Kranztänzen, in den Bettler- und Lobetänzen, den Scharern, den Spinnern, den Keßlertänzen, den Volten und wie sie alle heißen. Selbstredend durchflutet die Sündenlust auch die frühen Drehtänze; im Gegensatz zum späteren, berufsbürgerlichen Dreivierteltakter wird sie von dessen Vorboten ohne besondere Umschweife zum Ausdruck gebracht. All jene Tänze werden in gleicher Heftigkeit von seiten der frühstaatlichen Instanzen und denjenigen, die mit diesen konform gehen, geächtet oder gar verboten – wie sie umgekehrt beim einfachen Volk beliebt und verbreitet sind.

Zunächst zu den Kranztänzen: »Wess Herz von Liebe brennt, der soll einen Kranz von Rosen tragen,«[55] so heißt es bereits in einem Tanzlied Tannhäusers aus der Minne. Rund ein halbes Jahrtausend später, nämlich im 19. Jahrhundert, tritt eine Frau auf die

Bühne, die, gleich dem Bild eines geschlechtslosen Engels, nahezu schwebend tanzt. Sie trägt ein »Kränzlein aus Wiesenblümchen«. Tatsächlich ist das Kernstück zahlreicher Ballettinszenierungen das allegorische Abtanzen des »Kränzleins«, woraufhin die Protagonistin des Stückes in aller Regel den (sadomasochistischen), lustvoll leidenden Märtyrerinnentod stirbt.[56]

Das »Kränzlein« wird mit Beginn der Neuzeit zu einer ambivalenten Attraktion und durchtränkt und durchsetzt den Tanz fortan in vielfacher Gestalt. Das traditionsreiche und dicht befrachtete Symbol »Kranz« erfährt in dieser Zeitspanne einen Bedeutungswandel und konzentriert sich, verkürzt gesagt, auf die Botschaft »weibliche Virginität«. Die ständige Betonung der Jungfräulichkeit wird zum Zentrum der weiblichen sozialen Existenz; die Botschaft der Kranzsymbolik steht für Frauen im Imperativ. Im Tanz wird die Umsetzung dieser Forderung erst mit dem symbolischen Bühnentod der berufsbürgerlichen Ballerina sichtbar, erst sie kehrt sich hin zum Spirituellen (oder wie immer genannt) in kategorischer Verneinung des Sexuellen. Bis dahin wird es im Tanz an »Kränzleins« wimmeln, sei es explizit in den zahlreichen Variationen der Kranztänze – was sich durch jedes Register der Volkstanzliteratur bestätigen läßt – oder implizit in der Zentrierung des Werbe- und Sprödenmotivs. Kein Thema beschäftigt den Tanz des hiesigen Kulturkreises mehr, als das der »Virgo intacta«.

Während des Mittelalters sind die verschiedenen Kranztänze aller Wahrscheinlichkeit nach reine Frauen- und Mädchentänze. In der frühen Neuzeit werden sie nachweislich gemischtgeschlechtlich getanzt.

Zur Zeit des Umbruchs steht das Sexuelle in ihnen ungehemmt und deutlich im Vordergrund. Im Kranztanz (und im Kranzsingen) meint Böhme einen »verliebten Sinn«[57] zu sehen. »Jünglinge suchten dem Mädchen den Kranz abzugewinnen, weil ihnen dessen Besitz ein Recht über das Herz und die Liebe des Mädchens einräumten.«[38] Damit wäre das Prinzip dieser Tänze bereits beschrieben. Der Tanzhistoriker Böhme dürfte hier jedoch mit der verklärenden Zunge des späten 19. Jahrhunderts reden. Ähnlich Oetke, wenn er schreibt, daß das Abtanzen des Kranzes »gewisse Rechte einschloß.«[59] Und von diesen »Rechten« machen die Männer und Frauen wohl auch Gebrauch, wer oder was hätte sie zu dieser Zeit daran hindern sollen? Besonders in den Kranztänzen wird, so der Wortlaut einer Chronik aus Nürnberg von 1614, »allerley vnzucht vnd vppigkeit getrieben, die Jugend sehr geärgert vnd zur Büberey angeführt vnd gereitzt (...).«[60] In der Übergangssituation jener Zeitspanne ist das sexuelle Motiv des Kranzes geradezu prädestiniert, aus den Fugen zu geraten, was denn auch geschieht. Warum sonst hätte Luther im Jahr 1535 ein damals weitverbreitetes Kranzlied zu »Vom Himmel hoch, da komm ich her« umdichten sollen?[61]

Gemäßigter in ihren sexuellen Implikationen zeigen sich die Kranztänze erst gegen Mitte des 18. Jahrhunderts. Fortan erscheinen sie als feste Bestandteile der Hochzeitsrituale; gemeinsam ist ihnen das Dornröschenschema: In einem dieser Tänze nimmt, als Höhepunkt des Festes, der Bräutigam tanzend den Kranz vom Kopf seiner Braut und macht sie damit zu seiner Gattin. Der Name dieses Tanzes lautet: »Kränzlein ist verloren«.[62] In verschiedenen Gegenden ist noch im späten 19. Jahrhundert das Ritual des Kranztanzens für eine Eheschließung bedeutender als die Zeremonie im Standesamt und in der Kirche.

Der symbolische Tod der Tänzerin durch das allegorische Abtanzen des »Kränzleins« hingegen bleibt dem berufsbürgerlichen Bühnentanz unter dem gefälligen Prädikat »Kunst« vorbehalten.

Bei den mittelalterlichen, sogenannten Bettlertänzen handelt es sich wohl um ausgelassene Umzüge mit Tanz, bei denen Gaben eingesammelt werden; sie finden vorwiegend zu Pfingsten statt.

Möglicherweise sind darunter auch die Tänze der Bettler zu verstehen, die tanzend und singend um Almosen bitten.

In der Dramaturgie des Bettlertanzes der frühen Neuzeit geht es inhaltlich um einen geizigen Ehemann, dessen Frau alleine zuhause weilt. Die Frau empfängt den Bettler und kann ihm nun, da alle Lebensmittel weggeschlossen sind, kein anderes Almosen geben als Küsse oder, so Böhme, »die höchste Liebesgabe.«[63] Was damit genau gemeint ist, überläßt der Tanzhistoriker dem Vorstellungsvermögen seiner Leserschaft. Den Bettlertanz charakterisiert er zusätzlich noch als einen »wildlustigen Tanz«.[64] Einen deutlicheren Hinweis auf die Inszenierung des Sexuellen via Bettelmotiv gibt ein Lied, das im 16. Jahrhundert den Bettlertanz begleitet:

»Der reich Mann war geritten aus,
Da kam ein Bettler für sein Haus,
Der bat die Frauen um ein Gab,
Dass sie ihm gäb' von ihrer Hab.
Das Heiaho!«[65]

Abkömmlinge dieses Tanzes sind die sogenannten Bussltänze. Die gelegentlich noch heute praktizierten, schlüpfrigen Pfänderspiele gehören zu seinen letzten Relikten.

Ein weiteres Beispiel für die Sexualisierung des Tanzes findet sich in den Lobetänzen. Bis zum 15. Jahrhundert ist es unter anderem üblich, daß (legitime) Ehen über eine Art Heiratsmarkt vermittelt werden. Unter den kontrollierenden Augen der Familien, insbesondere der Väter, veranstalten Dorfgemeinschaften Feste, eine Art Musterwarenmesse, um ihre Familiennachkommen feilzubieten und zu verkuppeln. Die Lobetänze, die Bezeichnung hängt wahrscheinlich mit dem Begriff »Verlobung« zusammen, haben die Verkupplung zum Motiv. Inmitten der Teufelsära und parallel zum Stabilitätsverlust der Ehe als gesellschaftlicher Reproduzentin, verwildern diese Tänze. Bereits im späten 15. Jahrhundert lautet in einem Fastnachtstanzspiel eines der Lieder zum Lobetanz wie folgt. Das Wort hat der Teufel:

>>Alle meine liebe hellekint,
die mit mir in der helle sint,
Krentzelin und Fedderwisch,
dazu Nottis ein teufel frisch
Astrott und Spiegelglanz
mach mit mir einen Lobetanz.<<[66]

Im Jahr 1730 findet dieser Tanz zum letzten Mal Erwähnung. Die Begriffe verschieben sich:

>>Ich brach mir die Röslein abe
zu einem Kranze
Ich schickt sie mein Feinsliebchen
zum Lobetanze.<<[67]

In der Zeit zwischen dem 15. und 18. Jahrhundert heißt es dann beispielsweise, daß bei den >>ergerlichen Lobetentze und Bettler-Tentze<<[68] die Tanzenden >>nicht ohne Verdacht der Unzucht wieder heimgehen.<<[69]

Betrachten wir abschließend ein Element, welches choreographisch nur insofern einzuordnen ist, als es zumeist mit dem Vorfahren des berufsbürgerlichen Favoriten, dem frühneuzeitlichen paarweisen Drehen bzw. dem frühen Walzer auftritt:

Mit ausgelassenen Schwüngen werfen die Männer die Frauen mit ihrem Hinterteil nach oben in die Höhe, so daß die Röcke auffliegen und den Blick auf Beine, Po und Genitalien freigeben. Daull berichtet, wie seine Mitmenschen >>offt durcheinander vnordentlich gehen vnnd lauffen/ wie die bisenden Kühe/ sich werffen/

schwingen vnnd verdrehen/ (...) so geschwinde/ auch in aller höhe/ wie der Bawer den flegel schwinget/ das bißweile den Jungfrauwen/ Dirnen vnnd Mägden die kleider biß vber den Gürtel/ ja biß vber den kopff fliegen/ oder werffens sonst zu Boden (...).«[70] Erste Belege der fliegenden Röcke finden sich im Abendland bereits zur Zeit der Minne,[71] in der frühen Neuzeit sind diese Vorläufer der Peepshows nicht mehr zu übersehen. Gemäß den Quellen handelt es sich hierbei um eines der beliebtesten, choreographischen Elemente. Geiler von Kaisersberg beispielsweise berichtet, daß die Männer »die Weiber vnd Jungfrawen dermassen herumb schwenken vnd in die Höhe werffen, das man ihn hinden und vornen hinauff siehet biß in die weich.«[72]

Ein Nachfolger und sicherlich der bekannteste dieser Rocktänze, bei denen, so Brant kurz vor der Wende zum 16. Jahrhundert, »man hoch sieht die blosßen beyn (...),«[73] ist der Cancan bzw. der Chahut des Berufsbürgertums. Seit 1830 erobert sich dieser Tanz in den Ballsälen von Paris, dann in den Opern von Hervé und Offenbach und in den Variétés sein ambivalentes Prädikat »gesellschaftsfähig«. Aus den Beinwürfen und den mit Rüschen besetzten Röcken dieser Epoche spricht jedoch das schrille Entzücken der doppelmoralischen bürgerlichen Verhaltenskodizes. Jenes Enfant terrible der berufsbürgerlichen Tanzflächen, nebst der rocklüftenden, begehrten wie auch geächteten Femme fatale kündigt sich in der frühen Neuzeit an.

Der Mann, der in der frühen Neuzeit »nicht wol schwingen und verködern (verdrehen, ineinanderwinden, M.K.) kan/ mit demselben tantzet keine gerne.«[74] Die Rollen sind zwar klar verteilt, stets führen die Männer, und es sind immer die Röcke der Frauen, die fliegen, »fliegende Hosen« (oder ähnliches) sind nirgends zu sichten, und doch steht das Engagement der Frauen dem der Männer kaum nach. Ihr Part verspricht auch ihnen offensichtlich Lustgewinn – und warum sollten sie sich bremsen? Allem Anschein nach haben sie es »gern vnd ist ihnen mit lieb gelebt, wenn man sie also schwencket, das man ihnen, ich weiß nicht wohin siehet.«[75] Bei den späteren Werbe- und Sprödentänzen wird der – stets weibliche Part – der Spröden hingegen zumeist mit Adjektiven wie »züchtig«, »sittsam«, »lieblich«, »artig« etc. umschrieben, um Zurückhaltung und Schamhaftigkeit kenntlich zu machen.[76] Von einem solchen ausgeprägten weiblichen Schamgefühl oder marianischer Asexualität kann während der Umbruchzeit nicht die Rede sein. Die sexuelle Hemmschwelle der beiden Geschlechter ist untereinander vergleichsweise niedrig. Von den Differenzen des sexuellen, geschlechtsspezifischen Habitus soll abschließend noch kurz die Rede sein:

Im gesamten Mittelalter verspricht den Männern das Bekunden ihrer sexuellen Potenz Prestigegewinn und Macht. Diese fest installierte Gewohnheit bleibt ihnen auch in der frühen Neuzeit weitgehend erhalten. »Was a steiffe Bua is,«[77] so der Anfang eines Tanzliedes zum Scharer, einem gewalzten Paarreigen aus dem 16. Jahrhundert, hält daran fest. Exibitionistische Schamkapseln – die um die männlichen Genitalien aufgepolsterten Hosenlätze – unterstreichen dies vestimentär ohne Umschweife (Abb. 3).[78] Möglich und, für Männer, sozial tragbar, zeigt sich ihre Haltung nur dadurch, daß sie den Quell ihrer Lust in Frauen sehen und sich damit selbst aus der Affäre ziehen. – Im Tanz steht hierfür die Projektionsfigur Salome Pate. Auf der sozialen und frühjuristischen Ebene läßt sich feststellen, wie sich das Geltendmachen des sogenannten Kranzgeldes, das sind die Deflorations-, Schadensersatz- und Versorgungsansprüche der Frauen als eventuelle Folge sexueller Aktivitäten, in Richtung »salva venia Hur«[79] verschiebt. Männer hingegen, »die haben dessen ein ruhm und hoffart, wann sie die Jungfrawen oder Weiber hoch inn die höhe können schwencken (. . .).«[80] Mag die folgende Aussage zumindest für das postmoderne Ohr auch obsolet klingen: dem männlichen Prestigegewinn steht folgerichtig entgegen, daß »manche Tochter ihr Kräntzlein vertantzt/ und hernach mit einem Stroh-Krantz aufgezogen kommen,«[81] so heißt es in der Polemik der frühen Neuzeit, die sich selbstredend nicht auf die Kranztänze, sondern auf die Tänze im allgemeinen bezieht. Während Männer aus ihrem Benehmen Machtgewinn schöpfen, riskieren Frauen bei gleichem Verhalten ihre soziale Existenz. Von der Umsetzung des reformatorischen Entwurfs jener »Beseelten«, verkürzt gesagt, der berufsbürgerlichen Hausfrau, ist diese Zeit noch weit entfernt.

Ich fasse zusammen: Der sexuelle Freibrief der damaligen Zeit gilt vorrangig für Männer. Die Konsequenzen zu tragen, sind sie nicht bereit und können es – bis zu einem gewissen Grad – aufgrund der im Vorfeld lockeren Trieb- und Affektmodellierung auch nicht sein. Das Sexuelle drängt sich im Tanz der Zeit in den Vordergrund. Die Sprache des Tanzes ist die Sprache des Verbotes. Männer und Frauen prallen schier hemmungslos aufeinander. Ein profaniertes Geschlechterspiel gewinnt an Dominanz und wird stereotyp zum zentralen Thema.

Gewaltpotentiale

Das Spielfeld der Triebe und Affekte ist in sich ein Ganzes, und Äußerungen der körperlichen Gewalt sind ihm ebenso zugehörig wie erotische Aktivitäten. Bildlich gesagt: Zum Kuß gesellt sich die Faust.

Daß es beim Tanzen nicht gerade friedlich zugeht, ließ sich bereits aus den bisherigen Darstellungen ablesen. »Uß dantzen vil vnratts entspringt (. . .)«: [82] So locker die Kontrolle im gesamten bisher beschriebenen Tanzverhalten gehalten ist, so unkontrolliert werden auch Aggressionen zum Ausdruck gebracht. Ähnlich wie Elias das allgemeine Verhalten der Menschen der frühen Neuzeit hinsichtlich feindlicher Zusammenstöße beschreibt,[83] liegen auch im Tanz Lust- und Unlustäußerungen eng beieinander. Die beiden Momente sind kaum trennbar. Im fliegenden Wechsel kann aus großer Freude große Wut entspringen. Größere oder kleinere gewaltsame Ausschreitungen bedürfen nur eines kleinen Schrittes. Das Stimmungsbarometer des Tanzes schwingt relativ unruhig und schnell zwischen den Extremen hin und her. Sexuelle Freizügigkeit erscheint mit körperlicher Gewalt verbunden.

Zu diesem Aspekt eine Bemerkung vorweg: Ab und an sind auf den heutigen Tanzflächen ebenfalls Rüpeleien zu beobachten. Kreuz und quer wälzen sich die Tanzenden durch den Raum, schubsen und rempeln sich mitunter heftig an. Ein solches Tanzverhalten führten die Punks mit dem Pogo erstmals ein. Bei diesem Tanz handelt es sich um ein für die Postmoderne charakteristisches Aufbrechen tradierter Muster. Er zielt auf Verballhornung und Entästhetisierung traditioneller Kodizes. Denn ein Punk ist, so stellt der Medien- und Jugendforscher Dieter Baacke in einem Wort treffend fest, ein »programmatischer Selbstdeklassierer.«[84] Dem gleichen Impetus folgt der Pogo, »er steht symbolisch für das Zerreißen von Konventionen, als Fragmentierung und Zerfetzen von Regelstrukturen (. . .).«[85] Sein Gewaltpotential besitzt insofern mit dem der frühneuzeitlichen Tänze keine Vergleichbarkeit.

»Da geht der Betteltanz los« – dieser Ausdruck ist heute fast vergessen, aus seinen Überresten sind die ehemaligen Momente von Gewalt herausgefiltert.

Auf die Probleme, die sich durch den geringen schriftlichen Fixierungsgrad der Tänze ergeben, habe ich bereits hingewiesen. Es ist deshalb nicht klar nachzuweisen, welche und wieviele Tänze körperliche Gewalt als fixes, choreographisches Element enthalten. Fest steht jedoch, daß es in der frühen Neuzeit einen oder, das ist wesentlich naheliegender, mehrere Tänze gibt, die Gewalt als festen Bestandteil kennen. Den Quellen zufolge besitzt in der frühen Neuzeit das Element »Umwerfen« eine beachtliche Popularität. Mitten im Bewegungsfluß schubsen sich die Tanzenden an und werfen sich mit mehr oder weniger kräftigen Schleuderbewegungen zu Boden. In einem Beispiel von 1562 gesellt sich dicht neben das tänzerische, lustvolle Liebesspiel eben dieser Akt hinzu: Da »begreifft mann frawen vnnd Junckfrawen mit vnkeuschen henden/ man küßt einander mit Hvrischem vmbfahen (umwerfen, M.K.).«[86] Erst frönen die Tanzenden dem erotischen Spiel, und dann rempeln sie sich, noch im gleichen Atemzug, um. In aller Regel obliegt der Part des Werfens den Männern,[87] die Frauen finden daran offensichtlich Gefallen, sonst hätten sie sich wohl entweder gewehrt oder sich erst gar nicht auf einen solchen Tanz eingelassen. Zur niedrigen Hemmschwelle des gesamten Trieb- und Affekthaushaltes gehört stets ein gegenseitiges, überaus derbes Necken und Triezen. Aus den Tanzenden spricht, so Böhme, eine durchweg »übermüthige Lust«.[88] Den Menschen macht ein »einander vmbfahen/ bey den leyben/ einander schmucken/ trucken/ ja in die oren plasen (...)«[89] zweifelsohne Spaß.

»Umwerfen« ist lediglich *ein* choreographisches Element, das fixier- und benennbar ist. Das Tanzverhalten erscheint jedoch in seiner Gesamtheit roh, auch rüpelhaft. Aufschlußreiche Stellen sind uns bereits in den vorangegangenen Abhandlungen begegnet. Das Element »Hochwerfen« sei nur kurz in Erinnerung gerufen. Es ist nicht unüblich, daß die Frauen – einmal das Hinterteil in der Höhe – kreischend auf den Boden poltern. Die Tanzenden empfinden dergleichen als lustvoll. Von feinsinniger, spannungsreicher Distanziertheit, oder nennen wir es einen stilisiert verspielten Eros (wie an den Höfen), ist wenig zu sehen, die Erotik der Tänze ist offen aggressiv.

Dennoch enthalten die Tänze kein extrem hohes Gewaltpotential, das wäre überzogen. Wenn der Körper durch Werfen und Schleudern auf die Erde fällt, mag das ohne Zweifel schmerzhaft sein. Blutergüsse, Prellungen, vielleicht sogar die eine oder andere Knochenfraktur dürfte der Tanz durchaus mit sich bringen. Um das frühneuzeitliche Tanzverhalten zu beschreiben, sind die Attribute »derb« und »grob« treffender.

Die Grenzen zwischen derber Erotik, bübischem Spaß und ernsthafter Wut verlaufen fließend, eines kippt leicht und schnell in das andere um. Oft erscheint die unmittelbare Umgebung des Tanzes durchtränkt von einem hohen Potential an körperlicher Gewalt. Größere und kleinere Rempeleien und Prügeleien gehören zum Gesamtbild. Charakteristisch ist das sprunghaft sich ändernde Verhalten aus dem Affekt. Wie Daull berichtet, kann die Tanzlust unmittelbar in Kampflust umschlagen. In diesen Zusammenhang gehört seine Frage: Wo »geschicht mehr sauffens/ Gotteslesterung/ schmehung/ zanck/ hader/ reuffen/ schlagen/ morden vnnd würgen/ denn in Schenck oder Krätschemenheusern bey den vnuerschempte/ wilden vnd unzüchtigen Täntze/ sonderlich bey der nacht. (...) Da seyn denn die Knechtlein auff einander ergrimet/ wenn sie einander zu nahed greiffen/ grollen/ grunzen/ stossen/ jauchzen vnd träen einander zu kriege vnd verdrieß/ biß sie sich mit den haren erwischen/ die Kannen einander auff die Köpfe schlagen (...) wann ein solcher Tantzkrieg angehet/ da hebet sich ein Geschrey/ ein gewüte/ jeder hat seinen anhang vnnd beystand.«[90] Daulls Beschreibung geht im selben Ton und Inhalt noch über mehrere Seiten, doch es sei hiermit genug. Ein Tanz endet natürlich nicht immer in wüsten Prügeleien, aber Raufereien sind keine Ausnahmen. Aggressionsauslösende Faktoren setzen sich aus verschiedenen, kaum voneinander trennbaren, einmal mehr und einmal weniger gewichtigen Komponenten zusammen: das bacchantische Ambiente des Festes, die aufputschende Glut des Tanzes, der Alkohol (Bier und Wein),[91] die aggressive Erotik und der (vorwiegend männliche) Prestigegewinn durch den, bildlich gesagt, »Einsatz des Bizeps«.[92]

Auch die Hemmschwelle, einen Menschen zu töten, findet sich

im Umfeld des Tanzes reduziert. Eine Polizeiordnung der Grafschaft Hoya im Oldenburgischen von 1558 gebietet, bei Hochzeiten die Schwerter und Spieße in der Kirche und im Festhaus abzulegen, »weil sich der Todtschläge zu viele ereigneten.«[93] In einem Satz: Aus dem vorangegangenen, leidenschaftlichen Kuß wird schnell ein ebenso leidenschaftlicher Faustschlag – und umgekehrt.[94]

Den Untersuchungen Pierre Bourdieus[95] zufolge werden Machtdifferentiale durch Gewalt symbolischen Inhalts wie Kleidung, Bildung, Eß-, Trink- und Sprachverhalten produziert und reproduziert; diese Güter bilden symbolisches Kapital. Ein solcher repressiver Mechanismus wirkt auch in der damaligen Feudalgesellschaft. Beim einfachen Volk jedoch setzt sich dieses symbolische Kapital aus anderen Inhalten zusammen, nämlich, einfach gesagt, aus dem Tonus männlichen Muskelspiels. In der sozialen Realität der damaligen Gesellschaft dient körperliche Kraft bis hin zu körperlicher Gewalt nicht nur als Mittel der Verhaltens- und Konfliktregulierung, sondern auch zur Konstitution und Legimation von Macht. Hohe körperliche Leistungsfähigkeit und eine wörtlich zu nehmende hohe »Durchschlagskraft« sind mitunter bestimmend für den sozialen Status. Die zum Umfeld des Tanzes gehörenden, überaus beliebten rohen Wetten, Mut- und Kraftproben lassen dies bereits anklingen. Beim Machtmonopol des Tanzes hingegen – dem Vortanz – springt die Form des Kapitals ins Auge: Den Vortanz übernimmt in aller Regel nicht eine beliebige Person, denn der Vortanz ist ein Amt, das »man Ehrenpersonen einräumt.«[96] Das Votum für diesen oder jenen Mann fällt zumeist auf »den Rüstigsten«.[97] Für diese Rolle kämpfen die Männer, mindestens bis zu Beginn der Neuzeit. Letztlich entscheidend ist dabei zumeist die Kapazität des Ellenbogens und der Faust, denn »die jungen Dörper führen blutigen Kampf darum, wer den Leitstab vortragen und damit den Tanz führen sollte.«[98]

Warum sollte sich das Verhalten im und um den Tanz an anderen Repliken orientieren als in anderen Lebensbereichen?

Wenn überhaupt, dann ist heute legitime körperliche Gewalt, bildlich gesagt, nur noch »mit dem Auge berührbar« und gestattet (z. B. in Kino- oder Fernsehfilmen).

Für ein adäquates Bild der Präsenz und differenten Wahrnehmung von körperlicher Gewalt in der frühen Neuzeit heißt es sich zu vergegenwärtigen, daß der Galgen noch für Jahrhunderte zum Dorf- oder Stadtbild gehört, ganz ebenso wie der Brunnen oder der Narr. »Henker« ist ein gängiger Beruf, wenn auch, ähnlich dem der Prostituierten, seit dem späten 15. Jahrhundert der mit dem geringsten sozialen Prestige.

Das gesamte Mittelalter, die frühe und auch die späte Neuzeit sind gekennzeichnet durch einen geringen Grad der Pazifizierung. Zur Regulierung von Konflikten dient, im außer- wie im innergesellschaftlichen Bereich, die körperliche Gewalt. Sie gehört weitgehend zum gesellschaftlich legitimen Verhalten. Körperliche Kraft und – bis zu einem gewissen Grad – auch Gewalt gehören in dieser Gesellschaft zu den Lebens- bzw. Überlebensnotwendigkeiten.

Jede Gerichtsbarkeit ist so zivilisiert oder unzivilisiert wie die Gesellschaft, die sie trägt, und umgekehrt. De facto herrscht in der frühen Neuzeit zum großen Teil noch Faustrecht und Selbstjustiz, trotz einsetzender Konfliktregulierung durch außerfamiliäre, übergeordnete Instanzen, deren Autorität wiederum – ein Zeichen ihrer Schwäche – auf körperlicher Gewalt beruht. Die Gewaltanwendung der Inquisition, einer Frühform der modernen Justiz, ist hier nur ein Beispiel unter vielen. Und so wenig nachfühlbar es für die heutigen Menschen sein mag, die verschiedenen Hinrichtungen haben in dieser Zeit oft genug den Charakter von Volksfesten, sie bilden Konglomerate aus Angst und Lust. Selbst wenn die Angst dominiert und die beiden Momente nicht gleichermaßen präsent sind, so ist das Entzücken der Zuschauer doch nicht zu übersehen.[99]

Die Menschenrechte, die das Recht der körperlichen Unversehrtheit miteinschließen, sind eine Errungenschaft der Moderne. Erste, noch zögernde Schritte dazu werden in der »Bill of Rights« von 1689 in England unternommen und dann, viel entscheidender, mit der »Déclaration des droits de l'homme et du citoyen« im Jahr 1789. Die Todesstrafe wird im westlichen Mitteleuropa endgültig erst in den Jahren nach dem Zweiten Weltkrieg abgeschafft.

Die Achtung gegenüber der Unversehrtheit der Mitmenschen ist eine moderne Erscheinung. Ein solches Gedankengut gibt sich in der frühen Neuzeit erst vage am Horizont zu erkennen. Verantwortlich dafür ist vor allem ein schwach ausgeprägtes Ich-Bewußtsein und damit zusammenhängend ein schwach ausgeprägtes, individuelles Bewußtsein des Todes.[100] Die Phantasien, die um den Tod kreisen, sind vorwiegend Ängste vor dem drohenden Inferno und mit Ängsten vor dem eigenen Tod nicht zu verwechseln. Der soziale Habitus, der sich in Konfrontation mit dem Thema »Sterben« herausbildet, steht in Zusammenhang mit der jeweiligen Zivilisationsstufe einer Gesellschaft. Im Sprechen und Handeln ist der Tod heute weitgehend marginalisiert, hochgradig scham- und tabubefrachtet und privatisiert. In der frühen Neuzeit ist dies nicht der Fall. Eine Gegenüberstellung des Umgangs mit dem Tod damals und heute findet sich bei Ariès: »Es gibt zwei Arten, nicht an den Tod zu denken: die unsere, die unserer technizistischen Zivilisation, die den Tod verbannt und mit einem Verbot belegt; und die der traditionellen Gesellschaften, die nicht Verweigerung ist, sondern die *Unmöglichkeit, ihn mit Nachdruck zu bedenken*, weil er ganz nahe und vertrauter Bestandteil des Alltagslebens ist.«[101] Die niedrige Selbstdistanz und ein nur schwach ausgeprägtes »Ich« setzen die Hemmschwellen, einem anderen Menschen Gewalt anzutun und ihn vielleicht sogar zu töten, automatisch herab. Auch im Ausgelassensein und in der Heiterkeit des Tanzes ist über das Moment der Gewalt der Tod allgegenwärtig.

Zwischenbilanz im Spiegel einer Ausnahme

Im Vergleich zum herkömmlichen, bisher beschriebenen Tanzverhalten des einfachen Volkes, geht es bei den Zünftlern und den Handwerkern bezeichnenderweise gezügelter zu.

Die Zunft- und Handwerkertänze entwickeln sich parallel zum Zunftwesen und (aller Wahrscheinlichkeit nach) zum Entstehen der Berufe im allgemeinen um das 11. und 12. Jahrhundert. Sie erreichen in der frühen Neuzeit ihren Höhepunkt. Jeder Berufszweig – die Metzger, die Schmiede, die Tuchmacher, die Fischer, die Schornsteinfeger – hat neben den entsprechenden Trachten seine ihn charakterisierenden Tänze und Aufzüge.[102]

Auch bei diesen Tänzen und den bunten, festlichen Aufzügen geht es ausgelassen, gesellig und munter zu. Trotzdem ist das Tanzverhalten für die hier abgehandelte Zeitspanne atypisch. Böhme charakterisiert es wie folgt: »Im ganzen darf man annehmen, dass es bei den Handwerkertänzen nicht roh und sittenlos zugegangen ist. Die ehrbaren Meister und Altgesellen jeder Zunft wachten streng über Bürgersitte, und einzelne Ausschreitungen wurden auf Grund des Zunftgesetzes hart bestraft (...). Die Sittenprediger und Strafredner haben wohl viel zu tadeln an Kirmes-, Pfingst- und Hochzeitstänzen der Bauern, wenig Stoff zu ihren Zornausbrüchen fanden sie bei den Handwerkertänzen.«[103] Hierbei kann es sich nur um eine Nische handeln.

Darüber, daß die Grenze des Legitimen nicht überschritten wird, wachen direkte Kontrollinstanzen und Autoritäten: Immer sind die nächststehenden Kontrollinstanzen, die Altgesellen und die Meister, anwesend. Diese tanzen meist mit, zahlreiche Choreographien beziehen sie mit ein. Auch die traditionell strenge Zunftordnung, die auch für die Festlichkeiten ein eigenes Reglement kennt, die Vorsteher der Zünfte und Betriebe und die ausdrücklich für Feste eingesetzten und zuständigen Kommitees wirken zügelnd, ebenso die persönliche Verpflichtung der Einzelnen auf den Ehrenkodex der Einrichtungen. Wenn auch profaniert, tragen diese Tänze den Charakter eines zeremoniellen Rituals. Die formalisierte und autoritative Verbindlichkeit des Rituals kanalisiert Entgleisungen in vorgegebenen Bahnen. Daß »nicht zu großer Aufwand gemacht,« schreibt Schikowski, »und die obrigkeitlich gestattete Zahl der Musikanten nicht überschritten wurde,«[104] darüber wacht dann zu guter Letzt das allen Instanzen übergeordnete Kontrollorgan Polizei, das bei den Veranstaltungen meist anwesend ist.

Unterstrichen wird der Ausnahmecharakter der Zunft- und Handwerkertänze durch die mannigfachen Tänze mit Kampfmitteln, nämlich die Waffentänze. Diese bilden eine eigene Gattung und gehören zu den ältesten und weitverbreitetsten Tänzen der Tanzgeschichte überhaupt (Abb. 7).[105]

> »Die Klingen lassen wir schallen
> Wir springen dappfer drein
> Der Tanz tut uns gefallenn,
> Wir tanntzen ihn gemainn (...).«[106]

So lautet der Ausschnitt eines Liedes der Messerschmiede aus Nürnberg um 1600. Zu diesem Zeitpunkt spielen Waffen in der sozialen Realität eine nach wie vor zentrale Rolle, sowohl was die außer- als auch die innergesellschaftliche Konfliktregulierung angeht.[107] Wie leicht und schnell es aufgrund der wenig straffen Affektmodellierung der Menschen zu körperlichen Auseinandersetzungen kommen kann, wurde beschrieben. Auch auf den potentiellen Prestige- und Machtgewinn durch die Vermittlung des Bizeps wurde hingewiesen. Wenn nun Kampfmittel – hier zumeist das Schwert – in die Tänze miteinbezogen sind, so bedarf es damals besonderer Anstrengungen und außergewöhnlicher Rahmenbedingungen – die hier gegeben sind – um den immanenten Gewalt- und Konfliktversuchungen zu widerstehen, und dies gleichgültig, ob die Schwerter nun scharf geschliffen sind oder nicht.

Im Gegensatz zu den anderen, nicht institutionell eingebunde- nen Tänzen wirkt bei denen der Handwerker und Zünftler die unmittelbar greifende Autorität der obrigkeitlichen Ordnung in Form der alten Augenkontrolle anstelle der erst in Ansätzen vor- handenen Kontrollapparatur eines Über-Ichs. Die von außen wir- kenden und nicht die internalisierten Kontrollinstanzen machen diese Tänze im großen und ganzen »ordentlich und ehrbar«.[108] Fehlverhalten wird sofort sichtbar und kann direkt sanktioniert werden. Die Lücke in der Regulierung des Verhaltens, das relative Außerkrafttreten der personifizierten Macht des Vaters, wird durch die institutionelle Einbindung gefüllt und durch eine abstrakte Va- terimago ersetzt. Gedrosselt wird dadurch gleichermaßen das Se- xuelle: Die Transgression seines Verbotes kann nicht die gleiche Dominanz erringen wie bei den anderen Tänzen. In den Tänzen der Zünftler und Handwerker halten sich, bildlich gesprochen, »Schamkapsel« und »Bizeps« zurück.

Mit Ausnahme der Tänze der Zünftler und Handwerker gilt für die frühneuzeitlichen Tänze des einfachen Volkes die Feststellung von Norbert Elias: »Es gibt hier keine Zentralgewalt, die mächtig genug ist, um die Menschen zur Zurückhaltung zu zwingen.«[109] Da die Zentralisierung der Staatsmacht in Affinität zur Ich-Bildung steht, heißt der Umkehrschluß zu diesem Satz, daß die niedrige Selbstdistanz der Menschen eine nur geringe Selbstzensur erlaubt. Das gesellschaftliche, relativ übersichtlich strukturierte Interak- tionsgefüge kann ein gemeingültiges Symbol zur Verfügung stellen und läßt die Menschen – mit Ausnahme der Paartänze – in Grup- pen tanzen, Handwerker und Zünftler inbegriffen.

ANMERKUNGEN

1 Die Tänze des frühneuzeitlichen, einfachen Volkes finden in der historischen Tanzforschung mehr akzidentell und in eher belanglosen Nebensätzen Berücksichtigung. Als Sekundärquelle, auf die neben dem Primärmaterial zurückgegriffen wurde, ist an erster Stelle zu nennen: Böhme, Franz: *Geschichte des Tanzes*, a.a.O., Bd. 1. Der Tanz- und Kulturhistoriker aus dem letzten Jahrhundert hinterließ eine umfangreiche und ausgezeichnet (insgesamt ohne nennenswerte Sozialromantik) kommentierte Dokumentation zum Thema. Anzuführen ist des weiteren: Oetke, Herbert: *Der deutsche Volkstanz*, Wilhelmshaven 1983, 2 Bde.; Wolfram, Richard (Deutscher Bundesverband Tanz e.V., Hg.): *Reigen- und Kettentanzformen in Europa*, 10, Berlin 1986.

2 *Zum Begriff der Figuration* s.: Elias, Norbert: *Was ist Soziologie?* München 1986, insb. S. 132 ff.

3 Zur sozialen Zusammensetzung der Feste in der frühen Neuzeit vgl. auch: Dülmen, v., Richard: *Entstehung des frühneuzeitlichen Europa 1550–1648*, Frankfurt/M. 1987, S. 216–226.

4 Albrechten, Georg: *Bedencken vom Tantzen*, Schwäbisch Hall 1705, 7 ungezählte Seiten, S. 4.

5 Eine Entmystifizierung dieser Legende findet sich in: Wehler, Hans-Ulrich: *Deutsche Gesellschaftsgeschichte*, München 1987, 2 Bde., Bd. 1, S. 81 ff. Die sozialromantisch verklärte Idee des »Ganzen Hauses« stammt von dem rechtskonservativen Kulturhistoriker Riehl aus der Mitte des letzten Jahrhunderts; (ebenda).

6 Elias, Norbert: *Die Gesellschaft der Individuen*, a.a.O., S. 247.

7 Wenn heute, wie z. B. im Volkstanz hinter den Vereinsmauern der Kulturpflege gerne üblich, das Wir-Gefühl »zelebriert« und im gleichen Atemzug das Ich-betonte Solo der Diskotheken verpönt wird, dann wird nicht berücksichtigt, daß die Akzentuierung des »Wir« beim Tanzen überhaupt erst aufgrund einer starken Ich-Ausprägung möglich ist.

8 Die Tanzkultur der unteren Stände ist keine Schriftkultur. So besitzt der Tanz der einfachen Leute weder eine schriftlich fixierte Choreographie, noch gibt es die Hinterlassenschaft eines Biographen (wie z. B. an den Höfen), die ein Bild der einzelnen Tänze geben könnten. Selbst die Recherchen, auf die seit dem Entstehen der Tanzgeschichtsschreibung selbst rekurriert werden kann, sind lückenhaft. Im Gegensatz zu den Strukturen der Tänze sind ihre vollständigen einzelnen Choreographien nicht mehr rekonstruierbar.

9 Geiler von Kaisersberg, Johann: *Predigten zu Brandt's Narrenschiff*, Repr. in: Scheible, J. (Hg.): *Das Kloster, Stuttgart* 1845, Bd. 1, S. 213–815, S. 554. Die Predigt stammt von 1498 aus Straßburg.

10 Im Gegensatz zum Springen berühren beim Hüpfen beide Beine bzw. Füße die Erde gleichzeitig.

11 Zur genaueren choreographischen Ausgestaltung der beiden Reigenarten gibt Auskunft: Oetke, Herbert: *Der deutsche Volkstanz*, a.a.O., Bd. 1, S. 13–114 und Wolfram, Richard: *Reigen- und Kettentanzformen*, a.a.O.

12 Vortänzerinnen existieren selbstredend in den Frauentänzen. Unter der Masse an Tänzen sind diese jedoch spärlich gesät, eher exotisch und unrepräsentativ. Vorgestellt werden sie in: Oetke, Herbert: *Der deutsche Volkstanz*, a.a.O., Bd. 1, S. 277 ff. Die Beschreibungen dieser Tänze klingen allerdings auffällig nach dem Tanzverhalten der Tanzwut.

13 Oetke, Herbert: *Der deutsche Volkstanz*, a.a.O., Bd. 1, S. 98 (Hervorhebung vom Verfasser). Es ist bezeichnend, daß auch dieser Tanzhistoriker der Moderne den Figurationswandel von der Gruppe hin zum Individualtanz beim *Paartanz* enden läßt.

14 Vgl.: Sachs, Curt: *Weltgeschichte des Tanzes*, a.a.O., S. 181 und Oetke, Herbert: *Der deutsche Volkstanz*, a.a.O., Bd. 1, S. 212. Oetke bezieht sich an dieser Stelle auf Sachs, der sich seinerseits auf den Minnesänger Rudlieb beruft. Aus der zitierten Textstelle des Rittergedichtes geht jedoch nicht eindeutig hervor, von welchem Stand die Rede ist. Die Bewegungsbeschreibung des Dichters deutet eher auf Tänze der Höfe.

15 Böhme, Franz: *Geschichte des Tanzes*, a.a.O., S. 83; vgl. auch: Voß, Rudolph: *Der Tanz und seine Geschichte*, Erfurt 1868, S. 135 ff.

16 Sachs, Curt: *Eine Weltgeschichte des Tanzes*, a.a.O., S. 257; vgl. auch Oetke, Herbert: *Der deutsche Volkstanz*, a.a.O., Bd. 1, S. 223.

17 Zu diesen fraglichen Vorläufern des Wiener Walzers s.: Voß, Rudolph: *Der Tanz und seine Geschichte*, a.a.O., S. 136; Böhme, Franz: *Geschichte des Tanzes*, a.a.O., Bd. 1, S. 35; Oetke, Herbert: *Der deutsche Volkstanz*, a.a.O., Bd. 1, S. 222 f.

18 Eine detaillierte Untersuchung des vorrangig choreographischen Wandels der Vorformen des Wiener Walzers von den letzten Dekaden des 18. Jahrhunderts bis zum Wiener Kongreß macht: Witzmann, Reingard: *Der Ländler in Wien*, Wien 1976. Aufschlußreich zum Werdegang und der Popularisierung des Favoriten zeigt sich u.a.: Weigl, Bruno: *Die Geschichte des Walzers*, Langensalza 1910; Mendelssohn, Ignaz: *Zur Entwicklung des Walzers*, in: *Studien zur Musikwissenschaft*, 13, 1926, S. 57–87. Weitere Hinweise gibt jede allgemeine Tanzgeschichte.

19 Goethes Werther sieht beim Walzen mit seiner geliebten Lotte die »Sphären um sich herum vergehen«. Bei diesem (inzwischen oft genug zitierten) Beispiel von 1774 kann der Wiener Walzer noch nicht gemeint sein, sondern eine seiner ländlichen Vorformen. »Der Kongreß tanzt« – hier verhält es sich ähnlich. Zwischen 1814 und 1815 ist das Walzen zwar in der Tat bereits von hoher Popularität, die Strauß- alias Wiener Walzerära kündigt sich zu diesem Zeitpunkt jedoch erst an.

20 Böhme, Franz: *Geschichte des Tanzes*, a.a.O., Bd. 1, S. 272. Einen rekonstruierten,

anschaulichen Einblick über das Werden und Walten des Wiener Walzerpathos vermitteln u. a.: Jacob, Heinrich Eduard: *Johann Strauss und das neunzehnte Jahrhundert*, Amsterdam 1937; ders.: *Johann Strauss, Vater und Sohn: die Geschichte einer musikalischen Weltherrschaft*, Hamburg 1953; Kronberg, Max: *König Walzer*, Leipzig 1938; Klingenbeck, Fritz: *Unsterblicher Walzer*, Wien 1940; ders.: *Das Walzerbuch*, Wien 1952.

21 Die Frage, warum sich Männer und Frauen als Paar von der Gruppe loslösen, hat in der Tanzforschung bis dato kaum Beachtung gefunden und ist nur unzulänglich beantwortet. Der einzige, der sich des Phänomens annimmt, ist: Eichberg, Henning: *Leistung, Spannung, Geschwindigkeit*, Stuttgart 1978, S. 168–201. Der Sportsoziologe und -historiker Eichberg führt die neue Paarfiguration vorrangig auf die schneller gewordene Bewegungsdynamik des aufkommenden Industriezeitalters zurück. Sie sei eine logische Folge der Notwendigkeit, das Gleichgewicht bei der durch das rasche Drehen aufkommenden Fliehkraft halten zu können. Aber wer wird schon im Paar tanzen, um den Gesetzmäßigkeiten der Mechanik genüge zu tun? – zumal dies im Paarreigen auch gelänge. Beim Wiener Walzer tanzt nicht, bildlich gesprochen, die Zentrifugalkraft mit der Stechuhr.

22 Klingenbeck, Fritz: *Unsterblicher Walzer*, a.a.O., S. 107.

23 Lochheimer Liederbuch, Nr. 42, zitiert nach: Böhme, Franz: *Geschichte des Tanzes*, a.a.O., Bd. 2, S. 6, ohne weitere Angaben.

24 Elias, Norbert: *Über den Prozeß der Zivilisation*, a.a.O., Bd. 1, S. 263.

25 Böhme, Franz: *Geschichte des Tanzes*, a.a.O., Bd. 1, S. 81 f. Zu vergleichbaren Feststellungen kommt: Dülmen v., Richard: *Entstehung des frühneuzeitlichen Europa*, a.a.O., S. 220 f.

26 Boehn, Max: *Der Tanz*, Berlin 1925, S. 57.

27 Daull, Florian: *Tantzteuffel*, Frankfurt/ M. 1564, Faks. Leipzig 1984, S. 29, links.

28 Verband deutscher Vereine für Volkskunde (Hg.): *Handwörterbuch des deutschen Aberglaubens*, Berlin 1935–1937, 10 Bde., Bd. 4, Sp. 733.

29 Brant, Sebastian: *Das Narren Schyff*, Basel 1494, Faks. Tübingen 1986, S. 150 (Kapitel 61).

30 Dülmen, v., Richard: *Entstehung des frühneuzeitlichen Europa*, a.a.O., S. 218.

31 Brant, Sebastian: *Das Narren Schyff*, a.a.O., S. 150.

32 Daull, Florian: *Tantzteuffel*, a.a.O., S. 3, links.

33 Vgl.: Böhme, Franz: *Geschichte des Tanzes*, Bd. 1, S. 81 und Dülmen, v., Richard: *Entstehung des frühneuzeitlichen Europa*, a.a.O., S. 220 f.

34 Näheres dazu s. z. B.: Meinel, Kurt: *Bewegungslehre*, Berlin 1977, S. 293 ff.

35 Außereuropäische Tänze finden heute Eingang in verschiedene Einrichtungen wie Schulen, Sportvereine und Tanzclubs. Um die Tänze möglichst authentisch zu rekonstruieren, wird deren Grundhaltung mitaufgenommen, wobei der Körper oft akribisch bis auf den Zentimeter genau ausgerichtet wird. Zumindest für die afrikanischen und südamerikanischen Tänze entspricht dies den modernen

Rationalismen und der dazugehörigen Körpermaîtrise – weniger jedoch den »Originalen«.

36 Albrechten, Georg: *Bedencken vom Tantzen*, a.a.O., S.4.

37 S.: Vigarello, Georges: *Wasser und Seife*, a.a.O., Teil 1. Von »Kopf bis Fuß« waschen sich die Menschen erst in den gefliesten Bädern des hochzivilisierten 20. Jahrhunderts.

38 Böschenstein, Johann: *Hebrayscher zungen Lerer*, Augsburg 1533, 6 ungezählte Seiten, S.4. Die Ähnlichkeit des Zitates mit dem preußisch-puritanischen Motto der Turnerbewegung des 19. Jahrhunderts, dem »frisch, fromm, fröhlich, frei«, ist zufällig. Nichtsdestoweniger konkurrieren jene beiden Verhaltensweisen miteinander und schließen sich gegenseitig aus.

39 Albrechten, Georg: *Bedencken vom Tantzen*, a.a.O., S.6.

40 Daull, Florian: *Tantzteuffel*, a.a.O., S.30, rechts.

41 Ebenda.

42 Eine ausführliche Darlegung zur Unterscheidung der Begriffe »Schuld-« und »Schamgefühl« findet sich in der Antwort Schröters auf Dürrs (gescheiterten) Versuch einer Widerlegung des Eliasschen Zivilisationstheorems: Schröter, Michael: *Scham im Zivilisationsprozeß*, in: Korte, Hermann (Hg.): *Gesellschaftliche Prozesse und individuelle Praxis*, Frankfurt/M. 1990, S.42–85.

43 Elias, Norbert: *Über den Prozeß der Zivilisation*, a.a.O., Bd. 1, S.230–263.

44 Das 18. Jahrhundert kennt nur das Adjektiv »sexuell«, womit der Geschlechterunterschied bezeichnet wird. Im Französischen des 16. Jahrhundert hingegen sind dreihundert Worte zur Bezeichnung des Koitus und vierhundert zur Benennung der Genitalien bekannt. S.: Ussel, v., Jos: *Sexualunterdrückung*, Gießen 1977, S.8ff.

45 Schröter, Michael: *Staatsbildung und Triebkontrolle*, a.a.O., S.151.

46 Foucault, Michel: *La volonté de savoir*, Paris 1976, im Original S.20f. Vgl. auch: Bérard, Pierre: *Le sexe entre tradition et modernité*, a.a.O.

47 Geiler von Kaisersberg, Johann: *Predigten zu Brandt's Narrenschiff*, a.a.O., S.554.

48 Ambach, Melchior: *Von Tantzen/ Urtheil/ Auß Heiliger Schrifft*, Frankfurt/M. 1545, 36 ungezählte Seiten, S.20.

49 Agrippa, Henricus Cornelius: *Von den Rayen vnd Tentzen*, Augsburg 1533, im Anhang von: Böschenstein, Johann: *Hebrayscher zungen Lerer*, a.a.O., 10 ungezählte Seiten, S.7–10, S.7.

50 Geiler von Kaisersberg, Johann: *Predigten zu Brandt's Narrenschiff*, a.a.O., S.554.

51 Albrechten, Georg: *Bedencken vom Tantzen*, a.a.O., S.3.

52 Ebenda.

53 Ebenda.

54 Agrippa, Henricus Cornelius: *Von den Rayen vnd Tentzen*, a.a.O., S.10.

55 Tannhäuser, zitiert nach: Böhme, Franz: *Geschichte des Tanzes*, a.a.O., Bd. 1, S.52. Die Quelle erwies sich nach den Angaben Böhmes als nicht mehr rekonstruierbar.

56 Näheres dazu s. die Abhandlung »Janusköpfige Ikonen«.

57 Böhme, Franz: *Geschichte des Tanzes*, a.a.O., Bd. 1, S. 52.

58 Ebenda.

59 Oetke, Herbert: *Der deutsche Volkstanz*, a.a.O., Bd. 1, S. 281.

60 Nürnberger Chronik vom 8. Mai 1614; zitiert nach Böhme, Franz: *Geschichte des Tanzes*, a.a.O., Bd. 1, S. 115, ohne weitere Angaben.

61 Vier Jahre später erhält das Lied seine heutige Melodie. S.: Böhme, Franz: *Geschichte des Tanzes*, a.a.O., Bd. 2, S. 9.

62 Einzelheiten zu diesem Tanz s.: Böhme, Franz: *Geschichte des Tanzes*, a.a.O., Bd. 1, S. 185.

63 Ebenda, S. 58.

64 Ebenda. Zu den Bettlertänzen s. auch: Voß, Rudolph: *Der Tanz und seine Geschichte*, a.a.O., S. 178. Wenn es stimmt, daß die Bettertänze vormals von Bettlern getanzt wurden, so wäre in den frühneuzeitlichen Variationen dieser Tänze auch die Verballhornung der Karitas erkennbar.

65 Uhland, L.: *Alte hoch- und niederdeutsche Volkslieder*, Stuttgart 1844, Nr. 288, zitiert nach: Böhme, Franz: *Geschichte des Tanzes*, a.a.O., Bd. 1, S. 57.

66 Zitiert nach: Ebenda, S. 59, ohne weitere Angaben. Zu den Begriffen «Federwisch» und «Nottis»: Ein «Federwisch» ist eine Art Besen aus Gänsefedern. «Nottis» leitet sich aus dem mittelhochdeutschen Verb «nütteln» bzw. «notteln» ab und meint soviel wie «etwas bewegen», «schwingen», «schütteln» oder auch «rütteln».

67 Bergliederbüchlein Nr. 83, Wunderhorn IV, 128; zitiert nach: Böhme, Franz: *Geschichte des Tanzes*, a.a.O., Bd. 1, S. 59 ohne weitere Angaben.

68 Sächsische Landesordnung von 1609, Abschnitt 13, S. 150, zitiert nach: Ebenda, S. 116.

69 Kursächsischer Generalartikel vom 1. Januar 1580, Abschnitt 18, zitiert nach: Ebenda.

70 Daull, Florian: *Tantzteuffel*, a.a.O., S. 36, rechts f.

71 S.: Böhme, Franz: *Geschichte des Tanzes*, a.a.O., Bd. 1, S. 34; Nettl, Paul: *Tanz und Tanzmusik*, Freiburg 1962, S. 31.

72 Geiler von Kaisersberg, Johann: *Predigten zu Brandt's Narrenschiff*, a.a.O., S. 555. (Der Autor bricht mitten im Wort ab.)

73 Brant, Sebastian: *Das Narren Schyff*, a.a.O., S. 150.

74 Daull, Florian: *Tantzteuffel*, a.a.O., S. 37, rechts.

75 Geiler von Kaisersberg, Johann: *Predigten zu Brandt's Narrenschiff*, a.a.O., S. 555.

76 Eine Tanzbeschreibung mit solchen Adjektiven findet sich z. B. in: Czerwinski, Albert: *Geschichte der Tanzkunst*, Leipzig 1862, S. 203. Der Tanzhistoriker beschreibt an dieser Stelle als Zeitzeuge eine der zahlreichen Ländlervarianten, nämlich den sogenannten Haxenschlager bzw. Schuhplattler, also eine der unmittelbaren Vorformen des Wiener Walzers.

108

77 Zitiert nach: Böhme, Franz: *Geschichte des Tanzes*, a.a.O., Bd. 1, S. 56, ohne weitere Angaben.

78 Schamkapseln werden vorwiegend im 15. und 16. Jahrhundert getragen. Sie verschwinden fast gänzlich im späten 17. und tauchen vermehrt erst im 19. Jahrhundert bei den Dandys von London und Paris wieder auf. S.: Kybalová, Ludmila (Hg.): *Encyclopédie illustré du costume et de la mode*, Paris 1986, S. 35 und 129.

79 Schröter, Michael: *Staatsbildung und Triebkontrolle*, a.a.O., S. 181. Noch im heutigen Bürgerlichen Gesetzbuch findet sich im übrigen ein institutionalisierter Abkömmling des Kranzgeldes (BGB § 1300).

80 Geiler von Kaisersberg, Johann: *Predigten zu Brandt's Narrenschiff*, a.a.O., S. 555.

81 Albrechten, Georg: *Bedencken vom Tantzen*, a.a.O., S. 5.

82 Brant, Sebastian: *Das Narren Schyff*, a.a.O., S. 150.

83 Elias, Norbert: *Über den Prozeß der Zivilisation*, a.a.O., Bd. 1, S. 263–283.

84 Baacke, Dieter: *Unsere Ambivalenz-Kultur*, in: Böllert, Karin, Otto, Hans-Uwe (Hg.): *Soziale Arbeit auf der Suche nach Zukunft*, Bielefeld 1989, S. 63–72, S. 71.

85 Treptow, Rainer: *Pädagogische Thematisierung der Bewegungsweisen und jugendliche Bewegungssouveränität*, unveröffentlichte Habilitation, Tübingen 1992, S. 308.

86 Ambach, Melchior: *Von Tantzen*, a.a.O., S. 16.

87 Von einem Rollentausch ist lediglich an einer Stelle die Rede. Laut Daull findet er dann statt, »*wenn die Knechte je zu faul seyn wollen.*« Daull, Florian: *Tantzteuffel*, a.a.O., S. 37, rechts.

88 Böhme, Franz: *Geschichte des Tanzes*, a.a.O., Bd. 1, S. 83.

89 Böschenstein, Johann: *Hebrayscher zungen Lerer*, a.a.O., S. 2.

90 Daull, Florian: *Tantzteuffel*, a.a.O., S. 46, links f.

91 Andere Drogen finden in den vorliegenden Quellen keine Erwähnung.

92 Prinzipiell sind es die Männer, die in körperliche Auseinandersetzungen verwickelt sind, ab und an prügeln Frauen jedoch mit.

93 Zitiert nach: Böhme, Franz: *Geschichte des Tanzes*, a.a.O., Bd. 1, S. 117, ohne weitere Angaben. Ein anderes Beispiel findet sich bei Voß, der einen Unbekannten zitiert und verlauten läßt, daß »aus dem Welschen Tanz, so Volte genannt, sollen unzählbare Todtschläge erfolgt sein.« (Voß, Rudolph: *Der Tanz und seine Geschichte*, a.a.O., S. 143, ohne weitere Angaben.) Gleichermaßen äußert sich Praetorius 1669. Es geht wieder um die wirbelnde Volte, die im frühen 17. Jahrhundert aus Frankreich kommt. Dieser Tanz ist hochgradig sexuell befrachtet, »voller schändlicher vnflätiger Geberden/ und unzüchtiger Bewegung (. . .), daß unzehlig viel Mord und Mißgeburten darauß entstehen.« (Praetorius, Johannes: *Blockes-Berges Verrichtung*, Leipzig 1669, Faks. Hanau 1968, S. 329.) Diese Beispiele sind allerdings mit Vorsicht zu werten: Zunächst ist anzunehmen, daß es sich bei dem Voßschen Unbekannten um den soeben zitierten Dämonologen Praetorius handelt und dieser wiederum hat wörtlich von Jean Bodin abgeschrieben. S.: Bodin, Jean: *Vom ausgelasnen wütigen Teuffelsheer*, Straßburg 1591, Faks. Graz 1973, S. 111.

94 Auf den Sachverhalt, daß die Faust in aller Regel jemand anderen trifft als der Kuß, sei hier lediglich hingewiesen.

95 Bourdieu, Pierre: *Die feinen Unterschiede*, Frankfurt/M. 1987.

96 Böhme, Franz: *Geschichte des Tanzes*, a.a.O., Bd. 1, S. 61.

97 Ebenda, S. 27.

98 Ebenda.

99 Zur Hinrichtung als Ritual: Dülmen, v., Richard: Das Schauspiel des Todes, in: Dülmen, v., Richard, Schindler, Norbert (Hg.): *Volkskultur*, Frankfurt/M. 1984, S. 203–245.

100 Belegt in: Ariès, Philippe: Studien zur Geschichte des Todes, a.a.O.; ders.: *Geschichte des Todes*, a.a.O.; Elias, Norbert: *Über die Einsamkeit der Sterbenden*, a.a.O.

101 Ariès, Philippe: *Geschichte des Todes*, a.a.O., S. 34 (Hervorhebung vom Verfasser).

102 Über die Ausgestaltung der einzelnen Tänze und Aufzüge gibt ausführlich Auskunft: Oetke, Herbert: *Der deutsche Volkstanz*, a.a.O., Bd. 1, S. 334–403. Vorwiegend in ländlichen Gegenden sind noch heute Relikte dieser Tänze erhalten.

103 Böhme, Franz: *Geschichte des Tanzes*, a.a.O., Bd. 1, S. 64.

104 Schikowski, John: *Geschichte des Tanzes*, Berlin 1926, S. 56.

105 Mehr dazu s.: Wolfram, Richard: *Schwerttanz und Männerbund*, Kassel 1936; ders.: *Reigen- und Kettentanzformen*, a.a.O., S. 46–56; Oetke, Herbert: *Der deutsche Volkstanz*, a.a.O., Bd. 1, S. 114–183. Waffentänze existieren auch unter den Bauern. Sie tragen dort die Züge männlicher Initiationsrituale.

106 Zitiert nach: Oetke, Herbert: *Der deutsche Volkstanz*, a.a.O., Bd. 1, S. 121, ohne weitere Angaben.

107 Waffentänze existieren allerdings weit über diese Zeit hinaus.

108 Voß, Rudolph: *Der Tanz und seine Geschichte*, a.a.O., S. 151.

109 Elias, Norbert: *Über den Prozeß der Zivilisation*, a.a.O., Bd. 1, S. 278.

Der Tanz – Metapher des Todes

»Tanzt jetzt, jetzt, da ihr tot seid, jetzt, wo Leben und Unglück mit
eurem Fleisch verschwunden sind! Auf! (...) Küßt euch, eure Münder beißen nicht mehr, sie sind jetzt rein; die Rotweinorgien, der
Luxus, die Lügen, die Blasphemie sind nicht mehr da; der Wurm
ist vorbeigekommen und hat die Lippen hinfortgenommen.«[1] So
die provozierenden und doch melancholischen Worte des 17jähri-
gen Gustave Flaubert in der Prosa »La Danse des Morts« von 1838.

Tänze sind von der Transgression des Verbotes und dem Reiz
der Überschreitung geprägt. In den Totentänzen oder, die Begrifflichkeiten variieren, im Tanzenden Tod erhält dieses Verbot seine
besondere ikonographische und literarische Ausformulierung. Gegen das alte, polymorphe ex lubidine gilt das Verbot dem gesamten,
breitgefächerten Wirkbereich des Sexuellen und erfaßt damit auch
den Tanz. Die Frage, warum denn eigentlich die christliche Religion dem Tanz kein Ritual zur Verfügung gestellt und ihn von ihren
sakralen Praktiken ausgeklammert hat, läßt sich bei der Betrachtung und Analyse der Totentanzdarstellungen plausibel beantworten. In scharfer, psychologisch wirksamer Form und ohne besondere didaktische Umschweife dokumentieren die Darstellungen ein
»Nein« zum Tanz, wie es deutlicher kaum formuliert werden könnte: Im Tanzenden Tod verschmilzt der Code des Tanzes mit dem

Code des Todes. In dieser semantischen Verknüpfung erfährt der dem Tanz genuine Wesenszug, die Transzendenz, eine radikale Absage. Der Tanz wird zum Todesboten, genauer gesagt, zur Todesbotin. Reformatorische Modernisierungsschübe zeichnen sich ab.

Es genügt nicht, die Entstehungsbedingungen der Totentänze nur in den Pestwellen zu sehen, so verheerend diese im europäischen Raum auch wüten und sich im kollektiven Gedächtnis der Menschen einnisten. Lediglich für einen Teil der Darstellungen ist nachweisbar, daß sie unmittelbar zu Pestzeiten entstehen; zahlreiche Restaurations- und Aktualisierungsaufträge werden auch ohne die Bedrohung durch die Pest vergeben. Außerdem wird die Epoche des Tanzenden Todes die der Seuche überdauern. Aber wie eng die reale Präsenz des Todes mit dem Getanzten verknüpft sein mag, in jedem Fall verweisen die Totentänze auf mehr als die Pest.

Totentänze

Bei den Totentänzen handelt es sich um Imaginationsbilder und -schriften, es sind keine real stattfindenden Tänze.

Betrachten wir zunächst die Darstellungen der Totentänze in ihrer gattungsspezifischen Zuordnung. Der Tanzende Tod ist eine Variante des »Memento mori« und der »Ars moriendi«.

Das Memento mori gehört zum Identitätsfundus des christlichen Glaubens und ist bereits im Frühchristentum gebräuchlich. Seine ersten Erscheinungsformen sind literarisch schlichte Psalmlieder, Gebete, Wander- und Kirchenpredigten sowie Gedichte. Als Ars moriendi stilisiert, taucht das Memento mori eben als »Kunst des Sterbens« seit etwa dem 12. Jahrhundert und dann, deutlicher, im 13. Jahrhundert auf. In Form von Plastiken, Skulpturen und Gemälden entfaltet sich die Ars moriendi mehr und mehr in Kirchen, auf Kirchenportalen, Friedhöfen und in Klöstern; auch in der zusehends stärker entwickelten Grabsteinkunst findet sie ihren Niederschlag. In der frühneuzeitlichen Erbauungsliteratur bildet die Kunst des Sterbens sodann ein eigenes Genre und durchdrängt, verstärkt durch Weiterentwicklungen des Buchdrucks, die damalige Volksfrömmigkeit.

Richten wir den Blick auf die Ars moriendi als geschriebenes Wort: Verfaßt werden die Schriften von Klerikern. Neben Heiligenlegenden, Fürbitten und anderen Gebeten sind in den Abhandlungen theologisch-pädagogische Anleitungen zum »guten Sterben« (»l'art de bien mourir«) zu lesen. Trotz vieler Anweisungen zu Sterberitualen wie der Letzten Beichte, der Letzten Ölung, dem Letzten Testament[2] bleibt der Sterbeakt selbst in den Texten zweitrangig. Auf der Suche nach einer Garantie für Dauer oder, verwenden wir den christlichen Begriff, im Streben nach Ewigkeit, richten sich die Abhandlungen – handlungsorientiert und damit griffig – an die Lebensführung der Menschen auf dem Weg zum Tod. »Gutes Sterben« heißt insofern: Beweis eines »guten Lebens«. Die Schriften sind moralische Diktate, es sind praxisnahe, handlungsorientierte Gebrauchsanweisungen zur Milderung der Pein des Fegefeuers und zur Verhinderung des ewigen Todes in der Hölle mit dem Ziel eines Lebens der Seele im himmlischen Jenseits. Die Erlangung des ewigen Lebens wird an einen bedingungslosen Glauben und an Askese gebunden. Die Versuchungen, denen widerstanden werden muß, und die Art, wie sie zu überwinden sind, werden in den Details des Alltags und mit drohendem Gestus beschrieben. Treibende Kräfte der Ars moriendi sind die weit in den Vordergrund gerückten Ideen vom Sündenfall und vom Jüngsten Gericht.[3]

Erste Darstellungen des Tanzenden Todes finden sich mit der zweiten Hälfte des 14. Jahrhunderts. Den Auftakt zur großen Ära der Totentänze geben wahrscheinlich die Bilderreihen um 1400 in La Chaise Dieu in der Auvergne und 1425 im Kloster »Aux Innocents« in Paris. Der Totentanz begleitet sodann relativ konstant die gesamte frühe Neuzeit. Die Faszination des Themas ergreift die Renaissance, die Reformation, die Gegenreformation und den Barock. Gegen Mitte des 17. Jahrhunderts neigt sich das Interesse zögernd seinem Ende zu und verschwindet im 18. Jahrhundert endgültig. 1773 erteilt der Stadtrat von Basel einen letzten Restaurationsauftrag. Der Totentanz, genauer gesagt, die Gleichsetzung von »Tanz« und »Tod«, bleibt aber auch nach dieser Zeit beharrlich bestehen. Allerdings findet das typische Tanzmotiv im Bild keine Aufnahme mehr. Die semantische Verbindung von »Tod« und »Tanz« wird allegorisch. Mitte des 19. Jahrhunderts benennt Rethel die Hinrichtungen, Massaker und blutigen Wirren seiner Revolutionsdarstellungen mit »Auch ein Totentanz«. Grieshaber, Corinth, Viegener und Dix sind Künstler, die den Begriff »Totentanz« explizit in den Titeln ihrer Werke aufgreifen.[4] Das Tanzmotiv selbst ist aber verschwunden. Ausgehend vom späten Mittelalter bleibt der Prototyp des Totentanzes, das ist festzuhalten, eine Angelegenheit der frühen Neuzeit.

Wahrscheinlich aus dem spätmittelalterlichen Frankreich kommend, verbreitet sich der Tanzende Tod zügig in anderen Ländern, vorwiegend im deutschsprachigen Raum, in Italien, auf der iberischen Halbinsel und punktuell in den restlichen europäischen Ländern.

Die Totentänze bestehen aus Sequenzen. Zu Bilderbögen nebeneinandergereiht, zeigen sie die Vertreter aller Stände, einzeln mit der Todesfigur verbunden. Der sozialen Hierarchie entsprechend, folgt in der bildlichen Darstellung, wie z.B. im »Baseler Totentanz«: auf den Papst der Kaiser, dann die Kaiserin, der König und danach die Königin, der Kardinal und dann der Bischof; über den Herzog geht es in der vertikalen Reihung weiter hinab zum Edelmann, zum Wucherer, zum Narr und als letzte Sequenzen folgen der Bauer, der Blinde, die Mutter und am Ende der Heide.

Niemand bleibt ausgenommen, sämtliche Mitglieder der Gesellschaft haben ein Tête-à-tête mit dem Tod und bilden mit diesem ein Paar. Die Menschen treten in allen Totentänzen ausschließlich in ihrer weltlichen Funktion auf.

In aller Regel sind die einzelnen Sequenzen durch Dialoge ergänzt; der Tod spricht mit den Menschen, und die Menschen antworten.

Der Tod selbst erscheint in der Gestalt einer tanzenden Leiche und diese wiederum häufig als tanzender Spielmann.

Dem Szenario der Reihenfolgen ist meist ein Bild voran- und/oder nachgestellt. Den Auftakt zum Tanz gibt ein predigender Geistlicher, die Vertreibung aus dem Paradies, tanzende Leichen im Beinhaus oder ähnliches. Ist ein Schlußakt vorhanden, so sind wieder tanzende Todesfiguren auf dem Friedhof oder andere Bilder – tendenziell säkularisiert – aus dem breitgefächerten Themenkreis »Jüngstes Gericht« zu sehen.

Die Totentänze sind Mahnungen zur Umkehr und zur Besinnung, ihr Schema orientiert sich an der Buße bzw. an der Bußpredigt.

Die Auftraggeber insbesondere der frühen Totentänze sind nur noch leidlich auffindbar. Sie kommen aus dem Umkreis der Bettelorden, darunter allen voran Franziskaner sowie Dominikaner (Predigerorden, führend bei der Inquisition und spätere Kontrahenten Luthers). Nicht weniger initiierend wirkt dann wohl auch die Anhängerschaft der Reformation; zahlreiche Gemälde sind Stiftungen des frühen Bürgertums. Fest steht, daß unter dem Einfluß von Luther, Calvin, Zwingli die Darstellungen im Lauf des 16. Jahrhunderts in mehrfacher Hinsicht kleruskritischere Züge annehmen und die Papisten deshalb von einer Förderung des Tanzenden Todes folgerichtig Abstand nehmen.

Medien der Totentänze sind vorrangig Fresken und, bis etwa in die Mitte des 16. Jahrhunderts, Blockbücher. Diese bestehen aus eher groben, zumeist handkolorierten Holzdrucken, die im Verhältnis zu anderen Herstellungsverfahren preiswert sind. In der Wandmalerei dehnen sich die Darstellungen bis zu 60 Metern aus, und die Figuren haben mitunter Lebensgröße. Zu sehen sind sie in Kirchgängen, auf Kloster- und Friedhofsmauern[5] der städtischen Zentren wie Paris, Basel, Bern, Augsburg, Würzburg, Berlin und Lübeck. Von den Städten dringt der Tanzende Tod sporadisch auch in ländliche Gegenden vor. Kirchen, Klöster und Friedhöfe gehören heute zu den Zonen des Schweigens. Damals hingegen sind insbesondere Friedhöfe reich besuchte Orte mit regem Treiben; Händler bieten dort ihre Waren an, die Menschen lachen, tanzen und unterhalten sich. Friedhöfe sind örtlich zentral gelegene Treffpunkte, es sind Orte der Kommunikation.[6] Seit etwa der Mitte des 15. Jahrhunderts werden die Texte der Totentänze nicht mehr in Latein verfaßt, sondern in der jeweiligen Volkssprache. Wer des Lesens unkundig ist, hat das Bild vor Augen. Unterstützend ertönt daneben ab und an die Rede der kirchlichen Informationsmultiplikatoren, der Volksprediger, meist Bettelmönche. Die Totentänze verharren also nicht hinter den Mauern ihrer Auftraggeberschaft, sie verschwinden nicht hinter den Schlössern der feudalen Mäzenen. Die Ars moriendi »Totentanz« ist für breite Massen zugänglich und wohl von hoher Popularität.

Halten wir kurz ein und stellen die Frage nach dem Unterschied zwischen einer Ars moriendi, speziell dem Totentanz, und den Darstellungen der sogenannten »Beaux arts«. Zeigen Rubens und andere Künstler nicht auch eine Kunst des Sterbens? In den frühneuzeitlichen Werken und bildlichen Produkten der Imagination häufen sich allerorts Allegorien der Sünde und Vergänglichkeit. Das Spannungsfeld zwischen Begehren und Schmerz, zwischen Eros und Tod durchflutet die Bilderwelten wie nie zuvor: Michelangelo malt 1508 in der Sixtinischen Kapelle die »Genesis«, und seit 1541 füllt sein »Jüngstes Gericht« die dortige Altarwand. Cranach d. Ältere widmet sich dem Thema der »Kreuzigung«.

Etwa 1515 entsteht Tizians »Himmlische und irdische Liebe« und etwa zwei Jahre später seine »Himmelfahrt Marias«. Um 1514 bringt Bosch den »Garten der Lüste« auf die Leinwand. Rubens malt 1617 das »Haupt der Medusa« und um 1620 den »Höllensturz der Verdammten«. Weitere Künstler der Zeit, um nur noch einige in Erinnerung zu rufen, Floris, Botticelli, Callot, Dossi und Grien gestalten verwandte Themen.[7] Die Totentänze hingegen widmen sich durchaus vergleichbaren Motiven, nur erfolgt ihre Darstellung technisch ohne besonderes künstlerisches Raffinement, und auf Allegorien wird verzichtet.[8] Totentänze sind »Salomefiguren ohne weitere Ornamentik«, »Rubens eher nachlässig in Holzplatten gekratzt«, ikonographisch als auch literarisch sind sie vulgär und »nackt«.

»Tanz« und »Tod«

In seinem Plädoyer für ein »leichtes Denken« entdeckt Friedrich Nietzsche in Zarathustra einen »guten Tänzer«, die Verkörperung seines Denkprinzips: »Ich würde nur an einen Gott glauben, der zu tanzen verstünde. Und als ich meinen Teufel sah, da fand ich ihn ernst, gründlich, tief, feierlich; es war der Geist der Schwere – durch ihn fallen alle Dinge.«[9] In dem schnörkellosen, frühneuzeitlichen Sprachrohr Totentanz hingegen steht der Tanz dem Lebensende gleich. Nichts Leichtes, nichts Leichtlebiges, ja eigentlich nichts Tänzerisches stellt sich dem Tanz mehr dar. Der Tanz erscheint im Tanzenden Tod als Ursache des Todes und wird dem Wirkbereich eines weiblich motivierten Gegengöttlichen zugeordnet.

Da es sich bei den Totentänzen nicht um Dokumente des real Getanzten, sondern um Imaginationsbilder handelt, läßt die historische Tanzforschung diese Quellen so gut wie ausgeblendet. Eher akzidentell zu nennende Untersuchungen, die diese Darstellungen streifen, sind unausgewogen und undifferenziert.[10] Als Gegenstand wissenschaftlicher Betrachtung sind die Totentänze Domäne der Philologen und der Kunsthistoriker die ihrerseits wiederum weitgehend text- bzw. bildimmanent verfahren.[11]

Wird hier der Wald vor lauter Bäumen nicht gesehen? – Das Prägnante der Totentanzdarstellungen ist ihre Symbolsprache, ein ohne rhetorische Umschweife benutzter Code. Gesprochen wird von den Tänzen der Toten, nicht vom Schlaf, vom Essen oder vom Sprechen der Toten. Die sprachliche Verknüpfung zwischen dem Lebensende und den Menschen geschieht auch nicht anhand der Beschäftigungen, die dem Tanz noch am nächsten sind, nämlich des Spiels und des Musizierens, nein, sie wird Toten-Tanz genannt, gleich in welcher Sprache. Auch die Bezeichnung »Makabertanz« ändert nichts Wesentliches daran. Der Begriff »makaber« entstammt sehr wahrscheinlich dem Arabischen, seine Übersetzung lautet in etwa »Friedhof« mit der Konnotation »Verwesung«. Bei der durchgängigen Gleichsetzung von »Tanz« und »Tod« ist das Tanzmotiv selbst noch nicht einmal unabdingbar, es wird zwar stets im Text, bildlich jedoch nicht in allen Darstellungen aufgenommen.

Sinngleich werden »Tod« und »Tanz« als Synonyme verwendet. Aus den nahezu unzähligen Beispielen seien einige vorgestellt:

Der Totentanz des »Heidelberger Blockbuches« entsteht um 1465 und dient weiteren Darstellungen als Vorlage. Leicht redigiert werden die einzelnen Blätter im 16. Jahrhundert zu einem Sammelband, der u.a. eine Armenbibel, ein Planetenbuch und ein Glaubensbekenntnis enthält, gebunden. Der im vorreformatorischen Basel angefertigte, leicht kolorierte Holzschnitt besteht aus insgesamt 27 Bildern mit jeweils 25 Tanzpaaren; der Text hat noch keine Interpunktion. Über die Reihenfolge der jeweiligen Paarsequenzen ist sich die Totentanzforschung heute uneinig. Folgen wir dem Vorschlag Hammersteins, so gibt die Todesfigur – der sozialen Hierarchie getreu – ihr Stelldichein zuerst mit dem Papst und dann mit dem

Kaiser, ungefähr in der Mitte ihrer Serien kommuniziert sie mit dem Juristen, dem Chorherrn, dem Arzt; auf den unteren Sprossen der gesellschaftlichen Leiter nimmt der Tod den Dialog mit dem Koch, dem Bauern, dem Bettler (Abb. 10) und schließlich mit der Mutter auf. In der letzten Paarsequenz unterhält er sich mit dem Kind (Abb. 7); »Tanzen« steht synonym für »Sterben«. Der Tod sagt:

> »Kreuch her an du must hy tantzen lern
> Weyne adir lache ich hore dich gern (...)«

Das Kind antwortet:

> »Ohwe liebe muter meyn
> Eyn schwarzer man zeut mich do hyn
> Wy wiltu mich nu verlan
> Nu muß ich tantzen vnd kan noch nicht gan.«[12]

Der Tod fordert das Kind also auf, tanzen zu lernen, was so viel bedeutet wie: sterben zu lernen. Das Kind beugt sich dem Willen der Todesfigur und klagt, nun tanzen zu müssen, das heißt: sterben zu müssen (noch bevor es gehen kann).

Dem »doten dantz mit figuren clage vnd antwort schon von allen staten der werlt«, sein Entstehungszeitraum dürfte in der Zeit nach 1485 liegen, ist das Bild eines Beinhauses vorangestellt. Darin sind musizierende, halbverweste Todesfiguren mit burlesken Tanzgebärden zu sehen. Das Gebäude, in dem die Schädel und Gerippe der Verstorbenen aufbewahrt werden, wird dem Ort gleichgestellt, in dem die Menschen zu tanzen pflegen, nämlich einer Tanzlokalität, dem Tanzhaus:

> »Wie iunck wie alt wie sthone (sic) oder kruß
> Ir mußet alle in diß dantz huß.«[13]

Der erste der zahlreichen Totentänze aus Basel entsteht vermutlich im Pestsommer 1439. Ursprünglich bekannt unter der Bezeichnung »Der liebe Tod von Basel«, erfährt dieser Zyklus mehrere Aktualisierungen, Restaurationen und Reproduktionen, darunter einen Kupferstichnachdruck (1621) sowie eine Wasserfarbenkopie im Auftrag des Stadtrates (1773). Das Originalfresko befindet sich auf der Friedhofsmauer eines Dominikanerklosters. Es besteht aus 39 Paaren von nahezu Lebensgröße und ist rund 60 Meter lang. Der Bau einer neuen Straße bedingt, daß die Mauer 1805 mitsamt dem nun verwitterten Bild abgerissen wird. Das Angebot der synonymisierten Begriffsfelder von »Tanz« und »Tod« ist auch in den »Baseler Totentänzen« üppig und nicht übersehbar. In einer Version aus dem Jahr 1649 erscheint der Tod als Vortänzer, der alle zum Tanz, in diesem Fall also: zum Sterben einlädt. Der Tod unterhält sich mit der Kaiserin:

»Ich tantz euch vor Fraw Keyserin/
Springen hernach/ der Tantz ist mein:
Euer Hofleut sind von Euch gewichen/
Der Todt hat euch hie auch erschlichen.«

Die Kaiserin antwortet:

»Eitel Wollust hat mein stolzer Leib/
Ich lebt als eines Kaisers Weib:
Nun muß ich an diesen Tantz kommen/
Mir ist all Muth und Frewd genommen.«[14]

In diesem Dialog erscheint hinzukommend – die Wiederholung ist kaum zu vermeiden – die Tautologie »Tanz« und »Tod«. Die Kaiserin klagt, daß jetzt auch sie mit dem Tanz, das heißt mit ihrem Lebensende, konfrontiert ist.

Neben der textlichen Gleichsetzung von »Tanz« und »Tod« findet sich die Verschmelzung auch im Bild: Als Tänzer erscheint in aller Regel einzig der Tod – und nur ganz selten die Lebenden. Der Tanz der Totentänze ist den Bildphantasien der Menschen über den Tod zugehörig.

Der Tod ist für Menschen nicht erfahrbar. Seine Visualisierung oder Präsentation ist wie kein anderes Phänomen auf Metaphern und Abstrahierungen angewiesen. Die griechische Antike beispielsweise beschreibt ihn (u. a.) als Fährmann, der die Seelen der Verstorbenen über die Lethe, den Unterweltfluß des Vergessens leitet und sie von ihrem Wasser trinken läßt. Das Frühchristentum und die Mystik bedienen sich der Taube zur Verbildlichung der Seele, die dem toten Körper entflieht und ihn als leere Hülle zurückläßt. Im Spätmittelalter und darüber hinaus, Albrecht Dürer gibt hierfür zahlreiche Beispiele, tritt der Tod als apokalyptischer Reiter auf.

In den Totentänzen hingegen erscheint der Tod stets personifiziert als menschlicher Leib nach Eintritt seines Todes, das heißt, er zeigt sich als Leiche. Die Darstellung der Leiche ist unterschiedlich: Der Körper befindet sich entweder als noch »unbeschädigter« Leib vor seiner Verwesung – das Haut- und Muskelgewebe vollständig sichtbar – oder, so die Variante, bereits im Stadium seines Verfalls. Befindet sich die Figur im Prozeß der Zersetzung, so durchdringen oft überdimensionierte, züngelnde Würmer den toten Körper, die aus dem Schädel oder der Bauchhöhle, seltener aus Armen, Beinen oder Brustkorb hervorkriechen. Vom Solar Plexus bis zum Schambein besteht der Bauchraum häufig aus einem klaffenden Loch. Verwesendes Gewebe, dargestellt als zerfetzte Lappen, hängt vor dem Bauch oder anderen Körperteilen herunter (z.B. Abb. 9). Bei den noch »unbeschädigten« Körpern wird der Kopf in der Regel als fleischloser Schädelknochen dargestellt. Keine der Figuren hat ein Gesicht. Zwar weisen vor allem der breite Torso- und der schmale

Beckenbau auf eine männliche Figur hin, doch scheint die Verbildlichung des Lebensendes geschlechtslos. Bei allen Leichen fehlen die Genitalien. In der Gestalt eines völlig blanken, fleischlosen Skeletts tritt der Tod erst seit etwa der Mitte des 17. Jahrhunderts auf. Die Darstellung des Todes als sogenannte »Morte secca«, als »trockener Tod« ist vor dieser Zeit eher unüblich.

So gerne sich die frühneuzeitlichen Künste vom Thema »Tod« herausfordern lassen, die Demonstration der körperlichen Verwesung nach dem Tod darf, wie Ariès herausstellt, als totentanzspezifisches Phänomen verstanden werden.[15] Selbst unter den Artes moriendi zeigt sich allein der Totentanz in dieser Radikalität. Der körperliche Zerfall wird in anderen Erscheinungsformen der Kunst des Sterbens ungleich seltener aufgenommen.

Durch die aktive Rolle des Todes als Tänzer tritt besonders an dieser Stelle das Schema der Buße bzw. der Bußpredigt in den Darstellungen hervor. Der initiierende Part des Geschehens obliegt stets dem Tod: Immer tritt er an die Menschen heran, nimmt den Dialog mit ihnen auf und weist sie auf ihre Sünden hin. Während so der Tod sein zumeist tänzerisches Stelldichein gibt, befinden sich die Lebenden in der Position des Verharrens und des Distanznehmens, sie reflektieren ihr Handeln, Beichten und Büßen.

Vorerst können wir folgendes festhalten: In den Totentänzen tanzt nicht die Kontinuität, sondern es tanzt die Diskontinuität, die Vergänglichkeit, das Verderben. In der Gestalt einer Leiche gehört der Tanz des Totentanzes in aller Regel allein dem Tod und nicht den Lebenden. Die Menschen kommunizieren also mit einem tanzenden, toten Körper, der sie einlädt, mitreißt und sie zum Tanzen, und das heißt zum Sterben, auffordert.

Nun zur letzten Verknüpfung des Tanzes mit dem Tod, zur Gleichsetzung des Tanzes mit dem (ewigen) Tod in der Hölle. Dieses Motiv wird in Text und Bild nur selten ausdrücklich thematisiert, denn der Gedanke an das Inferno zeigt sich in den Totentänzen vorrangig bei der Gesamtbetrachtung des Szenarios. Der Beleg, Hammerstein hat darauf aufmerksam gemacht, liegt in der Bewegungsrichtung des Geschehens:[16] Die tanzende Leiche zieht die Lebenden beinahe ausnahmslos von rechts nach links. Diesem Weg liegt die alte Richtungssymbolik zugrunde:»Links« bezeichnet – von der rechten zur linken Bildseite – den Ort und die Richtung des Bösen, des Sündigen, die Sphäre des Teufels, die Hölle.

Für die Rechts-Linksanordnung der Guten und der Bösen als auch deren Bewegungsrichtung steht die Idee des Jüngsten Gerichts Pate. Von der dort stattfindenden Raumaufteilung heißt es im Matthäusevangelium:»Die Schafe wird er zu seiner Rechten stellen, die Böcke zu seiner Linken.« Das Gericht verurteilt die Linksstehenden; Matthäus schreibt, Gott wird »zu denen auf der Linken sprechen: ›Hinweg von mir, Verfluchte in das ewige Feuer, das dem Teufel und seinen Engeln bereitet ist‹« (Mt. 25, 33, 41). Durch das Gerichtsmotiv werden die Orts- und Richtungsbedeutungen programmatisch und obligat. Wie immer diese Begrifflichkeiten in den säkularisierten Sprachgebrauch und andere Sitten Eingang finden, der »rechte Weg« führt im christlichen Sinn immer nach rechts.[17] Dort liegt das Himmelreich mit seinen Engeln und auf der anderen, linken Seite, die Hölle mit dem Gegenengel.

Die darstellenden Künste dokumentieren die Richtungssymbolik erstmals im frühchristlichen 5. Jahrhundert auf Sarkophagplastiken und Mosaiken. Dante läßt in der »Divina Comedia« die Figuren auf dem Weg zur Hölle sich stets in die vorgegebene Richtung bewegen, und auch die späteren Künstler der frühen Neuzeit folgen dieser Ordnung. Im »Höllensturz der Verdammten« schleudert der göttliche Rächer Michelangelos seinen Zorn unter die entsprechend plazierten Sünder.

Das eigentliche Manifest der Orts- und Richtungssymbolik jedoch findet sich in den Endgerichtsdarstellungen, die zwischen dem 11. und dem 15. Jahrhundert die Ideenwelt der klerikalen

Hochburgen durchfluten. Ausgehend von Frankreich, insbesondere von Burgund, erinnern in Stein gehauene Artes moriendi über den Eingangspforten zahlreicher großer Kathedralen an die Endzeit. Apokalyptische Weltgerichtstympana mahnen in Autun, Rouen, Straßburg, Bamberg, Saalfeld, Rottweil, Freiburg eine sündenfreie – eben rechte Lebensführung vor dem beängstigenden Hintergrund der göttlichen Justiz an.

Bei den hoch- und spätmittelalterlichen Plastiken allerdings sind Ort und Richtung umgedreht zu verstehen. Sie sind aus der die Menschen beobachtenden Perspektive Gottes angefertigt.

Das ikonographische Programm der Warnmale ist im wesentlichen das gleiche. Betrachten wir als Beispiel das um 1360 entstandene Tympanon vom Braut- oder Gerichtsportal des Ulmer Münsters (Abb. 8). Zentral thront im Scheitelfeld der Weltenrichter. Als Zeichen seines Zorns entfährt seinem Mund ein scharfes, zweischneidiges Schwert. Sein anderes Attribut, die Lilie, das Symbol der Gnade, ist hier nicht zu sehen. Die vier Engel um Christus herum tragen verschiedene der Passionsinstrumente, nämlich das Kreuz, die Rute, den Dornenkranz und die Martersäule. Neben dem Richter knien traditionsgemäß die Jungfrau Maria und Johannes der Täufer und leisten Fürbitte. In der Mitte des unteren Bildstreifens erwecken musizierende Engel die Toten und geben ihnen das Geleit zur Wiederauferstehung. Gräber öffnen sich, zwischen Totenschädeln steigen Lebende hervor. Auf der linken Bildseite, die aus der menschlichen Perspektive rechts zu denken ist, wandeln die Seligen. Angeführt von Petrus wird ihnen von diesem das Himmelstor aufgeschlossen. Rechter, sprich linker Hand befindet sich der sogenannte »Zug der Verdammten«. Eine Teufelsfigur umfängt die Sünder mit einer Kette und zieht sie – aus richterlicher Sicht – von rechts nach links hinein in den Höllenrachen. Eine weitere, auf den Nüstern des personifiziert dargestellten Infernos hockende Teufelsfigur leistet dabei Hilfestellung. Im Gegensatz zur Himmelspforte ist der Schlund der Hölle weit geöffnet. (Daß sich hinter diesem Motiv eine Sexualsymbolik verbirgt, möglicherweise eine frühe Phantasie der Vagina dentata, ist naheliegend.) Bei einigen anderen Weltgerichtsdarstellungen bewegt sich der Zug der Verdammten in einem dicht gedrängten, lustvoll chaotischen Durcheinander (z.B. beim Tympanon der Saalfelder Johanneskirche). Diese Abtrünnigen hingegen vermitteln den Eindruck der Ruhe und der besinnlichen Reue. Manche haben die Hände zum Gebet gefaltet, gesenkten Hauptes ziehen sie so zum Ort der Verwerfnis und Bestrafung nach links.

Unmittelbar an diesem Gerichtsgedanken orientiert sich der Tanzende Tod. »Denken wir uns den Verdammtenzug verselbständigt,« schreibt Hammerstein, »dann haben wir eine Art Grundmodell für den Totentanz.«[18] Verselbständigung heißt hier Verdrehung, die Totentänze zeigen nämlich eine Besonderheit. Üblich ist, das Weltgericht aus der Perspektive des göttlichen Richters darzustellen, in den Totentänzen hingegen ist die Blickrichtung genau umgekehrt. Sie erfolgt aus der der Betrachter. Ort und Richtung des Bösen befinden sich nicht mehr, wie einst, rechts – sondern links. Die alte Richtungscodierung wird beibehalten, die modernisierte Perspektive bedingt den Seitentausch. In den Totentänzen verschiebt sich der Blick: Das richtende Auge Gottes aus dem Jenseits gelangt in das Diesseits, die Menschen richten »selbst«. Sie sind ihr »eigener« Zensor.

Mit dieser Richtungsverdrehung und -verschiebung geben die Totentanzdarstellungen Zeugnis von einer ersten, nachmystischen Profankunst, deren Auftreten über die verstärkte Aufsplittung der Welt in untereinander konkurrierende – profane und sakrale – Bereiche berichtet. Der Umkehrung der Richtungssymbolik ist ein Paradigmenwechsel sowie eine damit verbundene Begriffsverlagerung eingeschrieben: Die neue Hölle heißt »profane Welt«. Auf diese wird die Linksmetaphorik übertragen. In den Totentänzen ist die Civitas mundi der Ort des Bösen, des Sündigen, des Verwerflichen und des Todes. Ihrer Verderbnis gilt es zu widerstehen, und sie gilt es zu überwinden.

Genau in die Linksrichtung zieht, zerrt und lockt die Todesfigur die Lebenden. Die Totentänze bleiben der Richtungssymbolik treu. Der gesamte Bewegungsablauf des Geschehens – ein apokalyptischer Zug der Verdammten – geht nach links. Die einleitenden und die abschließenden Bilder sind jeweils entsprechend plaziert. Bei der Anordnung der Paare »Tod und Mensch« befindet sich die Todesfigur stets links neben den stets rechts stehenden Menschen. Ebenso imposant und aussagekräftig ist die Tatsache, daß nur auf der linken Bildseite der Tanz stattfindet und auch nur dort stattfinden kann.

Die semantische Gleichsetzung des Tanzes mit dem Tod erfolgt also anhand einer ganzen Verknüpfungskette von »Tanz« mit Begriffen wie »Welt«, »Sünde«, »Hölle«, »Tod«.

Die textuelle Direktheit einer solchen Synonymisierung, wie in einer Sequenz im »Heidelberger Blockbuch« (wir betrachteten hieraus bereits das Gespräch zwischen dem Tod und dem Kind), ist eine Ausnahme. Richten wir nun den Blick auf die Todesfigur im Dialog mit dem Bauern. Der Tod greift den Bauern am linken Arm, reißt ihn nach links, weist selbst mit dem eigenen Arm nach links und sagt:

»An dezem tantze do hyndin
do wil der tot dich fynden.«[19]

Mit dieser Anspielung kann nur die Hölle als Civitas mundi gemeint sein. Nur das Sündige, das Weltliche pflegt zu tanzen bzw. zu sterben. Mit der entsprechenden Negativbelegung ist eine tanzende, profane Welt das Lockmittel der Todesfigur und ihr Objekt der Verdammung in einem Atemzug. Sie ist Geißel und Köder zugleich.

Fassen wir die noch offenen Fragen zur Ineinssetzung von
»Tanz« und »Tod« zusammen. Welche Gründe gibt es, daß bei
dem Tête-à-tête von Mensch und Tod der Themenkreis um das
Lebensende mit Tanzen sinngleich gesetzt wird? Warum gehört
der Tanz der Totentänze einem toten Körper, und was haben
»Tanz« und »Leichen« miteinander zu tun? Weshalb zieht die Lei-
che die Lebenden stets von rechts nach links und warum nicht
umgekehrt von der Seite des Bösen zur Seite des Guten? Welche
Kausalität kennzeichnet die Assoziationskette von »Tanz« und
»Civitas mundi«, »Hölle«, »Sünde«, »Verdammnis«, »Tod«? Die
Fragen lassen sich nicht einzeln beantworten, eine bedingt die an-
dere.

Gottesnähe

Durch die ersten Kirchenväter, darunter allen voran durch Augustinus, wird die Verbindung des Todes mit dem Sexuellen in der Kir-
chenlehre manifest. Der »Kleine Tod« – sei dies nun die Wortprä-
gung der Antike, des Frühchristentums, der Renaissance, der
Psychiatrie des 19. Jahrhunderts oder die des Volksmundes – wir
halten diesen Ausdruck als Synonym für den Orgasmus einleitend
fest.

Was die mit moderner Begrifflichkeit arbeitende Dechiffrierung der Totentänze an – nirgends explizit in den Darstellungen
thematisierten – Implikationen des Sexuelles nicht freizulegen
vermag, zeichnet sich im Diskurs der Mystik um die Themen Entgrenzung und Ekstase ab.

Im ersten Kapitel wurde beschrieben, daß der Tanz zu den traditionellen Medien der Transzendenz bzw. der Ekstase gehört.
Tänze verschaffen den Menschen Zugang zum Heiligen. Eine tänzerische, meist intensive Ekstase fungiert als Gebet.

Anders das Verständnis von Ekstase in der christlichen Mystik. Zwar werden ihr, immerhin, noch Freiräume zugesprochen, doch ist eine Bedeutungsbegrenzung und -abgrenzung beobachtbar, ihr Konzept findet sich umformuliert. Bis hin zur Unio mystica mündet die Ekstase auch hier in den Bereich des Göttlichen. Teresa von Avila, eine der großen Persönlichkeiten der Mystik, weiß darüber in ihren intensiv erotischen, aber raffiniert verschlüsselten Schriften zu berichten.[20] Dem Scheiterhaufen entgeht sie nur um Haaresbreite. Die Mystikerin entwickelt ihr Liebes- und Ekstasekonzept in einer der kleinen, Frauen zur Verfügung stehenden, gesellschaftlichen Nischen, dem klösterlichen Refugium. Die Karmeliterin dringt in ihren sinnlich-ekstatischen Liebeserfahrungen durch das weibliche, asexuelle Identifikations- und Konvertiermodell Maria Magdalena hindurch und trickst es aus. Geschickt entgeht sie in ihren religiös erotischen Imaginationen männlich bestimmten Liebeskonzepten.[21] Aber ihr »Körper bleibt starr, hölzern, angespannt. In unbequemen Stellungen verharrt er, wenn das Fluten der Sinne sie befällt.«[22] Die ekstatisch religiöse *Verzückung* Teresas, schreibt Rouget, ist gebunden an »die Ruhe, an die Einsamkeit und an die Bewegungslosigkeit.«[23] Ekstase erscheint in der Mystik als kontemplativ-meditatives Gebet in vollständiger sozialer Deprivation. Sie darf nur in Abwesenheit anderer Menschen, in absoluter Ruhe, das heißt ohne jegliches Geräusch wie z.B. Gesang oder Musik und in gänzlicher körperlicher Immobilität stattfinden. Sicherlich findet Ekstase auch hier *via* Körper statt, ein aktiver körperlicher Einsatz in Form von Bewegung hingegen ist ausgeschlossen. In dieser Konzeption wird nicht der Leib selbst, sondern es werden ausschließlich dessen Imaginationen zum Tanzen gebracht.

Wo soll bei einem solchen spirituell konzipierten Verständnis der Ekstase die Ekstase des Tanzes ihren Platz finden? Es ist das Wort oder der »Geist«, der die christlich-religiösen Praktiken prägt und nicht der Tanz. Der Tanz mit seiner Leibgebundenheit steht sich selbst im Wege. Die letzten, in den Religionskultus eingebundene Sakraltänze praktiziert im hiesigen Abendland das mittelalterliche und frühneuzeitliche Judentum.

Wie die detaillierte Auswertung mystischer Schriften und Ikonographien von Schulz zum Thema Tanz zu verstehen gibt, hat die Mystik gegen den Tanz trotzdem nichts einzuwenden. Im Gegenteil, er ist Bestandteil der Mysterienkulte und dient, so die resümierenden Worte Schulzes, »als Mittel der Leibbefreiung und zur Überwindung der Erdenschwere (...).«[24] Die spirituelle, ätherische Funktion des Tanzes ist offenkundig. Gemäß der Formel »alle überirdische und jenseitige Bewegung sei Tanz,«[25] lassen die Mystiker in ihren ekstatischen Gebeten lediglich die Gedanken tanzen. Nur unter dieser Bedingung belegt die Mystik den Tanz, verkürzt gesagt, mit der Metapher »Himmel«.

Der Generalschlüssel zur semantischen Verknüpfung von »Tod« und »Tanz« liegt – zunächst – in einer modifizierten Konzeption des Todes und in einer damit in Verbindung stehenden Verschärfung des Sündenbegriffes. In der frühen Neuzeit tritt der alttestamentarische Mythos der Vertreibung aus dem Paradies in den Bildern der religiösen Vorstellungswelt in den Vordergrund. Das aus dem Sündenfall resultierende Verständnis des Todes unterscheidet sich durch einen Aspekt fundamental von den antiken sowie den germanischen Religionen (wahrscheinlich handelt es sich hier um ein speziell christliches Phänomen): Es ist der Tod als Strafe eines rächenden, zornigen Gottes. Diese Ansicht wird mit Beginn der frühen Neuzeit grundlegend für das christliche Denkmodell, wobei die Reformatoren dem wegen der Sünde prinzipiell gestörten Verhältnis zwischen Mensch und Gott das Recht auf Gnade einräumen. Luther sagt: Wenn »der Tod nicht wäre, würde die Sünde nimmer untergehen; darum wird eben damit der Sünde endlich gewehrt, und ist sonst kein Rath, ihrer los zu werden. Solche gnädige und heilsame Strafe gibt er uns, daß die Sünde durch den Tod erwürgt werde.«[26] Mit dem reformatorischen Gnadenrecht und dem gesamten, sich daran anknüpfenden Verhaltenskanon wird der Tod zum Erlöser und Hoffnungsträger des irdischen Seins: »Wohlan, so nimm die Strafe an, so wirst du rein. Also der Tod,« erläutert Luther, »der vorhin eine Strafe der Sünde war, der ist jetzund eine Arzenei der Sünde; also hier ist er gebenedeiet. Das geschieht nun, wenn wir willig sterben.«[27]

Explizit oder implizit, Ausgangspunkt der Totentänze ist die »Sünde zur Sünde«, das heißt der Sündenfall. Demgegenüber steht am Ende der Bilderreihen die über Recht und Unrecht richtende Instanz, das Jüngste Gericht.

Der unmittelbare Widerhall dieser Ideen sei am Beispiel des »Berner Totentanzes« von Niklaus Manuel (etwa 1484–1530) vorgestellt. Das Fresko befindet sich auf der Umfassungsmauer des dortigen, ehemaligen Dominikanerklosters. Mit lebensgroßen Figuren nimmt es etwa 60 Meter Länge ein; es gehört zu den umfangreichsten Totentanzdarstellungen. Gestiftet von einflußreichen Gruppen des Berner Bürgertums, lassen sich selbstdarstellerisch zahlreiche dieser Mäzene mitsamt Familienwappen auf dem Gemälde porträtieren. Die ersten Bilderzyklen entstehen am Vorabend der Reformation zwischen 1516 und 1519; die restlichen in ihrer eigentlichen Kampfzeit. Zu den Sympathisanten der Bewegung gehört auch Manuel selbst. Seine Darstellungen werden so zum »Bahnbrecher der Reformation in Bern.«[28] Albrecht Kauw fertigt 1649 eine originalgetreue Wasserfarbenkopie des Totentanzes auf Papier an. Im Jahr 1660 wird die Mauer samt Fresko eingerissen. Die Darstellungen tragen frühbarocke Züge.

Das Gemälde besteht aus zwei einleitenden Doppelbildern, 40 Paarsequenzen »Tod« und »Mensch« und einer abschließenden Szene aus dem Jüngsten Gericht.

Das erste Doppelbild stellt die Motive »Vertreibung aus dem Paradies« (links) und »Verkündung der Zehn Gebote« mit Moses (rechts) dar. Der zugehörige Text beschreibt als erstes den Tod als Folge der Verbotsübertretung:

>»Von des Tüffels vergifften Zung
> Hatt der Todt sein ersten Ursprung,
> herschet vber die menschen gantz,
> Wir mießend all an seinen Tanntz
>
> Eva ist vast schuldig dran
> sie gab den Todt auch ihrem man,
> deß müßen wir groß lyden nodt,
> wan dahar kumpt der bitter Todt.«[29]

Wie der Text sodann zu verstehen gibt, ist die Wiedererlangung des ewigen Lebens, die Rückeroberung des Paradieses, an eine Bedingung gebunden: Die Zehn Gebote, und darunter vor allem der Gottesglaube, müssen strikt eingehalten werden. Darauf weist der, durch das reformatorische Gnadenrecht in das Blickfeld gerückte Prophet Moses hin.

Mit dem zweiten Doppelbild (Abb. 9, links) wird die Folge des »Tüffels vergiffteter Zung« dem Betrachter zynisch präsentiert. In der Bildmitte befindet sich Christus am Kreuz, der durch seinen Märtyrertod die Menschen von der Erbsünde erlösen soll, durch seinen Tod den ewigen Tod der Menschen verhindert und die Wiederauferstehung ermöglicht. Links neben ihm steht eine betende und eher plumpe Figur, laut Zinsli die Jungfrau Maria.[30] Vor dem Gekreuzigten jedoch steht aufrecht und erhaben die Todesfigur. Die bereits halbverweste, zerzauste und bizarre Leiche zeigt mit selbstsicherem Finger auf den Märtyrer und verspottet seine Tat unter höhnischem Lachen. Das Sterben um des Lebens willen – eines der Grundmuster des christlichen Glaubenssystems – wird von der Anti-Auferstehungsfigur in Frage gestellt und verspottet.

Mit dieser Szene wird der Hauptakt des Stückes eingeleitet, die Figuren rechts (Abb. 9, rechts) geben den Auftakt: Im Beinhaus stehen hingebungsvoll musizierende Todesfiguren als Spielmänner. Auf der Erde liegen ordentlich auf- und nebeneinandergereihte Totenschädel. Diese Toten geben den warnenden Hinweis, daß sich ihnen alsbald und unausweichlich die Lebenden – tanzend – zugesellen werden. Die Toten sagen:

»Hie ligend also unsere Gebeyn,
Zu uns här tantzend groß und klein,
Die ir ietz sin die waren wir,
Die wir jetz sind die werdend ir.«[31]

Damit beginnt der eigentliche Totentanz, es folgen die 40 Paarsequenzen. Die gleiche dürre und halbverweste Todesfigur, die vorher den Tod des Märtyrers verspottete, gibt mit zumeist verschrobenen, burlesken und ausladenden Tanzbewegungen ihr Rendezvous mit den Menschen. Sie trifft sich zuerst mit dem Papst, dann mit dem Kardinal, es folgen der Patriarch, der Bischof, der Abt und weitere Figuren bis hinab zum Narren, zur Ehefrau und zu den Juden. Die letzte Paarfolge besteht aus einem Selbstbildnis des Künstlers bei der Arbeit, die Todesfigur hilft ihm beim Malen.

Abgeschlossen wird die Bilderreihe mit einer verweltlichten Szene aus dem Jüngsten Gericht. Im Hintergrund links steht der Baum des Lebens. Doch der Paradiesbaum wird gefällt, in einer tiefen Kerbe seines Stammes steckt eine Axt; Menschen stürzen von ihm herunter. Unter dem Baum harren vollständig bekleidet und in schlafender Pose die (körperlich) Toten.[32] Die Todesfigur, demonstrativ rechts vor diesen Schlafenden stehend, hat sie durch

Pfeile niedergestreckt. Sicherlich deutet dies die reformatorische Betonung einer individuellen Selbstverantwortung (vor Gott) an: Die Pfeile stecken jeweils in der Stirn der Toten. Am rechten äußeren Bildrand, wo der gesamte Totentanz endgültig abschließt, hält – den Letzten Richter versinnbildlichend – ein reformierter Geistlicher warnend einen blanken Totenschädel in seinen erhobenen Händen.

Auch im »Berner Totentanz« ist es einzig die Todesfigur, die tanzt und die die Lebenden von rechts nach links zieht. In gleicher Weise werden, wie bereits an anderen Beispielen erläutert, die Begriffsfelder des Tanzes mit denen des Todes gleichgestellt. Ebenso wie jeder andere Totentanz ist auch der Totentanz Manuels eine Ars moriendi. Auch hier geht es um die Beweisführung eines »guten Lebens« zugunsten eines »guten Sterbens«, das heißt, um die Überwindung des Teufels als Initiator des ewigen Todes.

Betrachten wir nun den Wirkungsbereich des Gegengottes, der in der frühen Neuzeit außer Kontrolle gerät und für die Theologen beider Konfessionen mit der Todesmetaphorik belegt ist. Die Rede ist vom Wirkbereich des Sexuellen, der vorrangig unter der Regie der Reformatoren neu geordnet werden soll.

Die christliche Exegese baut auf dem alttestamentarischen Sündenfall den gesamten Sündenkanon auf. Eva, die »Ur-Femina«, die erste Sünderin und eine der biblischen Huren, läßt sich vom Satan verführen, das göttliche Verbot zu brechen. Der Tod, die Strafe Gottes für die Verbotsübertretung, steht damit in Ursache und Konsequenz in nächster Nähe zum Teufel. Der Teufel figuriert den ewigen Tod und Christus das ewige Leben.

Aufgrund ihrer Verführbarkeit erscheint Eva als die Todbringende, als die Botin des Todes. Die bibelexegetische Deutung des Sündenfalls läßt sich bis zu Augustinus zurückverfolgen. Zinsli weist darauf hin, daß einem Großteil der Totentänze die Ausführungen Augustinus' direkt als Vorlage dienen.[33] Die reformierte

Kirche inbegriffen, ist das christliche Weltmodell vom augustinischen Konzept der Sünde und des Todes geprägt. Seit Augustinus ist das Sexuelle Widersacher dessen, was in der christlichen Religionsphilosophie als »Licht« oder »Wahrheit« und »Leben« verstanden wird. Mißachtet, ja gefürchtet wird das entgrenzende Moment des Sexuellen, die Ablenkung von der lebensspendenden Konzentration auf Gott. Die psychisch-physische Entäußerung all dessen, was dem alten, polymorphen »ex lubidine« – das heißt etwa: »aus Willkür«, »Lust«, »Laune«, »Verlangen«, »Begierde« oder »aus Begehren« – entspringt, irritiert und schwächt die Bewußtseins- und Erkenntnisschärfe. Libidinöses Verhalten ist bei Augustinus dasjenige, was der Gotteserkenntnis entgegenwirkt: »Obwohl es also Begierden nach vielen Dingen gibt, wird trotzdem, wenn von Begierde schlechthin die Rede ist, fast immer nur an jene Begierde gedacht, durch die die Schamteile des Körpers erregt wurden. Sie nimmt nicht nur äußerlich den Leib in seiner Gesamtheit für sich in Anspruch, sondern auch innerlich, sie regt den Menschen auf, indem sie mit dem Begehren des Fleisches zugleich eine Gemütserregung verbindet und vermischt, so daß sich eine Lust einstellt, wie es keine größere unter körperlichen Lüsten gibt, eine Lust, die so heftig ist, daß in dem Augenblick ihres Höhepunktes *nahezu alle Schärfe und Wachsamkeit der Überlegung gleichsam verschüttet ist* (Hervorhebung M.K.).«[34] Das Erkennen von Wahrheit muß sich des Mediums der Askese bedienen, um der Gnade Gottes und der Ewigkeit teilhaftig zu werden. Die Erlösung vom ewigen Tod ist abhängig von der Überwindung der Sünden, denn »wenn die Begierlichkeit empfangen hat, gebiert sie die Sünde; die an ihr Ziel gelangte Sünde aber gebiert den Tod« (Jak. 1, 15). Mit anderen Worten: Sündig ist das Sexuelle durch seine Ferne zu Gott. Da diese Art der Entgrenzung mit der Glaubensstringenz bricht, rückt sie den Menschen dem Tod näher. (Die allgemein geläufige Bezeichnung »christliche Sexualfeindlichkeit« beschreibt insofern lediglich Symptome, sie greift zu kurz. In letzter Konsequenz müßte es heißen »Todesfeindlichkeit«.)

Aus dem Gesagten erhellt sich, warum die christliche Religion kein Protektorat (z.B. Schutzheilige) des Sexuellen, der Potenz, keines der Fortpflanzung oder der Fruchtbarkeit und erst recht keines des Todes kennt. Sexueller Verkehr ist mittelbar todbringend und damit ausschließlich des Teufels. Die Realisation Gottes in den drei »Personen« der Dreieinigkeit schließt das Weibliche als Zeichen der Verführung zur Sünde und damit zum Tode aus. Maria, die ranghöchste der Frauen, hat deshalb einen außergewöhnlichen Status, weil sie sich weder durch den Koitus noch durch die Art ihres Gebärens entgrenzt und beschmutzt. Der Chor der Heiligen ist durch sein asketisches Verhalten gerechtfertigt. Die christliche Geistlichkeit ist, abgesehen von den unteren Rängen, androzentrisch und lebt – idealtypisch – zölibatär. Die Aufnahme in den ersten der damaligen drei Gesellschaftsstände, den Stand der Betenden, erfolgt nach Ablegen des Keuschheitsgelübdes. Der Corpus dei findet im Logos seine Inkarnation, er manifestiert sich als Wort und nicht als Körper. Die Engel sind geschlechtslos, die Beatitudo ein asexuelles Projektionsgefilde.

Gesucht wird das paradiesisch Reine; im Gegenzug dazu wird das Unreine verworfen. Die augustinische Mahnung, »inter faeces et urinas nascimur«, sei hier nur kurz in Erinnerung gerufen. Der gesamten Palette des Dämonischen, dazu gehören Geburt, Menstruation, Tod, jegliche Form von Schmerz, Zauber und jede Art von – nicht auf das Reine, das Göttliche gerichteter – Entgrenzung, wird die Existenzberechtigung entzogen. Dem christlichen Denkmodell geht es also um mehr, als um das, was heute unter »Sexualität« verstanden wird, wenn auch dieser sein ganz besonderes Interesse gilt.

Aufschlußreich für den angezeigten Kontext erweist sich die augustinische Vorstellung des Paradieses: Es gibt dort keinen Hunger, keinen Durst, keinen Schlaf, keine Trauer, keine Krankheit und kein Alter. Die Menschen leben ewig. Es herrscht völlige Ruhe und Bewegungslosigkeit. Die (traditionell heftig diskutierte Frage der) Zeugung der Nachkommenschaft erfolgt ohne Begierde, in Stille und in gänzlicher Unversehrtheit der Partner. In einem Wort, gezeugt wird: in pace. Die Momente der Gewalt und der Entgrenzung sind aus diesem pazifizierten Akt herausgefiltert. Damit aber ist der Eros seines ihm eigenen Wesenszuges enthoben und als solcher definitiv entmachtet. Ähnlich wird der Geburtsakt gedeutet; das Gebären kennt hier keinen Schmerz, kein Blut und keine Exkremente. Nach Augustinus herrscht im Paradies absolute Reinheit.[35]

Mit dem Trugschluß, daß im christlichen Weltbild die Sünde und im Speziellen das Sexuelle keinen Platz finden würde, hat bereits Foucault gründlich aufgeräumt.[36] Das Gegenteil ist der Fall: Eine permanente Forderung nach der Reinheit der Askese macht den Verzicht gerade zum zentralen Thema. Das Böse, die Versuchung, wird in der Bibel, in der Bibelexegese, in außerbiblischen Legenden und Schriften, von den Beichtstühlen oder Folterkammern und von den schier zahllosen, damals flutenden Sittenverordnungen ganz zu schweigen, immer wieder und ausführlich geschildert. Laut und deutlich spricht der christliche Diskurs eigentlich von nichts anderem. Allerdings, und hier liegt das Besondere: die Versuchung bespricht er mit der Intention ihrer Überwindung. Das eingestehende Erkennen der dem Menschen genuinen Sünde ist erste Voraussetzung, um mit ihr durch Beichte und Buße zu brechen. An der für beide Konfessionen zentralen biblischen Stelle steht: »Wenn wir behaupten, wir hätten keine Sünde, dann täuschen wir uns selbst, und die Wahrheit ist nicht in uns (...). Wenn wir behaupten, wir hätten nicht gesündigt, dann machen wir ihn zum Lügner, und sein Wort ist nicht in uns« (1. Joh. 8–10).[37] Repression gerät so zur Obsession, es herrscht Reflexionspflicht und Redezwang. Nietzsche spricht in diesem Zusammenhang treffend von »*Gewissens-Inquisition*«.[38] Die Sünde und der eng mit ihr verbundene Tod werden zum zentralen Baustein des christlichen Glaubenssystems. Ohne die Sünde wäre das gesamte Modell hinfällig, sie ist diesbezüglich fundamental. Die Trilogie »Sünde, Tod und Teufel« gehört in den Bereich der sündigen Civitas mundi. Sie ist nur dazu da und tritt nur deshalb in Erscheinung, um – in pace – zugunsten der sündenfrei reinen Civitas dei überwunden zu werden. Das ist ihre einzige Existenzberechtigung. Die göttliche Gnade und damit auch »Leben« bzw. Wiederauferstehung sind also an die Sünde, oder genauer: an deren ständiges Bekennen gebunden.

Die Zentrierung, die Diskursivierung und die gleichzeitige Ablehnung der Sünde sind in sich bereits grotesk und geraten denn auch zum Paradoxon: »Der Gläubige«, schreibt Bataille, »trägt zum Kreuzesopfer nur durch seine Verfehlungen, seine Sünden bei. (...) Das Christentum verwarf die Unreinheit. Es verwarf die Schuld, ohne die das Heilige nicht vorstellbar ist, denn nur die Verletzung des Verbotes öffnet Zugang zu ihm.«[39] Nur wer sündigt, hat die Möglichkeit, die göttliche Gnade zu erlangen. Durch die Negierung eines positiven menschlichen Kreationsvermögens – das ja genuin sündig ist – tritt die Heils- und Gnadenlehre der Sakramente in Kraft, wodurch sich der Zugang zum Heiligen auf den Aspekt der Segensgebung reduziert und die Sakramente selbst die Züge eines Kompromisses annehmen. Dieses Paradoxon wird durch das reformatorische Gnadenrecht noch einmal betont und untermauert.

Soweit läßt sich der theologische Rahmen der Totentänze – zumindest in Ansätzen – erfassen. Mit der Vertreibung aus dem Paradies tritt die Sünde in die Welt; Tod und Teufel triumphieren und verschmelzen miteinander. Im letzten Bild der Darstellungen, dem Jüngsten Gericht, wird in Verbindung mit der Buße und dem Gehorsam an die göttliche Gnade appelliert.

Die religiöse Deutung des Orgasmus macht die Verbindung

Sünde-Tod vollends evident. In dieser Entäußerung, so die Lehre der Kirchenväter, ist die Ferne zu Gott ausgesprochen groß und in der Konsequenz die Nähe zum Tod ausgesprochen gering. Die sprachliche Fassung des »Kleinen Todes« trifft in der Tat eben diesen Sachverhalt.

Obwohl jeder Tanz immer Träger des Sexuellen ist und jeder stammesgesellschaftlich prototypische Tanz um den Themenkreis Fortpflanzung, sexuelle Potenz, Initiation o.ä. im christlichen Weltbild per se zum Toten-Tanz werden *muß*, bleibt die Frage nach den Gründen des Tête-à-tête von »Tanz« und »Tod« dennoch nur halb geklärt. Über die Sünde »Sexualität« sind die Totentänze nur dank eines Rasters zu erfassen, das einer modernen Definitionsmacht entspringt und infolgedessen für diesen Zusammenhang zu kurz greift. Explizit wird das Sexuelle in den Totentänzen auch nirgends aufgegriffen, auf den ersten Blick erscheinen die Darstellungen sogar asexuell, ja eigentlich von einer ausgeprägten Prüderie. Die Diskursivierung und Verneinung des Sexuellen, ebenso wie dessen Synonymisierung mit dem Tod, erfolgen in den Totentänzen nach einem feinmaschigeren Dispositiv, nämlich im Sinn des alten ex lubidine, im Sinn einer polymorphen Sinnesentgrenzung.

Die weitere Erstellung jener Überschneidung von »Tanz« und »Tod« wird uns daher in die Richtung einer frühneuzeitlichen und vornehmlich reformatorischen, vollständigen Absage an Mensch und Welt führen.

Sündengleichheit

Totentänze sind Ständesatiren mit immanenten Gleichheitsgedanken. An der sozialen Hierarchie orientiert, richtet sich die Todesfigur an alle Menschen; im Beinhaus treffen sich alle wieder. Durch den Tod wird alles Wirken und Walten, jegliches materielle und immaterielle Gut hinfällig. Sozial flächendeckend bleibt bei dieser Mahnung der Darstellungen niemand unbeachtet. Thema eines jeden Totentanzes ist die Betonung der Egalität der Menschen. Diese Egalität aber ist nicht im modernen Sinn gemeint, denn sie ist, wie zu sehen sein wird, eine Egalität der Sünde, eine Gleichheit im Angesicht des Todes. In der Hervorhebung der Diskontinuität von Mensch und Welt bäumt sich so in den Totentänzen ein früher Gleichheitsgedanke auf, der ohne Betrachtung seiner religiösen Bindung unverständlich bleibt.

Für das historisch ungeübte Auge wird die Suche nach dem Gleichheitspostulat in den Totentänzen zunächst zu einer Enttäuschung. Die hohe Sensibilität für das, was heute als Recht oder Unrecht, als gleiche Lebenschance oder Fairneß bezeichnet wird, ist charakteristisch für die hochzivilisierte Moderne, ungleich weniger aber für die damalige Gesellschaft. Nichts anderes zeigen auch die Totentänze, zumindest auf den ersten Blick:

Von ungleicher Kräfteverteilung, den Machtdifferentialen zwischen den gesellschaftlichen Gruppierungen, ist in den Darstellungen nirgends die Rede, solche Aspekte bleiben gänzlich unangesprochen. Gründe gäbe es genug, rücksichtslosem Gewinnstreben, der Leibeigenschaft, dem Wucher oder dem Abpressen der Lehen den bildlichen bzw. textuellen Prozeß zu machen, denn durch soziale Gesetzgebungen sind der Machtausübung so gut wie keine Schranken gesetzt. (Eine Ausnahme bildet dabei lediglich das Zunftwesen.) Zwischen der enormen Macht- und Besitzstärke der oberen Stände und der ihr entsprechenden Schwäche der unteren Stände wird in den Totentänzen keinerlei Zusammenhang hergestellt. Das mit Purpur besetzte Gewand des Kaisers hat hier ursächlich mit dem zerlumpten grauen Kleid der Witwe nichts zu tun. Dergleichen wird noch nicht einmal in Ansätzen thematisiert, geschweige denn angefochten. Ab und an erfolgt ein Appell an die Karitas, mehr nicht.

Das Verwirrspiel der Totentänze geht hinsichtlich der Bezeichnung »Ständesatiren mit immanenten Gleichheitsgedanken« noch weiter. Die hierarchisierte Aufreihung der Menschen beschränkt sich keineswegs auf macht- und besitzstarke Figuren. Die Darstellungen schließen die überaus armen und an den Grenzen des Existenzminimums lebenden Mitglieder der Gesellschaft konsequent mit ein. Ein höhnischer Spott zieht sich vom Papst über den Kaiser zum Apotheker hinab bis zum Blinden, zum Armen, zum Dieb, zum Bauern, zum Krüppel und zur Witwe. Bei den Letztgenannten bekommt der Gleichheitsgedanke einen bitteren Beigeschmack; aus der Satire wird beißender Zynismus. Und trotzdem, es klingt wie ein Treppenwitz der Geschichte, ausgerechnet hier liegen die Grundfesten des modernen Dranges nach Egalität, allerdings in ihrer religiös gebundenen Vorform:

Zu Beginn der Totentanzära kündigt sich der politische Liberalismus gerade zögernd an, und bei ihrem Ende nimmt dieses Gedankengut bereits konkrete Formen an.

Die Erklärung der Menschenrechte vorbereitend, ist das revolutionäre Moment der Reformation schlechthin ihr Postulat der Gleichheit.[40] Zahlreiche der frühen Totentänze antizipieren diese Bewegung, manch spätere kreisen um deren Diskussionen, und wiederum andere stehen nachweislich direkt in ihrem Dienst. Ein Teil der Darstellungen wird von den Sympathisanten oder Trägern der Bewegung, dem Frühbürgertum, finanziert bzw. gestiftet. Aber wie eng die Kooperation der Totentanzinitiatoren mit den Reformatoren letztlich auch sein mag, der Gleichheitsgedanke ist in Totentänzen dermaßen zentral, daß der Eindruck entsteht, sie seien das Sprachrohr der Reformation, ja ihr Manifest. Einen geradezu offenen Feldzug führt der Tanzende Tod durch seine überaus scharfe Kritik an den Oratores der Katholiken. In aller Radikalität stellt der Tod den Papst einem Bettler gleich. Für das moderne Ohr klingt eine solche, auch in den Totentänzen demonstrierte Egalisierung recht banal. Für die damaligen Verhältnisse hingegen findet sich hier ein Novum von beachtlicher Qualität, das vergleichbar umstürzlerisch ist wie die Gleichstellung eines Kaisers mit seinem Untertan, einem Bettler oder, weniger krass, die Gleichstellung des Ratsherrn mit dem Apotheker. Jedoch, und das ist der springende Punkt: Das reformatorische Postulat der Egalität richtet sich an die Gleichheit der Menschen *als Gläubige vor Gott* und *nicht* an die soziale und juristische Gleichstellung der Menschen *untereinander*.[41]

Der Egalitätsgedanke wird in der Prädestinationslehre der Reformatoren diskutiert und ausformuliert. Wie Max Weber zeigt, zielen die Kernsätze dieser Lehre auf die Akzeptanz der von Gott vorbestimmten und unhinterfragbaren, menschlichen Lebenslage, in die es sich – ihrer jeweiligen Vor- und Nachteile ungeachtet – ohne Widerspruch zu fügen gilt.[42] Durch das ursprünglich rein religiös gedachte Konzept einer (von Gott bestimmten) Berufung wird mit Hilfe der Prädestinationslehre dem modernen Berufsbegriff und -habitus zum Durchbruch verholfen. Die reformatorische Einführung der Werkheiligkeit, ich werde in der nächsten Abhandlung darauf kommen, spielt in diesem Umdenkprozeß eine zentrale Rolle. Durch die Reformation erhält die Überwindung des Bösen Methode. Auf ihrem Programm steht an erster Stelle der Gehorsam und damit verbunden eine permanente und auf – einem handlungsorientierten – System fundierte Selbstkontrolle. Die Einhaltung des entsprechenden Verhaltenskanons überwacht ein imaginäres Über-Ich, nämlich die Kontrollinstanz »Letzter Richter«. Vor *diesem* herrscht sodann Gleichheit; es wäre sogar nicht einmal falsch zu sagen Chancengleichheit. Jeder Mensch, der sich in seinem Denken und Handeln zensiert, um sich so dem göttlichen Willen zu fügen, hat das Recht auf lebensspendende Gnade. Diese Prämisse der Egalität vor Gott in der Teilhabe an seiner Gunst gilt für alle, von einem Kaiser bis hinab zu einem Bettler.

Durch die Prädestinationslehre der Reformation werden die

prinzipielle Unhinterfragbarkeit einer jeweiligen Berufung als auch die des göttlichen Wirkens selbst unterstrichen: »Der Beruf ist das,« so erläutert Weber,»was der Mensch als göttliche Fügung hinzunehmen, worein er sich zu schicken hat (...).«[43] Wie bereits erwähnt, orientieren sich die Totentänze an der sozialen Hierarchie. Aber betrachten wir sie noch einmal genauer: Die Bilderreihen beginnen mit den macht- und besitzstärksten Personen und schließen mit den macht- und besitzschwächsten ab. Die Menschen sehen in der frühen Neuzeit und zum Teil noch weit darüber hinaus ihre jeweilige Lebenslage durch magisch-religiöse Kräfte beeinflußt und gelenkt. Niemand wäre damals auf die Idee gekommen bzw. hätte auf die Idee kommen *können*, die soziale, das heißt die religiöse Ordnung zu ignorieren, und so in der Reihenfolge der Totentänze z. B. den Bettler noch vor den Ratsherrn oder gar vor den Souverän zu stellen. Die Benennungen folgen also einer Art von mechanischem Ablauf. Wer an welcher Stelle genannt wird, obliegt dem Diktat der Selbstverständlichkeit. Diese Selbstverständlichkeit jedoch macht die Hierarchie der Darstellungen (in diesem Zusammenhang) bedeutungslos und hebt sie auf. Gerade wegen ihrer Banalität wird aus der sozialen Formel der Serienabläufe eine leere Floskel. Erst das Postulat der Egalität füllt dieses vordem belanglose Regelwerk wieder mit Sinn, indem es die Figuren ungeachtet ihrer gesellschaftlichen Position, ihrer Lebenslage oder ihres Berufsstandes vor Gott gleichsetzt. Dem fatalistischen Prädestinationsgedanken folgend, ist es buchstäblich »egal«, wer an welcher Stelle genannt wird. Das heißt, ein Kaiser ist ebenso sündig wie ein Bettler und umgekehrt – dies muß hervorgehoben werden, denn erst hier wird es für das moderne Auge deutlich: ein Bettler ist genauso sündig wie ein Kaiser, ein Ratsherr oder eine Witwe. Die Gewissensinquisition wirkt vor Gott egalisierend und ist sozial flächendeckend. In einem Satz: *Alle* sind gleich und *alle* stehen vor Gericht.

Dem Konzept der Sündengleichheit entsprechend, stellen die Reformatoren die damalige, in hohem Maße unausgeglichene Macht- und Spannungsbalance (kurzfristig) nur sehr bedingt in Frage. Im Kreuzfeuer ihrer Kritik steht weniger die Kluft zwischen den einzelnen Ständen als solche, sondern vielmehr deren lustbetonter und damit todbringender Habitus, der im großen und ganzen vom unteren Volk bis hin zum oberen katholischen Klerus und zum Hochadel die Trieb- und Affektmodellierung der Gesellschaft prägt; ausgeschlossen ist lediglich das orthodox reformierte Lager selbst. Genau diesem Impetus folgen auch die Totentänze, ihr zynischer Grundzug richtet sich konkret an den Habitus einer weltlichen Sinnesentgrenzung der Menschen und nicht auf ihre gesellschaftlichen, durchaus repressiv wirkenden Verflechtungen untereinander.

Die Darstellungen beziehen ihr gesellschaftskritisches Potential aus der Demonstration einer kompromißlosen Gleichheit der Menschen vor Gott und den Geboten. Demzufolge stehen die Totentänze, so Corvisier, Pate für die »Verweigerung einer modernen Gesellschaft, die sich gerade gründet und die Wiederbestätigung des göttlichen Charakters der Ständegesellschaft.«[44] Mit diesem Zitat ist ein zusammenfassendes als auch ein überleitendes Wort gesprochen, denn der Zynismus der Totentänze trifft die Menschen keineswegs willkürlich, sondern ausschließlich in ihrer Weltlichkeit. Dem Egalitätsgedanken des Tanzenden Todes ist die Absage an die Civitas mundi immanent.

Weltverzicht

Bei den jamaikanischen Rastafari ist »Babylon« heute ein gebräuchliches Schimpfwort, auch in ihrer Musik. Der Begriff gilt als Passepartout für alles, was sie nach ihrer Auffassung an der Führung eines menschenwürdigen Daseins hindert. Eine ähnliche, weniger

pointiert gedachte Haltung ist ab und an auch im hiesigen Kulturkreis zu beobachten: Eine Art säkularisierter, moderner Calvinismus klagt – unter ideologiekritischer Vorhut – Weltlichkeit an. Jegliche weltliche Entäußerung steht hier auf dem Index des Verwerflichen. Von »Lachs« über »Leggings« bis »Lippenstift« hinterläßt
Konsum, der eine existentielle Bedürfnisbefriedigung überschrei-
tet, einen negativen Beigeschmack. Auf dem insbesondere unter
Jugendlichen anzutreffenden Hedonismus liegt der moralische
Zeigefinger sozial-pädagogischer Exerzitien. Gedanken, deren religiöse Vorformulierungen sich im Tanzenden Tod wiederfinden.

Durch die Anknüpfung an die antike Vorstellung eines dualisti-
schen Seins von (vereinfachend gesagt) »Körper« und »Geist«[45]
und schließlich durch die frühneuzeitliche Bestimmung eines untrennbar mit dem Menschen verbundenen Bösen, wimmelt es an
der Schnittstelle zur modernen Welt an dialektisierten Bildern.
»Durch den Sündenfall kommt der große Dualismus in das Weltge-
schehen, jene unheimliche Spannung zwischen Diesseits und Jenseits: Gott und die Welt stehen sich gegenüber, Gottesstaat und
Weltstaat, civitas Dei und civitas mundi, das Gute und das Böse.«[46]
Die Gegensätze und Widersacher »Jenseits und Diesseits«, »ewi-
ges Leben und ewiger Tod«, »Himmel und Hölle« benötigen sich
gegenseitig. Eine Imago ist nur durch die andere denkbar, und doch
schließt die eine die andere aus. Jede dieser Metaphern benutzt als
Reservoir, aus dem sie ihre Bilder schöpft, den ihr gegenüberstehenden Pol. Die Errichtung der spirituellen Civitas dei ist konstitutiv an die Errichtung und gleichzeitige Verdammung der irdischen Civitas mundi gebunden.

Mit der Todesandrohung vor dem letzten Strafgericht erscheint
in der Profankunst Totentanz die Welt als das Negativum schlechthin, nämlich als »Babylon, die Große, die Mutter der Huren und
der Greuel der Erde« (Offb. 17,5) – als der Inbegriff der Civitas
mundi alias Civitas diaboli.[47] Die Offenbarung des Johannes läßt

Babylon scheitern, der Sündenpfuhl wird mit dem (erlösenden) Weltende bestraft. Die Anklage an Babylon richtet sich an sein hemmungsloses, reges weltliches Treiben, an seine Hingabe an die Welt, an seine häretische Gottesferne. »Die Liebe Gottes und die Liebe der Welt stimmen nicht mit einander überein,«[48] – so Luthers Quintessenz aus seiner Auslegung der Apokalypse. Gleichermaßen urteilt der Totentanz; inmitten seines (Sünden-) Gleichheitsgedankens steht die entgrenzende Verlockung der Civitas mundi angesichts einer Civitas dei vor Gericht:

»Alle mentschen dencken an mych/ Vnd hüden vor der werlt sych (...)«.[49] Mit diesen Worten der Warnung vor der Welt eröffnet der Tod im »doten dantz mit figuren clage vnd antwort schon von allen staten der werlt« am Vorabend der Reformation sein Szenario, im einleitenden Bild halbverweste Leichen als tanzende Spielmänner auf dem Friedhof, das meint, im Tanzhaus.

Die damaligen Gesellschaften sind keine Individual-, sondern Funktionsgesellschaften. Dementsprechend erscheinen in sämtlichen Totentänzen die Menschen ausschließlich in ihrer weltlichen Funktion, Aufgabe oder Rolle, nämlich als Kaiser, Ratsherr, Vogt, Koch, als Narr oder Bettler. Die Todesfigur spricht sie stets als Mitglieder der Civitas mundi an. Diese Tatsache kann nicht hoch genug eingeschätzt werden, denn verballhornt werden immer nur *die* Charakteristika, über die sich der Mensch in der profanen Welt und in seinem profanen Sein spezifizieren und benennen läßt. Dergleichen Kennzeichnungen allein sind Zielscheibe der Satire, deren Spitzen die Menschen an ihrem sensiblen Punkt treffen, an dem sie existentiell, das heißt in ihrer Identität, zu packen sind. Am Pranger stehen das Gold des Kaisers, die Macht des Papstes, die Vorrechte des Bischofs, die zahlreichen Weingärten des Fürsten. Diese Merkmale werden mit apokalyptischen Todesmetaphern belegt. Für das moderne, mit Sinn für Gerechtigkeit ausgestattete Sehvermögen noch deutlicher, tritt die Intention der Totentänze wieder bei der

Darstellung macht- und besitzschwacher Gruppen hervor: Programmatisch richtet sich die satirische Verdammnis an die Gerätschaft des Handwerkers, an das erbettelte Brot des Armen,[50] die Mühsal des Bauern, die Pfefferbrühe des Kochs oder an den Pinsel des Malers. Selbst spezifisch-funktionale Dinge wie Stock und Hund eines Blinden[51] bleiben nicht verschont und werden, als Attribute der Civitas mundi, zur Ursache des ewigen Todes. Mit den folgenden Worten verspottet im »Heidelberger Blockbuch« – es stammt aus dem Besitz des Kurfürsten Ottheinrich von der Pfalz, eines rigorosen Anhängers der Reformation – die Todesfigur sogar den Bettler mit seiner charakteristischen Krücke (Abb. 10):

»Hynke heran myt deyner krucken
deyn ding das wil sich gelucken (...).«[52]

Der »tot dir besundern gnade tut,«[53] konstatiert sodann die tanzende Leiche. Mit breitem Grinsen zieht sie den eher verwirrt und unentschieden dreinschauenden, verkrüppelten Bettler nach links, weist ihn darauf hin, daß er von seinem weltlichen, irdischen Leben nichts zu erwarten habe und er sich doch in den Tod, das heißt, in das ewige Leben retten möge, denn nur der »tot wil seyn frund seyn (...)«.[54]

Der Zug der Verdammten ist im Totentanz also nichts anderes als ein Zug der Weltlichen. Auch sind bei den Dialogpartnern des Todes jene weltlichen Charakteristika stets Gegenstand der Buße. Die Menschen bereuen ihr »In-der-Welt-sein«.

In den Totentänzen konkurriert die Civitas dei mit der Civitas mundi. Diese steht am Pranger, Babylon ist der Köder der Todesfigur und Grund des menschlichen Scheiterns zugleich. Ein kategorisches »Nein« zu jeder Lust auf Erden klagt die Entsagung jeglicher Form von Entgrenzung ein. Ohne das sündig Sexuelle explizit zu thematisieren, ist die Forderung nach Trieb- und Affektverzicht feinmaschig, umfassend und rigide ausformuliert,

146

denn auch Kleidung, Schmuck, Nahrung, alle anderen mehr oder minder alltäglichen Gegenstände und Handlungen bergen Momente der Entgrenzung, können verwirrend wirken und vom Gottesglauben ablenken. Unter Beachtung des Postulates der (Sünden-) Egalität vor Gott heißt das in einfachen Worten: *Alle* sind gleich, *alle* stehen vor Gericht und *alle* sollen auf *alles* verzichten.

Im Zusammenhang mit der Absage an die Welt und an die Weltlichkeit läßt sich ein weiteres Phänomen feststellen. Avaritia, Vanitas und Luxuria gehören seit der Mystik zu den sieben Todsünden.[55] Bei der Betrachtung der Totentänze springt die negative Codierung dieser Begriffe förmlich ins Auge.[56]

Zunächst zur Avaritia, die Geiz, Knauserigkeit und Habsucht umfaßt: Dieser Begriff verrechnet heute ein egoistisches und besitzorientiertes, letztlich a-soziales Bei-sich-Halten verschiedener Dinge. In den Totentänzen hingegen richtet sich das Verwerfliche eines solchen Verhaltens aber an das – libidinöse – Festhalten, die Anklammerung an zeitlich begrenzte, profane und äußerliche Dinge aus Leidenschaft. Im Totentanz liegt das eigentliche Vergehen der Avaritia im persönlichen Lustgewinn.

Vanitas heißt »Hochmut«, »Eitelkeit« und »Schein«. Während heute mit diesen Begriffen die selbstgefällige Arroganz gegenüber anderen Menschen assoziiert wird, richtet sich die Anklage des Tanzenden Todes an die Selbstliebe als solche. Anerkennung und erst recht Ruhm und Ehre gebühren ausschließlich Gott und nicht dem Menschen in seinem profanen Sein, handle es sich um den Papst, den Kaufmann, den Handwerker oder den Narren. Sogar die Selbstachtung des Bettlers wird angeklagt.

Luxuria schließlich ist in den Totentänzen eine Art übergreifendes Laster ersten Ranges. Diese traditionell weiblich belegte Metapher einer Antitugend, zumeist als trunkene Tänzerin dargestellt, beschreibt im antiken Sinn die »Wollust«, die »Schwelgerei« und die »Üppigkeit«. Wie die Etymologie des Wortes mitteilt, ist der Luxuria ein entgrenzendes, verwirrendes Moment eigen. Sie widerstrebt grundsätzlich jedem asketischen und damit gottestreuen Verhalten. Gleich in welcher Intensität sie auftritt, sei es im rauschhaften Ausmaß des kaiserlichen Goldes oder im grauen, zerschlissenen Kleid der Witwe: Schwelgerei lenkt vom Gottesglauben ab und ist todbringende Sünde.

Dergleichen asketische Denkansätze verbreiten die Bettelorden, als eine der Initiatoren der Totentänze. Für das reformatorische Gedankengut jedoch sind die Totentänze auch an diesem Punkt Sprachrohr. Die Abhandlungen Webers machen ihre Sprache wieder verständlich:[57] Webers Ausgangsfrage ist der religionsgeschichtliche Zusammenhang der auf den ersten Blick irrational scheinenden Hingabe an erfolg- und mehrwertschaffende Berufsarbeit als charakteristischer Bestandteil der modernen kapitalistischen Kultur. Weber zufolge verwerfen die Reformatoren, allen voran die Calvinisten, Besitz lediglich dann, wenn lustvoll oder gar verschwenderisch damit umgegangen wird, wenn er, modern gesagt, als Kapital nicht zirkuliert und damit keinen Mehrwert schafft. Ständig auf den Berufungsgedanken der Prädestinationslehre rekurrierend, gilt für die Reformatoren als einziges Mittel, gottgefällig zu leben, der »innerweltliche Verzicht«, so die Bezeichnung Webers für die reformatorische Variante der Askese.[58] Die reformatorische Errungenschaft der Werkheiligkeit tritt hier in Kraft: Gott ist nicht für die Menschen da, sondern umgekehrt, die Menschen leben und wirken für Gott, und diesem müssen sie gerecht werden. Arbeit ist einzig ihm gewidmet, sie heiligt und läßt die religiöse Prämie, die lebensspendende Gnade, anschwellen. Dementsprechend sind die Früchte, die Produkte der Arbeit, nicht zum unmittelbaren Verbrauch oder gar Genuß bestimmt, sondern zur heiligenden Weiter-Arbeit. Unter dieser Bedingung wird Reichtum bei den Wegbereitern der Moderne sogar zum Zeichen von Keuschheit.

Dieses Endlosprogramm, für Weber die Vorfrucht und der psychologische Motor der kapitalistischen Produktionsweise und Zweckrationalität, schließt zunächst jede Form der Avaritia aus. Was die Menschen an sich halten, kann der heiligenden Weiterverarbeitung nicht preisgegeben werden. Für die Luxuria hingegen bedeutet der innerweltliche Verzicht den vollständigen Machtverlust, einen gänzlichen Knockout. Die Luxuria erscheint nurmehr als Verschwendung der religiösen, lebensversprechenden Prämie schlechthin. Materielle oder auch immaterielle Schwelgerei, noch so zaghaft angedeutet, ist vergänglich. Nur das Göttliche hat Bestand – im Gegensatz zum Gold des Kaisers oder den Weingärten des Fürsten und im Gegensatz zum Pinsel des Malers, zum erbettelten Brot des Armen oder zur Krücke des Bettlers.

Nachdem im »Berner Totentanz« die sündigen Menschen mit ihrem hinfällig diskontinuierlich-weltlichen Treiben im Stelldichein mit der tanzenden Todesfigur von rechts nach links Revue passiert sind, befinden sich am Ende des Gesamtsszenarios die (körperlich) Toten als Schlafende mit Pfeilen in der Stirn auf und unter dem Baum des Lebens. Zu sehen ist des weiteren die Todesfigur als Bogenschütze und ein Prediger mit einem blanken Totenschädel in seinen erhobenen Händen. Folgende Conclusio ist zu hören:

»Wär dise figuren schauwet an,
sie seyend iung alt, weib oder man,
sollend betrachten daß wie der wind
alle ding vnbestendig sind.«[59]

Carpe diem? – Horaz scheint längst vergessen. Leben gibt es erst *im* Tod. Tröstend fährt dementsprechend der sogenannte »Beschlusz« fort:

»Doch weiß ein ieder mensch gar eben,
nach diser Zeitt ist auch ein leben (...).«[60]

Damit wird das irdische Leben, die Civitas mundi, zum Ort der Vergänglich- und Vergeblichkeit und zu einer einzigen sisyphushaften Wallfahrt nach Ewigkeit. Genau in diesem Sinn schreibt Luther: »Willst alles Unglücks loswerden, und ewig leben, so stirb.«[61]

Die symbolische und inhaltliche Gleichsetzung von »Tanz« und »Tod« vollzieht sich bis hierher also in der Umdeutung des Tanzes: Der Tanz ist mit der ihm strikt immanenten Welt unauflösbar verbunden und veranschaulicht hyperbolisch jene besonders böse Lust, in dieser Welt zu leben. Aus dem gleichen, tief weltverachtenden und lebensverneinenden Impetus zieht der Wegbereiter der Moderne dann in seiner Klage über die größte und mächtigste aller biblischen Huren, nämlich über das »tanzende« Babylon, folgerichtig den Schluß: »Und die Welt vergehet mit ihrer Lust.«[62] Wer oder was soll in diesem Weltkonzept, mit Nietzsche gefragt, noch tanzen?

Der Tod und seine Huren

Kontinuität, die Idee eines ewigen Lebens, ist unmittelbar an stringente Glaubenstreue sowie an das Bekennen und die Überwindung der Sünden gebunden. Die streng asketische Ausrichtung der christlichen Religion und ihr Hang zum Spirituellen läßt keinerlei Entgrenzung zu, die nicht auf Gott gerichtet ist. Die ausgeprägte Eifersucht des christlichen Gottes duldet keine Nebenbuhlerei, sie reagiert auf jede Abwesenheit hochsensibel, sofort drohen die Qualen des Fegefeuers und der ewige Tod in der Hölle.

Nun kann die Frage nach den semantischen Verknüpfungen von »Tanz« und »Tod« genauer beantwortet werden: In einem solchen Glaubenssystem wird jeder Tanz zu einem wörtlich zu verstehenden »Tanz aus der Reihe«, einer Sinnesentgrenzung weg vom Göttlichen, weg vom Leben in die Linksrichtung, in die Richtung der Hölle, des Bösen, der Civitas mundi. Wenn die Krücke des

Bettlers bereits zuviel bzw. die »falsche« Entgrenzung verspricht und dadurch den ewigen Tod mit sich bringt – wie muß dann das entgrenzende Moment des Tanzes selbst wirken. Kein anderer Begriff als »Tanz« wäre stark genug gewesen, mit dem Tod in Allianz zu treten. Hier liegt der Grund, warum die christliche Religion dem Tanz kein Ritual zur Verfügung stellt und ihn verwirft. Der Absage an den Tanz liegt die Absage an das Sexuelle zugrunde – nicht im Sinn des modernen, scharf umrissenen Begriffs von Sexualität, sondern in der Bedeutung des alten ex lubidine, einer polymorphen Entäußerung der Sinne.

Die Überlagerung der Begriffsfelder »Tod« und »Tanz« befindet sich nicht zufällig in nächster Nähe zur Belegung des Weiblichen mit den Metaphern »Tanz«, »Tod«, »Sünde«, »Welt«.

Die Totentänze liegen inmitten eines Sogs umfassender Selbstdistanzierungs- und Abgrenzungsprozesse. Auch sie stehen im Zeichen der Überwindung des Teufels bzw. des Todes. Unter Hochdruck läuft dieser Mechanismus, es wurde darüber gesprochen, bei den Hexenprozessen. Hier findet die Austreibung des bösen Prinzips ihren Kulminationspunkt. Zentrales Anliegen ist das Ausfindigmachen des Bündnisfalles mit dem Teufel und dessen nachfolgende Vernichtung. Die in den Totentänzen nur implizite Assoziation des Weiblichen mit dem Tod und dem Tanz läßt sich im Handbuch der Inquisition selbst, dem »Hexenhammer«, nicht mehr übersehen: Die Autoren diskutieren den Kausalzusammenhang des durch Eva herbeigeführten Sündenfalls mit dem biblischen Weltuntergang und schreiben: Die Frau »ist bitterer als der Tod, d. h. der Teufel. Apokalypse 6: Ihr Name ist Tod.«[63] Diese Behauptung legt die Grundfesten der abendländischen Misogynie frei. Verständlich wird die Aussage des Zitates aber erst bei genauerem Hinsehen. Denn was kann – vom modernen Empfinden ausgehend – »bitterer« (s.o.) sein als der Tod? Eine solche Frage wäre in der frühen Neuzeit unverständlich, ja irrelevant. Was die »Femina«, also die Mindergläu-

151

bige schürt, ist der *ewige* Tod. Sie verhindert die Wiederauferstehung und wirkt der Kontinuität entgegen. Ebenso wie der Tanz stiftet sie todbringende Verwirrung und »falsche« Entgrenzung. Die an der Schnittstelle zur modernen Welt kursierenden Bilder der »Frau Werlt«, der »Haeresis Dea«, der »Medusa« oder der »Circe« deuten bereits darauf hin, und dem vielzitierten Negativbeispiel gegen den Tanz schlechthin, dem jenes todbringenden Tanzes Salomes vor Herodes, werden wir wieder begegnen. »Frau«, »Tanz« und »Tod« – diese, erst an dieser Stelle vollständige Assoziationskette steht in Konkurrenz zu »Leben«. Pointierter: Frauen sind die Widersacher des in den Totentänzen proklamierten Lebens *im* Tod.

Im Tanzenden Tod, einem »Malleus maleficarum der Tanzflächen«, werden die Arabesken des Tanzes zur Poesie des Todes; ihr eigentliches Motiv ist die Weiblichkeit. Der Tod bzw. der Teufel erscheint in den Totentänzen als ein Freier und der Tanz mitsamt der Welt ist seine Hure.

ANMERKUNGEN

1 Flaubert, Gustave: *Œuvres complètes*, Paris 1964, 2 Bde., Bd. 1, im Original S. 162 (»Ecrits de Jeunesse«).
2 Durch das Letzte Testament erfolgt heute die Verteilung der Güter. Damals hat dieses Ritual vorrangig die Funktion eines biographischen Bilanzziehens. Prüfend überdenkt der Sterbende sein Leben.
3 Weiteres zur Ars moriendi: Freybe, A.: *Das Memento mori in deutscher Sitte, bildlicher Darstellung und Volksglauben*, Gotha 1909, Repr. Wiesbaden 1972, insb. S. 65–150; Tenenti, Alberto: Ars moriendi, in: *Annales*, 6, 1951, S. 433–446 und ders.: *Die Grundlegung der modernen Welt*, a.a.O., S. 95–103; Kaiser, Gert: Das Memento mori, in: *Euphorion*, 68, 1974, S. 337–370.

4 Einen Überblick dazu gibt: Kunstverein Oberhausen (Hg.): *Totentänze aus fünf Jahrhunderten*, Oberhausen 1977 (Katalog zur Ausstellung).

5 Manche Darstellungen sind stark verfallen. Betroffen sind hierbei besonders die vor Witterungseinflüssen ungeschützten Wandmalereien im Freien. Obwohl damals die Fresken ständig restauriert und aktualisiert wurden, sind heute manche Sequenzen entweder ganz verschwunden oder nur noch in Fragmenten sichtbar.

6 Dem Thema Friedhof widmet sich: Ariès, Philippe: *Geschichte des Todes*, a.a.O. Ein literarisch gelungenes Stimmungsbild gibt Süskind mit der Geburtsszenerie seines Protagonisten Grenouille auf dem »Cimetière des Innocents« (Paris) im Jahr 1738. Süskind, Patrick: *Das Parfüm*, Zürich 1985, S. 5–11.

7 Einen Überblick zur Allgegenwart des Todesmotivs gibt: Hofmann, Werner (Wiener Festwochen, Hg.): *Zauber der Medusa*, Wien 1987 (Katalog zur gleichnamigen Ausstellung in Wien).

8 An die Grenze einer technisch ausgefeilten, künstlerischen Gestaltung reichen die Bilderzyklen Manuels und Holbeins. Sicherlich gehören die beiden eher atypischen Künstler aus diesem Grund zu den bekanntesten. Die beigefügten Texte hingegen sind genauso trivial wie die der anderen Darstellungen auch.

9 Nietzsche, Friedrich: *Kritische Studienausgabe*, München 1988, 15 Bde., Bd. 4, S. 49 (»Also sprach Zarathustra«).

10 S. z.B.: Sachs, Curt: *Eine Weltgeschichte des Tanzes*, a.a.O., S. 173–176; Calendoli, Giovanni: *Tanz*, Braunschweig 1986, S. 69 und 97 f.; Sorell, Walter: *Der Tanz im Spiegel der Zeit*, Wilhelmshaven 1985, S. 27–32. Klein, Gabriele: *FrauenKörperTanz*, a.a.O., S. 68 f. Ein geläufiges Phänomen ist die Verwechslung bzw. die fälschliche Gleichsetzung des Totentanzes mit der Tanzwut. Dieses Gerücht scheint Curt Sachs mit seinem Standardwerk zur Tanzgeschichte von 1933 (s.o.) in die Tanzforschung eingebracht zu haben.

11 Zahlreiche Fragen, die die Totentanzforschung zu beantworten sucht, erwiesen sich für meinen Zusammenhang nur bedingt von Belang. Anregungen gab an erster Stelle: Hammerstein, Reinhold: *Diabolus in musica*, Bern 1974; ders.: *Tanz und Musik des Todes*, Bern 1980. Hammerstein widmet sich allerdings primär der dem Wesen des Tanzes verwandten Musik, dem Tod als musizierender Figur, dem Spielmann. In der Reihenfolge ihrer Gewichtung gaben weitere Inspirationen: Kaiser, Gert: *Der tanzende Tod*, Frankfurt/M. 1982; ders.: Der tanzende Tod, in: *Spektrum der Wissenschaft*, 10, 1984, S. 134–145; Corvisier, André: La représentation de la société dans les danses des morts du XVe au XVIIIe siècle, in: *Revue d'histoire moderne et contemporaine*, 16, 1969, S. 489–535; Saugnieux, Joel: *Les danses macabres de France et d'Espagne*, Lyon 1972; Rosenfeld, Hellmut: *Der mittelalterliche Totentanz*, Köln 1968; Stammler, Wolfgang: *Der Totentanz*, München 1948; Fehse, W.: *Der Ursprung der Totentänze*, Halle 1907.

12 Schreiber, W. L. (Hg.): *Der Totentanz*, Faks. Leipzig 1900, Tafel 25. Dieses Buch (oder Büchlein) ist ein photolithographisches Faksimile des kompletten «Heidelberger Blockbuches» mit einem nur knappen Kommentar des Herausgebers. Da ich mich bezüglich der Reihenfolge der Paarzyklen an den Überlegungen Hammersteins orientiert habe, findet sich bei Schreiber (seinem Buch habe ich Bild und Text dieses Totentanzes entnommen) eine andere Anordnung, wie soeben angegeben. Zur Reihenfolge s.: Hammerstein, Reinhold: *Tanz und Musik des Todes*, a.a.O., S. 189ff. Weiteres zum »Heidelberger Blockbuch«: ebenda, S. 29–42, S. 152f.; Kaiser, Gert: *Der tanzende Tod*, a.a.O, S. 276ff.

13 Schramm, Albert (Hg.): *Der doten dantz mit figuren clage vnd antwort schon von allen staten der werlt*, Faks. Leipzig 1922, Tafel 1. »Sthone« heißt »schön«, es handelt sich hier wahrscheinlich um einen Druckfehler des Originals.

14 Kaiser, Gert: *Der tanzende Tod*, a.a.O., S. 203 (»Baseler Totentanz«, Tafel 3).

15 Ariès, Philippe: *Studien zur Geschichte des Todes*, a.a.O., S. 36ff.

16 Hammerstein, Reinhold: *Diabolus in musica*, a.a.O., insb. S. 43ff. und ders.: *Tanz und Musik des Todes*, a.a.O., insb. S. 40f. und 59–65.

17 Die einzelnen Gruppierungen der ersten Nationalversammlungen plazieren sich in den Parlamentsräumen rechts und links und geben damit dem jeweiligen politischen Credo einen bis heute gültigen Namen. Ob dies auf Zufall beruht, kann hier nicht beantwortet werden. Aber so unscharf die Grenze zwischen den beiden Lagern zu ziehen ist oder gerade deswegen, daß in »politisch rechts« und »politisch links« die alte Richtungscodierung mitschwingt, dürfte offensichtlich sein. Über die Symbolik von »rechts« und »links« leiten sich zahlreiche Begriffe ab: »linkisch sein«, »das ist mir recht«, »das Recht« und »das Unrecht«, »jemandes rechte Hand sein«, »die Rechtschaffenheit« etc. Ein prägnantes Zeugnis der Richtungssymbolik dürfte auch unsere Schrift abgeben: Im hiesigen Kulturkreis wird von links nach rechts geschrieben.

18 Ebenda, S. 59.

19 Schreiber, W. L. (Hg.): *Der Totentanz*, a.a.O., Tafel 22.

20 S. z.B.: Avila, v., Teresa: *Die innere Burg*, Zürich 1979 und diess: *Von der Liebe Gottes*, Frankfurt/M. 1984.

21 Zum Liebeskonzept Teresas s.: Stoll, André: Poetische Rückeroberung der irdischen Paradiese des Ichs, in: Avila, v., Teresa: *Von der Liebe Gottes*, a.a.O., S. 86–176 (Nachwort). Weitere mystische Ekstasekonzepte finden sich vorgestellt und kommentiert in: Buber, Martin: *Ekstatische Konfessionen*, Leipzig 1921.

22 Hillmann, Ursula: Teresa von Avila, in: Konnertz, Ursula (Hg.): *Zeiten der Keuschheit*, Tübingen 1988, S. 36–70, S. 50. Teresa von Avila ist ihr Leben lang kränklich und oft auch schwer krank (Übelkeit, starke Kopfschmerzen, Herzbeschwerden). Ihr Keuschheitsgelübde legt sie unter Fieber, Schmerzen und Erbrechen ab. Danach verschlechtert sich ihr Zustand erheblich, sie bittet um die Sterbesakramente, ein Priester gibt ihr die Letzte Ölung. Sie ist für drei Tage schein-

tod, das Grab ist bereits ausgehoben. Mit zerbissener Zunge und an allen Gliedern gelähmt wacht sie auf; neun Monate lang schwebt sie paralysiert zwischen Leben und Tod. Starke körperliche, wahrscheinlich neurotische Störungen begleiten die spätere Ordensleiterin bis an ihr Lebensende.

23 Rouget, Gilbert: *La musique et la transe*, a.a.O., im Original S. 29.

24 Schulz, Eduard: *Das Bild des Tanzes in der christlichen Mystik*, unveröffentlichte Dissertation, Marburg 1941, S. 206.

25 Ebenda, S. 229.

26 Luther, Martin: *Sämtliche Schriften*, a.a.O., Bd. 3, Sp. 95 (»Auslegungen über das erste Buch Mosis«).

27 Ebenda, Bd. 12, Sp. 1365 (»Die Passion unsers Herrn Jesu Christi«).

28 Fluri, Adolf: Niklaus Manuels Totentanz, in: *Neues Berner Taschenbuch*, o.O. 1901, S. 119–126, S. 119.

29 Zinsli, Paul (Hg.): *Der Berner Totentanz des Niklaus Manuel*, Bern 1979, Tafel 1. Der »Berner Totentanz« findet sich hierin komplett und in exzellenten Nachdrucken abgebildet und kommentiert.

30 Ebenda, S. 11.

31 Ebenda, Tafel 2.

32 Bereits die griechische Antike stellt sich den Schlaf (Hypnos) abstrahiert als den »Kleinen Bruder des Todes« vor. Hypnos ist der Sohn der Nyx (Nacht) und Bruder des Thanatos, der Tod und die Personifikation des Todes. Auch die Reformatoren deuten den Zustand des (körperlichen) Todes als Schlaf, auf den für sündenfreie oder geläuterte Christen die Wiederauferstehung, eben das Erwachen folgt. Weitgehend sinnentleert hat sich die Verbindung des Todes mit dem Schlaf modifiziert bis heute in Grabsteininschriften oder Todesanzeigen erhalten.

33 Zinsli, Paul (Hg.): *Der Berner Totentanz*, a.a.O., S. 22.

34 Augustinus, Aurelius: *Der Gottesstaat*, a.a.O., Bd. 1, S. 961 (Buch 14, Kap. 16). Für Augustinus steht der Begriff »Libido« für jegliche Art des Begehrens. Das Wort »libidinös« hingegen lehnt er ab, es ist ihm zu modern; ebenda.

35 S.: Ebenda, S. 983–987, (Buch 14, Kap. 26). Zu dem ambivalenten Aspekt des »in pace« s.: Michelet, Jules: *La sorcière*, Paris 1966, insb. S. 36 ff.

36 Insb.: Foucault, Michel: *La volonté de savoir*, a.a.O.

37 Vgl. dazu auch die Kommentare Luthers: Luther, Martin: *Sämtliche Schriften*, a.a.O., Bd. 9, Sp. 1409f. (»Auslegungen über die ersten Epistel von Johannes«).

38 Nietzsche, Friedrich: *Kritische Studienausgabe*, a.a.O., Bd. 6, S. 188 (»Der Antichrist«). Zur individualisierenden Kraft der Diskursivierung des Sexuellen hin zur modernen Verwissenschaftlichung therapeutisierter und therapeutisierbarer Sexualität s.: Maasen, Sabine: *Vom Beichtstuhl zur psychotherapeutischen Praxis*, Bielefeld 1988.

39 Bataille, Georges: *Der heilige Eros*, a.a.O., S. 117.

40 Den Einfluß des zensierenden Gottesgnadenrechtes auf das (modifizierte) Recht eines sich selbst zensierenden, souveränen Subjektes stellt dar: Gauchet, Marcel: *Die Erklärung der Menschenrechte*, Reinbek bei Hamburg 1991, insb. S. 43 ff.

41 Die Totentanzforschung streift die Reformation nur in Nebensätzen. Der auf Geschichtlichkeit beruhende Gleichheitsgedanke bleibt in seiner religösen Bindung weitgehend unbeachtet.

42 Weber, Max: *Die protestantische Ethik*, a.a.O., insb. S. 66–77.

43 Ebenda, S. 72.

44 Corvisier, André: *La représentation de la société dans les danses des morts*, a.a.O., im Original S. 527.

45 Nach ausführlicher Diskussion fällt die Entscheidung für das Geistige – in der Theorie – bereits bei Augustinus. Der Kirchenvater erörtert die Gedanken der griechischen und römischen Philosophen und integriert sie in sein Kirchen- und Glaubenskonzept. S.: Augustinus, Aurelius: *Der Gottesstaat*, a.a.O., Bd. 1 (Buch 2–9).

46 Rehm, Walther: *Der Todesgedanke in der deutschen Dichtung*, Halle 1928, Repr. Tübingen 1967, S. 28.

47 Daß »Babylon« an dieser Stelle aller Wahrscheinlichkeit nach als Deckname für »Rom« steht, ist nicht von Belang. Es geht in diesem Zusammenhang nicht um die historischen Städte, sondern um die Metapher.

48 Luther, Martin: *Sämtliche Schriften*, a.a.O., Bd. 9, Sp. 1431 (»Auslegungen über die ersten Epistel von Johannes«).

49 Schramm, Albert (Hg.): *Der doten dantz mit figuren*, a.a.O., Tafel 2.

50 Zum Handwerker und zum Armen s. z. B.: Zinsli, Paul (Hg.): *Der Berner Totentanz*, a.a.O., Tafel 19.

51 S. z. B.: Kaiser, Gert: *Der tanzende Tod*, a.a.O., S. 261 (»Baseler Totentanz«, Tafel 32).

52 Schreiber, W. L. (Hg.): *Totentanz*, a.a.O., Tafel 23.

53 Ebenda.

54 Ebenda.

55 Die sieben Todsünden in der Reihenfolge der Schwere ihres Vergehens aus der Mystik sind: Hochmut, Neid, Zorn, Trägheit, Geiz, Schlemmerei und Wollust. Dichterischen Ausdruck verleiht diesen allen voran Dante. Vgl. dazu: Le Goff, Jacques, *Die Geburt des Fegefeuers*, a.a.O., S. 407–434.

56 Auf die negative Belegung der Luxuria in den Totentänzen macht aufmerksam: Hammerstein, Reinhold: *Diabolus in musica*, a.a.O., S. 55 ff.

57 Weber, Max: *Die protestantische Ethik*, a.a.O., insb. Teil 1 und 2.

58 Ebenda, z. B. S. 67.

59 Zinsli, Paul (Hg.): *Der Berner Totentanz*, a.a.O., Tafel 24.

60 Ebenda.

61 Luther, Martin: *Sämtliche Schriften*, a.a.O., Bd. 3, Sp. 95 (»Auslegungen über das erste Buch Mosis«).

62 Ebenda, Bd. 9, Sp. 1433 (»Auslegungen über die ersten Epistel des Johannes«).

63 Sprenger, Jakob, Institutoris, Heinrich: *Der Hexenhammer*, a.a.O., Teil I, S. 105.

Die Verdammung des Tanzes

Die Betrachtung des Tanzenden Todes gab zu erkennen, daß der Tanz die »falsche« Entgrenzung verspricht, da er von der Konzentration auf Gott ablenkt und damit die Strafe des (ewigen) Todes nach sich zieht. »Tanz«, »Welt«, »Frau« und »Tod« werden synonym. Im Folgenden wird zu zeigen sein, daß auch der nicht-imaginäre Tanz, der tatsächlich um die Linden – oder anderswo – getanzte, eine den Fresken, Holzschnitten und Blockbüchern durchaus vergleichbare Codierung trägt.

Was für andere Kulturen ein geachtetes Medium des Sakralen ist, wird in der abendländischen Gesellschaft als ein solches verworfen. In Zeiten tiefer Religiösität erklärt eine der mächtigsten und einflußreichsten Sozialisationsinstanzen des Abendlandes, die Kirche, den Tanz zum Ungeist. Vom Frühchristentum ausgehend, ist die Geschichte des Tanzes die Geschichte seiner Verbote, seiner Zensur und seiner Moralisierung. Es gibt fortan keine Epoche, in der nicht versucht wird, den Tanz entweder gänzlich zu verbannen oder ihn zumindest unter Kontrolle zu bekommen. Durch die Reformation erfährt das »Nein« zum Tanz eine Radikalisierung. Mit Einschränkungen bleibt lediglich der pädagogisierte Kunsttanz der (zumeist katholischen) Höfe und des gehobenen Frühbürgertums – das sind zwischen drei und fünf Prozent der Bevölkerung – von der Zensur verschont. Ein Teil der Reformatorenschaft allerdings sagt – aus ihrer Sicht wohlbegründet – auch dem höfischen Tanz kompromißlos ab.

Unser Augenmerk gilt zunächst dem zeitlichen Werdegang der Maßregelungen und dann deren Inhalten.[1]

Am zeitlichen Wendepunkt

In der vorchristlichen Zeit ist die Verwerfung des Tanzes nicht unbekannt, Traktate und Verbote gibt es sporadisch auch in der griechischen und römischen Antike.[2] Cicero, Horaz, Justinus, um nur einige zu nennen, lehnen den Tanz ab. Im Römertum besitzen Berufstänzer[3] keine Bürgerrechte. Dennoch ist die Haltung der Antike zum Tanz nicht kategorisch ablehnend. Der griechische Philosoph Lukian, der »Hausgott« der frühneuzeitlichen Tanzpädagogik, wird an späterer Stelle zu betrachten sein.

Im Vergleich zu den antiken Kulturen und, wie es scheint, auch im Vergleich zu anderen Gesellschaften rigider und asketischer zeigt sich das Christentum in seiner Einstellung zum Tanz. Mit dem endgültigen Zerfall des Römischen Reiches erteilen gleich die ersten Kirchenväter dem Tanz eine radikale Absage und belegen ihn mit den Metaphern des Verwerflichen. Origenes, Juvencus, Ambrosius, Augustinus, Chrysostomus – einen Großteil der Schriften dieser bedeutsamen Kirchen- und Glaubensgründer wertet Hausamann hinsichtlich ihrer Positionen zum Tanz im Kontext der Salomeepisode aus und stellt sie vor.[4] Daraus geht hervor, daß sich bereits in diesen frühchristlichen Zeugnissen das einstige Medium des Sakralen zum Sinnbild der Verderbnis kehrt. Folgerichtig steht seit Beginn der legitimierten Institutionalisierung der christlichen Kirche der Tanz auf dem Index des Verbotenen. Die ersten Konzilverordnungen in den Jahren um 220, dann um 305 und 397 richten sich vorerst lediglich an die Darbietungen des Fahrenden Volkes. Schausteller, Gaukler, Mimen und Berufstänzer werden zu Vogelfreien erklärt und vom Heil ausgeschlossen. Gegen den »Alltagstanz«, teilt Andresen mit, richtet sich das Konzil von Toledo und nimmt als erste kirchliche Zusammenkunft sein Verbot in die offizielle Kirchenordnung auf. Im Jahr 589 also wird der Tanz – ex cathedra – zum Interdikt erklärt.[5] Das gesamte Mittelalter hindurch widmen sich weitere Kirchenversammlungen dem Störenfried; hinzu kommen zahlreiche päpstliche und bischöfliche Dekrete.

Der Höhepunkt der Diskreditierungen jedoch, und damit auch der entscheidende Prestigesturz des Tanzes, erfolgt erst im Zeitalter der Glaubensspaltung, als die Reformationsbewegung es sich zum Ziel setzt, mit der institutionellen und moralischen Verwahrlosung der Kirche aufzuräumen. Der Skandal der papistischen Diskrepanz zwischen Anspruch und Wirklichkeit wirkt störend und muß aus der Welt geschafft werden. Dies hat auch Folgen für den Tanz. »Seit Eurer Abreise«, schreibt insofern wenig überraschend Calvin 1546 in einem Brief an die reformatorischen Mitstreiter Farel und Viret, »hat uns die Tanzgeschichte mehr zu schaffen gemacht, als ich glaubte.«[6] Doch die Reformatoren reden nicht nur, sie handeln. Das christliche Tanzverbot bekommt unter ihren Fittichen handlungsorientierte Realitätsrelevanz. Als an der Schnittstelle zur modernen Welt die Lücke in der Verhaltens- und Konfliktregulierung aufklafft, der Teufel aus der Sphäre des Heiligen verjagt und via Frau auf den Scheiterhaufen vernichtet werden soll, ändert sich auch die Haltung zum Tanz massiv. Die theologisch-moralisierenden Stimmen ertönen ungleich häufiger und schärfer. Die zeitliche Spanne zwischen den einzelnen Reglementierungen und Erlässen verkürzt sich. Aus der vormaligen, im historischen Vergleich sporadischen Zensur wird eine Springflut an Verhaltensmaßregelungen verschiedener Art und verschiedener Provenienz.

Der Tanz gerät ins Kreuzfeuer einer Kritik, deren Federführung die Reformatoren und deren Anhängerschaft übernehmen.

Als sich die Papisten im Zuge der Gegenreformation in der zweiten Hälfte des 16. Jahrhunderts allmählich wieder restabilisieren, ereifern sie sich ebenfalls. Prinzipiell alle Tänze »dienen nur dazu, die Reinheit zu verderben,«[7] heißt es in einem Traktat aus Paris von etwa 1700 unter Berufung auf François de Sales (1567–1622) – einen der einflußreichsten Männer der nachreformatorischen Kirchengeschichte. Dieser Gründer der katholischen Moraltheologie ist neben dem Marienbischof Alfonse de Liguori (1696–1787) der meistzitierte katholische Gegner des Tanzes. Beide Kirchenfürsten lehnen den Tanz kategorisch und ohne Kompromiß ab. Die Durchsicht verschiedener Bibliotheken, Archive und auch Privatbestände gibt allerdings zu verstehen, daß bezüglich der Tanzkritik die Katholiken in ihrer Gesamtheit erst wesentlich später, nämlich im 19. Jahrhundert, wirklich lautstark werden. Im Vergleich zum Eifer und vor allen Dingen im Vergleich zur Wirkmacht der Protestanten werfen, allem guten Willen zum Trotze, die Aktivitäten des papistischen Chors in der frühen Neuzeit nur einen schwachen Schatten.

Im Jahr 1722 erscheint im absolutistischen Paris eine Petition der theologischen Fakultät, die »sich deutlich über die Gefahren des Tanzes äußert. Jede Art von Tanz muß als gefährlich verstanden werden.«[8] Infolgedessen fordern die Theologen: »Ein Geistlicher, der seine Aufgabe ernst nimmt, muß sich alle Mühe geben, den in diesem Artikel angeführten Mißstand abzuschaffen.«[9] Die Reglementierung des Tanzes kostet – wie in diesem Aufruf an die Priesterschaft gefordert – tatsächlich »alle Mühen«. Und Mühe gibt man sich schon vor diesem Zeitpunkt:

Folgen wir Böhme, so herrscht zur Wirkzeit Calvins in Genf vollständiges Tanzverbot.[10] Ein diesbezüglicher Hinweis zu einem späteren Zeitpunkt (1669) findet sich auch bei dem Dämonologen und Akademiker Praetorius. Er berichtet, daß »die Stadt Genf fürnehmlich sehr tantzen hasset.«[11]

Seit dem späten 15. und dann massiver seit dem frühen 16. Jahrhundert werden allgemein und spezifisch ausgerichtete Tanzverbote in Städte- und Länderverordnungen und in Polizeigesetze aufgenommen. Verbote werden ausgesprochen, theologisch-moralische Pamphlete geschrieben, Predigten werden gehalten und Petitionen erlassen. Die kurzen Abschnitte und Nebensätze in anderweitigen Äußerungen kommen noch hinzu. Als Sittenpolizei des Tanzes ereifern sich kurz gefaßt all diejenigen, die in irgendeiner Form mit dem normativen Ideal des aufstrebenden und zur Feudalmacht rivalisierenden frühen Bürgertums konform gehen. Ruhig verhält sich bezüglich einer Verdammung des Tanzes lediglich der in aller Regel katholische Adel.

Gleich welcher Art, die Veröffentlichungen zum Thema Tanz werden zahlreicher, umfassender und inhaltlich differenzierter. Die Schriften zu Anfang des 16. Jahrhunderts, die zwischen fünf bis zehn ungezählte Blätter umfassen, schwellen binnen einiger Jahrzehnte auf Werke zu mehr als zweihundert Seiten an. Einzelne Autoren verweisen in ihren Schriften auf andere Autoren, kritisieren oder korrigieren sie. Es entsteht eine lebhafte Diskussion. Das Thema hat Brisanz.

Die reformatorische Neuerung, als Kirchensprache die jeweilige Landessprache zu benutzen, bringt es mit sich, daß auch die einzelnen Veröffentlichungen und Predigten nicht mehr in Latein, sondern für alle verständlich verfaßt werden. Bei den Schriften werden selbst die Randbemerkungen übersetzt. Die neuen Verfahren des Buchdrucks tun das ihrige, der Kreis der Leser und Autoren jedenfalls verbreitert sich ebenso wie die Kreise der Zuhörer in den Kirchen, Kapellen oder an anderen Orten.

Die normativen Forderungen jedoch stehen in scharfem Gegensatz zum tatsächlichen Tanzverhalten der Menschen, die Kluft zwischen Anspruch und Wirklichkeit, zwischen Fremdzwang und Selbstzwang bringt es mit sich, daß die Zensur ständig wiederholt werden muß:

Die theologisch-moralischen Streitschriften werden oft und in kurzen Zeitabständen neu aufgelegt. Der weitrezipierte, insgesamt 157 Seiten umfassende »Traité des Danses, Auquel est amplement resolue la question, asauoir s'il est permis aux Chrestiens de danser« von Lambert Daneau (1530–1595) beispielsweise wird erstmals im Jahr 1579 in Paris veröffentlicht, es folgt eine Ausgabe 1580 und, so der letzte Stand der (unveröffentlichen) bibliographischen Recherchen Eberhard Schauers, eine dritte im Jahr 1582. Wahrscheinlich erscheint eine Übersetzung der Abhandlung 1580 auch in England.[12] Der Autor des Traktats – heute zu Unrecht eher in Vergessenheit geraten – ist kein bedeutungsloser Schreiber unter vielen. Daneau gehört zu den aktivsten Vertretern des rigiden Calvinismus. »Nach Calvin und Beza nimmt er eine der ersten Stellen unter den calvinischen Theologen ein.«[13] Er wird als »der eigentliche Vater der reformierten Moraltheologie als selbständiger theologischer Disziplin«[14] angesehen. Der historisch einflußreiche Daneau ist promovierter Jurist, Theologe und Parlamentsberater. Von der Gegenreformation verfolgt, flüchtet er nach dem Gemetzel der Bartholomäusnacht 1572 von Paris nach Genf und erhält dort die Professur für Theologie. Er zählt zu den engagiertesten, von der papistischen wie auch behördlichen Inquisition konsultierten Hexenverfolgern der Geschichte.[15]

Ein weiteres Beispiel ist die Schrift mit dem vollständigen Titel »Ein gotseliger Tractat/ von dem vngotseligen Tantz. Dem sohn Gottes zu ehren/ vnd seiner Kirchen zum besten: dem Teufel aber zu trotz/ vnd der welt abzubrechen/ gestellet«. Der Autor, Johann von Münster (1560–1632), stammt aus einer macht- und besitzstarken Familie des Frühbürgertums und ist emphatischer Vertreter des Lutherschen Gedankengutes. Wißbegierig studiert er in zahlreichen Ländern Europas, darunter in den Niederlanden und in der Schweiz. In seinen späteren Lebensjahren nimmt er eine reformationstypische Doppelfunktion ein. Politisch aktiv ist er als Landrat von Baden, Obervogt von Pforzheim und eben auch als Anhänger und Mitstreiter der Reformation engagiert. Die Erstveröffentlichung seines Pamphletes erfolgt 1594 in Herborn, danach wird es, den Angaben Schauers zufolge, im Jahr 1602, dann um 1666 und zuletzt 1673 unter dem Titel »Tanzfest der Töchter zu Siechem« herausgegeben. Das Traktat gehört zu den umfangreichsten Ausführungen gegen den Tanz, das Vorwort inbegriffen hat es 259 Seiten. Die Höhe der Auflagen ist unbekannt. Da zahlreiche Autoren auf das Werk rekurrieren, ist anzunehmen, daß sie nicht niedrig ist.

Auch die Erlässe von behördlicher und gerichtlicher Seite müssen in relativ kurzen Abständen immer wiederholt und reaktualisiert werden. Eine lange Liste an Dekreten ist der Archivarbeit Böhmes zu verdanken. Die mit Sicherheit noch zu komplettierende Auflistung der Verordnungen aus Stadt und Land findet sich in entsprechenden Auszügen in seiner Tanzgeschichte abgedruckt.[16] Zu entnehmen ist dieser beispielsweise, daß in Eßlingen im Jahr 1545 im Rahmen einer behördlichen Hochzeitsverordnung[17] auch eine Reglementierung des Tanzes erlassen wird und, aufgrund ständiger Mißachtung, in den Jahren 1556, 1558, 1560, 1592, 1604 und zuletzt 1611 aufs Neue verordnet und bekannt gemacht werden muß.[18] In anderen Städten geht es vergleichbar zu, von Regensburg über Nürnberg nach Frankfurt, in Essen, Köln und Magdeburg: allerorts und immer wieder hagelt es Dekrete. Der zyklische, im Abstand zwischen einem und zehn Jahren wiederholte Erlaß von Verboten und Reglementierungen des Tanzes ist insbesondere vom frühen 16. bis zum ausgehenden 17. Jahrhundert – zumindest im deutschsprachigen Raum – die Regel.

Ein ebenfalls oft wiederholtes und für das moderne Auge absonderlich erscheinendes Anliegen bekundet eine staatliche Verordnung aus Paris von 1716 über die Aufführungen von Molières »Le Malade imaginaire«. Das handschriftlich verfaßte Dokument berichtet zum einen über die behördlich forcierte Aufsplittung von »Tanz« und »Theater« in einzelne Segmente und zum anderen über die behördlich abverlangte Disziplinierung von Tänzern und Tänzerinnen *vor* der Bühne. Die Verordnung fordert, daß die zweifelsohne doch stark engagierten »Zuschauer«, »aus welchem Vorwand auch immer,«[19] während der Aufführungen weder mittanzen noch mitsingen sollen. Im Stück selbst wird jegliche Tanzinszenierung verboten und zudem den Schauspielern die Benutzung von mehr als sechs Instrumenten untersagt. Wie dem Dekret selbst zu entnehmen ist, wird es erstmals im Jahr 1673, dann 1679, daraufhin 1682, 1684, 1715 und dann (anscheinend letztmals) 1716 erlassen.[20] Scharfe Formulierungen drohen bei Zuwiderhandlungen mit Geldstrafen.

Ein anonymes Essay von 1843 gegen den »Gipfel der Gefahren und des Bösen,«[21] gemeint ist der Tanz, teilt mit, daß in Frankreich von Anfang des 16. bis zum Anfang des 17. Jahrhunderts neun hochkarätige Kirchenversammlungen stattfinden, die explizit das Tanzen zum Tagesordnungspunkt erheben. Die Kirchenfürsten verlassen so ihre Zusammenkünfte zunächst in Bordeaux 1524 und dann 1576 inmitten der Gegenreformation, in Rouen 1581, in Reims 1583 und ein nächstes Mal im gleichen Jahr in Tours, dann in Bourges 1584, in Avignon 1594, in Aquilée 1596 und zuletzt in Narbonne 1609, mit jeweils neuen Tanzverboten in den Taschen. Mögliche Präventionsmaßnahmen und Sanktionen schließen die Beschlüsse mit ein.[22]

Gleich welcher Art die Konditionierungen in Erscheinung treten, die Umsetzung der Ideale kann in der frühen Neuzeit nicht gelingen. Infolgedessen wird sanktioniert und theologisch-moralischer Druck ausgeübt:

Von gerichtlicher und behördlicher Seite werden die Verstöße meist mit Geldstrafen geahndet. Verschiedene Verordnungen beinhalten aber auch Gefängnisstrafen. Von den Priestern wird gefordert, denjenigen, die tanzen, die Kommunion zu verweigern, und einige von ihnen kommen dieser Forderung wohl auch entgegen. Ein besonders subtiles Druckmittel läßt sich im 16. Jahrhundert die Stadt Essen einfallen: Jedes Kind muß dort, bevor es die Erste Kommunion empfängt, öffentlich dem Tanz entsagen.[23] Drei Konzile verlangen die Exkommunikation nicht nur der Tänzer und Tänzerinnen, sondern selbst derjenigen, die an Tanzveranstaltungen teilnehmen und nicht versuchen, diese zu verhindern.[24] Folgen wir Gerbou, so fordert auch François de Sales dergleichen.[25] Für das heutige Ohr klingen solche Sanktionen banal. In einer Welt jedoch, in der das Wohl der Menschen unmittelbar an das Wohlwollen Gottes gekoppelt ist, und im Gegenzug die Hölle droht, kommt die Verweigerung der Kommunion und noch mehr der Ausschluß aus der Gemeinde der Gläubigen einem individuellen, und das heißt damals auch einem sozialen Exitus gleich.

Ex cathedra oder ad officio, die Verhaltensmaßregelungen verschwinden sukzessive und parallel mit Ansteigen des Zivilisationsniveaus, wenn die Menschen den Zwang der Verbote als Selbstzwang internalisiert haben. In Wechselbeziehung zu den mächtigen, staatlichen Instanzen steht ein männlich modelliertes Über-Ich, das Verbote, Pamphlete oder Traktate überflüssig macht.

Doch seien die fortan ständigen Begleiter des Tanzes, in der gebotenen Kürze skizziert:[26]

Von seiten der weltlichen Behörden und Gerichte verschwinden die Verbote vorübergehend ab der Mitte des 18. Jahrhunderts; zum Großteil brauchen sie noch nicht einmal explizit aufgehoben zu werden. Sie verstauben in den Archiven der Städte und Länder.

Böhme, wie erwähnt einer der wenigen Tanzhistoriker, der den Tanztraktaten mehr als nur Nebensätze widmet, geht irrtümlicherweise davon aus, daß die Verbote im 19. Jahrhundert aus der Welt seien. In dieser Umbruchzeit jedoch flackern durch die umfassende Kommerzialisierung der Tanzlokalitäten behördliche Maßregelungen erneut auf.[27] Auch steht in dieser Zeit das, mit dem berufsbürgerlichen Tanzhabitus konkurrierende höfische Tanzverhalten ein letztes Mal rivalisierend auf. »Wie zwei Hühner auf den gleichen Spieß gesteckt,«[28] spottet 1812 Lord Byron entsetzt über den ihm seltsam und fragwürdig scheinenden Körperkontakt des Walzers.

In anderen Traktaten gibt sich zur Zeit der bürgerlichen Durchbrüche ein Paradigmenwechsel zu erkennen: Theologische Bedenken werden deutlich zu moralisch säkularisierten.[29] Im Dienst der Zweckrationalität greifen zahlreiche Autoren auf den Diskurs der Medizin zurück.[30] Daneben werden im Rahmen der Rechristianisierung religiöse Stimmen nochmals laut.[31] Soweit überschaubar, ertönen sie in Frankreich besonders kräftig.[32] (Die gegen den Tanz gerichteten Schriften werden im 19. Jahrhundert auffällig oft anonym veröffentlicht.)

Als nach der Wende zum 20. Jahrhundert die ursprünglich »Schwarzen Tänze«, vom amerikanischen Kontinent kommend, in Europa Einzug halten, begleitet diese bekanntlich ein Aufschrei der Entrüstung unterschiedlicher Provenienz.

Die klerikalen Anklagen gegen den Tanz verstummen erst in der Restaurationszeit nach dem Zweiten Weltkrieg, von den Tiraden über den Rock'n Roll und ähnlichen Tänzen einmal abgesehen.

Im historischen Vergleich sind heute die Moralisierungen des Tanzes selten. So gut wie vergeblich hingegen erweist sich die Suche nach positiven Äußerungen. Weitgehend undifferenzierte Betrachtungen richten sich, allen Erscheinungsformen des Tanzes voran, gegen die Solotänze zur Rock- und Popmusik. Mißtrauisch beäugt und getadelt, sind abwertende Untertöne kaum zu überhören. »*Spätkapitalistische Plastikseelen,*«[33] ertönt es da zum Beispiel aus dem Einzugsgebiet der Frankfurter Schule. Sozial-pädagogische Tränen bejammern unter ideologischer Vorhut die Nichterreichbarkeit der Jugendlichen und ihren Hedonismus, ähnlich, wie einst die Totentänze den Weltverzicht einklagten. Andere, derzeit augenfällige Trends sind folgende: Weniger ideologisch als mehr nostalgisch motiviert, dringen gleichermaßen unsachliche, deutlich abwertende Blicke hinter den Vereinsmauern der Kulturpflege wie auch aus dem Umkreis der historischen Tanzforschung hervor. Beharrlich rückwärtsgewandte, romantische Utopien verzerren hier das Bild. Umgekehrt ernten die »Polka- oder Galliardentänzer« von den Discotänzern entweder nur Spott oder ein müdes Lächeln.

Soweit ein kurzer Blick auf die traditionellen Begleiter des Tanzes. Kehren wir nun zurück zum frühneuzeitlichen Wendepunkt der Diskreditierungen durch die Reformation und betrachten deren konkreten Inhalt.

Die Strategie

Die Schriften gegen den Tanz sind sich untereinander ähnlich, schablonenhaft könnte eine über die andere gelegt werden. Die zentralen Punkte der Anklage finden sich bei dem einen wie auch bei dem anderen Autor. Auch die Gewichtung der einzelnen Themen ist nahezu identisch. Differenzen zeigen sich in der Rigidität, ja kategorischen Ablehnung des Tanzes im calvinistisch-puritanischen Lager im Vergleich zum lutherischen. Bei den Lutheranern wiederum fällt auf, daß Luther selbst stets milder urteilt als seine Anhängerschaft. Der Reformator, ein unermüdlicher, widersprüchlicher und, wie es scheint, auch etwas weltfremder Idealist, macht in seinem Nein zum Tanz für seine Zeit realitätsfremde Einschränkungen. Mit diesen grenzt sich Luther von der zumindest offiziell bekundeten, ebenfalls radikalen und kompromißlosen Ablehnung des Tanzes durch die Papisten ab.

Sicherlich tritt hier das reformatorische Novum einer verdichteten Kommunikation zwischen »Gesellschaft« und »Religion« zutage: Sämtliche Schriften bewegen sich nur an wenigen Stellen auf der Metaebene theologisch reflektierender Abstraktionen, sondern beziehen sich in hohem Maße auf den Alltag der Menschen. Stark handlungsorientiert, richten sie sich direkt an die soziale Wirklichkeit mit dem Ziel einer konkreten Verhaltenskorrektur und -steuerung. Im Gegensatz zu den Papisten abstrahieren die Reformatoren nur selten. Allem Anschein nach überwindet durch ihre modizifierenden Bemühungen die Lehre der Kirche die Klostermauern, um nunmehr die Masse zu erreichen. Die längst fällige Aufräumaktion mit der papistisch klerikalen Verwahrlosung durch die Reformationsbewegung gibt sich auch hinsichtlich des Tanzes deutlich zu erkennen:

Die reformatorische Kampagne gegen den Tanz ist vehement, sie gleicht einem Feldzug. Als »amuse gueule« sei ein Kapitel des Traktates von Johann von Münster herausgegriffen. Das Pamphlet knüpft an Überlegungen und Dispute aus der Zeit vor, während und nach der Reformation an. Zahlreiche Schriften der Autoren, die sich bis 1594 zum Thema Tanz geäußert haben, werden vorgestellt und diskutiert. Einer Auflistung vergleichbar werden sie einzeln und über zehn Seiten hinweg angeführt. Da die Tirade keineswegs atypisch ist, sondern als Modell für andere Schriften verstanden werden darf, sei sie großzügig zitiert. Folgen wir dem Kapitel »Was dann diser gotlose Tantz sey: vnd was für zunamen er bekommen habe«. Die aufzählende Zitierweise geschieht in Anlehnung an das Original; in den Klammern befinden sich die (im folgenden nicht wiedergegebenen) Kommentare des Autors: Tanzen, das ist »eine spötterey/ welche ernsthaften leuten vbel anstehet. Item/ eine geilheit/ welche keuschen Leuten nicht gebürt (...), ein spil: daß bestendigen leuten ubel anstehet (...), eine leichtfertigkeit (...), eine schandflecke (...), eine befleckung des Namens (...), vnnütze Dinge (...), ein laster (...), eine fleischliche Haltung des Sabbaths (...), eine Jüdische wollust (...), eine müssiggang (...), eine leppische freud (...), ein Geschenk des Teufels (...) eine Verschluckung des Teufels (...), eine vnterhaltung lauterer boßheit (...), eine Verderbnis der Sitten, der ehr der Hochzeit (...), ein teufelischer Pracht (...), ein Teufelischer Tanz (...), eine vervnreinigung des ganzen hauses vnd geschlechtes (...), ein werck des Teufels (...), ein tödlicher schad der seelen (...), ein gegenwart des Teufels (...), eine verstellung des leibs (...), eine vnfletige verwüstung des gemeinen weibliche geschlechts (...), ein pfeil des Teufels (...), eine vnsinnige außforderung aller vnmessigkeit der jugend (...), eine vervnreinigung der erden mit geylen füssen (...), eine niderlag der seelen (...), eine lieferung der seelen dem Teufel (...), eine vnsinnige bewegung der füsse (...), eine verlierung der weiblichen Keuschheit, eine verhinderung, daß die jungfrawen ihre jungfrawschaft (verstehe des hertzen) an ihre breutigam nicht bringen können (...), eine freud eines bösen gewissens (...), eine verdechtige schmeichelung / vnd gesellinne der wollust. Item/ eine geburt entweder der tolheit oder volheit. Item (...), on scham . Item (...), zu gebrauchen (...) den töchtern der ehebrecherinnen (...), eine geylheit (...), einem ehrlichen vnd keuschen essen vnd gastgebot entgegen gesetzt (...), eine vnfletige bewegung vnd schendliche schawspiele (...), eine vngebürliche bewegung (...), eine schand vnd verderbnis (...), eine ubertretung vnd verwegenheit (...), eine ceremonie vnd weise der Heyden (...), ein amt der singerinnen vnd der vnkuschen frawen (...). «[34] Zu lesen sind hier unter anderem die Meinungen und Kommentare von Augustinus, Ambrosius, dem Bischof von Mailand, Christophorus, Basilius dem Großen, Hieremias und von Luther. Drei Konzilbestimmungen wurden zitiert, die Päpste Innozenz III., Clemens V., Zacharias und ein päpstlicher Legat kamen zu Wort. Im folgenden konzentriert sich von Münster auf die Theologen der Reformation und auf die Humanisten. Tanzen, das ist:»stricke vnd ergernis (...), erhaltung vnd anreitzung der geilheit vnd der wollust (...), augenscheinliche vrsachen vnd gelegenheiten der ubertretung des götlichen Gesetzes (...), mutwilligkeit oder geylheit (...), auffspringen wie ein bock oder geiß (...), anreitzungen/vrsachen vnd anfordervngen zur vngebürlichen liebe (...), eine vnfletige anreitzung der sinnen/ vnd ehebrecherischen begirlichkeiten (...), ein zeichen einer huren geylheit (...), ein beweiß eines tollen gemütes/ das zur wollust angereitzet ist. Item/ eine mutter der hurerey/ todschlags/ vnd anderer laster mehrere (...), eine nachlassung oder vergessung der ehrlichen *gravitet* (...), eine schule der vnschamhaftigkeit vnd vnkeuschheit (...), eine außgiessung der eytelkeit/ welche in dem hertzen verborgen ist (...), geilheit/ uppigkeit vnd vnschamhaftigkeit (...) eine vrsach viler bösen.«[35] Hinter diesen Schmähungen des Tanzes verbergen sich Rang, Namen, Einfluß und Macht. Zitiert wurden unter anderem die Ansichten von Bruni, einem Theologen und Altphilologen, von Brenz, einem Theologen, der am Aufbau der lutherischen Kirche Württembergs führend beteiligt war. Zu Wort kamen auch Pellikanus, ein Theologe und Altphilologe, Franziskaner und späterer Reformator und des weiteren Erasmus von Rotterdam, Zwingli und Calvin.

In allen Traktaten ist der Begriff»Teufel« die mit Abstand meistverwendete Metapher für den Tanz. Diese semantische Gleichsetzung wird bereits durch die ersten Kirchenväter zum Topos, auch Hammerstein macht auf diesen Sachverhalt aufmerksam.[36] Augustinus sagt es deutlich und ausdrücklich, er schreibt:»*Chorea est circulus, cuius centrum est diabolus.*«[37] In vielen späteren Abhandlungen ist dieses von Autorität gestützte Postulat präsent. Von der frühen Neuzeit bis weit in das 19. Jahrhundert hinein läßt es kaum ein Autor aus, entweder es wird wörtlich zitiert oder sinngemäß wiedergegeben.[38]

Überhaupt ist die Lehre des frühchristlichen Theologen diejenige, auf die am häufigsten zurückgegriffen wird.

Der Gegengott ist in den Antitanzschriften allgegenwärtig. Die Verknüpfung von »Tanz« und »Teufel« erfolgt stereotyp und repetitiv. In einer (aller Wahrscheinlichkeit nach verschollenen) Polemik, genannt »Der Tanzteuffel« von 1677 klingt dies wie folgt: »Tanzen ist Sünde. Tanzen ist eine Bewegung des Gefallens, ein Spiel, das allen Frommen übel steht. Tanzen ist eine Übung nicht vom Himmel kommen, sondern von dem leidigen Teufel, Gott zur Schmach erfunden. Tanzen ist ein Haufen Unreinigkeit. Tanzen ist ein fauler Baum (...). Bosheit und eitel Finsternis. Tanzen ist eine besonders böse Lust. Tanzen ist ein Unmaß, ärgerlicher, ehrloser, schändlicher und muthwilliger Missbrauch. Tanzen ist ein satanischer Aufzug, ist ein Teufelswerk.«[39] Tanzen, stellt Daneau fest, ist prinzipiell eine »niederträchtige Verderbnis aller heiligen Dinge«[40] und heißt ebensoviel wie »den Ort und die Herrschaft dem Teufel zu überlassen.«[41] Mit den Totentänzen durchaus vergleichbar, erscheint in den Maßregelungen des Tanzes das irdische Dasein als bloße Vorbereitungsstätte für das proklamierte Leben *im* Tod. *»Nun siehe!«* schreibt im Jahr 1720 (Erstausgabe 1715) der Pietist Hellmund, ein Theologe aus dem unmittelbaren Umfeld Franckes und Hofprediger von Wiesbaden, »du wilt in der Welt lustig seyn und tantzen/ die unser Zucht-Hauß ist (...).«[42] Züchtigsein und Maßhalten wird zur Formel der Welterlösung. Das ist eine Rechnung, die – damals mehr als zu irgendeiner anderen Zeit – mit dem Tanz nicht in Einklang zu bringen ist, die mit ihm nicht aufgeht und mit ihm auch nicht aufgehen kann. Es ist das dem Tanz genuine Moment der Sinnesentäußerung, das jeglicher »Zucht« grundsätzlich zuwiderläuft. Mit Babylon fällt auch der Tanz. – Allen Tänzen voran sind es die Hochzeitstänze, die, wenn auch lagerspezifisch und konditionsgebunden, akzeptabel seien. Hinter dieser eingeschränkten Bejahung tritt ein reformationstypischer, handlungsorientierter

Wegweiser hervor: Die Ehe soll die Sinne entmachten und die entmachteten Sinne entmachten den Tanz. In diesem Zusammenhang führt die Betrachtung der gegen den Tanz gerichteten Argumente zu zwei biblischen Episoden, auf welche die Schreiber stets kommen: Die eine ist der alttestamentarische Tanz Davids vor der Bundeslade, ein prinzipiell positiv belegter Tanz, da er, so die Darlegungen, züchtig und ohne Sinnesentäußerung stattgefunden haben soll. Aufgrund mangelnder Realitätsrelevanz für die Menschen wird er in seiner Modellhaftigkeit aber wieder verworfen. Das andere, ebenfalls wiederholt zitierte, Beispiel stammt aus zwei Evangelien: Es ist der Tanz Salomes vor Herodes.[43] In diesem Negativexempel spitzt sich die semantische Verknüpfung von »Tanz«, »Tod«, »Welt« und »Frau« zu. Der eigentliche Protagonist der Schriften jedoch ist der zu überwindende Gegengott. Von ihm ausgehend, splittet sich das eigentlich einaktige Drama in seine Einzelbestandteile auf. »Ich widersage dem tufel und allem sime gespenste«, spricht ein unbekannter Prediger im späten 15. Jahrhundert den Gläubigen vor, denn »in solich gespenste vnd dinst des tufels tretten sie wann sie an den tantz gen.«[44] Mit diesen Worten ist das Strickmuster der Abhandlungen gegen den Tanz in einem Satz gefaßt. Betrachten wir nun die einzelnen Maschen.

Entmachtete Sinne

Max Weber erläutert, daß die reformatorische Forderung nach »asketischer Lebensführung direkt die Entwicklung des kapitalistischen Lebensstils beeinflussen mußte. Mit voller Gewalt wendet sich die Askese (...) vor allem gegen eins: das *unbefangene Genießen* des Daseins und dessen, was es an Freuden zu bieten hat.«[45] In den Dokumenten gegen den Tanz läßt sich die gleiche Stoßrichtung beobachten; mit ihm soll alles fallen, was in irgendeiner Form mit

Leidenschaft und Lebensgenuß zusammenhängt und somit den reformatorischen Maximen entgegenwirkt. In der religiös motivierten Absage an die Sinnesentäußerung – und damit auch an den Tanz – zugunsten innerweltlicher Askese findet sich das berufsbürgerliche Lebens- und Organisationsmodell späterer Zeiten idealtypisch vorformuliert.

Auf dem Index des Verbotes stehen zunächst die Tänze, die fernab jeglicher Kontrolle in der nächtlichen Dunkelheit stattfinden. Die späteste verordnete (und mißachtete) Sperrstunde, die erwähnt wird, liegt im Sommer bei 22 und im Winter bei 21 Uhr, in der Regel zwischen 17 und 19 Uhr. Der Sonntag, so betonen die Reformatoren mit Nachdruck, sei ein Tag der besinnlichen Ruhe und nicht der Tag des Tanzes. Bei der Messe wirke der Tanz prinzipiell störend. Vor, während und nach dem Gottesdienst sollen ihm alle gänzlich entsagen. Gleiches gilt für Tage, an denen Landestrauer angeordnet ist. Zensierende Blicke werden in die Gaststuben, in die Tanzhäuser und auf die Plätze im Freien – sei dies die Fläche um die dörfliche Linde oder das nach (oder vor) der Heuernte gern genutzte Fleckchen Erde am Wegesrand - geworfen. Ein spitzer Dorn im Auge sind den Reformatoren die mit Tanz verbrachten Feiertage. Die diesbezügliche Reglementierung geht bis hin zur Forderung Calvins nach Abschaffung sämtlicher Festtage.[46] Auch das Spiel ist nicht gerne gesehen, manche Autoren richten ihm zu seiner Bekämpfung im Rahmen des Feldzuges gegen den Tanz ein eigenes Kapitel ein. In dem Traktat »Dreyerlei wolbekannte aber unerkannte Laster der Welt« will der pietistische Herrnschmid im Jahr 1709 »nemlich der üppigen Zech- Spiel- und Tanzlust« den Garaus bereiten, »weil sie gemeiniglich beysammen seyn/ und allerseits die verderbte Sünden-Lust zum Grund haben.«[47] Das Zitat kündigt es bereits an und das verwirrende, entgrenzende Moment von Drogen braucht hier wohl nicht weiter erörtert zu werden; selbstredend darf Bier und Wein bei Festlichkeiten höchstens dem täglichen Flüssigkeitsbedarf genüge tun, denn es »ist allen Christen die Nüchterheit des Geistes und des Leibes (...) ernstlich anbefohlen.«[48] Verpönt ist Essen, das über die Nahrungszufuhr einer existentiellen Bedürfnisbefriedigung hinausgeht und somit also wieder die »falsche« Entgrenzung in der weltlichen Lust versprechen würde. Nicht zuletzt steht auch der mangelnde utilitaristische Tauschwert des Tanzes am Pranger. Wer tanzt, kann nicht gleichzeitig arbeiten, und Tanzen macht müde. Die lebensspendende Prämie einer für Gott bestimmten, emsigen Arbeit kann also nicht eingeholt werden. Nach von Münster möge der Gast, anstatt auf der Hochzeit dem Tanz zu frönen, doch »heim gehe/ vnd sein dinge zu hauß bestelle (...).«[49] Die Prinzipien der Heiligkeit des alltäglichen Werkes und der göttlichen Prädestination sind von Münster ohne Zweifel bekannt. Der Mensch soll »an stat des Tantzes«, so der Reformator unter Berufung auf Augustinus, »den pflug halte/ oder treibe/ oder grabe in der erden/ oder säe/ mähe/ oder thu was anders/ das seine *vocation* mitbringet (...).«[50] Es ließen sich noch weitere Beispiele aus dem Index zitieren: überflüssige Unterhaltungen während der Feste, anzügliche Lieder oder unnötiger Schmuck; zuweilen wird der Tanz auch als heidnisches Brauchtum verworfen.

All diesen Punkten übergeordnet stehen die im Tanz zur Wirkung kommenden Sende- und Empfangskapazitäten der menschlichen Sinne oder, für diesen Kontext etwas unspezifisch mit Elias ausgedrückt, die lockere Trieb- und Affektmodellierung des Tanzes. Das phänomenologisch konstitutive Moment der Sinnesentäußerung und -wahrnehmung findet sich in der Kraft des Sexuellen. In den Dokumenten gegen den Tanz ist daher das Sexuelle der Kritikpunkt ersten Ranges.

Dieses Phänomen muß vor dem Hintergrund des reformatorischen Eheentwurfes verstanden werden. »Der Papst hat die Tänze verdammt, weil er den rechtlichen, ordentlichen Hochzeiten feind war.«[51] – So heißt es bei Luther in mutiger und offener Konfrontation zu zwei von den Papisten grundsätzlich abgelehnten Einrichtungen. Die theologische Aufwertung der Ehe durch die Reformatoren und die eventuelle Duldung des Tanzes stehen in engem, ja, in einem nicht trennbaren Zusammenhang. Nach »dem Eheweibe trachten ist nicht fleischlich,« meint Luther, denn »was darin noch vom Fleisch übrig ist, wird durch den Glauben verschlungen, daß es muß geistlich sein; denn der Geist erlöset uns vom Verderben und vom Schaden der Erbsünde.«[52] Während das Konzil von Trient (1545–63) verkündet, die Jungfrau Maria sei als einziger Mensch rein und unbefleckt, verwerfen die Reformatoren diese Auffassung und deuten die Erbsünde als ein in jedem Menschen innewohnendes, selbst durch die Taufe nicht zu tilgendes Vergehen.[53] Allein in der Ehe sehen sie die Möglichkeit, das todesnahe Sexuelle zu entmachten. Die alltägliche, berufliche und innerhäusliche Arbeit eines Ehelebens soll die Menschen vor dem ewigen Tod retten. Emsiger, ungebrochener Fleiß stellt die religiöse Prämie der Gnade Gottes in Aussicht. Kurzum: durch die handlungsorientierten Widersacher der Papisten wird die Ehe, modern gesagt, zum Garanten der Triebsublimierung. Für den Tanz bringt es die damalige, mangelnde Realitätsrelevanz des Konzeptes mit sich, daß kein Punkt öfter hervorgehoben und verdammt wird, als das dem Tanz in dieser Hinsicht immanente, ehebrecherische Moment. Gleich welcher Provenienz, über diesen Punkt herrscht in allen Abhandlungen Konsens. Die Kommentare Luthers zum Tanz finden sich denn auch so gut wie ausschließlich im Kontext seiner Hymnen auf die Ehe und der damit einhergehenden Entmachtung des Sexuellen. Spricht er vom Tanz, so spricht er auch von der Ehe. Ähnlich gehen die Calvinisten vor; das Daneausche Traktat konzentriert sich auf zwei voneinander abhängige Themenbereiche. Hergeleitet über den biblischen Tanz Salomes am Hof des Herodes, verwirft der Calvinist Daneau zum einen das vergleichsweise lustbetonte Treiben an den Höfen, um sodann im gleichen Atemzug – hier findet sich der nächste Themenschwerpunkt – eine Lobesrede auf die Reinheit des Ehestandes anzustimmen: Mit der »Ehe (…) kommt die Bescheidenheit, die Reinheit und die Tugend in die Familie, auf daß man die profanen Dinge, die Sünde, den Teufel und alle seine Werke verbanne.«[54] Wie Daneau erläutert, ist der Tanz mit diesem reinen, entsexualisierten Ehekonzept nicht in Einklang zu bringen. Er ist eine Antitugend: »Nun, bei einer Eheschließung Tänze zu Hause stattfinden zu lassen, bedeutet, genau das Gegenteil zu tun.«[55]

Daß sich die reformierten Schreiber mit ihren Forderungen den obrigkeitlichen, macht- und besitzstarken Gruppierungen dienstbar machen, sei nur nebenbei bemerkt. Alle Traktate heben die frühbehördliche bzw. frühjustizielle Rechtlichkeit des Ehestandes hervor und verdammen umgekehrt jede, von diesen Instanzen nicht sanktionierte Organisations- oder Lebensform.

Bereits vorher wurde deutlich, daß der Begriff »sexuell« modernen Definitionsmächten entspringt und für eine Analyse vormoderner Phänomene meist zu kurz greift. Wenn auch grundlegend, so ist »Sexualität« dennoch nur ein Aspekt einer polymorph gestalteten Sinnlichkeit. Erst bei Beachtung dieses Sachverhaltes werden die Argumente gegen den Tanz nachvollziehbar. Der hier posthum benutzte Begriff »sexuell« taucht in den Schriften selbstredend nirgends auf. Seiner Historizität gerecht werdend, meint die angestrebte Neutralisierung des Sexuellen durch das Eheleben insofern: radikale Eingrenzung der Sinneskapazitäten. Da »sint sunderlich iij (drei, M.K.) stuck, durch die der tufel mit den frowen betrugt die manne: als sehen, reden, vnd griffen: die iij sint alle an den tantz.«[56] Mit diesen Worten hat der unbekannte Prediger das eigentliche Problem des Tanzes benannt: die Macht der Sinne. Über die Sinne und ihre Intentionalität wird, so die Lehre der Phänomenologie, im Wechselspiel Welt erfahren und Welt geschaffen.[57] Sie sind also das konstitutive und verbindende Moment der Civitas mundi. Und welches Medium vermag die Funktion der Sinne gehaltvoller, dichter und beschleunigter zu erfüllen als der Tanz? Mit ihrer Verwerfung steht sich der Tanz selbst im Wege. An einer Stelle der Bibelexegese stellt Luther die Sinnesreize selbst an den Pranger und verwirft sie als böse Lust der weltlichen Welt. Gemäß den damals weniger scharf gefaßten Begrifflichkeiten nennt der Reformator »Ansehen«, »Hören«, »Reden«, »Betasten«, »Küssen« und »ausländischer, neuer Schmuck«. Diese Verdammnis der Sinne macht Luther ausgerechnet in seinen Auslegungen zum 6. Gebot (»Du sollst nicht ehebrechen«) und gerade hier stellt er fest: »Diese Zeichen gehen aber nirgends mehr im Schwange und in einer gröberen Weise als bei den öffentlichen Tänzen. Man muß sich wundern, wie viele und wie große Sünden da geschehen, was das Sehen und das Hören auffange, was das Betasten und das Reden erzeuge. Kurz, Welt ist Welt, ja, unrein und eine Feindin Gottes, und darf man nichts Gutes suchen, das Gott gefalle in der Welt (...).«[58] Luther hat das damalige Geschehen wohl genau beobachtet. Mit dem Tanz brechen die durch die Ehe entmachteten Sinne mit aller Kraft wieder aus und stellen so die verbindenden Pole zur verworfenen Welt wieder her. Luther jedoch, ein zerrissener und widersprüchlicher Idealist, zeigt sich trotzdem kompromißbereit, denn »lacht man, tanzt und ist fröhlich«, fügt er einschränkend hinzu, »als ob es ganz unschädliche Dinge wären, ja gut und nützlich.«[59] Über die Gestalt des Tanzes als »unschädliches Ding« für Ehe und Welt äußert er sich an dieser Stelle allerdings nicht.

Eine eindeutigere Position vertritt Daneau. Tanz und Ehe schließen sich seiner Ansicht nach gegenseitig aus. Für den rigiden Moraltheologen ist die Ehe die Einrichtung, in der die Sinne vollständig entmachtet und in ihrer weltlichen Entäußerung radikal lahmgelegt werden sollen. Daneau fordert die Menschen zur Eheschließung auf und verweist – zynisch – auf die dem Ehestand zuwiderlaufenden Sinnesirritationen des Tanzes: »Denn man muß diesen Weg gehen (...), um die Begierden durch Gesten, Geräusche, Worte, Berührungen und alle Arten von Vertraulichkeit aufzuwühlen und zu entzünden. Schaut, das ist alles, was der Tanz kann.«[60] Daneau verwirft die entgrenzenden Momente von »Gesten«, von »Geräuschen«, von »Worten« und von »Berührung«. Damit trifft seine Kritik den Tanz zielsicher inmitten seiner Substanz. Gerade die Entäußerungen des Leibes sind ja dem Tanz genuin und für ihn konstitutiv. Die Entmachtung der Sinne entzieht ihm seine Existenz.

Von seiten einiger Lutheraner ist die Zustimmung zum Tanz unmittelbar und unauflöslich an ein umfassendes Züchtigsein und Maßhalten gebunden. Einer Zauberformel vergleichbar, werden diese beiden Begriffe wiederholt und hervorgehoben. Luther macht es wohl vor: »Also möchte man nun vom Tanzen reden, wie wir vom Schmuck sagen. Daß man davon sagt, es bringe viel Reizung zu Sünden, ist wahr, wenn es über die Maße und Zucht fährt (...). Darum, weil Tanzen auch der Welt Brauch ist, des jungen Volkes, das zur Ehe greift, so es auch züchtig, ohne schandbare Weise, Worte oder Geberde, nur zur Freude geschieht, ist es nicht zu verdammen (...), wenn man es nur nicht in Mißbrauch bringt.«[61] Die gleichen Bedingungen stellt Spangenberg in seinem mehrfach aufgelegten »Ehespiegel in LXX Brautpredigten« auf. Spangenberg ist Historiker und Theologe, das Studium nimmt er mit dem 14. Lebensjahr auf und absolviert es bei Luther in Wittenberg und bei Melanchthon.[62] Das 45. und 46. Kapitel seiner Abhandlung über die Ehe widmet er dem Tanz. Nach ausführlicher Diskussion des Für und Wider steht in der Ausgabe von 1570: »Den Reynen ist alles reyn (...),« ein akzeptabler Tanz »geschicht als dann/ wo Mann vnd Frawen/ junge Gesellen vnnd Jungfrawen/ offentlich zusammenkommen/ zu rechter Zeyt/ in züchten vnnd ehren/ mit wissen vnd erlaubnuß der Oberkeyt vnd ihrer Eltern/ als auff

Hochzeyten vn ehrlichen Gesellschafften/ frölich/ guts muts zu seyn vnd zutantze.«[63] Auch Spangenberg, er gehört mit Luther zu denjenigen, die den Tanz unter gewissen Konditionen dulden würden, bedient sich der Wiederholung: Wenn »Mann vnnd Frawen mit eynander in zucht vnnd ehren/ zu rechter zeyt tantzen (…), sey eyn züchtiger tantz nicht ausgeschlossen.«[64] Unter der Bedingung »züchtig« wäre, zumindest bei einem Teil der Lutheraner, der Tanz zwar nicht gerade förderungswürdig oder gar in die Liturgiefeiern integrierbar – davon ist an keiner Stelle die Rede – wohl aber könnte er damit geduldet werden.

Ein »züchtiger Tanz« – einmal beim Wort genommen, was soll das sein? Die grazil quirligen Gavotten, die leicht gewirbelten Volten oder gar die kokett amoristischen Galliarden der Höfe und, mit Einschränkung, die Tänze des gehobenen Frühbürgertums verdienen trotz der ihnen immanenten, im Vergleich zu den Tänzen des einfachen Volkes in der Tat ungleich höheren Trieb- und Affektkontrolle eine solche Charakterisierung nur bedingt. Der höfische Tanz ist kontrolliert lustbetont. Neben dem Züchtigen steht unmittelbar das einmal mehr und einmal weniger stark zum Ausdruck gebrachte Begehren. Dem Kunsttanz sind beide Momente in einem Atemzug zu eigen. Sein fein ekstatisches, mit Passion dargelegtes Liebes- und Geschlechterspiel »züchtig« zu nennen, ist ganz verfehlt. Bereits der spannungsreich inszenierte Wechsel der Tanzpartner wird unter den Reformatoren hinsichtlich ihrer Eheentwürfe kaum Gefallen gefunden haben.

Der Frage, ob sich anstatt der radikalen Ablehnung des Tanzes nicht doch eine Alternative im höfischen Kunsttanz anbiete, widmet sich besonders Johann Lange. Der Pastor Primarius knüpft in seinem 1704 veröffentlichten Pamphlet an die alte, von den Reformatoren aufgegriffene Streitfrage an und diskutiert ausführlich das Pro und Kontra. Entsetzt betrachtet er das Tanzverhalten des einfachen Volkes und das ebenfalls umstrittene Tanzverhalten der oberen Stände. Lange, ein Verfechter der Tanzkunst, vermerkt einschränkend, »daß zwischen diesen beyderley Arten des Tantzens ein sehr großer und handgreifflicher Unterschied in vielen Stücken sich befinde.«[65] Seiner Ansicht nach ist der Kunsttanz »mit dem wüsten Lermen der gemeinen Leute gleichsam über einem Kamm ohne gemachten Unterschied zu butzen (...).«[66] Der Tanz dürfe also nicht grundsätzlich abgelehnt werden, schließlich handle es sich beim Kunsttanz um »eine der Zucht und Ehrbarkeit gemässe Ubung des Leibes/ welche auff eine Vermehrung von dessen Beweglichkeit/ Zierde und Wohlstand abzielet.«[67] Mit folgender Begründung spricht sich Lange anschließend für den höfischen Tanz aus: Wer »Frantzösichen Täntzen jemahls zu gesehen; der wird sagen müssen/ daß selbige so leicht keine ärgerliche geile Stellungen mit sich führen/ zumahl wenn junge Leute einerley Geschlechts sich auff dem Tantz-Boden mit einander *erxercieren*.«[68] Nur, Tänze »einerley Geschlechts« (s.o) kennt das Tanzrepertoir des einfachen Volkes, nicht aber das der oberen Stände. Im Kunsttanz ist von solchen Exerzitien, wenn ich es recht überblicke, weit und breit nichts zu sehen. Dieser Sachverhalt scheint Lange entgangen zu sein.

Ob der höfische Tanz nun dem Adjektiv »züchtig« gerecht werden kann oder nicht, die kompromißlosen Kontrahenten des Tanzes jedenfalls sagen ihm explizit und ohne Einschränkungen ab. Dem frühen, sozial unspezifisch ausgerichteten Gedanken der Sündengleichheit entsprechend, richtet sich die Reformatorenschaft revolutionär an alle Menschen und damit auch an alle Tänze. Herrnschmid formuliert dies wie folgt: »Da sind nun zweyerley Arten des Tanzens/ nemlich der Schul- und Kunst-Tanz und der gemeine Bauren-Tanz Was jenen belanget/ so geschicht ja derselbe nicht zur Ehre Gottes/ sondern zur Lust des Fleisches/ wann man zusammen kommt/ eine fröliche Compagnie und Assemblée, oder einen zierlichen Bal zu halten/ bey niedlichen Speisen und überflüßigem Tranck/ unter Lust-reizender Music, und affectuöser Conversation mit Frauenzimmer.« Erläuternd fährt er fort, daß auch der Tanz der oberen Stände, »in der Sünde selbst schon ersoffen ist (...) und gleichsam priviligierte (sic) Unkeuschheit und Unsinnigkeit seyn.«[69] Vor dem reformatorischen Postulat der (Sünden-) Gleichheit macht es eben keinen Unterschied, ob ein Tanz bäuerlich oder privilegiert unkeusch ist – Sünde bleibt Sünde. Präziser als Herrnschmid und auch präziser als Lange erweist sich Daneau. Schlagkräftige Argumente unterstreichen seine Analyse. Er überträgt das Warnmal des biblischen Geschehens am Hof des Herodes generalisierend auf die weltlichen Höfe, die er zwar nicht namentlich anführt, offensichtlich aber – als Augenzeuge des dortigen Geschehens – kennt. Mutig erklärt er das gesamte, eher sinnes- und lustbetonte Verhalten der damaligen macht- und besitzstärksten Bevölkerungsgruppe für sündig. Im gleichen Atemzug verwirft er deren favorisierte Kurzweil und angesehenes Repräsentationsobjekt, den Tanz. Von der gravitätisch geschrittenen Pavane bis zur Volte führt er zahlreiche Tänze aus dem höfischen Tanzrepertoire namentlich an und präsentiert diese seiner Leserschaft. »Man hat offensichtlich aus Vergnügen getanzt,« stellt er zu Recht fest und konstatiert, daß »man von Gottlosigkeit und Superstition geblendet oder von Wein und Schlemmereien erhitzt oder von Passionen und Schmutz verwirrt war; oder aber, all diese Laster befinden sich mit dem Tanz in wiegendem Beieinander. Doch wenn es lediglich dies alles gäbe, wäre es bereits genug, um den Tanz zu hassen.«[70] Als zentrale Kritikpunkte sind die Ausdrücke »Superstition« (Zauber, Aberglaube, religiöse Magie), »aus Vergnügen tanzen« und vor allen Dingen »von Passionen verwirrt« festzuhalten. Auch bezüglich des Hoftanzes trifft Daneau mit seinen Einwänden gegen den Tanz mitten ins Schwarze.

Nennen die Autoren Gelegenheiten, zu denen getanzt werden darf, so ist nur von dem Fest die Rede, zu welchem unter Beibehaltung des Reglements »Zucht« dem todesnahen sexuellen Begehren ein Ende gesetzt werden soll, nämlich bei Hochzeiten. »Wo es aber züchtig zugeht«, so noch einmal Luther, »lasse ich der Hochzeit ihr Recht und Gebrauch und tanze immerhin. Der Glaube und die Sünde lassen sich nicht austanzen, so du züchtig und mäßig darin bist. Die jungen Kinder tanzen ja auch ohne Sünde; das thue auch und werde ein Kind, so schadet der Tanz nicht.«[71] Luther spricht ausschließlich vom Tanz bei Eheschließungen, weitere Anlässe erwähnt er nicht. Gleich um welchen Autor es sich handelt, lediglich die Hochzeit wird als erlaubter Tanzanlaß explizit aufgeführt. Namens- und Geburtstage, Grundsteinlegungen, Pfingsten, der Johannistag, Geburten, die Genesung eines Kranken oder andere der damals doch überaus zahlreichen Gelegenheiten zum Tanz hingegen werden unspezifisch unter »Gastereyen« subsumiert. »Aber dieses alles auf die sittsamen und züchtigen Ehrentänze bey Hochzeiten und Gastereyen zu appliciren«, entgegnet z. B. Weise den kompromißlosen Kontrahenten des Tanzes, sei *»etwas zu scharf gebutzt.«*[72] Anders urteilt Daneau. Seine Absage an den Tanz ist radikal, auch dem Hochzeitstanz sagt er ab. »Denn die Eheschließung,« schreibt er voller Entsetzen, »ist eine heilige Anordnung Gottes, um dem Aufflackern der Begierden und jeglicher Unreinheit entgegenzuwirken. Das ist dermaßen wichtig, daß während der Hochzeitsfeierlichkeiten keinerlei Dinge geduldet werden dürfen, die die Begierden wecken könnten.«[73] Selbst bei einer Eheschließung also darf nichts die Begierde wecken, denn wer oder was sollte den Calvinisten die Sünde verzeihen? Mit der Absage an jede Form der Superstition fällt bei ihnen das psychologische Moment der Entlastung durch die Beichte weg. Göttliche Gnade wird »gnadenlos« abhängig von tatsächlicher Pflichterfüllung und Askese. Im praktizierten Calvinismus ist der Mensch, so Weber, sein eigener »directeur de l'âme«.[74] Das Risiko, ein Hochzeitsfest von auch nur einer Spur entäußernder Sinnesreize trüben zu lassen, können Calvinisten nicht eingehen. Entgrenzung zur Außenwelt bringt die permanente Selbstzensur ins Wanken. Unwillkürlich werden in einem solchen Kontext die Arabesken des Tanzes zu Todesboten.

Halten wir kurz ein und betrachten den Fremdzwangcharakter der an den Tanz geknüpften Bedingung nach Zucht. Die mit ansteigendem Zivilisationsniveau sich progressiv straffende Trieb- und Affektmodellierung äußert sich in vielerlei Hinsicht. Einer ihrer Effekte findet sich in einer zusehends höher werdenden Emotionalisierung und sentimentalen Pathetisierung der zurückgedrängten Bereiche des Affekts.[75] Recht deutlich läßt sich dieser Prozeß am Vorfahren des Wiener Walzers, an dem weitgehend schamlos gewalzten Paartanz der frühen Neuzeit, nachvollziehen.

Zwar ist der aus dem tief katholischen Wien kommende Dreivierteltakter weder ein »protestantischer Tanz« noch ist er in seiner Zucht vollkommen, und auch vom moralischen Zeigefinger bleibt er keineswegs verschont. Wohl aber wird er von den Nutznießern, den Erben der Reformation, nämlich dem Bürgertum des 19. Jahrhunderts getanzt. Außerdem hat sich der Wiener Walzer, wenn auch vergleichsweise sinnentleert, als Hochzeitstanz bis heute beharrlich gehalten. Die »Wilden – « oder »Wüsten Weller«, die »Spinner« oder wie immer die frühen Drehtänze auch genannt werden, stehen auf dem Verbotsindex ganz oben: »Diese Art zu tanzen«, berichtet z. B. der Tanzhistoriker Böhme, »verboten stets die Behörden; das sogenannte *Verdrehen* und *Umschwingen* der Tänzerin (d. h. dass die Tanzpaare im Wirbel sich drehten) wurde nicht gestattet.«[76] Luther hält seine Kommentare zum Tanz allgemein, an keiner Stelle spricht er speziell von diesem oder jenem Tanz. Der Vorfahr des Wiener Walzers hingegen ist ihm wohl doch solch ein Dorn im Auge, daß er sich ihm explizit widmet: »Aber eins ist, was mir bei der Aufführung von Tänzen mißfällt, und ich wollte, daß dies öffentlich von der Obrigkeit verhindert würde: nämlich daß die Jünglinge die Mädchen im Kreise herumdrehen, besonders öffentlich, wenn viele zuschauen.«[77] Ändert sich die Gesellschaft, dann ändert sich auch der Tanz und umgekehrt. In der frühen Neuzeit meint Spangenberg zum Vorboten des berufsbürgerlichen Favoriten: »unzuchtig drehe, greiffen/ un maullecke/ gefalle ihm gar nicht, ist Gottlos/ Sünde un unrecht.«[78] Es klingt wie ein Treppenwitz der Geschichte: aus dem Verbot des einstigen, unzüchtigen Drehen, Grapschen und Knutschen wird, so ein Beispiel aus einer renommierten Tanzlehre von 1887 (Erstausgabe 1855), das Lob des zum Schwulst geblähten Wiener Walzertaumels: »der echt deutsche (...) Nationaltanz, keinem anderen nachstehend, denn in keinem anderen herrlicher schwebt die vollendetste Figur der Welt, die Kreisfigur (...).«[79] Doch zurück zu der Zeit, in der vom Pathos des Tanzes beim Großteil der Bevölkerung nur wenig zu sehen ist.

Den gegen den Tanz schreibenden Autoren geht es um eine religiös motivierte Entmachtung der Sinne. Diese angestrebte Entsinnlichung läßt sich an einem wiederholt angeführten Beispiel aus dem Alten Testament weiter verdeutlichen:

Die Bibel spricht nur selten vom Tanz.[80] Die ausführlichste der wenigen Stellen berichtet im »2. Buch Samuel« über den Tanz des Königs David vor der Bundeslade (2. Sam., 6). Bei der Lade handelt es sich um einen Kasten aus Akazienholz mit Gesetzestafeln. Sie ist das höchste, altisraelitische Heiligtum. An die Lade sind Gegenwart und Wirken Jahwes gebunden. Die Frage, welche Gesetzestafeln sich in der Bundeslade befinden, läßt sich nicht sicher beantworten. Aller Wahrscheinlichkeit nach werden dort, so wie es das Deuteronomium schildert,[81] die Zehn Gebote, der Dekalog, aufbewahrt. Nachdem die Lade an die Philister verloren gegangen war, bringt David sie nach Jerusalem zurück. Aus Freude über die Rückgewinnung und als Dank an Gott beginnt David mit seinem Volk zu tanzen. Vielleicht berichteten die Jerusalemer Ladepriester, das sind wahrscheinlich die Verfasser der Erzählung, ursprünglich über ein sakrales Ritual der Kriegs- und Opfertänze. Doch dürfte diese These kaum noch beweisbar sein, die Rekonstruktion des königlichen Tanzes wird im historischen Dickicht der Exegese steckenbleiben. Folgen wir der Übersetzung Luthers aus der »Biblia Germanica« von 1545, so hebt David, »der sich fur den Megden seiner Knechte entblöset hat, wie die losen Leute sich entblössen/« zu heftigen Sprüngen an und »*tantzet mit aller macht fur dem Herrn her.*«[82] Sein kraftvoller, intensiver Tanz ist dermaßen ausgelassen, daß ihn seine verständnislose Gemahlin Michal fortan verachtet. Kurzum, das Tanzverhalten des Königs kann dem idealtypisch züchtigen Tanz eigentlich nicht entsprechen. Daher verzerren die Lutheraner, die Calvinisten oder, wie zu sehen sein wird, die Dämonologen und sogar die Tanzmeister das alttestamentarische Geschehen. Die allesamt ohne Zweifel bibelkundigen Autoren führen den Tanz Davids fast durchweg als einen beispielhaften an: »David gieng in einer ordentlichen Prozession, mit den Posaunen der Priester/ und unter Jauchzen des Volkes (...) sich darüber freuete wie ein Kind/ vor Freuden aufhüpffte und sprang wie ein junges Lämmlein hüpffet/ so einfältig und niedrig/ so voll Dankes und Freude war sein Gemüth über dieser Göttlichen Wolthat.«[83] Der Tanz Davids ist der einzige, der positiv belegt ist. Von den ausgelassenen, kraftvollen Sprüngen seines nackten Leibes läßt die exegetische Zensur allerdings nichts mehr übrig. Aus Davids vermeintlich züchtigem Verhalten leiten nahezu alle kompromißbereiten Schreiber die mögliche Duldung des Tanzes ab. Bei den kompromißlosen Autoren hingegen wird das doch großzügig ausgelegte, um nicht zu sagen verfälschte Tanzexempel mangels Realitätsrelevanz wieder verworfen. Zwischen den (schamhaft interpretierten) alttestamentarischen Berichten und den Tanzflächen der sozialen Wirklichkeit herrsche, so zu Recht Daneau, ein »Unterschied wie Tag und Nacht.«[84] Die Diskrepanz zwischen dem verworfenen Tanzverhalten der Men-

schen und dem vorbildlichen jenes Königs ist auch für Herrnschmid unüberwindbar: »Kan man derowegen aus diesem Tanzen
Davids das heutige Tanzen gar nicht entschuldigen/ weil zwischen
diesem und jenem die geringste Gleichheit nicht ist.«[85] Lediglich
der Tanz Davids ist musterhaft, da von keiner »Welt- und Ohren-
Lust«[86] getrübt. Denn dieser Tanz, fabuliert gar Herrnschmid, fän-
de »nur unter den weiblichen Geschlechte/ ohne Vermengung mit
Manns-Personhen (statt, M.K.)/ darmit aus solcher geistlichen
Freude keine Fleisches-Lust würde.«[87]

Die semantische Gleichsetzung von »Tanz«, »Tod« und »Welt«
wurde gezeigt. Tanz und Leben sind nicht miteinander vereinbar,
auch wurde Luthers Absage an die zum ewigen Tod führende
Weltlichkeit dargelegt. Aus welchen Gründen sollte die Codierung
von »Welt« und »Tanz« im Kontext des nicht-imaginierten Tanzes
eine andere sein? Dies identifizierende Verfahren findet sich in
den Kommentaren gegen den Tanz meistens implizit. Äußerst selten verlassen die Schreiber die handlungsorientierte Ebene zugunsten abstrahierender Reflexionen. Spangenberg macht in diesem
Punkt allerdings eine Ausnahme. Mit den fast gleichen Worten, mit
denen Luther seine Conclusio über die »Tänze« Babylons zog,
stellt er fest: »Wer die Welt lieb hat (…) in dem ist nicht die Liebe
des Vatters, dann alles was in der Welt ist/ nemlich die lust des
fleysches/ der augen unnd hoffertiges Leben/ ist nicht vom Vatter/
sondern von der welt. Nuhn ist solches alles am tantze/ Darumb der
Tanz je Sünde un wider Gott ist (…).«[88] Die verbindenden Momente des Tanzes zur verworfenen Welt sind in diesem Fall die
»Fleischeslust«, das Sinnesorgan »Auge« und das »höfische Leben«.

Die Absage an die im Tanz nicht auszulöschende Kraft der Sinne ist wieder eine Absage an die Welt. Ehelicher Trieb- und Affektverzicht wie auch die für Gott bestimmte, religiös prämierte Arbeit
werden zum tatenorientierten Heilmittel zur Erlösung vom irdi-

schen Leben für das Leben im Tod. Dieses permanent auf religiösen Tauschwert ausgerichtete Handlungskonzept impliziert eben, so die harten, autoritären Worte des vergleichsweise milde urteilenden von Münster, »daß der Tantz zu nichts nütz ist.«[89]

Als Quintessenz ist festzuhalten: Die Ehe entmachtet die Sinne, die entmachteten Sinne entmachten (die) Welt und die entmachtete Welt entmachtet den Tanz. Der Gedanke eines dem Leben kontraindizierten, entgegenwirkenden Tanzes spitzt sich in der Salomeepisode zu und findet in der außergewöhnlichen, ja paradoxen Darlegung des Geschehens seitens der Reformatorenschaft seine besondere Ausformulierung.

Salome und Herodes

Die Salomelegende ist das abendländische Negativbeispiel gegen den Tanz schlechthin.

Die Salomefigur metaphorisiert stereotyp die Verderbnis von Tanz, Frau und Welt. Der Kerngedanke dieses Deutungsmusters liegt in folgender Szenerie: Durch einen lustvoll dargebotenen Tanz verwirrt Salome dem Tetrarchen Herodes die Sinne, woraufhin dieser die Macht über sich selbst verliert und Johannes den Täufer enthaupten läßt. Die Reformatorenschaft akzentuiert die Episode anders: Sie rückt den eigentlichen Brennpunkt des Gleichnisses – den Verführungstanz – in den Hintergrund. Den Wegbereitern der Moderne gilt unser besonderes Interesse.[90]

Über den Tanz der Salome vor ihrem Stiefvater bzw. Onkel Herodes berichten im Neuen Testament die Evangelisten Matthäus (14, 1–12) und Markus (6, 14–29). In Anbetracht der Darstellungs- und Deutungsvielfalt des Geschehens seien die entsprechenden Kapitel aus dem Matthäusevangelium im Lutherschen Wortlaut der »Biblia Germanica« wiedergegeben:

»VND der zeit kam das gerüchte von Jhesu fur den vierfürsten Herodes/ Vnd er sprach zu seinen Knechten/ Dieser ist Johannes der Teuffer. Er ist von den todten aufferstanden/ darumb thut er solche Thatten. Denn Herodes hatte Johannem gegriffen/ gebunden vnd in das Gefengnis gelegt/ von wegen der Herodias/ seines Bruders weib. Denn Johannes hatte zu jm gesagt/ Es ist nicht recht/ das du sie habest. Vnd er hette jn gerne getödtet/ Furchte sich aber fur dem Volck/ Denn sie hielten jn fur einen Propheten. DA aber Herodes seinen Jarstag begieng/ Da tantze die Tochter der Herodias fur jnen. Das gefiel Herodes wol/ Darumb verhies er jr mit einem Eide/ er wolt jr geben/ was sie foddern würde. Vnd als sie zuuor von jrer Mutter zugerichtet war/ sprach sie. Gib mir her auff eine Schüssel das heubt Johannis des Teuffers. Vnd der König ward trawrig/ Doch vmb des Eides willen/ vnd dere die mit jm zu Tische sassen/ befahl ers jr zu geben. Vnd schicket hin/ vnd entheubtet Johannes im gefengnis. Vnd sein Heubt ward her getragen in einer Schüsseln/ vnd dem Meidlin gegeben/ vnd sie bracht es jrer Mutter. Da kamen seine Jünger/ vnd namen seinen Leib vnd begruben jn/ Vnd kamen und verkündeten das Jhesu. DA das Jhesus hörete/ weich er von dannen auff einem Schiff in eine wüsten alleine. Vnd da das Volk das hörete/ folgete es jm nach zu fuss aus den Stedten. Vnd Jhesus gieng erfür/ vnd sahe das grosse Volck/ vnd es jammerte jn der selbigen/ vnd er heilete jre Krancken.«[91]

In den »Commentaires sur le Nouveau Testament« von 1561 ordnet Calvin das Neue Testament nach Themen und stellt die jeweiligen biblischen Abschnitte den darauffolgenden Auslegungen voran. Die Präsentation des Geschehens um den Tanz Salomes ist bei Calvin mit der Darstellung Luthers so gut wie identisch.[92] Calvin allerdings interpretiert die entsprechenden Stellen bei Matthäus und Markus signifikanterweise gemeinsam mit verschiedenen Segmenten aus dem Lukasevangelium (Lk. 17, 11–21; 9,

7–9). In diesem wird zwar vom Hof des Herodes gesprochen, nicht aber vom Tanz.

Folgen wir Böhme, so leitet Calvin die Ablehnung des Tanzes über die Auslegungen zu Matthäus und Markus ab.[93] Daneau bezieht seine Argumente gegen den Tanz stringent aus der Salomelegende. Die biblische Episode durchzieht sein Traktat wie ein roter Faden.

Zur Entzifferung der Salomemetaphorik heißt es zunächst, sich zu vergegenwärtigen, daß der Tanz an seinem Originalschauplatz – das ist der makkabäische Palast, bzw. die Festung des Herrschers über Galiläa und Peräa, Herodes Antipas (4 v.–34 n. Chr.), etwa im Jahr 28 n. Chr. an der Ostküste des Toten Meeres – Salome müßte zu diesem Zeitpunkt 18 Jahre alt gewesen sein: »*nirgends historisch belegt ist*«.[94] Für den Tanz fehlt in den Dokumentationen zum geschichtlichen Geschehen jeglicher Beweis. Weder in den evangelistischen Urfassungen noch in den Hinterlassenschaften der beiden Geschichtsschreiber, Flavius und Leroubna, läßt sich der Tanz Salomes nachweisen. Hausamann hat das umfangreiche Material aufgearbeitet und seine Genese von den frühchristlichen Zeugnissen bis zur frühen Neuzeit verfolgt. Danach sind es die ersten Kirchengründer, die den Tanz sogleich mit der entsprechenden Negativcodierung in die Schriften von zwei der vier Evangelisten einschleusen.[95] Ebenfalls von Bedeutung ist, daß Salome auch in der Evangelienüberlieferung nicht ausführlich beschrieben wird und dort keine namentliche Erwähnung findet. Sie ist also eigentlich keine Protagonistin des Geschehens, sondern wird erst nachträglich zu einer solchen gemacht. Die Urenkelin von Herodes dem Großen, in erster Ehe mit ihrem Großonkel Philippus (Sohn von Herodes I. und Kleopatra) und in zweiter Ehe mit ihrem Onkel Aristobulus verheiratet, eine unscheinbare Königin von Chalcis, wird so ihrer geschichtlichen Belanglosigkeit enthoben. Neben Judith, Eva, Medusa oder Circe wird Salome in den Chor bedeutungsträchtiger

Mythen eingereiht. Das Medium, das aus ihr die Dämonin macht, ist der Tanz.

Aus einer kaum erwähnenswerten historischen Figur wird eine kraftvolle Metapher. Ausgehend von den ersten Kirchenvätern gehört Salome fortan zu den Unvergessenen. Vom Frühchristentum bis hin zum 20. Jahrhundert durchläuft, wenn auch mit schwankendem Interesse, die getanzte Liebesintrige in mannigfachen Versionen die Kulturgeschichte des Abendlandes. Dem Tanz Salomes widmen sich die Bibel, die einzelnen Bibelauslegungen oder außerbiblische Schriften. Klerikale Oberhäupter diskutieren die Legende auf zahlreichen Synoden und Konzilen und geben ihre Gedanken zu Protokoll. Fresken, Ölgemälde und andere Medien der Darstellenden Künste, darunter Kirchenreliefs, Glasmalereien, Mosaiken, Miniaturen und größere Plastiken greifen das Motiv auf. Selbst Kleinodien, wie z. B. Münzen oder Trinkbecher, berichten über die zwiespältige Faszination am Thema. Die Episode findet Eingang in die Volkslegenden, in die Bühnenaufführungen der Marktplätze, in die Mysterienspiele hinter den Klostermauern und in die Poesie-, Roman- und Musikwelt. Epochenunspezifisch durchsetzt das stereotype Deutungsmuster von Verderbnis die hiesige, kulturelle Landschaft.

Der »Tod des Propheten ist die belohnung des Tantzes.«[96] – Einige Angelpunkte zu demjenigen, der angeblich wegen eines Verführungstanzes sein Leben lassen mußte und zu den zentralen Heiligenfiguren der christlichen Glaubenslehre zählt:

Die liturgische Farbsymbolik sieht für alle Heiligen Rot vor. Einzig Johannes dem Täufer wird Weiß, die Farbe der Reinheit und des Lichtes zugeordnet.

Doch auch (oder gerade) die Präsentation der Geburt Johannes' deutet auf seine gottgegebenen Eigenschaften hin. Die Mutter des Propheten, Elisabeth, ist unfruchtbar. Seinem Vater, dem Priester Zacharias, wird von einem Engel die Empfängnis eines Sohnes verkündet und dessen Name Johanan, das heißt »Gott ist gnädig«, vorherbestimmt. Nach der Verkündigung verliert Zacharias für neun Monate seine Sprache und erlangt sie erst durch die Erfüllung der Auflage des Engels mit der Namensgebung des Sohnes wieder. Ikonographisch erfolgt die Kindesdarstellung Johannes' zumeist gemeinsam mit der Jungfrau Maria und Jesus oder in der Heiligen Familie mit Maria, Jesus, Elisabeth und Joseph; Zacharias hingegen tritt vergleichsweise selten auf.[97]

Religionsgeschichtlich gilt Johannes als Vorläufer von Jesus Christus. Der Wirkbereich des in der Täuferbewegung engagierten Predigers liegt im südlichen Jordantal Peräas. Wie weit sich Johannes von der Qumran-Sekte inspirieren läßt, liegt im Ungewissen. Nachweisbar hingegen ist, daß er mit dieser stark asketisch, kompromißlos weltverneinenden Glaubensgemeinschaft kooperiert.[98] Johannes jedenfalls – ein Endzeitprophet – verkündet der israelitischen Bevölkerung den Untergang der Welt und ermahnt vor diesem Hintergrund die Menschen zur Besinnung. Bei seiner Lehr- und Tauftätigkeit trifft er auf Jesus von Nazareth und vermutlich auch auf einige seiner Jünger. Johannes tauft seinen Mitstreiter, der in diesem Moment von seiner Berufung zum Messias erfährt. Johannes ist derjenige, der in Jesus das Lamm Gottes erkennt. Das Christentum verehrt den Propheten u. a. deshalb als Spender des Lichtes und der Wahrheit. In ihm findet sich der Bürge für die Rettung der Menschen beim Jüngsten Gericht. In seiner Symbolik und Symbolkraft steht Johannes in nächster Nähe zu Christus: Jesus *»muß wachsen, ich aber muß abnehmen«* (Joh. 3, 30). Diese Formel symbolisiert die gegenseitige Abhängigkeit: Damit die Sonne oder das Licht vom Geburtstag Christi an bei der Wintersonnenwende zunehmen kann, fällt der Geburtstag von Johannes auf den Tag der Sommersonnenwende, auf den 24. Juni, den Tag der von da an schwächer werdenden Sonne, den Tag des Johannisfestes. Das ist – der Hinweis soll nicht fehlen – der Zeitpunkt, an dem in jährli-

1 *Germanischer Kettentanz,* nordische Felszeichnung
aus Tunge (Schweden)

2   John White, *Büffeltanz der Mandanindianer*

3 Pieter Brueghel d.J. (1564–1638), *Dorfhochzeit*

4   Peter Paul Rubens (1577–1640), *Der Nadeleinfädeltanz*

5 Albrecht Dürer (1471–1528), *Tanzendes Bauernpaar* von 1514

6. Anonymus, *Kettenschwerttanz der Nürnberger Messerer* von 1600

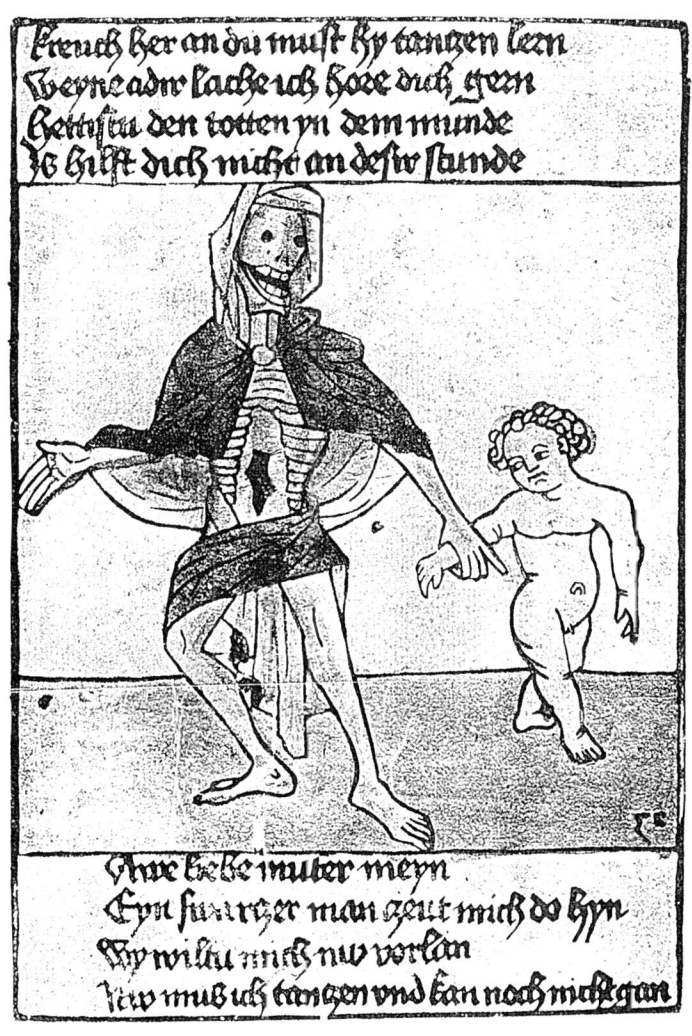

Kreuch her an du must hy tantzen leen
Weyne adir lache ich hore dich geen
Hettiſtu den totten yn dem munde
Is hilft dich nichts an deir ſtunde

Awe liebe muter meyn
Eyn ſwartzer man getut mich do hyn
Wy wiltu mich nur vorlan
Nw muß ich tantzen vnd kan noch nicht gan

7. Totentanz aus dem *Heidelberger Blockbuch* um 1465

8 Weltgerichtsstympanon über dem Brautportal des
Ulmer Münsters, um 1360

9 *Berner Totentanz* von Niklaus Manuel
in der Nachbildung von Albrecht Kauw von 1649

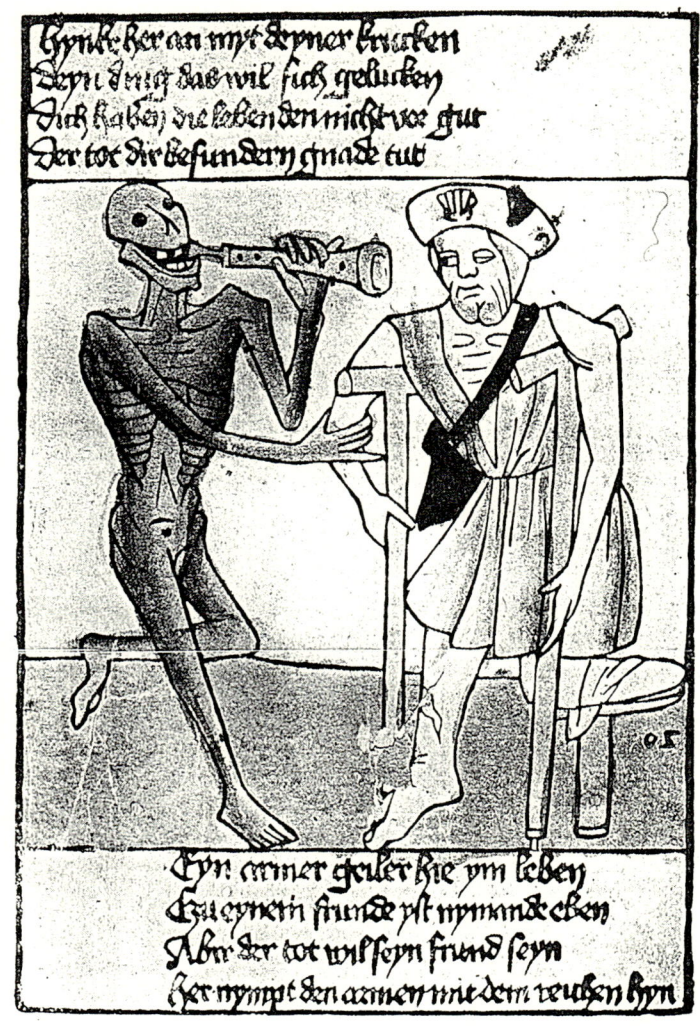

10 Totentanz aus dem *Heidelberger Blockbuch* um 1465

11 Berner Nelkenmeister, *Das Gastmahl des Herodes. Salomes Tanz,*
um 1500

12 Pierre de Lancre (1553–1631), *Figvre dv sabbat des sorciers*
von 1613

13   Pieter Brueghel d. A. (um 1525–1569), *Tanzhysterikerinnen*

14 Ferdinand Freiherr von Reznicek (1868–1909), *Wiener Walzer*
Zeichnung von 1890

15   Roger Pic, Carlotta Grisi im *Pas de songe* aus *La Péri* von 1843

Hîc púdor. hîc morum probitas hîc aúlica súada, Et lepor, & vita

Quantúm aúla à Caúla; tantúm qúóq diftes agrefti Aulícús: bec prefens te

16   Théodore de Bry (1528–1598), *Hof- und Bauerntänze*

osa modestia glifcit.   *Quid mirum, divas vltrò si dia sequantur.*

Chorea docebit.   *Sed bone, sic variæ liqueant discrimina vitæ.*

17   Johann E. Nelson, *Menuett*

cher Regelmäßigkeit die tanzhysterischen Anfälle (im deutschsprachigen Raum) am heftigsten ausbrechen.[99] Johannes ist der
einzige Heilige, bei dem nicht nur der Geburtstag sondern auch der
Todestag (29. August) gefeiert wird. Denn der Tod des Propheten
ist von substantieller Bedeutung, die funktionelle Nähe von Jesus
und Johannes liegt hier offen: Da die Enthauptung des Täufers
einen Opfertod beschreibt, fallen Geburts- und Todestag zusammen. Der Märtyrer stirbt, um Leben zu geben. Erst seine Opferung
ermöglicht das Wirken des Erlösers. Dem Asketen wird dabei eine
ihm adäquate, da seinem Heilsanliegen symbolisch diametral ent-
gegenstehende Todesursache – ein Verführungstanz – zugesprochen. In der Konsequenz spendet Salome somit Verderbnis und
Heil in einem Atemzug. Dialektisch konzipiert, ist sie Untergang
und Rettung in einer Person. Anders gesagt: ohne Salome wäre
Johannes bedeutungslos, er hätte keine Wirkkraft.

Konzentrieren wir uns auf die Auslegungen des biblischen
Warnmals durch die Reformatoren. Wie bereits angedeutet, ergeben sich Besonderheiten. Das Stereotyp erhält hier einen neuen
Anstrich. Von einem mit Sinnesreizen vorgetragenen und sinnlich
rezipierten Tanz kann in den reformatorischen Darlegungen nicht
die Rede sein. Der Kerngedanke des Deutungsmusters – der die
Sinne des Tetrarchen verwirrende Tanz – tritt hier in den Hintergrund. Salome schenkt ihren kargen Tanz einer paradoxen Figur:
Herodes spielt die Rolle eines entmannten Weltlings. Unser Interesse gilt zunächst der reformatorischen Front, Martin Luther[100] und
Johannes Calvin:

Im Mittelpunkt der Betrachtungen steht bei beiden der Ort des
Geschehens: der Hof. Luther und Calvin insistieren auf dem Sach-
verhalt, daß die Enthauptung des Propheten an einem fürstlichen
Hof geschieht und nutzen diesen Umstand zur vehementen Ver-
werfung des weltlichen, höfischen Treibens. Es »*ist füchsig schlau die
Vorkehrung,*«[101] schreibt Luther in steter Wiederholung und betont,

daß das Fest nur mit der hinterlistigen Absicht stattfände, Johannes
zu töten. Lustbarkeiten, Tänze und Wein sollen den Anwesenden
die Gedanken verwirren, sollen sie vom Gottesglauben ablenken
und dadurch den Prophetenmord ermöglichen. »In diesem Spiegel«, folgert Luther, »kann man die beiden Heerführer, nämlich
den Teufel und Christum, ansehen. Der Teufel stolziert hier zeitlich durch Herodes, und hält Johannes und Christum für Koth.«[102]
Der Hof des Tetrarchen ist der Ort, ja die Produktionsstätte maß-
loser und, laut Calvin, perverser Lüste. Der Genfer Theologe verweist auf die dortige, exzessive Lasterhaftigkeit und vermerkt ver-
allgemeinernd: »Es ist nicht möglich, ein Bankett zu veranstalten,
das nur ein wenig prunkvoll und charmant ist und sich nicht von
einer ausufernden und perversen Zügellosigkeit zeigt. Erst trinkt
man exzessiv, und dann sind die schmutzigen oder schlecht mit der
Ehrenhaftigkeit in Einklang zu bringenden Dinge erlaubt. Und für
letzteres gibt es keinerlei Maß und Einschränkung.«[103] In Herodes,
Luther nennt ihn ständig »Fuchs« oder »Erzfuchs«, sehen beide
böse Leidenschaften versammelt. In seiner Ungehemmtheit verkörpert der Tetrarch den Gipfel der Gottlosigkeit. »Es ist wahr, daß
sein Herz keine Gottesfurcht mehr kannte,«[104] stellt Calvin in tie-
fem Bedauern über den Tyrannen fest. Der Hof des Fürsten wird
zum Babylon auf Erden. Aus der Übertragung der biblischen Stätte
auf irdische Gegebenheiten ergibt sich das nächste Moment:

Als nicht minder gewichtigem Aspekt widmen sich beide Reformatoren der (historisch nicht sicher belegbaren) Kritik von Johannes an der Illegalität der Ehe zwischen Herodias und Herodes[105] und stimmen eine Hymne auf die eheliche Sündenlosigkeit
an. Die Frage, wer von dem biblischen Paar die größeren Interes-
sen an der Ehe hat, wie diese gestaltet sind und wer sich für deren
Durchsetzung am meisten einsetzt, überläßt bei genauem Hinsehen auch die Bibelüberlieferung weitgehend der Exegese. Luther
und Calvin jedenfalls stellen den Tetrarchen als zuchtlosen Höf-

ling an den Pranger. Als Ehemann jedoch bleibt der sonst keiner Lustbarkeit abgeneigte Herodes unbehelligt. Sie konzentrieren sich auf »*seine Hure*«:[106] Herodias. Auf sie entlädt sich ein geradezu überschwenglicher Frauenhaß. Habgierig, nymphoman und hinterhältig stellt sie unablässig dem als Mann stets neutralen, also geschlechtslosen Tetrarchen nach und bedrängt ihn. Inmitten des kopflos trunkenen Festes wird Herodias, die, so Luther, »alle grimmigen Löwen und wilden Thiere an Wuth überträfe,«[107] zur treibenden Kraft des Geschehens. Ihre unersättliche Gier auf Herodes und seinen Reichtum trägt die Schuld am Tod des Propheten: »Herodias freut sich, ans Ziel ihrer boshaften Begierde gekommen zu sein und triumphiert grausam über ihren Erlöser,«[108] vermerkt Calvin. Herodias hat die eigene Tochter aufgehetzt und sie überredet, zu tanzen. Hier wird es interessant: Der Tanz Salomes vor Herodes, das Kernstück des legendären Deutungsmusters, wird zur Nebensache. Ihr Tanz findet vor einem Höfling statt und nicht vor einem Mann im eigentlichen Sinn. Wie auch im Kontext der Ehefrage findet Herodes sich in zwei Figuren aufgesplittet, in einen höfischen Lüstling und – das ist paradox – in ein männliches sexuelles Neutrum. Der die Sinne des Tetrarchen verwirrende Verführungsakt entfällt. Der Tanz der Dämonin bleibt ohne Wirkung.

Eine an schaler Zurückhaltung kaum zu überbietende Schilderung der Episode hinterläßt ein unbekannter Künstler aus Bern (Abb. 11). Das Gemälde entsteht um 1500, also am Vorabend der dortigen Reformation. Zu sehen sind vier eher trist und leer dreinschauende Festteilnehmer und drei Musikanten. Der oben skizzierte, höfische Sündenpfuhl erinnert in dieser Abbildung eher an eine ordentlich gerichtete, von babylonischer Wirrnis gereinigte Bürgerstube. Alles scheint züchtig. Das Festmahl besteht aus trokkenem Brot und einem kleinen Huhn, die höfischen, lukullischen Freuden sind auf ein karges Minimum reduziert. In der Gestalt einer braven, ja nichtssagenden Bürgerstochter befindet sich Salome im halben Kniestand vor dem Tisch. Es entsteht der Eindruck, sie wolle am unteren Bildrand verschwinden. Wo ist das Geburtstagsgeschenk? Keine Spur von Bewegungsdynamik und -intensität, geschweige denn irgendeine erotische Ausstrahlung. Dem Bildtitel zum Trotze bleibt vom Tanz nur eine leise Ahnung. Die Haltung der Arme könnte Tanzbewegungen andeuten. Den Blick auf ihren Stiefvater gerichtet, winkt Salome diesem anscheinend zu. Herodes hingegen schenkt ihr keine Beachtung, sein Interesse gilt wohl dem Becher in der Hand des Tischgastes. In der Hinterlassenschaft des frommen Malers eine getanzte Liebesintrige zu sichten, dürfte mühsam sein.

Bei der Ausgestaltung des Salome-Tanzes halten sich sämtliche reformierte Tanzkritiker zurück. Die unter allen Kommentaren üppigste Beschreibung findet sich bei von Münster: »Ist auch etwas so geneiget zur wollust/ als mit vngeschickten bewegungen/ die glider/ welche entweder die natur oder die zucht verborgen oder bedecket behelt/ entblössen: mit den augen wincken und spilen: den nackten vmkehren und vmbwenden/ vnd die haar außbreiten?«[109] Weiter in der Beschreibung des Sinnlichen geht die Reformatorenschaft nicht. Die Phantasien des Landrates stellen in ihrer »Zügellosigkeit« ein unrepräsentatives, erotisches Maximum dar, und auch seiner Ansicht nach kommt dieser Tanz nur deshalb zustande, »so ferne sie eine ehebrecherinnen tochter ist. (…) Dann was könte doch von der ehebrecherin gelernet werden? Nicht mehr als verlierung der scham.«[110] Von Münster spricht von »Wollust«, »unzüchtig entblößten Körperteilen« und, ein altes Bild, von »ausgebreitetem Haar«; auch ist bei ihm vom erotischen Liebesspiel des Sinnesorgans »Auge« die Rede. Über die Rezeption des Tanzes beim Beschenkten hingegen, verliert auch er kein Wort.

Das von den Lutheranern zwar stark kritisierte, aber immerhin gerade noch beachtete sinnliche Moment des Tanzes rückt bei den Calvinisten ganz in den Hintergrund. Daneau beschreibt die Szenerie wie folgt: »Beim Bankett des Herodes gibt es wohl ein fröhliches Mädchen, das tanzt. Aber es ist die Tochter einer Hure, die von ihrer Mutter beeinflußt wurde. Es ist eine Affektierte, die so wenig Scham besitzt, daß sie es wagt, sich blutrünstig zu zeigen, indem sie den Lohn ihres Tanzes – den Kopf eines Dieners Gottes – im Triumph herumträgt.«[111] Daneau verzichtet auf eine detaillierte Charakterisierung des Tanzes, geht jedoch unmittelbar zur handlungsorientierten Ebene über und legt die nur angedeutete Salomemetaphorik ausführlich als generalisierte Verhaltensanweisungen für Mädchen und Frauen aus. Dergleichen ist inzwischen hinlänglich bekannt: Mädchen und Frauen dürfen niemanden ansehen und sich nicht ansehen lassen, gefordert wird jungfräuliche Unterwürfigkeit und geschlossene Münder, der Tanz ist ihnen verboten. Eine Umsetzung dieser Forderungen hieße vollständigen Trieb- und Affektverzicht und dies wiederum eine Abkapselung von der Welt. Entsprechende Reflexionen über den Dialogpartner Salomes, Herodes, macht Daneau nicht. Kurzum, der Prophet verdankt seinen Tod einer schnöden Hure ohne Freier. Im Zusammenhang des Tanzes bleibt Herodes ausgegrenzt.

Ähnlich geht Calvin vor, allerdings tritt bei ihm ein anderer Gesichtspunkt in den Vordergrund. Der letztlich entscheidende Grund der Machtlosigkeit des Herodes, seiner vollständigen Ohnmacht, die ihn in die Enthauptung des Heiligen einwilligen läßt, ist: der Wein. »Denn die Kraft des Weines«, schreibt der Reformator, »bemächtigte sich des Herodes, auf daß er alle Gravität und Umsicht vergaß und so bis zur Hälfte seines Königreiches einer affektierten Tänzerin zusagte. Das ist sicherlich eine große Schande, daß der König, vom Wein erhitzt, nicht nur an einem verrückten Zeitvertreib Gefallen fand, was große Schande über sein Haus brachte, sondern sogar einen solch exzessiven Lohn versprach.«[112] An die Stelle der dämonisierenden Kraft des Verführungstanzes rückt die Droge. Calvins Anklage richtet sich also an den höfischen

Trunkenbold und nicht an einen Mann. Hier steht Bacchus am Pranger, vom Wirken Cupidos oder Terpsichores bleibt Herodes verschont. Anders als Calvin gesteht Luther dem Tetrarchen allem Anschein nach noch die Reizfähigkeit eines Geschlechtswesens zu: Johannes »ist besser todt, denn ich (Herodes, M.K.) hungrig. Sonst gönnte ich ihm wohl das Leben, wenn ich nicht so gerne fräße.«[113] Vielleicht meint Luther das höfische Treiben allgemein oder auch die in der Regel lukullische Eßkultur des Adels im besonderen, der Bezug der Textstelle ist nicht ganz eindeutig. Nach Calvin jedenfalls fallen sexuelle bzw. erotische Funk- und Empfangskapazitäten bei Herodes zur Gänze weg. Einzig der Wein ist verwirrendes Moment und läßt den Fürsten die Kontrolle[114] über sich verlieren, so daß er an dem »verrückten Zeitvertreib einer affektierten Tänzerin Gefallen findet«, so der fade Kernsatz Calvins. Wie diese schnöde und wortkarg geschilderte Szene, die den Tetrarchen doch immerhin machtlos über sich selbst den Prophetenmord befehligen läßt, im Detail sich gestaltet, bleibt offen. Über den Tanz und seine Wirkung verliert Calvin kein Wort. Seine Auslegungen sind von erotischen Attraktionen ungetrübt. Er verdammt den Hof als babylonischen Sündenpfuhl, sucht das Sexuelle in der Ehe zu entmachten und entwirft gleichzeitig ein männliches sexuelles Neutrum.

Bis hierher läßt sich festhalten: Beide Reformatoren, Calvin konsequenter als Luther, entheben ihren Geschlechtsgenossen seiner Geschlechtlichkeit, was in der Konsequenz eben bedeutet, daß »des Teufels Werkzeug, die tanzende Tochter«[115] – soweit inhaltlich zulässig – schweigen muß. Dieses Schweigen spricht Bände. Die dürftige Kommunikation zwischen Herodes und Salome ist idealtypisch formuliert.

Auf die Übergangssituation der frühen Neuzeit wurde bereits verwiesen. Inmitten umfassender Distanzierungsschübe klafft in der sozialen Regulierung des Sexuellen eine Lücke, woraufhin sich die Verhaltensnormen unter Mitwirken der Reformatorenschaft verschärfen. Die Gefahr der Mißachtung der neuen Reglements geht fortan von Frauen aus: ihnen wird ein erhöhtes und zügelloseres, sexuelles Potential zugesprochen. Männer hingegen erhalten das in Anbetracht der damaligen Trieb- und Affektmodellierung unstimmige Prädikat »selbstdiszipliniert«.

Vor diesem Hintergrund ließe sich die relative Funk- und Empfangsstille des Herodes wie auch die Unscheinbarkeit Salomes erklären. Die idealtypisch formulierte Selbstkontrolle des Herodes – eine Art Phönix aus der Asche und Vorentwurf eines braven Bürgermannes – ist an die Minimalexistenz Salomes gebunden, denn die Dialogpartnerschaft zwischen den beiden Figuren ist unauflöslich. Das exegetische Herausfiltern ihrer Kommunikation hieße, der Episode den Hauptakt zu entziehen, der Legende die fatale Pointe zu rauben. Wäre der Tanz mit den entsprechenden Reizen der Lust ausgestattet, dann hätte der Tyrann darauf in irgendeiner Art und Weise reagieren müssen: Er hätte sich als Mann und nicht nur als Höfling schuldig gemacht. Salome findet somit in der asexuellen Herodesfigur einen adäquaten Partner, ohne ihre Warnfunktion einzubüßen.

Zur Veranschaulichung und weiteren Entzifferung des reformatorischen Traditionsbruches hinsichtlich der Legendendarstellung seien die epochenspezifischen Produktionsrichtlinien des Geschehens kurz skizziert:

Mit den ersten Kirchenvätern ist Salome zum Stereotyp der personifizierten Verworfenheit von Tanz, Frau und Welt erniedrigt (oder erhoben). Zur Verbildlichung des Deutungsmusters schöpfen Frühchristentum und Mittelalter ihre Metaphern aus dem Index der ex cathedra verbotenen Berufsgruppen der fahrenden Schausteller auf den Marktplätzen und an den Höfen. Die Dokumente zum Thema zeigen Salome als Gauklerin. Sie tanzt mit Schwertern, Musikinstrumenten, Bällen und Blumen. Manchmal

hebt sie nach der Enthauptung triumphierend zu einem zweiten
Tanz an, demonstrativ balanciert sie das abgeschlagene Haupt des
Täufers auf ihrem Scheitel. Mit geschmeidigen Bewegungen und,
das eine schließt das andere nicht aus, närrischen Verrenkungen
setzt sie so im Liebeshändel mit Herodes ihren Willen durch. Vorwiegend bei der ikonographischen Darstellung ihres Verführungstanzes befindet sie sich des öfteren in der Position des Halbkreises
bzw. bewegt sich in einem solchen. Ihr biegsamer Leib beschreibt
einen halbrunden Bogen; ihr Becken ist nach oben gerichtet und
mit den Händen stützt sie sich auf dem Boden ab. Vergleichsweise
selten begegnen wir ihr als Eistänzerin. Nach dieser Legende er-
zürnen sich die vereisten Gewässerdecken über die Füsse der an-
züglichen Tänzerin und brechen. Die Folgen variieren: Die scharfen Eiskanten schneiden Salome den Kopf ab und lassen ihren
Leichnam ertrinken oder aber ihr lebender Körper wird durch das
gerechte Wasser hindurch von der Erde verschlungen, um so für
immer zu verschwinden.[116] Bis zum ausgehenden Mittelalter lautet
die Darstellungstradition Salomes in einem Satz: Eine wilde Mo-
riske und geschickte Akrobatin droht und lockt – erfolgreich – mit
ihrer unheilvollen Kunst.[117]

An der Schnittstelle zur modernen Welt häufen sich die Salo-
meimaginationen. In den ikonographischen und literarischen
Zeugnissen des späten 15. bis hin zum frühen 17. Jahrhundert aus
nicht-reformierten Kreisen erscheint die tanzende Dämonin zwischen den Polen der Nymphe und der Mänade. Sie tritt auf als
»lichter Nymphentypus, unter dessen naturhafter Unschuld allerdings jene Dämonie und zerstörerische Macht der Natur waltet, die
ja auch den antiken Nymphen ihre faszinierende Zwiespältigkeit
verlieh.«[118] Leichte, flatternde Gewänder unterstreichen die lebhaft heiteren, zierlichen Bewegungen einer jungen Schönheit, hinter derem reizvollen Antlitz der Makel der Vergänglichkeit schim-
mert. Als Mänade tobt Salome blutdürstig und liebestoll gleich ei-

nem Wirbelwind über die Tanzfläche des höfischen Palastes. In trunkener Ekstase gibt sie ihre zerstörerische Verzückung preis. Bei beiden Darlegungsarten findet sich – gemäß der Tradition – die tänzerische Verführungsgewalt drastisch akzentuiert.[119] Die Darstellungen der Reformatoren aber brechen diese Regeln auf. Das Medium der Dämonin hat seine Ausdrucks- und Wirkkraft weitgehend eingebüßt.

Recht aufschlußreich erweist sich eine genauere Betrachtung von Salomes Dialogpartner: Der Herodestypisierung von Hausamann folgend, verkörpert der Tetrarch traditionell das »Symbol der (drohenden) Mächte über den Menschen (Tyrann, Ausbeuter) und im Menschen (Dämonen, Begierden).«[120] In Herodes versammeln sich in gehäufter Form negative Eigenschaften: Er ist launisch, griesgrämig, meist voller Zorn und ständig schläfrig; er frißt und säuft; er prahlt, protzt und praßt herum; er droht, schreit und flucht in unflätigen und schamlosen Redensarten; er ist grenzenlos grausam und ausbeuterisch. Diese Charakteristika finden sich mehr oder minder konzentriert auch in den vorliegenden Zeugnissen der Reformatorenschaft wieder. Herodes ist der Inbegriff der Unterdrückung und der Willkür. Jedoch: hier droht das Bild zu verzerren, denn dem historisch ungeübten Auge wäre die Herodesfigur geradezu dafür prädestiniert, feudalherrschaftliche Ungleichheiten, soziale Repression und politische Willkür auf- und anzugreifen. Dergleichen aber wird nirgends thematisiert, so ausführlich er auch beschrieben und verdammt wird. Herodes hat sich allein vor dem Gericht Gottes zu verantworten. Fragen über gerechtes und ungerechtes Verhalten stecken noch in ihren religiösen Vorformulierungen. Am Pranger steht nicht Herodes, der soziale oder politische Wüstling, sondern einzig Herodes, der ausschweifende Sünder. Kurzgefaßt: Der Tetrarch tritt als Weltling auf. Möglicherweise werden die Mitglieder der mitteleuropäischen Höfe in der Tat an erster Stelle von den Reformatoren angesprochen. Mit Herodes jedoch ist, vom Bauern über den Apotheker bis zum König und Kaiser, potentiell jeder Mann gemeint. Wohl deshalb spricht z. B. Daneau, wenn er seine gesamten Einwände gegen den Tanz dem biblischen Exempel entlehnt, generalisierend und entpersonifiziert von *»ein* Herodes«[121] und nur selten von *»dem* Herodes«. Gleichermaßen verallgemeinert er auch den Handlungsort. Im abschließenden Kapitel, in der »Conclusion finale contre les danses«, fordert er, »diese niederträchtigen Bräuche in die Hölle – *an einen Hof des Herodes* – zu verbannen, von wo sie als feierlicher Götzendienst gekommen waren (Hervorhebung M.K.).«[122] Bis hierhin steht die Charakterisierung des Tetrarchen mehr oder minder im Einklang mit der traditionellen Darstellung. Lediglich ein zentrales Kennzeichen, nämlich, so Hausamann, seine »leidenschaftlichen Handlungen,«[123] genauer, seine ihm stets immanente »Funktion als Bewunderer der Tänzerin und Opfer der Weiberintrige«[124] fällt aus. Der sonst beflissentlich keine Passion ausläßt, verzichtet auf das Sexuelle. Ein entmannter Lüstling, ein asexueller Weltling – mit diesem Paradoxon entwerfen die Reformatoren den Topos jenes Mannes, der mit Zylinder, schwarzem Frack und (vermeintlich) frei von Schuld Phantasien, Wünsche und Vorstellungen ablehnt und sich (idealiter) selbstkontrolliert zurückhält. Ihr Herodes beschreibt das männliche Stereotyp inaktiver Funk- und Empfangskapazitäten der Sinne: die Phänomenologie eines kategorischen Nicht-Tänzers.

Gemessen an dem beachtlichen Interesse am Thema in den vorangegangenen Epochen, folgt im Verlauf des 17. Jahrhunderts eine Latenzzeit. Salome wird »erst im 19. Jahrhundert ihre spektakuläre Wiedergeburt erleben.«[125] – Betrachten wir noch kurz die Darstellungen der Figur bei den Erben der Reformation. Im Fin de siècle fordert das einst idealtypisch vorformulierte, männliche Paradoxon des braven Bürgers seinen Tribut.

Zunächst, mit der Exotisierung der Vorstellungswelten wird der

Originalschauplatz des biblischen Geschehens – der Orient – als
fast unerschöpfliches Reservoir projizierter Phantasien in die jeweiligen Inszenierungen des Verführungstanzes einbezogen. Es ist
Emile Zola, der dem orientalischen Tanz seine Pauschalbenennung
– »la danse du ventre«, »Bauchtanz« – verleiht. Daß dieser Tanz
nicht nur aus Bewegungen des Bauchraumes besteht, wird (m. E.
bis heute) gern übersehen.[125] Salome jedenfalls tritt orientalisiert
oder doch zumindest exotisiert als »Bauchtänzerin« auf. Sie erhält
einen Schleier – bei Richard Strauß in Anlehnung an den Ischtar-
mythos gleich derer sieben – und das entsprechend erotisierte Kostüm. Schlangenhaft kreist, wellt und pendelt sie ihr Becken.
»Schimmies«, das vibrierende Zittern einzelner Körperteile, vorzugsweise der Brüste, unterstreichen ihre elektrisierend zerstörerische Wollust. Die Salomefiguren, genauer, ihre Produzenten haben
das Schweigen gebrochen. In ihrer unverhüllten Sündhaftigkeit
übertreffen die literarischen als auch die ikonographischen Ausge-
staltungen des Deutungsmusters zur Zeit der berufsbürgerlichen
Durchbrüche alle Vorläufer um Längen. In der Femme fatale versammelt sich in konzentrierter Form all das, was nicht sein darf.

Spöttisch legt Flaubert den Finger auf die eskapistischen Sil-
berzungen seiner Zeit. Erinnern wir uns an die vom Empfänger
Herodes nicht-rezipierten, erotischen Maximalphantasien des Re-
formators von Münster und folgen nun den Worten des Roman-
ciers: Salome legt den Schleier ab und beginnt zu tanzen. »Ihre
Füsse trippelten im Rhythmus der Flöte und zweier Zimbeln. Ihre
gerundeten Arme riefen jemand herbei, der immerfort entfloh. Sie
stellte ihm nach, leichter als ein Schmetterling, wie eine neugierige
Psyche, wie eine umherschweifende Seele, und es schien, als wolle
sie davonfliegen. (…) Ihre Gebärden drückten Seufzer aus, ihre
ganze Gestalt ein solches Schmachten, daß man nicht wußte, ob sie
einen Gott beweinte oder unter seiner Liebkosung verging. Die
Lider halb geschlossen, schwang sie ihren Bauch in wogendem Auf

und Ab, ließ ihre beiden Brüste zittern, allein ihr Antlitz blieb starr, und ihre Füße hielten nicht inne. (...) Der Tetrarch verlor sich in seinem Traum (...). Dann folgte die Liebesraserei, die nach Erfüllung verlangt. Sie tanzte wie die Priesterinnen Indiens, wie die Nubierinnen vor den Katarakten, wie die Bacchantinnen Lydiens. Sie bog sich nach allen Seiten, einer Blume gleich, die der Sturmwind schüttelt. Die Brillanten an ihren Ohren hüpften, der Stoff auf ihrem Rücken schillerte; von ihren Armen, ihren Füßen, ihren Gewändern sprühten unsichtbare Funken, die die Männer entflammten. Eine Harfe erklang; die Menge antwortete mit Beifallsrufen. Ohne die Knie zu beugen, spreizte sie die Beine, neigte sich so geschmeidig nach hinten, daß ihr Kinn den Boden berührte; und die an Enthaltsamkeit gewöhnten Nomaden, die in allen Ausschweifungen erfahrenen Soldaten Roms, die geizigen Zöllner, die alten, durch ihr Gezänk versauerten Priester, sie alle blähten die Nasenflügel und bebten vor Lüsternheit. Dann wirbelte sie um den Tisch des Antipas, rasend wie ein Hexenkessel; und mit von Seufzern der Wollust unterbrochener Stimme rief er ihr zu: ›Komm! Komm!‹ Sie kreiste unaufhörlich; die Pauken dröhnten zum Zerbersten, die Menge brüllte. Doch der Tetrarch rief noch lauter: ›Komm! Komm!‹ «[127] Machtlos über sich selbst, also ichlos – eben in diesem Sinn ohnmächtig – bricht Herodes zusammen und gibt den Befehl zum Prophetenmord.

»Tanzen«, so formuliert es das Stereotyp, heißt Salomes sinnenverwirrenden und damit destruktiven Kräften zu begegnen. »Ihr werdet verloren sein«, ermahnt Gerbou seine Mitmenschen, »denn diejenige, die ihr tanzen seht, ist die Tochter der Herodias. Wisset, daß der Dämon, der in dieser Mörderin tanzte, der gleiche ist, der auch vor euch in diesem Mädchen tanzt. Es ist der gleiche, der die Seelen derjenigen, die an Bällen teilnehmen und diese Tänzerin bewundern, unmerklich an sich reißt.«[128] Genau diese Begegnung suchen die Wegbereiter der Moderne zu unterbinden.

Die zur Dämonin stigmatisierte, keineswegs zufällig weibliche
Figur, wirkt im Welt- und nicht zu vergessen im Eheentwurf
der Reformatorenschaft nur störend. Vor diesem Hintergrund und
als Schlußfolgerung aus dem biblischen Warnmal zitiert von Münster den Kirchenvater Ambrosius und fordert seine Geschlechtsgenossen zum Verzicht auf: »Ihr aber weise bestendige Männer/ ler-
net fliehen die gastgebotte der verfluchten Menschen.«[129]

In den bis hierher dargelegten Kontraindikationen von Leben
– »Tanz«, »Welt« und »Frau« – kündigt sich ein gesellschaftliches
Gefüge an, das sich zusehends dialektischer konzipiert. Inmitten
der damaligen, tiefen Teufelsgläubigkeit kippen die entmachteten
Sinne um zur Orgie, Gegenwelten entstehen und brechen aus.

ANMERKUNGEN

1 Der Sachverhalt, daß die Geschichte des abendländischen Tanzes von Verboten
und Maßregelungen gezeichnet ist, interessiert die Tanzforschung nur wenig. Ein
Überblick aus den verschiedenen historischen Epochen findet sich in der Lang-
zeitstudie von Böhme. Der Tanzhistoriker aus dem 19. Jahrhundert hinterließ eine
umfangreiche Dokumentation. S.: Böhme, Franz: *Geschichte des Tanzes*, a.a.O., Bd.
1. Von besonderem Wert erweiser sich auch die Recherchen Eberhard Schauers.
Die umfangreichen Nachforschungen des Tanzbibliographen sind nicht veröffentlicht. Eine inhaltliche Auswertung dieser Dokumente liegt nicht vor.
2 Zu den vor- und frühchristlichen Zeitspannen kann auf die umfangreichen Untersuchungen von Andresen zurückgegriffen werden: Andresen, Carl: Altchristliche Kritik am Tanz, in: *Zeitschrift für Kirchengeschichte*, 72, 1961, S. 218–262 und
ders.: Die Kritik der Alten Kirche am Tanz der Spätantike, in: Heyer, Friedrich:
Der Tanz in der modernen Gesellschaft, Hamburg 1958, S. 139–168; des weiteren
finden sich einige Hinweise auf vorreformatorische Reglementierungen in: Münster, v., Johann: *Ein gotseliger Tractat*, Herborn 1594, insb. S. 151–157; Böhme,
Franz: *Geschichte des Tanzes*, a.a.O., Bd. 1, S. 16ff. und S. 91ff.

3 Ob es auch Berufstänzerinnen gab oder, was anzunehmen ist, geschlechtsspezifische Besonderheiten des Berufstanzes, geht aus dem vorliegenden Material nicht hervor.

4 Hausamann, Torsten: *Die tanzende Salome*, unveröffentlichte Dissertation, Zürich 1980.

5 S.: Andresen, Carl: *Altchristliche Kritik am Tanz*, a.a.O., S. 229.

6 Schwarz, R. (Hg.): *Johannes Calvins Lebenswerk in seinen Briefen*, Tübingen 1909, 2 Bde., Bd. 1, S. 242.

7 Gerbou, Dom. G.: *Jugement du bal et de la danse*, Paris o.J., im Original S. 14. Die meisten der in Anmerkung 33 dieses Kapitels angeführten Autoren des 19. Jahrhunderts berufen sich neben de Liguori auf de Sales, ohne allerdings, wie etwa Gerbou, genaue Quellen anzuzeigen. Andere Autoren führen nicht mehr rekonstruierbare Literaturhinweise an. Die Aussagen zum Tanz müßte de Sales in seinen beiden Hauptwerken, der »Introduction à la vie dévote« (1608) und dem »Traité de l'amour de Dieu« (1616), machen. François de Sales wird im Jahr 1665 unter Louis XIV heiliggesprochen und 1877 zum Kirchenlehrer erklärt.

8 Messieurs les Docteurs en Théologie de la Faculté de Paris: *Cas de conscience sur les danses*, Paris 1722, im Original S. 1.

9 Ebenda, im Original S. 14. Die Petition ist von siebzehn graduierten Theologen und anderen Universitätsangehörigen unterschrieben.

10 Böhme, Franz: *Geschichte des Tanzes*, a.a.O., Bd. 1, S. 104.

11 Praetorius, Johannes: *Blockes-Berges Verrichtung*, a.a.O., S. 329.

12 S.: Vermigli, P. M.: *A Briefe Treatise, concerning the use and abuse of Dancing*, o.O. 1580. Diese Schrift liegt in der British Library in London. Ob es sich hierbei tatsächlich um die Übersetzung der Daneauschen Schrift handelt, ließ sich nicht nachprüfen.

13 Paulus, Nikolaus: *Hexenwahn und Hexenprozeß*, a.a.O., S. 173.

14 Ebenda. Zu Daneau vgl. auch: Behringer, Wolfgang: *»Vom Unkraut unter dem Weizen«*, a.a.O., S. 37 f.

15 Zu Daneau als Hexenverfolger ausführlich: Paulus, Nikolaus: *Hexenwahn und Hexenprozeß*, a.a.O., S. 172–182.

16 Böhme, Franz: *Geschichte des Tanzes*, a.a.O., Bd. 1, insb. S. 112–120.

17 Außerfamiliäre Bestimmungen über Hochzeiten tauchen vermehrt erst ab dem späten 15. Jahrhundert auf.

18 Vorgestellt in: ebenda, S. 117.

19 Ville de Paris: *Arrêt du Conseil d'Etat condamment le »Malade Imaginaire«*, Paris, 20. 6. 1716, 4 ungezählte Seiten, im Original S. 2.

20 Ebenda, S. 4.

21 Anonymus: *Essai de dissertation sur la danse*, Paris 1843, im Original S. 152.

22 Die letzten Versammlungen, die laut der Autoren vor 1524 stattfinden und den Tanz zum Thema haben, sind Konstantinopel 692 und Rom 826.

23 Acta ecclasiastica, Bd. 4, S. 950, vorgestellt in: Böhme, Franz: *Geschichte des Tanzes*, a.a.O., Bd. 1, S. 111.

24 Beschrieben u. a. in: Anonymus: *Essai de dissertation*, a.a.O., S. 45f.

25 Gerbou, Dom. G.: *Jugement du bal et de la danse*, a.a.O., S. 12.

26 Um diese Kürze auch tatsächlich zu gewährleisten, werde ich an einigen der folgenden Stellen nicht jeden Literaturhinweis einzeln anführen, sondern mich auf Quellenangaben beschränken, in denen gleich mehrere Hinweise zu finden sind. Eine systematische Auswertung dieser Schriften liegt nicht vor.

27 Zentral sind hier Fragen zu den Sperrstunden, dazu welche Schicht welche Tanzlokalität nun aufsuchen darf, in welcher Kleidung dieses oder jenes Ballhaus (o.ä.) zu betreten ist, wie die Einrichtungen zu besteuern sind etc. Einzelheiten mit weiteren Literaturhinweisen s. insb: Mahr, Otto: Schleifer, Dreher, Walzer, in: *Hessische Blätter für Volkskunde*, Bd. 27, 1939, S. 185ff.; Witzmann, Reingard: *Der Ländler in Wien* a.a.O., insb.: S. 3–22. Auch die Archive der Städte und Länder dürften hier weitere Auskunft geben.

28 McGann, Jerome (Hg.): *Lord Byron. The Complete Poetical Works*, Oxford 1981, 3 Bde., Bd. 3, S. 22–31, im Original S. 24 (»Waltz: An Apostrophic Hymn«). Weitere Literaturhinweise über das rivalisierende Tanzverhalten finden sich in: Braun, Rudolph: »The Invention of Tradition«, in: *Zeitschrift für Volkskunde*, 82, 1986, S. 227–249.

29 Zahlreiche Literaturhinweise finden sich u.a. in: Pfister, Gertrud: Das Frauenbild in den Werken Jahns, in: *Zeitschrift für Geschichte des Sports und Körperkultur*, 4, 1978, S. 136–167; Zahn, Susanne: *Töchterleben*, Frankfurt/ M. 1983, insb. S. 58–101; Glantsching, Helga: *Liebe als Dressur*, Frankfurt/M. 1987, S. 180ff.

30 Explizit s. z. B.: Anonymus: *Anmuth und Schönheit aus den Mysterien der Natur und Kunst*, Berlin 1797, Faks. Dortmund 1978; Wendt, D. J.: *Ueber den Tanz als Vergnügen und Schädlichkeit*, Breslau 1803 (Untertitel: »Ein Beytrag zur Diätetik«). Vgl. auch die vorangegangene Anmerkung.

31 Einige Beispiele: Anonymus: *Die Gefahren des Tanzes*, o.O. 1832 (2. Auflage); Hillebrand, Joseph: *Die Tanzbelustigungen, beurtheilt nach der Lehre der Heiligen Schrift*, Paderborn 1862; Anonymus: *Das Gefährliche und Unzuläßige gegen den Tanz*, Luxemburg 1867; Mühe, Ernst: *Darf ein Christ tanzen?* Berlin 1888. (Dieses 1881 erstmals veröffentlichte Traktat erscheint binnen weniger Jahre in drei Auflagen.)

32 Einige Beispiele: Anonymus: *Essai de discussion oratoire sur les bals*, Paris 1832; Anonymus: *Reflexions morales sur la danse*, Caen 1853; Boullay, Gustave: *Les danses des Salons par un observateur*, Paris 1855; ders.: *Réforme de la danse des salons*, Paris 1855 (2. Auflage); Dechamps. R. P.: *La vie des plaisirs*, Paris 1863, der Autor ist Erzbischof. Nyssen, J.-J.: *Un mot sur la danse*, Paris 1863. (Dieses Traktat erscheint bis 1876 in vier Auflagen; der Autor ist Abt). Anonymus: *De l'instruction des femmes*, Paris 1866.

33 Eichstedt, Astrid, Polster, Bernd: *Wie die Wilden*, Berlin 1985, S. 125. Die in der 68er Tradition stehenden Betrachtungen des Individualtanzes lassen sich mit dem Begriff »narkotisierte Marionetten des Großkapitals« zusammenfassen. S. z. B.: Mezger, Werner: *Discokultur*, Heidelberg 1980. Die Ablehnung des modernen Tanzes seitens Ernst Blochs und Theodor Adornos stellt vor: Klein, Gabriele: *FrauenKörperTanz*, a.a.O., S. 223f. In fast regelmäßigen, zirka dreiwöchigen Abständen sind in der Presse – hier sticht insbesondere »Der Spiegel«, daneben aber auch »Die ZEIT« ins Auge – beflissene Schmähungen des Tanzes nachzulesen. Die Tanzbetrachtungen dieser Artikel erfolgen meist entweder zwischen den Zeilen oder im Kontext der verunziert dargestellten Disco- und Musikkultur. Ein herausragendes Beispiel für die Nicht-Akzeptanz der Solotänze gibt: Polatschek, K.: *Sambaschule für Mammuts*, in: Die ZEIT, 20, 1992, S. 83. Weitere Literaturhinweise zum Thema finden sich in einer der wenigen, sachlich verfaßten Untersuchungen: Vollbrecht, Ralf: *Reach Out for the Music*, in: *Deutsche Jugend*, 9, 1989, S. 437–444.

34 Münster, v., Johann: *Ein gotseliger Tractat*, a.a.O., S. 46–52.

35 Ebenda, S. 52ff. (Hervorhebung vom Verfasser).

36 S.: Hammerstein, Reinhold: *Diabolus in musica*, a.a.O., insb. S. 46ff.; ders.: *Tanz und Musik des Todes*, a.a.O., S. 50f.

37 Zitiert nach: Böhme, Franz: *Geschichte des Tanzes*, a.a.O., Bd. 1, S. 93. Die Quelle ist nach der Literaturangabe von Böhme nicht rekonstruierbar. Vgl. auch nachfolgende Anmerkung.

38 S. z. B.: Daneau, Lambert: *Traité des Danses*, a.a.O. S. 102; Hellmund, E. Günther: *Theologische Antwort auf zwey Fragen*, Wetzlar 1720, S. 29; Hillebrand, Joseph: *Die Tanzbelustigungen*, a.a.O, S. 26. Keine dieser Schriften läßt eine Quellenrekonstruktion zu. Hammerstein zitiert neben vergleichbaren Postulaten weiterer Kirchenväter auch das augustinische; seine Literaturangabe ist leider ebenfalls nicht nachvollziehbar.

39 Hartmann, J. L.: *Der Tanzteuffel*, o.O. 1677, zitiert nach: Böhme, Franz: *Geschichte des Tanzes*, a.a.O., Bd. 1, S. 110, ohne weitere Angaben.

40 Daneau, Lambert: *Traité des Danses*, a.a.O., im Original S. 141.

41 Ebenda, S. 138.

42 Hellmund, E. Günther: *Theologische Antwort auf zwei Fragen*, a.a.O., S. 36. Hellmund (1678–1749) setzt sich mit hohem Engagement sein Leben lang für eine lutherisch-pietistisch geprägte Welt ein. Bekannt (und unbeliebt) wird er durch umstürzlerische, von ihm vorgeschlagene Schulreformen. Er gründet eine Lateinschule, ein Waisenhaus, eine Manufaktur und unterstützt die Eröffnung mehrerer Buchläden. Mit einer unermüdlichen, altruistischen Karitas initiiert er die Einrichtung verschiedener Lehrerseminare, den Bau eines Armenbadehauses und betreut als Inspektor und Oberpfarrer der Wiesbadener Stadtkirche noch das dortige Hospital.

43 Die beiden Beispiele stehen jeweils für sich. Sie werden nicht miteinander verglichen oder in Konkurrenz gebracht.

44 Anonymus: Was schaden tantzen bringt. Wiener Handschrift 3009, 15. saeculum, Blatt 73–85, in: *Altdeutsche Blätter*, 1, S. 52–63, Leipzig 1835, S. 58. Das genaue Datum der Predigt ist unbekannt. Aus der Lektüre geht hervor, daß der Autor entweder bereits den Reformatoren zuzuordnen ist oder aber deren Gedankengut antizipiert.

45 Weber, Max: *Die protestantische Ethik*, a.a.O., S. 175 (Hervorhebung vom Verfasser).

46 S.: Schwarz, R. (Hg.): *Johannes Calvins Lebenswerk in seinen Briefen*, a.a.O.. S. 264 f.

47 Herrnschmid, J. Daniel: *Dreyerley wolbekannte aber unerkannte Laster der Welt*, Nürnberg 1709, S. 35 und 36.

48 Ebenda, S. 46. Ähnlich auch: Hellmund, E. Günther: *Theologische Antwort auf zwei Fragen*, a.a.O. (Untertitel: »1. Ob das heutige Weltübliche Tanzen Sünde sey? 2. Ob das Spielen Sünde sey?«).

49 Münster, v., Johann: *Ein gotseliger Tractat*, a.a.O., S. 200.

50 Ebenda (Hervorhebung vom Verfasser).

51 De Wette (Hg.): *Dr. Martin Luthers Briefe, Sendschreiben und Bedenken*, Bd. 6, S. 453, in: Luther, M.: *Sämtliche Schriften*, a.a.O., Bd. 11, Sp. 467 f., Sp. 468, ohne weitere Angaben.

52 Luther, Martin: *Sämtliche Schriften*, a.a.O., Bd. 1, Sp. 1684 (»Auslegung von 1 Mose«).

53 Ausführlicher dazu: Denzler, Georg: *Die verbotene Lust*, München 1988, S. 45.

54 Daneau, Lambert: *Traité des Danses*, a.a.O., im Original S. 142.

55 Ebenda.

56 Anonymus: *Was schaden tantzen bringt*, a.a.O., S. 57.

57 Vgl. dazu nochmals: Fabeck, v., Hans: *An den Grenzen der Phänomenologie*, a.a.O.; Merleau-Ponty, Maurice: *Phänomenologie der Wahrnehmung*, a.a.O., insb. S. 244 ff.; s. auch erste Abhandlung dieser Untersuchung.

58 Luther, Martin: *Sämtliche Schriften*, a.a.O., Bd. 3., Sp. 1310 f. (»Auslegungen über das zweite Buch Mosis«).

59 Ebenda, Sp. 1311.

60 Daneau, Lambert: *Traité des Danses*, a.a.O., im Original S. 121 f.

61 Luther, Martin: *Sämtliche Schriften*, a.a.O., Bd. 3, Sp. 380 (»Predigt über 1 Mose«).

62 Ausführlich zur Person s.: Lenckfeld, J. G.: *Historia Spangenbergensis*, Aschersleben 1712.

63 Spangenberg, Cyriacius: *Ehespiegel in LXX Brautpredigten*, Straßburg 1570, S. 292, links f. Nach den letzten bibliographischen Nachforschungen von Schauer wird diese Abhandlung erstmals im Jahr 1561, dann 1570 und zuletzt 1578 aufgelegt.

64 Ebenda, S. 294, links.

65 Lange, Johann Christian: *Vernunfft-mässiges Bescheidenes und Unparteyisches Bedencken*, Frankfurt und Leipzig 1704, S. 74.

66 Ebenda.
67 Ebenda, S. 72.
68 Ebenda, S. 74 (Hervorhebung vom Verfasser).
69 Herrnschmid, J. Daniel: *Dreyerley wolbekannte aber unerkannte Laster der Welt*, a.a.O., S. 81 ff.
70 Daneau, Lambert: *Traité des danses*, a.a.O., im Original S. 8 f.
71 Luther, Martin: *Sämtliche Schriften*, a.a.O., Bd. 11, Sp. 468 (»Am anderen Sonntage nach Epiphaniä«).
72 Weise, Christian: *Die drei ärgsten Erznarren*, Leipzig 1673, S. 283, zitiert nach: Böhme, Franz: *Geschichte des Tanzes*, a.a.O., Bd. 1, S. 111.
73 Daneau, Lambert: *Traité des Danses*, a.a.O., im Original S. 139.
74 Weber, Max: *Die protestantische Ethik*, a.a.O., S. 139.
75 Zu diesem Aspekt s.: Schmidt, Gunter: *Das Grosse Der Die Das*, Herbstein 1986, insb. S. 35 ff.
76 Böhme, Franz: *Geschichte des Tanzes*, a.a.O., Bd. 1, S. 83 (Hervorhebung vom Verfasser).
77 De Wette (Hg.): *Dr. Martin Luthers Briefe*, a.a.O., Sp. 468. Die Hervorhebung stammt sehr wahrscheinlich nicht von Luther selbst, sondern von der Redaktion seiner Schriften, die bei einer seiner Aussagen zum Tanz Auszüge dieses Briefes in einer ungewöhnlich langen Fußnote abdrucken läßt. Die Erstausgabe dieser Gesammelten Werke Luthers erfolgt 1882 inmitten der großen Ära des Wiener Walzers. An diesen Dreivierteltakter und an seine ihm verwandten Drehtänze richtet sich denn auch der gesamte Inhalt der Anmerkung. Die Redaktion driftet an dieser Stelle von ihrem eigentlichen Anliegen, eben der Neuveröffentlichung der Lutherschriften, ab und macht sich sogar die Mühe, die (von ihr reichlich verzerrt dargestellte) Tanzgeschichte Czerwinskis zu Rate zu ziehen, um sodann – den Tanzhistoriker zitierend – einen redaktionellen Kommentar über den Lutherbrief abzugeben. Das Drehen mißfällt diesen Protestanten offensichtlich. Sie schreiben: »Und wir wissen, daß er (Luther, M.K.) gerade die Rundtänze, wie sie heute üblich sind, als unzüchtig angesehen und mit scharfen Worten verurteilt hat. (…) Darnach gehören die heute üblichen Drehtänze nicht zu den erlaubten, sondern zu den unzüchtigen Tänzen, welche Christen vermeiden sollen.« Luther, Martin: Sämtliche Schriften, a.a.O., Bd. 11, Sp. 467f., Sp. 468.
78 Spangenberg, Cyriacius: *Ehespiegel in LXX Brautpredigten*, a.a.O., S. 291, rechts.
79 Klemm, Bernhard: *Katechismus der Tanzkunst*, Leipzig 1887, S. 153.
80 Hier die alttestamentarischen Erwähnungen des Tanzes: 2. Mos. 32, 18–19; 2. Mos. 15, 21; Richter 21, 21, 23; 1. Sam. 18, 6-7; 2. Sam. 6, 5 ff.; 2. Chron. 5, 12–14; 2. Chron. 7, 6; Hohelied 7, 1; Jesaia 13, 21.
81 S.: 5 Mose, 10, 1 ff., 31, 9, 25.
82 Luther, Martin: *Biblia: Das ist: Die gantze Heilige Schrifft/ Deudsch/ Auffs new zugericht*, Wittemberg 1545, Faks. Stuttgart 1983, S. 172, rechts.

83 Herrnschmid, J. Daniel: *Dreyerley wolbekannte aber unerkannte Laster der Welt*, a.a.O., S. 70.

84 Daneau, Lambert: *Traité des danses*, a.a.O., im Original S. 128.

85 Herrnschmid, J. Daniel: *Dreyerley wolbekannte aber unerkannte Laster der Welt*, a.a.O., S. 71.

86 Ebenda, S. 51.

87 Ebenda, S. 69.

88 Spangenberg, Cyriacius: *Ehespiegel in LXX Brautpredigten*, a.a.O., S. 292.

89 Münster, v., Johann: *Ein gotseliger Tractat*, a.a.O., S. 174.

90 Bereits die traditionell gegen den Tanz angeführte Salomelegende selbst blieb in der Tanzforschung bis dato unbeachtet. Insofern stellt die Umdeutung dieses Musters seitens der Reformatorenschaft erst recht Brachland dar. Grundlegende Hinweise zu diesem Kapitel gab in erster Linie: Hausamann, Torsten: Die tanzende Salome, a.a.O. Auch in den Studien zum Thema Salome findet deren Bindung an den Tanz erstaunlich wenig Berücksichtigung, Hausamann macht hier die Ausnahme. Einen literatur- und kunsthistorischen Überblick zur Darstellung Salomes von den ersten Zeugnissen bis hin zum frühen 20. Jahrhundert gibt das Standardwerk: Daffner, Hugo: *Salome*, München 1912.

91 Luther, Martin: *Biblia: Das ist: Die gantze Heilige Schrifft*, a.a.O., S. 254, links.

92 Calvin, Johannes: *Commentaires sur le Nouveau Testament*, Genf 1561, Repr. Paris 1854, 4 Bde., Bd. 1, S. 393–400.

93 Böhme, Franz: *Geschichte des Tanzes*, a.a.O., Bd. 1, S. 104.

94 Hausamann, Torsten: *Die tanzende Salome*, a.a.O., S. 25. Weiteres zu historischen Einzelheiten und politischen Zusammenhängen des Originalgeschehens s. auch: Daffner, Hugo: *Salome*, a.a.O., S. 4–26.

95 Einzelheiten s.: Hausamann, Torsten: *Die tanzende Salome*, a.a.O., S. 172 ff.

96 Münster, v., Johann: *Ein gotseliger Tractat*, a.a.O., S. 149.

97 Zur Symbolik der Johannesfigur und deren Darstellung in der abendländischen Kunst gibt Auskunft: Metzsch, v., Friedrich-August: *Johannes der Täufer*, München 1989. Um Johannes windet sich ein Dickicht an Aberglauben. Näheres dazu s.: Verband deutscher Vereine für Volkskunde (Hg.): *Handwörterbuch des deutschen Aberglaubens*, a.a.O., Bd. 4, Sp. 704–766.

98 Die letzten Forschungsergebnisse und einen Fragenkatalog zum Thema Qumran stellt zusammengefaßt vor: Rückert, Sabine.: Ans Licht der Welt, in: Die ZEIT, 53, 1992, S. 11–14. Zahlreiche Bibelforscher sehen in dieser Glaubensgemeinschaft die direkten Vorläufer der Urchristen. Möglicherweise spielt Johannes die Mittlerfigur zwischen der Qumran-Sekte und Jesus von Nazareth als Messias.

99 Der Prophet ist der Schutzpatron vieler Städte (z. B. Florenz) und Dörfer. Die frühneuzeitliche Volksfrömmigkeit verehrt ihn als Beschützer vor zahlreichen Krankheiten, darunter auch der Tanzwut. Über das Johannisfest wurde berichtet. Die Johannessymbolik findet sich hier allerdings entpersonifiziert und, wie

es scheint, verselbständigt. Die Fragen, ob es sich bezüglich der Tanzwut ähnlich verhält und ob zwischen der theologischen Bedeutung der Johannes- bzw. Salomefigur und der Tanzhysterie ein kausales Beziehungsgeflecht besteht, müßten noch gestellt werden. Über eventuelle Zusammenhänge liegt bis dato keine Untersuchung vor.

100 Luther, Martin: *Sämtliche Schriften*, a.a.O., Bd. 7, Sp. 222–233 (»Anmerkungen zu Matthäus«). Luther verweist an dieser Stelle zwar auf das Markusevangelium, legt es aber nicht gesondert aus.

101 Ebenda, Sp. 227.

102 Ebenda, Sp. 233.

103 Calvin, Johannes: *Commentaires sur le Nouveau Testament*, a.a.O., Bd. 1, im Original S. 398.

104 Ebenda, S. 399.

105 Für die Gefangennahme und Hinrichtung des historischen Johannes scheinen machtpolitische Motive ungleich naheliegender: Das von den Römern besetzte Land des Tetrarchen war von Volksaufständen massiv bedroht. Wahrscheinlich richteten sich die moralischen Reden des Propheten auch vehement gegen die teilweise aggressive Reformpolitik des Herrschers und schürten so die Bevölkerungsunruhen, die es durch die Eliminierung des Johannes eben zu verhindern galt.

106 Luther, Martin: *Sämtliche Schriften*, a.a.O., Bd. 7, Sp. 225.

107 Ebenda, Sp. 232.

108 Calvin, Johannes: *Commentaires sur le Nouveau Testament*, a.a.O., Bd. 1., im Original S. 400.

109 Münster, v., Johann: *Ein gotseliger Tractat*, a.a.O., S. 150.

110 Ebenda.

111 Daneau, Lambert: *Traité des danses*, a.a.O., im Original S. 27.

112 Calvin, Johannes: *Commentaires sur le Nouveau Testament*, a.a.O., Bd. 1, im Original S. 399.

113 Luther, Martin: *Sämtliche Schriften*, a.a.O., Bd. 7, Sp. 229.

114 Während Calvin in Herodes einen völlig gott- und willenlosen Höfling sieht, bleibt dem lutherschen noch ein Stück Willen, den er wegen des Eides beugt: Herodes »*ist fröhlich, daß sein Wille durch den Eid gezwungen wird, den unschuldigen Johannes zu töten.*« Ebenda.

115 Ebenda, Sp. 227.

116 Den Eistanz hält erstmals der Bischof von Tyros im 4. Jahrhundert n.Chr. schriftlich fest. Eine dieser Versionen gehört bis zum Anfang des 20. Jahrhunderts zu den Volkserzählungen Griechenlands. Zum Eistanz Salomes s.: Hausamann, Torsten: *Die tanzende Salome*, a.a.O., insb. S. 186f.

117 Zu den Darstellungsarten dieser Epoche s.: Ebenda, S. 323–412; Daffner, Hugo: *Salome*, a.a.O, S. 27–98.

118 Ebenda, S. 318.
119 Vgl.: Ebenda, S. 303–322; Daffner, Hugo: *Salome*, a.a.O., S. 99–225.
120 Hausamann, Torsten: *Die tanzende Salome*, a.a.O., S. 310.
121 Daneau, Lambert: *Traité contre les danses*, a.a.O., z. B. im Original S. 92.
122 Ebenda, im Original S. 147.
123 Hausamann, Torsten: *Die tanzende Salome*, a.a.O., S. 311.
124 Ebenda, S. 310.
125 Ebenda, S. 185. Zur Salome des 19. Jahrhunderts s. z. B.: Daffner, Hugo: *Salome*, a.a.O., S. 277–388; Guisset, Jacqueline: Salomé au XIXe siècle: rapports entre littérature et arts plastiques, in: *Annales d'histoire de l'art & d'archéologie*, 5, Brüssel 1983, S. 67–82; Farese-Sperken, Christine: *Der Tanz als Motiv in der bildenden Kunst des 20. Jahrhunderts*, Hagen 1969, S. 10–24.
126 Dem Werdegang und Bedeutungswandel des orientalischen Tanzes in seinen Herkunftsländern und seiner von der Salomemetaphorik inspirierten Rezeption im mitteleuropäischen Raum widmet sich: Buenaventura, Wendy: *Von der Schlange zur Sphinx*, München 1984 und diess: *Die Schlange vom Nil*, Hamburg 1990. Besonders die letztgenannte Untersuchung ist mit zahlreichen Bildern in exzellenten Drucken dokumentiert. Buenaventura kommt in ihren Studien zu interessanten Zwischenergebnissen. Um so bedauerlicher, daß sie sich nur allzu gerne esoterischer Erklärungsmuster bedient. Wer beim sogenannten Bauchtanz, sinngemäß zusammengefaßt, von einer »verdrängten und nun zurückeroberten, genuin weiblichen Erotik« spricht (und ähnliche trivialfeministische Behauptungen aufstellt), rekurriert damit lediglich auf doch altbekannte, stereotype Deutungsmuster. Vergleichbare Mythen reproduziert (recht verwegen) das Standardwerk zum Thema: Karkutli, Dietlinde: *Das Bauchtanzbuch*, Reinbek bei Hamburg 1986, insb. S. 15–86.
127 Flaubert, Gustave: *Drei Erzählungen. Trois contes*, Frankfurt/ M. 1982, S. 240 bis 243 (Herodias).
128 Gerbou, Dom. G.: *Jugement du bal et de la danse*, a.a.O., im Original S. 21.
129 Münster, v., Johann: *Ein gotseliger Tractat*, a.a.O., S. 150.

Berichte aus der Gegenwelt

»Die Wanders-Leute/ so zu nächtlicher weile auff dem Feld sind/ und das Vieh hüten/ sehen und erfahren viel wunderliche Gespenste/ dann an vielen Orten in Mitternächtigen Ländern halten solche Geister oder Teuffelsgespenster ihre *Tantz-Krayse* mit allerhand Gesang und Seiten-Spiel/ deren Fußtappfen und Warzeichen bißweilen nach Aufgang der Sonnen in dem Thau gespüret werde. Sie tantzen auch de Boden oder das Erderich offtmals so tieff hinein/ daß derselbige Ort gerings umbher scheinet/ als sey er verbrent/ daß weder Laub noch Gras mehr daselbst wechst. Solche wunderbarliche Nachtspiel heissen die Einwohner den *Geister-Tantz* oder *Seelen-Tanz*/ und deutens also daß diejenigen welche in Freuden und Wollüsten deß Fleisches leben/ und allen bösen sündlichen Begierden den Zaum lassen (...).«[1] Diese vergleichsweise gezügelte Beschreibung aus dem Jahr 1669 schildert eine Szene von der Bühne des Teufels schlechthin, den Hexensabbat. An derselben Stelle fährt der Autor fort und erläutert verängstigt, daß die Teilnehmer der Veranstaltung, genauer, deren »Seelen/ wann sie nun gestorben sind/ müssen sich also auff Erden lassen jagen/ und mit ewiger Unruh gepeinigt werden.«[2] Allen Theoretikern voran, bezieht sich Praetorius auf Augustinus und Daneau.

Im Zuge der frühneuzeitlichen Abgrenzungsprozesse und For-

malisierungsschübe drückt sich in der Vorstellung eines Hexensabbats eine zunehmend polarisierte Welt aus. Die nach den Wirren
der Reformation gereift und klar ausformulierten Bilder der Veranstaltungen stellen revoltierende Gegenpole zu dem, was eigentlich
sein soll und bilden, so die These von Richard van Dülmen, Gegenwelten.[3] Wie sich anhand der zitierten Beschreibung bereits
vermuten läßt, geraten die in sich selbst gegenweltlichen, grenz-
überschreitenden Momente des Tanzes zu Helfershelfern dämo-
nologischer Projektionen und Exzesse. Ein Ritual steht dem Tanz
nicht zur Verfügung – wohin nun mit seinen Arabesken? Entmachtete Sinne geleiten die Veranstaltungen hin zur Orgie.

Zu betrachten wäre zunächst das Gesamtszenario des Hexensabbats und dann eines seiner konstitutiven Bestandteile, der
Tanz, danach die Umsetzung der stereotypen Bilder der Phantasmagorie in der sozialen Wirklichkeit. In einem kurzen Streifzug
begegnen wir der hysterisch Besessenen als dispositiver Gallionsfigur des Tanzes, dann dem ambivalenten Wiener Walzer und daraufhin dem marianischen Gegenpart der Hysterikerin, einer Ikone
des Tanzes, der Ballerina.

Hexensabbat

»Liebe Imagination, was ich ganz besonders an dir schätze, ist, daß
du nicht verzeihst.«[4] – Aller Wahrscheinlichkeit nach haben Hexensabbate in der sozialen Wirklichkeit nie stattgefunden. Denkbar ist, daß in der hysterischen Übertragung der eine oder andere
Bestandteil der Veranstaltung in die soziale Realität gelangt; allerdings fehlt hierüber jeder historische Beleg.

Hexensabbate sind mächtige kollektive Phantasien, bedrohlich
phantastische Wahngebilde voller Spuk, Zauber und Magie, sei es
in feiner Form oder als Vollbild: in exzessiven Orgien, mit etlichen

Buhlteufeln, dem Oberteufel und anderen imaginären Figuren. Der Hexensabbat ist das »Spitzenprodukt« obsessionierter Imaginationen: »Es war also nur eine große libidinöse Farce unter dem Vorwand der Hexerei.«[5]

Zeitgleich mit dem inbrünstig sich zuspitzenden Teufelsglauben tauchen die ersten Bruchstücke angedeuteter Hexensabbatdarstellungen *nach* der Reformation etwa seit der Mitte des 16. Jahrhunderts auf. Ihr Vollbild erreichen sie nicht vor der ersten Hälfte des 17. Jahrhunderts und bleiben sodann bis in das 18. Jahrhundert hinein aktiv. Die Phantasmen sprießen also zusammen mit dem aufkommenden Staatswesen im Absolutismus oder, mit der alten Richtungssymbolik gesagt, sie stehen im Zeichen der sich ankündigenden »rechten Welt«. Die Bilder verschwinden, als das Böse keine Unruhe mehr erzeugt, und sich die Trieb- und Affektmodellierung der Menschen im Prozeß der Staatenbildung allmählich strafft.

Mit fortschreitender Gelehrtenkultur wird das Phantasma von den Theologen beider Konfessionen und Rechtsgelehrten geschürt. Die eigentlichen Produktionsstätten der Bilder sind die Studierstuben, die Ateliers der Maler und die Folterkammern. Von dort aus verbreiten sie sich im Volksglauben. Entsprechend sind das vollständig aufgeblähte Bild ebenso wie sein theoretischer Überbau – die Dämonologie – maßgeblich der studierten Gelehrtenwelt vorbehalten. Für das Vollbild eines Hexensabbats reichen das Wissen und die Obsessionen der einfachen Menschen nicht aus, wobei am Wahrheitsgehalt der Idee selbst, vom Bauern bis zum Landesfürsten, kaum jemand Zweifel hegt. Auch den Tanzmeistern oder anderen Verfechtern des Tanzes als Tanzkunst scheint das Phänomen bekannt.

Die Dämonologie ist keine »Wissenschaft für sich«. Die damals noch schwache Ausdifferenzierung der einzelnen Akademien läßt eine Grenzziehung zwischen der Dämonologie und anderen Disziplinen nur bedingt zu. Der Diskurs der Dämonologen findet Aufnahme bei den Philosophen, Juristen, Medizinern und selbstredend bei den Theologen. Dementsprechend sind die meisten Dämonologen nicht nur in ihrer eigenen Fragestellung bewandert. So arbeitet Johannes Praetorius auch als Schriftsteller und Lehrer u. a. für Geschichte, Astrologie und Geographie an der Universität Leipzig. Das Gesamtwerk Praetorius' ist von Mittelmäßigkeit geprägt, seine Volksdichtungen finden kaum Anklang und zählen zur Trivialkultur. Sein beruflicher Werdegang verläuft eher erfolglos.[6] Praetorius zählt zum Kreis der historischen Figuren ohne herausragende Bedeutung. Anders Jean Bodin (1530–1596): neben Thomas Hobbes gehört er zu den ersten und bedeutsamen Staatsphilosophen der frühen Neuzeit. Bodin ist einflußreicher Jurist, engagiertes Mitglied des Pariser Parlamentes und eben gleichermaßen engagierter Hexen- und Teufelsjäger. In den (bis heute konsultierten) »Six livres de la République« von 1576 skizziert er das Modell von der Souveränität des Staates. Bodin gilt deshalb als Wegbereiter des französischen, nach der Mitte des 17. Jahrhunderts durch Louis XIV vollendeten Absolutismus. Unter der Regentschaft des Bourbonenkönigs wird der frühe Verwaltungs- und Regierungsapparat erstmals zentral zusammengeführt und gesteuert werden, eine Leistung, in der sich das moderne Staatswesen ankündigt.[7] Zwar zählt Bodin zu den frühen Intendanten der Phantasmagorien, aber dennoch oder gerade deshalb ist er in zweierlei Hinsicht bedeutend: Er entwirft das Modell einer frühstaatlichen, »rechten« Welt und einer dazugehörigen »verkehrten« Welt.

Nun zu den Phantasmagorien: Die Anknüpfungspunkte für die imaginären Bilder finden sich in den herkömmlichen Volksfesten.[8] Die vergleichsweise unbedarften Menschen stellen sich unter einem Hexensabbat ein großes Fest vor, auf dem Gott abgeschworen und exzessiv gegessen, getrunken, getanzt und die Sexualmoral vergessen wird. Letztlich geschieht auf dem Fest Satans nur das, was in der Erfahrungswelt der Menschen bekannt ist und nun dämonisiert wird. Die alltäglichen Gegenstände Kessel und Besen sind die bekanntesten Beispiele. Ebenso geläufig ist der Tanz- bzw. Festplatz; zahlreiche Orte haben ihren eigenen Hexentanzplatz. Möglicherweise knüpfen die Bilder auch konkret an die Heiratsrituale des Mittelalters an. Diese geraten in der frühen Neuzeit aus den Fugen, und die neuen Muster besitzen zur Ära der Hexensabbate noch keine Gültigkeit. Ein großer Teil der verwilderten alten Bräuche finden sich in den Phantasmagorien wieder: Paktversprechen, Beischlaf, Geschenk und Verlöbnis bzw. Eheschließung mit neuer Namensgebung, Festessen, Tanz.[9]

Das Vollbild des Hexensabbats setzt sich aus folgenden Bausteinen zusammen: aus dem Bündnis und dem Pakt, der Buhlschaft (Sexualverkehr mit dem Teufel, bzw. dem Buhlteufel), der Schwarzen Messe, dem Flug, dem Schadenzauber und nicht zuletzt aus dem Tanz. Protagonist des Geschehens ist der Teufel oder genauer, der Ober-Teufel. Die schwarze Majestät ist der Gastgeber, der Motor und die treibende Kraft der Veranstaltungen. Dementsprechend durchzieht die Häresie, die Abkehr von Gott durch die Zuwendung zum Gegengott, die Szenarien wie ein roter Faden.

Grundvoraussetzung für jede Form des Zaubers und zentrales Element des Hexensabbates ist das Bündnis. Sollte dieses, wie es vor allem in der Ikonographie manchmal der Fall ist, nicht explizit erscheinen oder mit anderen Bausteinen zusammen eine in sich geschlossene Einheit bilden, so wird es implizit vorausgesetzt. Keine Hinrichtung ohne Geständnis über den Zusammenschluß – dieser taucht in sämtlichen Protokollen auf und ist das eigentliche Verbrechen. Für die nächtlichen Zusammenkünfte ist das Bündnis eine Art Eintrittskarte, Auftakt und Impulsgeber in einem.

Komplette, mit sämtlichen Komponenten ausgestattete Bilder hinterlassen unter anderem Michael Herr um 1626, Spranger 1710, Martin Delrio und Guillot aus dem frühen 18. Jahrhundert.[10] Die letzte, vollständige Darstellung stammt von einem unbekannten Nachzügler aus dem 19. Jahrhundert. In der hier beigefügten Illustration aus dem Jahr 1613 (Abb. 12) gibt ein Jurist des französischen Frühabsolutismus, Pierre de Lancre (1553–1631), einen Teil seiner Vorstellungswelt wieder. Der Phantasmagorist hat die einzelnen Bestandteile der Veranstaltung mit den Buchstaben »A« bis »M« durchnumeriert. De Lancre ist Richter; allein im Jahr 1609 bringt er in knapp vier Monaten sechshundert Menschen auf den Scheiterhaufen.

In den Phantasmagorien findet der gesamte, idealiter von den gesellschaftlichen Instanzen geforderte Verhaltenskanon seine präzise Umkehrung. Der Sabbat steht bereits im Alten Testament unter dem Gebot der Ruhe. Wie anders jedoch in den nächtlichen Zusammenkünften des Hexen-Sabbats, die Liturgie wird zur Orgie umgedreht:

»Ihr seid das Salz der Erde« (Mt. 5, 13). – Nach dem Bibelwort soll das Salz mit seiner hoffnungsträchtigen Funktion erhaltend wirken. Daher dient es damals in zahlreichen Regionen Mitteleuropas als geläufiges Antidämonikum. Dem Salz werden entsühnende und reinigende Kräfte zugesprochen, es soll den Teufel bannen.[11] Folgerichtig ist bei den gegenweltlichen Veranstaltungen das Mitführen und Benutzen von Salz unter Strafe verboten und ist dort auch nicht vorzufinden. Damit öffnet die Kehrwelt wohl ihre Tore. Schier unerschöpflich die Bilder der beiden Hauptwidersacher: Aus der »Gestalt« Gottes, dem Logos, wird die furzende, rülpsende, bösartige und geile Figur des Teufels. Aus dem »Vaterunser« wird ein »Satan unser, der du bist in der Hölle«. Die Hostie ist schwarz,[12] schlecht zu schlucken und wird mit einem übelschmeckenden Getränk gereicht. Das Weihwasser besteht aus dem Urin Satans. Die Bekreuzigung geschieht nicht mit der rechten sondern mit der linken Hand. Aus dem bischöflichen Adorationskuß wird ein Kuß auf den stinkenden Hintern oder, je nach Gusto,

auf die stinkenden Genitalien des Teufels. Der Satan hält eine Predigt und nimmt die entsprechende Beichte ab. Als Zeichen der Zugehörigkeit wird aus der Taufe oder der Firmung das Stigma diabolicum. Aus den Sakramenten wird der Schadenzauber. Die Opfergabe, das »Lamm Gottes, das hinwegnimmt die Sünden der Welt,«[13] besteht aus ermordeten, ungetauften Kindern. Üppig gereichte Speisen (Kröten, Geflügel, Pferde) erscheinen als kulinarischer Hochgenuß; mit einer seltsamen Lust werden sie verschlungen, gleichzeitig aber als unbekömmlich und widerwärtig beschrieben. Nicht zuletzt findet sich ein weiterer Baustein der Kehrwelt im Sexuellen, möglicherweise als Umkehrung der spirituellen Liebe der Agape. Allerdings ist deren doch streng ritualisierte Ordnung in der Gegenwelt nur unscharf zu erkennen. Denn das Sexuelle durchtränkt impulsgebend und eher unspezifisch ausgerichtet den Großteil aller gegenweltlichen Handlungen. Es erscheint sodomitisch. »Sodomie« gilt damals als Sammelbegriff für jedes Sexualverhalten, das, kurzgefaßt, von ehelich gebundener und auf Fortpflanzung ausgerichteter Sexualität abweicht. Die Intensität dieser sodomitischen Praktiken ist steigerbar bis hin zur allgemeinen Orgie. Mütter treiben es dann mit ihren Kindern; ein kurzer »Koitus so nebenbei« ist nur ein Bestandteil unter vielen; pädophile Phantasien setzen sich durch; Analverkehr mit Gegenständen ist genauso beliebt wie homosexuelle Praktiken oder der sadomasochistische Beischlaf mit einem der Buhlteufel, deren Daseinszweck ausschließlich in dieser Betätigung besteht. Die ab und an erwähnte, genußvolle Zuwendung zu Kindsleichen würden wir heute als eine spezielle Erscheinungsform der Nekrophilie bezeichnen. In dumpfer Gier und wüsten Gelagen werden Gelüste weitgehend form- und wahllos ausgelebt. In den Phantasmagorien ist es allem voran die Kraft des Sexuellen, die die Vorgaben der Ordnung zur Gegenordnung treibt. In aller Intensität legt das Sexuelle die Kehrwelt Orgie offen.

Den Analysen Georges Batailles folgend, werden in der Orgie die Gesetzmäßigkeiten des idealiter geforderten Verhaltens nicht aufgelöst, sondern in all ihrer Macht kulminierend eher nur umgedreht: »Wir haben (...) nicht recht, wenn wir bei einer allgemeinen Betrachtung der Orgie eine Praxis der Lockerung (der Sitten, M.K.) in ihr sehen; sie ist im Gegenteil ein Moment der Intensität, auch von Unordnung zweifellos, aber zugleich von religiösem Fieber. In der Kehr-Welt des Festes ist die Orgie der Augenblick, in dem die Wahrheit der Kehrseite ihre umstürzende Kraft offenbart. (...) Die bacchantische Gewaltsamkeit ist das Maß der entstehenden Erotik, deren Bereich ursprünglich mit dem der Religion identisch ist.«[14] In sich bereits gegenweltlich, ist die treibende Kraft der Phantasmagorien der Tanz. Aus dem stillen Gebet, aus der lebensspendenden Gotteskonzentration der »guten« oder »rechten« Ordnung leiten in der Gegenwelt destruktive und nymphomane Sinnesarabesken hin zur Orgie.

Die Umkehrung der geforderten ästhetischen und moralischen Werte erfolgt kompromißlos. Jegliches Tabu fällt. In dieser Kehrwelt wird der Gottesmord zelebriert und dadurch werden sämtliche, an die göttliche Existenz gebundenen Verhaltensmuster umgedreht. Die Gegenwelt des christlichen Heils erscheint als Brutstätte des Unheils und als Babel aller Gelüste. In dem doch recht kühn vorgetragenen sinnlichen Aufruhr der nächtlichen Zusammenkünfte kehrt sich der Reinheitsfittich zur organisierten Verbotsübertretung um. Aus einer fiebrig tiefen Religiösität entspringt eine häretische Revolte des Ungehorsams. Die Sabbatphantasmen – sie stammen durchweg von gläubigen Christen – sind, so noch einmal Bataille, mächtige »Riten der Beschmutzung (...), sie haben durchweg parasitären Charakter: es sind die Umkehrungen des christlichen Themas.«[15] Die an den Veranstaltungen Teilnehmenden verspeisen Kröten und gebratene, verkrüppelte Kinder; sie küssen stinkende Genitialien abscheulicher Bestien; auf dem Programm stehen Kindsmord und sodomitische Orgien; die Hexer und vor allem die Hexen »koitieren« wo, wann und wie es nur eben geht; es wimmelt von (hauptsächlich männlichen) Geschlechtsteilen; Sperma fließt in Unmengen. In einem Satz: hier wird das Obszöne in Szene gesetzt.

Objektivierbar ist das Obszöne lediglich in den jeweiligen normativen moralischen Kategorien, denen es stets unterliegt, die kulturell abhängig sind und variieren. Das Obszöne beschreibt das jeweils Verbotene, Schmutzige und Sittenwidrige. Auch die Werteskala der christlichen Religion kennt das Obszöne, allerdings nur in seiner Verneinung bzw. Konvertierung. Hier aber wird es lautstark. Um das umfassende Reinheitsgebot konstituieren zu können, wird der Schmutz notwendiger denn je; ein Moment ist ohne das andere nicht denkbar. Durch die polarisierende Konzeption des christlichen Denk- und Weltmodells spricht jede Metapher die Sprache ihres Gegenübers immanent mit. Prototypisch ist in dieser Hinsicht das Bild der Jungfrau Maria. Diese Heilige gehört gerade wegen ihrer nicht vorhandenen Obszönität in die obere Etage der christlichen Hierarchie. Sie gebar ohne Fäkalien, ohne Schmerz, ohne Blut und ohne Koitus, sie ist in jeder Hinsicht »gut«. Erst die starke Betonung des Nicht-Obszönen macht sie zur Figur der Reinen, zur Immaculata. Implizit wird in dieser Heiligen somit nicht nur das Gute, sondern, in gleicher Lautstärke, auch das Böse und Verbotene mitgesprochen.

Manchmal explizit, manchmal implizit – bei de Lancre zum Beispiel sitzt analog zu Maria die »beste« Hexe des Sabbats an der Seite des gegengöttlichen Thrones (Abb. 12, rechts oben).[16] Die ranghöchste aller Minderdläubigen ist die rechte Hand des Teufels. Das sich damals ankündigende (inzwischen hinlänglich bekannte) Weiblichkeitsmodell schöpft seine Attribute stereotyp von der polaristisch ausgerichteten Palette der Heiligen und der Hure.[17] An der Steuerzentrale des nächtlichen Geschehens tritt dieses Muster deutlich hervor. Kennzeichen einer Hure ist die Verbotsübertretung. Ob professionalisiert oder nicht, die Mißachtung des Verbotes ist ihr Merkmal.[18] Die Oberhexe, in diesem Sinn auch Oberhure der Kehrwelt, spricht so die Sprache Marias implizit mit, erst die verneinte Obszönität macht die Jungfrau rein und ihre Widersacherin, die Hure, obszön. Die Unerreichbarkeit der Makellosen fordert ihren Tribut.

Hieraus ergibt sich ein weiterer Aspekt: Die imaginäre Ausgestaltung der Hexensabbate sind Pornographien mit religiösem Impetus. Dies läßt sich recht einfach an der Etymologie des Begriffes »Pornographie« nachvollziehen. Das Wort stammt aus dem Griechischen und meint etwa »über Huren schreiben, die Huren beschreibend«. Durch das Bündnis initiiert und eingeleitet ist die Verbotsübertretung der Hexe oder Hure das Thema der Gegenwelt schlechthin. In der Kehrwelt des christlichen Heils ist ausnahmslos jede Handlung, und sei sie noch so zaghaft gegengöttlich, die einer Hure und jeder noch so kleine Pinselstrich, der eines Pornographen, »soft« oder »hard«, je nachdem. Das Reinheitsgebot ist janusköpfig, das allmächtige Verbot motorisiert den Regelkreis stereotyp dialektischer Funktionsbilder.

In den obskuren, origiastischen Wahngebilden der nächtlichen Zusammenkünfte offenbart sich das christlich polaristische Konzept in seiner gesamten Paradoxie: ohne Hölle kein Himmel, ohne Hure keine Heilige und: ohne Sammelsurien an Obszönitäten keine Beatitudo. Die Hure gehört zum System, Hexensabbate sind Verhaltensmaßregelungen ex negativo.

Zur vollen, schrillen Aktivierung kommen die Bildphantasien in den Studierstuben der Gelehrten, den Ateliers der Maler und in den Folterkammern. Die Teilnahme an den gegenweltlichen Veranstaltungen gehört zu den fünf Hauptpunkten der verhängnisvollen Einführung des sogenannten Kumulativdeliktes.[19] Zwischen Daumenschrauben, Streckbänken und richterlichen Phantasien

muß das entsprechende Geständnis abgegeben werden. Im aufgerüsteten Beichtstuhl »Folterkammer« erhält die Imago erst ihre
eigentliche, zerstörerische Kraft. Das Wahngebilde bespricht das
Konzentrat dessen, was gesucht und überwunden werden soll. Richard van Dülmen beschreibt die Aufgabe der Phantasmagorien
wie folgt: »Im Hexensabbat entsteht eine Gegenwelt zum nach der
Reformation bzw. Gegenreformation gereinigten Bild des kirchlichen Christentums. In diesem Sinne dient der Hexenprozeß der
Unterdrückung bzw. Diskriminierung einer weltlichen Sinnlichkeit und Sexualität, jedes außerchristlichen Kultes und jeder nicht
kirchlich sanktionierten Lebensform.«[20]

Der Kanon der magisch-mystischen Bilder ebenso wie die vor-
geworfenen Delikte sind den Menschen mehr oder minder bekannt und (imaginäre) Realität. Kaum jemand hält das, was als Geständnis erwartet wird, für unglaubwürdig. Markant erweist sich
allerdings der Umgang mit den Details, die die Gerichte den Angeklagten abverlangen: »Hier liegt eine gewisse Scheu vor.«[21] Die
Schilderung der nächtlichen Aktivitäten überschreiten also nicht
nur das Wissen der Betroffenen, sondern auch ihre Schamgefühle.
Repression gerät eben leicht zur Obsession, und die Obsessionen
der Richter und der Gelehrtenwelt scheinen die der Gefolterten
(und die der Nicht-Gefolterten) zu übertreffen. Zwar weiß das einfache Volk recht genau, was das ist, ein Hexentanz. Aber auch und
gerade hier: »Man hat den Eindruck,« schreibt van Dülmen nach
Auswertung der Gerichtsprotokolle, »daß die Angeklagten, wenn
sie die Teilnahme am Hexentanz zugestanden hatten, eher zu positiven Beschreibungen neigen, nur auf Fragen des Inquisitors dann
auch die negative Seite hervorheben.«[22] Das ist wenig verwunderlich, denn ohne die Arabesken des Tanzes loszulassen, könnte das
pornographische Fieber der Veranstaltung nicht steigen.

In gewisser Hinsicht ist die Gegenwelt des Hexensabbats in
sich bereits ein Tanz, eine Grenzübertretung. Stellen wir den Fo-

kus enger ein und betrachten die Tänze, die dem Verfechter des Tanzes als Kunsttanz, dem renommierten Leipziger Tanzmeister Gottfried Taubert zufolge »von dem Obersten *Luzifer* auf das allerschärfste *examini*ret und *probi*ret«[23] sind, aus der Nähe.

Eine fiebrig streunende Hure

»Aber es ist doch sonderlich zumerken« schreibt der Dämonologe und Staatsphilosoph Jean Bodin, »daß keine Hexenversammlung geschicht/ mä dantzet stäts darbey.«[24]

Jeglicher Zauber und erst recht der Schadenzauber versteht sich initiiert durch diabolisches Wirken. Das einzige Element, das explizit oder implizit bei allen Hexensabbatimaginationen nie fehlt und auch nicht fehlen kann, ist das Bündnis mit dem Teufel. Das zweite, »häufigstverbreitete Muster« ist nach den Quellen von van Dülmen »der Hexentanz.«[25] Auch hierbei ist die Allianz mit dem Gegengott grundlegende Voraussetzung. Während es beim herkömmlichen Hexentanz noch vergleichsweise gezügelt zugeht – ein ausgeprägter Satanskult und sodomitische Orgien fehlen – erfährt dieser bei den nächtlichen Zusammenkünften eine Intensivierung. Zu diesem »Tanz der Superlative« van Dülmen: »Nirgends wird die Verkehrtheit so deutlich wie beim Tanz. Dies heben auch alle ikonographischen Darstellungen hervor.«[26]

Bei Betrachtung der Literatur und der Ikonographie springen hinsichtlich des Tanzes zwei untereinander korrelierende Sachverhalte besonders ins Auge:

Erstens wird die choreographische Ordnung diametral in eine choreographische Gegen-Ordnung umgedreht. Die Abtrünnigen tanzen entweder Rücken an Rücken oder die Gesichter von der Gruppe abgekehrt. Die Tanzrichtung erfolgt im Kreis entgegen dem Uhrzeigersinn, die einzelnen Personen bewegen sich dabei rückwärts. Diese Elemente sind der Kehrwelt entsprechend gegen-choreographisch und zudem die einzigen Bausteine, die es erlauben, überhaupt von einer Choreographie zu sprechen. Doch sie sind keineswegs konstant, sondern lösen sich auf. Hieraus ergibt sich die nächste Besonderheit: Die choreographische Gegenordnung steigert sich in Richtung Un-Ordnung zur verallgemeinerten Orgie. Die tänzerischen Einzelelemente gehen bruch- und übergangslos in ein hochgradig sexualisiertes Stadium über, das sich in nächster Nähe eines choreographischen Chaos befindet.

Betrachten wir zunächst die Gegen-Choreographie. Der Funktion »Kehrweltlichkeit« scheint eine Art Trick eingeschrieben zu sein. Die Hexen und Hexer tanzen also Rücken an Rücken oder mit den Gesichtern von der Gruppe abgekehrt. Das hat zur Folge, daß die Teilnehmenden inkognito bleiben, niemand kann sie verraten, denn niemand hat sie erkannt. Damit ist die gegenseitige Denunziation wie auch die Berichterstattung über das Geschehen eingeschränkt und unter Umständen sogar ausgeschlossen. Obwohl die Abtrünnigen nicht nur in dieser Art und Weise tanzen – oft werden im gleichen Atemzug Beschreibungen gemacht, die den Effekt der Anonymisierung unmittelbar wieder aufheben müßten – wird diese Tanzstellung unablässig hervorgehoben.[27] Die Dämonologen sind der festen Überzeugung, daß sich hinter dieser Tanzart eine Verschwörung verbirgt. Und in dieser Behauptung liegt der Trick, wenn auch sicherlich nicht bewußt eingesetzt: Das Delikt bleibt im Geheimen, es ist nur noch leidlich benenn- und überwindbar. Dadurch ist der Motor des Geschehens, der Teufel, kaum noch abzustellen, er wird im Gegenteil eher angekurbelt. Die Wirklichkeit der Veranstaltung bleibt, ebenso wie das dort stattfindende Treiben, der relativen Willkür der Imagination überlassen. Die Gegen-Choreographie ist also nichts anderes als ein beliebig ausfüllbarer Freibrief für verbotene Phantasien, sei es zur spektakulären Ausgestaltung des Gesamtgebildes oder des Tanzes.

Blicken wir nun auf die Tanzszenarien der Veranstaltungen. Das eine oder andere Detail findet sich in der Hinterlassenschaft von de Lancre (Abb. 12) wieder:

Eine zusammenhängende Schilderung gibt Praetorius 1669. Als empirischen Beweis der realen Existenz eines Hexensabbats beruft er sich auf einen der Zauberei bezichtigten, mittellosen Bauern. Dieser wird begnadigt, da er, sicherlich unter der Folter, seine Gefährtschaft denunziert und das entsprechende Geständnis ablegt: »Nach gethaner Reverenz (vor dem Teufel, M.K.) sahe er/ daß man einen runden Tantz oder Reigen hielte/ doch *daß sie das Angesicht auß den Reigen kehrten/ also daß keines das andere ins Angesicht sehen konnte/* (...) so finde er stets eine Unzahl solches Teuffels ergebenes Gesindes/ welches nachdem es einen Bock angebetet/ und zu Ehren an den Hintern geküsset/ so thue es einen Tantz/ Rücken an Rücken/ und darauff pflege es fleischlicher Vermischung mit den Teuffeln. Nach vollendeter Mahlzeit behielten auch die Geister ihre fremde angenommene Gestalt/ un ergreiff ein jeder Geist seine ihm anvertraute Schülerin bey der Hand/ fing an mit dersoselben zu tanzen/ welcher Tantz mit ganz widerlichen und seltzamen Affentheuerlichen Geberden verrichtet ward/ dann die Rücken kehreten sie aneinander/ die Hände schlossen sie in einem gerundeten Krays zusammen; die Köpffe schlugen sie und wurrfen sie gleich den Wansinnigen und Närrischen. Etliche hielten brennende Windlichter in den Händen und neigeten sich zuvor für ihren Teuffel/ und küsseten ihn/ und sungen demselben zu Ehren garstige und unflätige Lieder (...). Ja es ging so seltzam und wunderlich durcheinander/ daß man es nicht wunderlicher hette erdencken mögen.«[28] Im Vergleich verhält sich Praetorius in dieser Schilderung eher gezügelt.

Der Tanz kann potentiell jeden Bestandteil der Zusammenkünfte durchsetzen, sein Einsatz variiert. Manchmal beginnt er direkt mit Abschluß des Bündnisses. Als solcher bereits gegenweltlich, bildet der Tanz mit dem Bündnis eine in sich geschlossene Einheit, die beiden Elemente sind dann identisch.[29] Getanzt wird zur Huldigung und zum Gunstbeweis des Oberteufels, wie auch vor, während oder nach dem Beischlaf mit den Buhlteufeln. Den Auftakt geben Musikanten in Teufelsgestalt, schrill und laut spielen sie ihre Höllenmusik. Die Gesänge sind verführerisch obszön und lösen sprachliche Normen auf. Die Teilnehmenden stossen unzusammenhängende Silben aus, sie stöhnen, grunzen, schnauben, ächzen. Im »aussgelasnen wütigen Teuffelsheer« von Bodin »pflegen sie/ allweil sie dantzen/ zusagen/ Har/ Har/ Teuffel/ Teuffel/ spring hie/ spring da/ hupff hie/ hupf dort/ Spil hie/ Spil da. Etliche aber rufen Sabath/ Sabath.«[30] Die Gruppenzusammenstellungen sind unterschiedlich. Bei de Lancre beispielsweise tanzen nackte Hexen (u. a.) paarweise mit ebenfalls nackten und beflügelten Buhlteufeln im Kreis (Abb. 12, Mitte rechts).

Eine andere, gängige Darstellungsform ist die folgende: Tanzend zieht eine ungeordnete Masse aus Hexen, Hexern, Musikanten und verschiedenen Teufelsfiguren, darunter auch die Buhlteufel, in Spiralen hinauf auf den Berg zum Thron des Oberteufels. Manche unter ihnen begrapschen und betatschen einander. Mit ausladenden, grotesken und zotenhaften Bewegungen tanzen sie gemeinsam zum Satansdienst. Der Weg, den sie in Form einer Prozession beschreiten, führt – gemäß der alten Richtungssymbolik – ohne Ausnahme spiralenförmig von rechts nach links. Die Assoziation mit dem »Zug der Verdammten« drängt sich förmlich auf.[31]

Bei Spranger (1710, Bildmitte) verschmelzen Messe und Tanz zu einer Einheit. Mit skurrilen Bewegungen, einem turbulenten Kopfüber und Kopfunter, Beine oder Arme in der Luft herumfuchtelnd und auf den Knien kriechend, umtanzen Männer und Frauen den Thron einer zufrieden zuschauenden, widerwärtigen Teufelsgestalt. Rücken an Rücken, Vor und Zurück – geduckte, possenhafte, hinterhältig schleichende, zuckende oder auch harte, brüske Bewegungen durchsetzen das Szenario wie eine Fuge aus abgestumpfter

Lebensgier und ausgehungerten Gelüsten. Obskure Verrenkungen nackter Leiber, wildes choreographisches Durcheinander erhascht sich den Beischlaf: »Nach geendetem Tantz schlief der Teufel bey ihnen: Und einer unter denselben/ der sie zum Tantz geführet hat/ nam sie und küsset sie zweymal/ und that ihr mehr dann bey einer halben Stund/ Beywohnung: aber er ließ mechtigen kalten Saamen von ihm gehen.«[32] »Saamen«, »Tantz« und »Fürze« – zahlreiche Hinterlassenschaften zum Thema kündigen dies erst nach dem Festmahl an. Die Illustration von de Lancre ist zu diesem Aspekt weniger informativ als ihr Beitext: »Nach dem Fressen kommt der Tanz: (...) jeder Dämon führt diejenige, die neben ihm am Tisch war, mit sich unter diesen verfluchten Baum, und da, schon dreht der erste das Gesicht zum Tanzkreis hin, und derzweite heraus, und die anderen folgen wie von selbst. Sie tanzen, trampeln und betatschen sich mit den anstößigsten und schmutzigsten Bewegungen, die ihnen möglich sind.«[33] Die Tänze sind, so das Resumé des italienischen Musikhistorikers Meri, der »ätherischste Anblick überhaupt.«[34]

Recht anschaulich sind die Beschreibungen Kunzes. Nach Auswertung der Gerichtsprotokolle des Pappenheimerprozesses aus dem Jahr 1600 und von Städtechroniken rekonstruiert er das Szenario: Donnerstagnacht, Flammen flackern im Dunkel. Hexen niederen Ranges, die Beine breit gespreizt, die Köpfe zum Boden gerichtet, die Hinterteile so steil wie möglich in die Höhe gereckt, stehen auf Anweisung der Ordnungsteufel kreisförmig um den Festplatz herum. Die brennenden Kerzen in ihren Aftern heben das Ambiente.[35] Das Festessen ist noch nicht ganz vorüber, da tauchen Teufelspfeifer aus dem Nichts hervor, um zum »Tanz aufzuspielen. Eine wahre Höllenmusik bricht los. Das infernalische Getöse geht durch Mark und Bein. (...) Die Fresser hören auf zu kauen, die Säufer stellen den Becher weg, alles springt auf, kommt in Bewegung. Die seltsame Musik erregt die Sinne, weckt die verborgensten Triebe zu wilder Gier und dumpfer Lebenslust.«[36] Juchzend und kreischend formieren sich die Hexen, darunter vereinzelt auch einige Hexer und etliche Buhlteufel zu einem Kreis, stellen sich hintereinander auf, fassen die vordere Person um die Hüften und bewegen sich »synchron im Takt des höllischen Tanzes, stellen den linken Fuß auswärts, gehen einen Schritt vor und zwei zurück. So zuckt und zittert der menschliche Ring wie der Leib einer unruhigen Schlange und bewegt sich dabei rückwärts im Uhrzeigersinn, denn der Teufel liebt das Linke und Verkehrte über alles.«[37] Bis hierher befindet sich die Gegenwelt der Orgie nur in ihrem Vorstadium, fernab eines haltenden Rituals zeigt der Reinheitsfittich seine ihm gegenüberliegende Kraft erst im folgenden. Mit dem Wegbereiter und Träger Tanz brechen die Phantasien aus und legen jetzt die ganze Macht der Kehrwelt offen. Kunze fährt fort: »Immer wilder wird die Musik, immer schneller dreht sich die ›Scheibe‹, schon stolpern die ersten, stürzen jauchzend übereinander, schon löst sich die Ordnung des Tanzes auf und weicht, während die Kapelle zu einem ekstatischen Furioso ansetzt, dem gänzlich ungeordneten Auf- und Untereinander einer allgemeinen Orgie. Zwar hat jede Hexe einen bestimmten, ihr zugedachten Buhlteufel, aber sie treibt es in diesem Stadium der Auflösung keineswegs nur mit ihm. Selbst der elfjährige Hänsel weiß: ›Sie kugeln alle übereinander, Vater und Mutter und ihre Kinder miteinander.‹ Und Augustin Baumann bestätigt: ›Die Unholden müssen zuvor mit ihren Teufelsbuhlen Unzucht treiben. Hernach gehts durcheinander insgemein, (es) mut ein Unhold die ander an. Es wird ›allerhand greuliche sowohl sodomitische als natürliche Unzucht getrieben, zwischen den Brüsten, unter den Axeln, hinter und fürwärts‹.«[38] Frauen seien für Orgien besser geeignet als Männer. Die Hexen ziehen den menschlichen, männlichen Sexualpartnern die allzeitbereiten Buhlteufel vor, denn, so noch einmal der gefolterte Baumann aus der Feder Kunzes, die »können es ›ihnen machen …, wie sie wollen.‹«[39] Von seinem Thron blickt die schwarze Majestät wohlgefällig auf das Treiben unter sich. »Das allgemeine

Keuchen, Kosen und Kratzen, das Stöhnen, Seufzen und Lustge-schrei ist Musik in seinen Ohren, die Widerwärtigkeiten und Per-versitäten sind ihm ein herzerfrischender Anblick, die geflüsterten, gefluchten und gebrüllten Obszönitäten sind seine Art von Poe-sie.«[40] Wenn diese orgiastischen Aktivitäten allmählich in befriedig-tes, satt rülpsendes Dahindösen übergehen, treiben die »Ordnungs-teufel mit Fäusten und Fußtritten (...) die ineinander verschlungen Leiber auseinander (...).«[41] Der Tanz hat jetzt sein Finale erreicht und seine Funktion erfüllt. Damit ist auch der »gemütliche Teil des Festes vorüber, nun wird es sehr feierlich.«[42] Es folgt die Messe. In knieender Hundestellung oder andersherum, »die Scham gen Him-mel gekehrt,«[43] kriechen die Abtrünnigen zum Teufelsdienst. Bei der Entgegennahme obszöner Huldigungen und dem Abschwören Gottes beehrt die Majestät seine ihm liebsten Hexen dann noch mit einem kurzen Beischlaf. Nach Ablegen der Beichte schmieden die Teilnehmenden Pläne für weitere Schandtaten, und kurz vor Son-nenaufgang fliegen sie zurück nach Hause. Ordnungsteufel entfer-nen die Spuren. Auf der Anhöhe von Tettenwang, einem Dorf zwi-schen Regensburg und München, ist es wieder still.

Instrument des Gegengottes, Handlanger des Wahnsinns und Wegbereiter der Orgie - in der Kehrwelt werden die losgelassenen Arabesken des Tanzes zu einer streunenden Hure, zerstörerisch, nymphoman und weiblich. Freigesetzte Potentiale schweifen mit Wucht ab zu dem, was ständig betont wird, nicht sein darf und nicht zuletzt auch unter Strafe steht. Die stereotype Lust am Leiden, an der Destruktion und am Ekel und umgekehrt die stereotype De-struktion, der Ekel und das Leiden an der Lust quellt auf. *Aus* der Reihe getanzt? – Keineswegs, die in sich gegenweltlichen, grenz-überschreitenden Momente des Tanzes werden genutzt, um in dia-metraler Umkehrung der Reinheit letzlich doch nur *in* der Reihe zu tanzen.

In der Synonymkette »Tanz«, »Tod«, »Welt«, »Frau« der auf

den ersten Blick prüden Totentänze wird das dem Tanz genuine Moment, seine Communicatio mit der Transzendenz zum Todesboten; am Pranger steht das alte ex lubidine. Hierüber berichtet auch der Tanz in der Kehrwelt. Aufgebläht und voller Obsessionen erhält die Faszination am Verbot Flügel. Die radikale Absage an das Sexuelle wie auch an den Tanz und ihre Belegung mit apokalyptischen Todesmetaphern findet in der Kehrwelt ihren schrillen Widerhall. Das paradiesische »in pace« kippt um zu dumpfer Lebensgier und großer Lebensangst: Hier sind sie doch, die (imaginierten) Tänze des »Kleinen Todes.«[44] Entmachtete Sinne feiern Karneval.

Die Sabbatphantasmagorien liegen inmitten des frühneuzeitlichen Sogs umfassender Abgrenzungs- und Selbstdistanzierungsprozesse, die bei den einzelnen Hinrichtungen unter Hochdruck laufen. Alle sollen es sehen, Scheiterhaufen werden stets demonstrativ für alle sichtbar aufgebaut, die Disziplinarmaßnahme hat zu greifen. Ein Großteil der Anklagen beruht dabei jedoch auf der Denunziation der Mitmenschen, wobei das einfache Volk von den unermeßlichen Torturen in den Folterkammern und Kerkern oder von den Obsessionen der richterlichen Obrigkeiten sicherlich nur wenig weiß. Trotzdem, in einer Mischung aus Angst und Lust, stoßen die Exekutionen beim Volk auf reges Interesse. Das Pogrom ist nicht Angelegenheit der Machthabenden allein. Betrachten wir die Hinrichtung derjenigen, die wir soeben tanzen sahen, die Pappenheimer: »In die Schaulustigen kam Bewegung. (...) Droben auf dem Galgenberg herrschte Gedränge und Volksfeststimmung. Amtleute und Kornmesser hatten Mühe, den Bereich um die sechs gewaltigen Scheiterhaufen und den ›Prechen‹ von Neugierigen freizuhalten. Längst hatte der Armesünderkarren die Höhe erreicht, aber noch immer strömten Zuschauer in dichten Scharen von München herbei, weshalb der Bannrichter mit der Exekution noch wartete.«[45] Mit Ausglühen des Scheiterhaufens ist auch der Tanz der Phantasmagorie vorübergehend beendet. Der Tanz, der

Tod und die Huren sind, wenigstens für dieses Mal, aus der Welt und in dem, in der Tat langfristig pazifizierend wirkenden, aber ambivalenten »in pace« ein Stück mehr gebändigt.

Sehen wir nun, wie das in der imaginierten Kehrwelt gereifte Tanzmodell in der sozialen Wirklichkeit seinen Widerhall findet.

Tanzhysterien, Tanzhysteriker

Das dialektisch funktionierende Hexen- oder Hurenmodell der imaginären Gegenwelt hinterläßt auf den Tanzflächen in der sozialen Wirklichkeit seine Spuren. Auf stereotype Weise prägt das Verbot die Tänze. Wenn auch nicht überall zeitgleich, findet das kehrweltliche Modell in der – hysterischen Übertragung – der Tanzwut seinen wohl originalgetreuesten Niederschlag. Die Betrachtung der Tanzwütigen führt uns sodann über den ambivalenten Wiener Walzer zu ihrem Gegenüber, der berufsbürgerlichen Ballerina als Ikone des Bühnentanzes.

Die Tanzwütigen sind Besessene. Jean-Martin Charcot, der Chefarzt der neurologischen Abteilung der Pariser Heilanstalt Salpétrière, stellt in »Les Démoniaques dans l'Art« aus dem Jahr 1887 die abendländischen Zeugnisse zum Besessensein seit dem 5. Jahrhundert zusammen und parallelisiert sie nach seinen eigenen Erfahrungen als Neurologe mit dem Krankheitsbild der Hysterie. Der »Wundertäter der Hysterie,«[46] so die Foucaultsche programmatische Charakterisierung Charcots, stößt in dieser Untersuchung folgerichtig auch auf die Tanzwut. In dieser erkennt er »frappierende Analogien zu der großen Hysterie unserer Tage.«[47] Für die Erscheinungsform der Hysterie in der frühen Neuzeit ordnet er der Tanzbesessenheit »eine vorherrschende Rolle«[48] zu. Daß sich der Lehrer Sigmund Freuds des Themas, wenn auch nur kurz, annimmt, ist kein Zufall, denn das Phänomen gehört in den Ge-

genstandsbereich der Psychiatrie. Selbst wenn diese von ihrem gesellschaftlichen Umfeld keineswegs so unabhängig ist, wie sie gerne vorgibt,[49] so bedarf eine ausgewogene Analyse der Tanzwut trotzdem noch einer detaillierteren Untersuchung mit speziell psychiatrischen Instrumentarien, insbesondere da in der Tanzforschung, wenn überhaupt, dann nur dürftige Anknüpfungspunkte in Nebensätzen vorliegen.[50] Ich kann daher lediglich die Grundzüge wiedergeben, Annäherungsversuche machen.[51]

Zunächst eine kurze Erläuterung der Hysterie,[52] eine der ältesten und rätselhaftesten Krankheiten der Kulturgeschichte überhaupt: Epochenunabhängig kreist der Diskurs über die Hysterie um die als genuin dämonisch oder – aus säkularisiert psychiatrischer Sicht – der Pathologie verdächtigen Fortpflanzungs- und Sexualorgane der Frau. Verhaltensweisen wie gesteigerte sexuelle Potenz und erhöhtes Imaginationsvermögen werden hierüber als Fehlfunktionen abgeleitet und erklärt. In der gesamten Geschichte der Medizin gilt die Hysterikerin als Prototypus der Frau. Ohne Abweichungen und bis in die letzte Konsequenz hinein exakt dargelegt, finden sich in den Hysteriesymptomen die normativen Zeichen von Weiblichkeit wieder. Die Kranke reproduziert die auf ihr lastenden Stigmata und überzieht sie bis ins Groteske. Diese, mitunter grimassenhaft karikierte, Norm ließ in letzter Zeit an einer authentischen Pathologie zweifeln. In der sogenannten »Krankheit der Lüge« streikt die Hysterikerin gegen die Normalität weiblichen Verhaltens durch übersteigert korrektes Handeln, entsprechend den vorgegebenen Stereotypen. Sie rebelliert: widerspenstig verweigert sie sich durch absoluten Gehorsam.

Nun zur Tanzwut oder, um nur einige Benennungen des Phänomens anzuführen, zur Chorea major, zum Veits- oder zum Johannistanz, zur Chorea lasziva, zur Chorea hysterica rhythmica oder zum Tarentismus: Diese Sucht nach Ekstase und Entgrenzung durchzieht vorrangig das Spätmittelalter, die frühe Neuzeit und punktuell auch noch die Moderne des 19. Jahrhunderts. Zahlreiche Gebiete Mitteleuropas, hauptsächlich Italien mit dem Zentrum in Apulien, wie auch der gesamte deutschsprachige Raum sind von der Tanzwut ergriffen.

Der Hinweis darf nicht fehlen: Das Besessensein gehört neben dem Schamanismus zu den beiden Prototypen des ritualisierten Sakraltanzes. Im hiesigen Kulturkreis nimmt es krankhafte Formen an bzw. wird dem Pathologischen zugeordnet.

Von der Tanzsucht befallen sind zum weitaus größten Teil Frauen, die ihrerseits wiederum fast ausschließlich macht- und besitzschwachen Bevölkerungsgruppen entstammen. Vorrangig in den früheren Zeugnissen wird zuweilen auch von Kindern und Bettlern gesprochen.

Einzeln, in Gruppen oder in Scharen tanzen die Besessenen stunden-, tage- und manchmal sogar wochenlang. Einige unter ihnen tanzen in einer nicht enden wollenden Ekstase bis in ihren Tod hinein.

Während der Attacken nehmen die Tanzwütigen weder Nahrung noch Flüssigkeit zu sich.

Die Grenzen zwischen der Tanzwut und dem herkömmlichen Tanzverhalten verlaufen fließend.

Auch Simulanten gibt es. Hysterisiert eifern diese den Kranken nach. Die Tanzwut scheint ansteckend zu sein. Wo sie auftritt, verbreitet sie sich, überzogen gesagt, wie ein Lauffeuer. Mitunter volksfestähnlich schließen sich den Besessenen andere an. Diese Auskunft gibt z.B. Zedler im »Universal-Lexikon aller Wissenschaften und Künste« unter dem Stichwort »St. Veits-Tantz, oder Tantzsucht«, nachdem er verschiedene Städtechroniken wie auch theologische und frühpsychiatrische Schriften zu Rate gezogen hat. Der Enzyklopädist faßt diese Zeugnisse zusammen und erläutert, daß bei charakterlicher Instabilität, auch »gesunde Leute, wenn sie nicht von einem recht wohl gesetzten Gemüthe sind, gar leicht durch das bloße Ansehen mit gleicher Seuche angestecket, und zu gleichmäßigen Convulsionen und besondern Bewegungen können verleitet werden.«[53] Als Grund führt er den Wahrnehmungsschrekken an: Es gibt »gar viel Exempel, daß Personen durch Schreck und Entsetzen das böse Wesen bekommen (...) und so eine unersättliche Begierde zum Tantzen und Springen hätten.«[54]

Das Tanzverhalten der Hysterikerinnen ist geprägt von einer seltsam mächtigen Intensität. Die Tanzsüchtigen »begannen die Anfälle mit fallsüchtigen Zuckungen. Die Behafteten fielen bewußtlos und schnaubend zu Boden, Schaum trat ihnen vor den Mund, dann sprangen sie auf, und hoben ihren Tanz an mit unheimlichen Verzerrungen.«[55] Solche und ähnliche Beschreibungen charakterisieren, wie hier mit den Worten des Historikers Hecker, das Phänomen. In wilden Rasereien heben die Tanzbesessenen zu heftigen Sprüngen an und tanzen mit obskuren Verrenkungen der Gliedmaßen. Manche beginnen unvermittelt zu schreien, zu lachen oder zu weinen; sie spucken, speien oder erbrechen sich. »Andere, wenn sie genug gesprungen und getantzet haben,« erläutert Zedler unter dem Stichwort »Tarantel«, »setzen sich nieder, ziehen die Knie zusammen und schliessen die Hände gantz feste herum, seufzen und ächzen als wie die allerbetrübtesten Personen. Andere werffen sich auf den Boden nieder, und schlagen mit den Händen und mit den Füssen so hefftig, als ob sie böse Wesen hätten. Andere wälzen sich im Kothe herum. Kurtz, alle stellen sich an wie die Narren und Wahnwitzigen (...).«[56]

Die Mediziner stehen vor einem Rätsel. Denn der »Wahnwitz« kann spurlos verschwinden. An seine Stelle tritt, unvermittelt, die der Hysterikerin typischen Luzidität. Über diesen charakteristischen Verhaltenswandel äußert sich Zedler: Doch »haben sie auch ihre guten Stunden, und da reden sie gantz vernünftig; keinem Menschen thun sie insgemein kein Leid.«[57] Zedler bezieht sich hier auf verschiedene Mediziner des späten 17. Jahrhunderts, dar-

236

unter auch auf den »italienischen Hippokrates«, Giorgio Baglivi (1668–1707), einen Professor der Medizin an der römischen Universität, der sich dem Phänomen des Tarentismus widmet.

Besonders bei den Tarantati, so die italienische Bezeichnung der Besessenen, spielt der Schlaf eine kuriose Rolle. Urplötzlich brechen die Hysterischen die Tänze ab, stellen sich dann schlafend oder schlafen tatsächlich ein. Ihre bevorzugten Ruhestätten sind der blanke Boden, Gräber, Särge oder ähnliche Orte. Einigen der Attacken schließt sich eine wochen-, monate- oder sogar jahrelange Schlafsucht an.

Eine weitere Besonderheit des Tarentismus ist, daß die Anfälle meist mit hohem Fieber verbunden sind.

Durchgängig läßt sich beobachten, daß vor allem die Farbe Rot eine schockartige Reizwirkung auf die Tanzwütigen ausübt. Die Reaktionen auf dieses Phänomen variieren. Der bloße Anblick roter Gegenstände kann auslösendes Moment für die Anfälle sein oder die Intensität der Attacken steigern. Einmal beginnen die Tanzwütigen lauthals zu schreien, einmal werfen sie sich auf die Erde und tanzen dort mit wüsten Verrenkungen weiter; dann wieder verzerren sie das Gesicht zu bizarren Grimassen, schleudern wie wild den Kopf und fuchteln mit den Armen. Über die symbolischen Verknüpfungen der Besessenen mit der Schock- und Reizfarbe Rot berichten die Quellen so gut wie nichts. Was immer Rot neben der Glorie der Heiligen alles darzustellen vermag, Blut gehört jedenfalls als Assoziation dazu. Ein Hinweis hierüber findet sich in der Limburger Chronik aus der Mitte des 14. Jahrhunderts: Die Tanzhysterischen »hatten Erscheinungen, und Geister schienen ihnen zu sprechen, sie schauten in ihrer Verzückung den Himmel offen mit dem thronenden Heiland und der Mutter Gottes. Wie sie später erzählten, seien sie in einen Strom von Blut getaucht, so daß sie deshalb so hoch gesprungen wären.«[58]

Im Dunkel der Tanzwut treten seltsam masochistisch anmutende Bedürfnisse auf. Manche Hysterische lassen sich an den Armen oder umgekehrt, an den Beinen mit dem Kopf nach unten an Bäume binden und wünschen, einmal leicht und einmal heftig, geschaukelt zu werden. Andere springen in Brunnen, und wieder andere lassen sich bis zum Hals in die Erde eingraben. Sie »geißelten sich oder ließen sich von anderen geißeln,«[59] sagt Katner. Selbstpeinigungen sind wohl bei allen Anfällen die Regel. Die einen reißen sich die Haare aus, prügeln sich selbst und die anderen lassen sich die Fußsohlen oder den Rücken peitschen. Berichtet wird über Hochschwangere, die sich gewaltsam und so eng wie nur eben möglich den Bauch mit Tüchern zusammenschnüren. Andererseits wiederum ist von Frauen die Rede, deren Bauch während des Tanzes immens anschwillt.[60] Bei Betrachtung der (wenigen) ikonographischen Zeugnisse zur Tanzwut fällt auf, daß auch die Körperhaltung der Besessenen dem durch das Kindsgewicht bedingten, leichten Rückenbogen einer Hochschwangeren auf bizarre und überzogene Weise ähnelt. Ein solches Dokument hinterläßt Pieter Brueghel d. Ä. (wahrscheinlich) aus der ersten Hälfte des 16. Jahrhunderts (s. Abb. 13).

In Italien bringe es die »Mannstollheit oder Nymphomanie« mit sich, so resümiert Katner verschiedene frühpsychiatrische Untersuchungen des ausgehenden 17. und des frühen 18. Jahrhunderts, »daß sich viele Frauen eine Zeit lang vor den Tarantelfesten jeglicher Liebesfreuden enthielten, um während der Tanzsaison um so kräftigere *deliramenta* zu haben (...).«[61] Eine gesteigerte Libido scheint die Handlungen der Besessenen zu bestimmen und als treibende Kraft in einer machtvollen, »falschen« Entgrenzung mit den sich um den Tod herum befindenden Phänomenen in einer sonderbaren Liaison zu verschmelzen: »Viele der Tarantati zieht es nämlich zu Gräbern und einsamen Orten, und sie legen sich auf Leichenbahren, als ob sie tot wären. Manche stürzen sich wie Verzweifelte in einen Brunnen. Sonst sittsame Mäd-

238

chen und Frauen vergessen alle Regeln des Anstands, seufzen heftig, schreien, entblößen, von Lüsterheit getrieben, ihre Genitalien (...).«[62]

Wer oder was soll diese Tanzenden halten, und wo sonst könnten sich die losgelassenen Arabesken des Tanzes besser entfalten als im Dunkel des tanzwütigen Wahnsinns? Oder, anders gesagt, um den Wahnsinn zu gestalten und zu benennen, eignet sich – damals mehr als zu irgendeiner anderen Zeit – kein Mittel besser als der Tanz. »Die Macht des Mediziners,« so analysiert Foucault den gewichtigen Beitrag der Hysterie zur konstitutiven Trennung von Wahnsinn und Nicht-Wahnsinn, »erlaubt ihm (...), die Realität einer Geisteskrankheit zu produzieren, deren Eigenart es ist, dem Wissen zugängliche Phänomene zu reproduzieren. Die Hysterikerin war die perfekte Kranke, weil sie *zu wissen gab:* selbst übertrug sie die Ergebnisse medizinischer Macht in Zeichen, die der Mediziner in Übereinstimmung mit einem akzeptablen, wissenschaftlichen Diskurs beschreiben konnte.«[63] Foucault verweist auf die wahrheitsschaffende Kraft der Hysterie, die die notwendigen Bilder oder Zeichen für eine vermeintlich objektivierbare Wirklichkeit perfekt produziert und reproduziert. Eine Hysterikerin kennt und nutzt diese Mechanismen, nimmt in ihren Symptomen gültige Normen auf und bietet sie zur Bestätigung an. Im gleichen Atemzug jedoch legt sie auch deren Ungültigkeit offen.

Nach einem zu den Tarantellas gesungenen Lied - »Wohin biß dich die kleine Tarantel? – Unter die Fransen des Rockes!«[64] - paraphrasiert Katner verschiedene Frühpsychiater wie z.B. Mead, Baglivi, Ferdinandus, Boissier de Sauvages, und vermerkt zynisch, daß diese durch dergleichen Hinweise nun wüßten, wo »die gewünschte Therapie am besten anzusetzen sei.«[65] Der Wegbereiter der modernen Medizin und Psychiatrie, Theophrastus von Hohenheim, genannt Paracelsus (1493–1541), ist es, der als erster die theologische Ätiologie eines durch den Einfluß von Dämonen be-

dingten Tanzbesessenseins ablehnt und eine Diagnose in säkularisiert frühpsychiatrische Begrifflichkeiten faßt. Regina Schaps setzt
sich (u. a.) mit dem Hysteriekonzept und der Deutung der Tanzwut
durch Paracelsus auseinander und schreibt: Diese »Krankheit
nannte er ›Chorea lasciva‹. Sie zeige wie die Hysterie nicht nur
körperlich-ekstatische Phänomene und befalle ›aus leichtfertigkeit
des gemüts mit verhengung des willens‹ vor allem Kinder und
Frauen. Sie entstamme sowohl unbewußten sexuellen Affekten als
auch der besonders ausgeprägten Imagination der Frau, die wiederum beide einer machtvollen Wollust entsprüngen (...).«[66] In der
Tat, bei den Tanzhysterikerinnen finden sich die auf Frauen lastenden, normativen Stigmata exakt wieder; und kein Tanz ist von
einer solch »ausgeprägten Imagination« und einer solch »machtvollen Wollust« bestimmt wie der der Tanzwütigen. Es sind die
»weiblichsten aller Weiber«. Jedoch, so sehr diese Kranken »Opfer
fremder Vorstellungen sein mögen,« stellt folgerichtig Christina
von Braun fest, »so sind die Hysteriker, was die Entwicklung ihrer
Symptome betrifft, weniger das Objekt als vielmehr Subjekt ihrer
Krankheit. Sie machen die Fremdbestimmung des Körpers rück-
gängig, indem sie sich ›pseudologisch‹ verhalten.«[67] Das bis ins
Groteske überzogene Verhalten der Tanzhysterikerin heißt: Kalkül
der Verweigerung, die Widerspenstige lügt.

»Von der Tarantel gestochen«? – Wohl an keinem anderen
Punkt läßt sich der hysterische Schwindel deutlicher nachvollziehen als an diesem: Ganz nach Vorgabe der Mediziner, Theologen
oder Frühpsychiater geben die gefügigen Tarantati als Ursache ihres Besessenseins stets den Biß oder, je nach gewünschter Aussage,
den Stich der Tarantel an. In phantasievollen Geschichten schil-
dern sie mit frappierender Luzidität zunächst den Tatvorgang und
beschreiben dann en detail, wie das berüchtigte Spinnengift seine
Wirkung entfaltet und sie in Fieber- und Ekstasezustände versetzt.
Nun zählt aber unter den verschiedenen Tarantarten die italieni-

sche Variante zu den harmlosen. Der Biß dieser drei bis vier Zentimeter großen Erdspinne ist in etwa mit einem Bienenstich vergleichbar. Die Wunde schmerzt stichartig und beginnt dann heftig zu jucken; sie verfärbt sich, schwillt an und ist dann nach ein paar Tagen wieder verheilt. Zudem beißt das – meist nachtaktive – Tier nur ausgesprochen selten, stechen kann es überhaupt nicht. Das Tarantelgift ist so schwach, daß es höchstens bei Kleintieren Fieber hervorzurufen vermag. Daß es von der chemischen Zusammensetzung her keinerlei bewußtseinsverändernde Wirkung besitzt, ist kaum erwähnenswert. Es sind die entfesselnden Kräfte des Imaginären, Emotionalen und Suggestiven, die die Ekstase- und Fieberzustände der Besessenen bedingen. Das ominöse Gift der Tarantel wird endgültig erst im 19. Jahrhundert als überaus peinlicher Irrtum entlarvt. Offensichtlicher hätten die »Tarantati« nicht lügen können. Sie reproduzieren nicht nur die vorgegebenen Symptome, indem sie folgsam und exakt nach den auf ihnen lastenden Stigmata tanzen, sondern auch noch die Ätiologie ihrer Krankheit und erklären damit ganze Generationen von Akademikern zu Narren. Katner widmet der Spinnenfrage besonderes Interesse und schildert, daß der Schock des Tarantelirrtums unter den entsprechenden Wissenschaftlern so groß ist, daß jegliches Vorhandensein für den Menschen gefährlicher Spinnen geleugnet wird und daß die ersten Ausgaben von »Brehms Tierleben« gegen Ende des letzten Jahrhunderts sämtliche Giftspinnen ausdrücklich zum Ammenmärchen erklärten.[68]

Aus dem fast unerschöpflichen Reservoir des hysterischen Schwindels sei noch ein nächstes Exempel herausgegriffen. Die Lüge der Widerspenstigen funktioniert perfekt und ist umfassend. Eine Hysterikerin kennt die Reglements ihres Verhaltens, zuverlässig befolgt sie jede Einzelheit. Auch Pünktlichkeit gehört zu ihren Eigenschaften bzw. Symptomen. »Unterweilen lässet sich der Gifft nicht eher, als ein Jahr, nachdem man ist gebissen worden, spühren (...),«[69] so noch einmal Zedler, wieder unter dem Stichwort »Tarantel«. Er führt verschiedene Dissertationen und weitere wissenschaftliche Abhandlungen zur Taranteltoxikologie an und vermerkt, daß seltsamerweise »nach Verfliessung jedes Jahres nach dem Biß, der Anfall wieder komt, da muß man mit dem Tantze und der Musik aufs neue anfange.«[70] Das Tanzbesessensein erfolgt als termingebundenes Ritual. Zwar ist das ganze Jahr über Saison, doch gibt es für die Anfälle auch Fristen. Im deutschsprachigen Raum ist der Stichtag der 24. Juni, der Geburtstag Johannes des Täufers, der aufgrund des Salomeschen Verführungstanzes enthauptet wird (daher auch die Bezeichnung Johannistanz). In Italien ist das der »carnevaletti delle donna«, ein Volksfest, das unmittelbar aus dem Tarentismus entstand. Seit etwa dem Ende des 16. Jahrhunderts bis ungefähr ins späte 18. Jahrhundert wird die »Kleine Frauenfastnacht« das ganze Jahr über erwartet und für die kostspieligen Musikanten gespart. An diesen Tagen setzen die Besessenen dann ihr hysterisches Vollbild in Szene. Zu keinen anderen Festlichkeiten treten die Anfälle quantitativ so häufig und qualitativ so intensiv auf wie pünktlich zu diesen Terminen.[71] Besonders an diesen Stichtagen, wenn die Festvorbereitungen getroffen, die Musikanten bezahlt und deren Fideln bereit sind, dann heben die Tanzwütigen an zu heftigen Sprüngen; sie verzerren die Gliedmaßen; Schaum tritt ihnen vor den Mund und gierig stellen sie ihre Genitalien zur Schau; sie verziehen die Gesichter zu bizarren Grimassen und wälzen sich im Schlamm; sie geißeln sich und tanzen in einer schier uferlosen Entgrenzung bis zur völligen Erschöpfung.

Tänze des »Kleinen Todes«, Tänze der »Großen Lust«? – denken wir an die, in den Totentänzen eingeklagte, nur auf die schmalen, asketischen Kanäle des Spirituellen ausgerichtete Entäußerung, so läßt sich schließen, daß die Entgrenzung der Tanzhysterikerin so falsch ist, wie sie nur eben falsch sein kann. Kein Tanz ist in seiner Verkehrtheit so perfekt wie der der Besessenen. Niemand

242

übertritt das (Tanz-)Verbot so vollständig wie diese Widerspenstigen. Entmachtete Sinne bäumen sich auf und feiern Karneval.

Die Imagines des Hexensabbats finden sich in der sozialen Wirklichkeit der Tanzwut wieder. Vielleicht könnten die Salomes der Leinwände mit diesen Kranken verglichen werden. Die Tanzwütigen jedoch tanzen genau nach den Vorgaben der Gegenwelt, nämlich ekstatisch, nymphoman, obszön, orgiastisch und (auto-) destruktiv. Hysterisch reproduzieren sie die dort ausformulierten Stereotypen und setzen sie in konzentrierter Form um. Die eine, die Besessene, wird entweder exorziert oder in die kerkerähnlichen frühen Hospitäler geworfen, um dort (dergleichen ist bekannt, darum nennen wir das Kind beim Namen), langsam aber sicher zu vergammeln. Die andere, die in der Phantasmagorie Tanzende, die Hexe, wird hingerichtet. Der Unterschied zwischen den beiden Figuren ist geringfügig, denn die vermeintlichen Gründe ihrer Anomalität und die durch sie legitimierte Bestrafung sind durchaus vergleichbar.

Die epistemologische Wirkkraft dieser Krankheit der Lüge bestätigt die Gegenwelt und damit folgerichtig auch deren Dispositiv, die »rechte« Welt. Das heißt, so läßt sich der Aspekt Tanzwut abschließend festhalten, daß der Tanz jener gehorsamen Kranken wie eine Gallionsfigur den Prototypus des abendländischen Tanzes repräsentiert – nur eben ex negativo gedacht bzw. getanzt. Das »Gift« dieser Tanzbesessenen findet sich, einmal stärker und einmal schwächer, in anderen Tänzen wieder. Es nährt das Hurendasein des Tanzes oder poliert ihn umgekehrt zu einer Ikone auf.

Wiener Walzer

Eine Falle der Askese, eine List der Jungfräulichkeit – seit spätestens der frühen Neuzeit und bis weit in die Moderne durchstreunt der Tanz in der metaphorischen Gestalt einer Hure die Tanzflächen. Wie zu sehen war, hinterläßt dieses Stereotyp seine Zeichen in den überaus zahlreichen Kranztänzen, in den bis dato namenlosen Rocktänzen, den Bettlertänzen etc. Hätte die christliche Welt den Regelkreis der Faszination durch ihr Verbot nicht in Gang gesetzt, so gäbe es, das nächste Kapitel wird hierüber berichten, keine Pavane, kein Menuett, keine Gaillarde und keine Sarabande. Es gäbe keinen Wiener Walzer, keine Polka, keinen Cancan, keine Mazurka, keinen Tango,[72] keine Lambada und so fort. Wahrscheinlich gäbe es auch keinen Karneval. Mit Sicherheit aber gäbe es die moderne Pornospirale genausowenig[73] wie die – gemessen an den verbleibenden ästhetischen Normen – konsequent geschmacklosen Tänze der Gogo-Girls in den Rotlichtarenen.

Paradoxerweise ist es das von der Transgression des Verbots bestimmte Hurische, das den Wiener Walzer, aber auch den Tanz mit dem Prädikat »Kunst«, das Klassische Ballett, prägt. Die große Ära beider Tänze liegt genau in der Zeit, als der der Verbotsübertretung diametral entgegengesetzte Gedanke, die »Unbefleckte Empfängnis«, zum Kirchendogma erklärt werden darf. Nach jahrhundertelangen Diskussionen ist das gesellschaftliche Umfeld erst mit den bürgerlichen Durchbrüchen und im Rahmen der Rechristianisierung,[74] nämlich im Jahr 1854, bereit, die »Conceptio immaculata« in die Glaubensgrundsätze aufzunehmen. Ebenfalls in dieser Zeit gerät Salome nur folgerichtig zum hocherotisierten Projektionsfeld männlicher Phantasie, und die Psychiater widmen sich der Hysterikerin mit gesteigertem Interesse.

Zum Wiener Walzer: Mit diesem Dreivierteltakter tritt ein Phänomen auf, das für den Tanz – global betrachtet – keineswegs selbstverständlich ist: der von einer Gruppe losgelöste, geschlossene Paartanz. Inmitten beschwingter, ja mitunter rauschhaft hoher Bewegungsdynamik wird mit dem Wiener Walzer der Körperkontakt zwischen einem Mann und einer Frau erstmals manifest und zum choreographisch dominanten Merkmal. Kein Figurenspiel bricht bzw. unterbricht den die gesamte Tanzdauer gehaltenen Körperkontakt nicht enden wollender Kreise. Hingebungsvoll liegt die Tänzerin im rechten Arm ihres Tänzers, die im tief ausgeschnittenen Dekolleté des Ballkleids hochgesteckten Brüste zum Greifen nahe.

Lediglich an den Höfen – die Habsburger sind die Ausnahme – findet der Jahrhunderttanz keinen Anklang, am Hof von Kaiser Wilhelm II. beispielsweise ist er offiziell verboten. Breite Kreise des mitteleuropäischen Berufsbürgertums aber versetzt er in eine Euphorie, an die kein anderer Gesellschaftstanz heranzureichen vermag.

Ein recht gelungenes Stimmungsbild des Wiener Walzers hinterläßt der Tanzhistoriker Czerwinski noch als Zeitzeuge im Jahr 1862: Der Favorit »schwebt (...) einher zwischen energischem Aufbrausen, süßem Träumen, schmachtendem Wiegen, zwischen glänzender Koketterie und wallender Leidenschaft, zwischen sentimentalem Tändeln und Seufzen, und das Alles wird zusammengestimmt in einem feurigen, vornehmen Gesamtton. Von festlicher Würde, Jubel, Heiterkeit, echter Naivetät u.s.w. ist keine Spur. Es ist unstreitig *das Pathos der Liebe.*«[75] Dieses von dem Tanzhistoriker hervorgehobene, dem Dreivierteltakter charakteristische »Pathos« hält auch von Reznicek in seiner Zeichnung von 1890 bildlich fest (Abb. 14). Die Körperhaltung, insbesondere die der Tänzerin, und das fließend wallende Kleid gibt ebenfalls die rauschhaft hohe Bewegungsdynamik und -intensität dieses Drehtanzes wieder.

Nach Betrachtung des gesellschaftlichen Treibens der Walzerzentrale Wien um die Mitte des letzten Jahrhunderts meldet der Historiker Johnston zum Thema: »Es genügte ein Walzer, um Jahre der Verdrängung verschwinden zu lassen und einen Flirt in Passion zu verwandeln,«[76] und deutet die Doppelzüngigkeit des Wiener Walzers an.

Die Ökonomie des bürgerlichen Sexualhaushaltes, die in ihrem

Liebesmodell märtyrerhaft den (ursprünglich religiösen) Sadomasochismus pflegt und dabei den Todesgedanken in der Auflösung des Subjektes durch Verschmelzung mit dem Liebesobjekt aufrecht erhält,[77] findet im Wiener Walzer den getanzten Widerhall. Kaum ein anderes Zeugnis vermag die Lust am Leiden und umgekehrt das Leiden an der Lust des Walzers treffender wiederzugeben als Ferdinand von Saar (1833–1906) in seiner Novelle »Marianne« aus dem Jahr 1873. Der Wiener steht in der Darstellungstradition von Grillparzer, Hugo von Hofmannsthal, Schnitzler etc. Seine Tagebuchnovelle ist inspiriert durch Goethes »Die Leiden des jungen Werther«. Sie handelt von der unerfüllbaren Liebe zwischen dem Dichter und seiner verheirateten Protagonistin Marianne, einem charmanten Wesen, das seine Attraktivität dadurch erhält, daß es – und das ist entscheidend – »halb Frau, halb Jungfrau«[78] ist. Werfen wir einen Blick auf das Tanzszenario: » ›Frau Marianne, lassen Sie uns, bevor ich scheide, noch miteinander tanzen – zum ersten – und letztenmal!‹. Sie sah mich wie erschreckt an, dann aber stand sie auf und sank mir in die Arme. – Ach, welche Wonne war es, mit ihr in dem beginnenden Wirbel hinzutreiben, der uns immer rascher, immer stürmischer mit sich fortriß! Wie ein Kind lag sie an meiner Brust: weich, hingebend, die Lippen leicht geöffnet, die Augen halb durch die gesenkten Wimpern verschleiert. Ihr Herz pochte neben meinem; die Rosen in ihrem Haar umdufteten mein Antlitz. Und mir war es, als müsse es ewig dauern – ewig! Aber die Musik verstummte.«[79] Doch die Liebenden müssen nicht lange insistieren, und schon stimmt das Orchester sogar einen beschleunigten, galoppierten Walzer an. Von Saar fährt fort: » ›Noch einmal‹! flüsterte ich und umfaßte sie. Und als wir uns jetzt bei den rasenden Klängen zum zweitenmal in den Armen lagen, da brach in mir die lang niedergehaltene Leidenschaft gleich einer entfesselten Naturgewalt hervor. Ich zog Marianne an mich; ich beugte mein Haupt zu ihr nieder; mein Mund streifte ihr Haar, ihre Stirn.

246

Sie ließ es geschehen und sah mich lächelnd an. Und fester und fester umschlungen wir uns; unsere Wangen, unsere Lippen berührten sich; unser Odem floß in *einem* Hauch zusammen. So flogen wir hin, in seliger Trunkenheit, weltentrückt, zwischen Himmel und Erde! – Plötzlich war es mir, als strauchelte sie (. . .).«[80] Lust oder erfülltes Begehren hat den Tod zur Folge, denn was hier in Szene gesetzt wird, ist der Liebestod: Noch in den Armen ihres Geliebten stirbt die Protagonistin an einem plötzlichen Herzschlag.

Marianne aber ist nur eine imaginierte Figur, die den Tod durch die Selbstaufgabe jenes Liebeskonzeptes konsequent ausformuliert bzw. austanzt. Vielleicht deutet die soziale Wirklichkeit eine Vorstufe der Romanheldin an: Forciert durch Korsettagen und andere Bewegungseinschränkungen tanzen sich bei der stürmischen Intensität des unablässigen Drehens so manche Frauen bis zur Ohnmacht. Diese Ohnmacht könnte im übertragenen Sinn meinen, daß sie bis zum vollständigen Ich-Verlust tanzen.

In der Ambivalenz des Wiener Walzers jedenfalls, diesem *»süssen Taumel des Vergessens«*,[81] bleiben die Prinzipien der Heiligen und der Hure sichtbar und spürbar erhalten. Neben den lebensspendenden Verzicht gesellt sich unmittelbar die todeslastige Verbotsübertretung durch rauschhafte Entgrenzung eines schwungvollen Miteinander im Dreivierteltakt.

Die Ballerina

Ähnlich die Ballerina. Allerdings gibt diese Art von »Gegen-Hure« und »Anti-Salome« zunächst nur die Makellose preis. Rudolf zur Lippe schreibt: »Im 19. Jahrhundert wurde ja der Elfentanz auf dem Spitzenschuh geradezu der abgeschmackteste Seelenschmus, mit dem sich das Großbürgertum im Zuge der Entfesselung der

Produktivkräfte in der großen Maschinerie hinweghalf.«[82] Bei zur Lippe gilt die Wirtschaft als alleinige Hefe der Gesellschaft. Weder beachtet er die religiösen Aspekte noch die Geschlechterspezifik des von ihm erörterten Phänomens. Pointierter sind die Ergebnisse von Gabriele Klein:»als sylphidenhafte Erscheinung tanzte sie (die Ballerina, M.K.) die Aufhebung ihres Geschlechts.«[83] Hieran läßt sich anknüpfen.

Von der Opéra de Paris über das Drury Lane Theatre in London bis nach St. Petersburg feiern die großen Bühnen Europas mit stehenden Ovationen eine erstmals weiblich dominierte Tanzkunst. Unterstützt durch die Entwicklung des Pressewesens entsteht um Künstlerinnen wie Maria Taglioni, Carlotta Grisi, Fanny Elßler und Lucile Grahn – das sind, so der Terminus technicus, die namhaften »étoiles« des 19. Jahrhunderts – ein Starrummel, der sich mit dem heutigen vergleichen läßt. Die Ballettomanie ist ausgebrochen.

Zu den engagiertesten Ballettinteressenten und -rezensenten der europäischen Tanzmetropole Paris zählen Stéphane Mallarmé, Jules Lemaître und insbesondere Théophile Gautier. Gautier, der »Hausgott« des Tanztheaters und seiner Presse, schreibt zahlreiche Libretti der geschichtsträchtigen Erfolgsballette wie »La Péri«, »Giselle« oder »Gemma«. Der Romancier ist der Geliebte Carlotta Grisis und, unhistorisch gesagt, ihr »Coach«. Wienholz stellt die Zeugnisse der Ballettrezeption, darunter auch die jener Ikondulen, zusammen und wertet sie unter dem Aspekt der Entindividualisierung des Tanzes aus. Dabei fällt auf, daß die Schönheitskriterien des Balletts dicht an der Marienästhetik ausgerichtet sind. Zentrale Begrifflichkeiten, zum Teil wortgetreu dem christlichen Diskurs entnommene Vokabeln wie »keusch«, »selig«, »devot«, »jungfräuliche Anmut«, »himmlisch«, bestimmen immer wieder die durchweg metaphysisch geführte Sprache über diese »danse en chrétienne«.[84] Mit dem Satz, es ist wichtig *»zu wissen, daß die Tänzerin keine Frau ist, die tanzt,«*[85] bringt Mallarmé für die Welt des Bühnentanzes die ästhetische Richtlinie der Ballerina, nämlich ihre Geschlechtslosigkeit, ihre Asexualität, ihre marianische Reinheit auf den Punkt.

Das Gesamtbild der Ballettdarbietungen kennzeichnet überschwengliche Nostalgie. Alle Dinge werden in eine zeitliche, räumliche oder soziale Ferne projiziert, die Handlungen in aller Regel den Märchen, den griechischen, orientalischen oder anderen Legenden entnommen. Abgesehen von den vereinzelten, nur choreographischen Inszenierungen ohne Handlung ist das Kernstück eine sadomasochistisch fatale Liebe, die sich an einem säkularisierten Erlösungsgedanken orientiert. In inbrünstiger Sentimentalität wird das Leiden an der Lust pathetisch geschildert bzw. getanzt. Ein in mannigfachen Variationen inszenierter weiblicher Liebestod ist auslösendes und grundlegendes Moment der am Ende des Spektakels stets folgenden, konsequent asexuellen Liebesbestätigung.[86] In »La Péri« beispielsweise (Erstaufführung 1843, Opéra de Paris), beantwortet die Péri – das ist die Königin des gleichnamigen, persischen Elysiums – im »'pas de songe', einem der gelungensten des Balletts«[87] (Abb. 15), die Liebeserklärung des Prinzen Achmet. Die Bedürfnisse der Liebenden erfüllen sich jedoch erst, nachdem Péri ihre Identität aufgibt und sich in eine Sklavin verwandelt hat. Im Finale nehmen sich die beiden an der Hand und steigen fliegend ins Paradies auf. Doch bleiben wir dichter am Tanz, er spricht auch für sich.

Der ikonographisch festgehaltene »Traumschritt« der berühmten Ballerina Carlotta Grisi (Abb. 15) deutet als ein Beispiel unter vielen bereits darauf hin: Nicht nur dramaturgisch, sondern auch choreographisch ist die Darstellung des Fluges zentraler und charakteristischer Bestandteil des Ballerinentanzes. Dem Tanzhistoriker Calendoli zufolge, symbolisiert der Flug »eine leidende Seele, die verzweifelt nach Erlösung strebt.«[88] Im »Klassischen Ballett«, im »Spitzentanz«, im »Ballet blanc« oder wie immer diese Tanzart genannt wird, streben alle Bewegungen weg von der Erde hinauf in die Höhe, hin zur Fiktion der himmlischen Beatitudo. Die Bewegungen des Körpers erfolgen ohne Unterbrechung in einem steten Fluß. Die Füße berühren nur andeutungsweise den Boden. Schamhaft verhalten und dennoch weit raumgreifend schweben die Ballerinen über die Bühnen, drehen ihre grazilen Pirouetten oder tanzen mit zierlichen Sprüngen luftige Arabesken. Isolierte Bewegungen des (schmutzig-sündigen) Beckens und des Brustkorbes sind gänzlich ausgeschlossen und verschwinden hinter der Suggestion eines harmonischen Gesamtkörpers. Jede Bewegung ist bis in die äußere Peripherie der Feinmotorik hinein stilisiert und kontrolliert. Es klingt widersprüchlich: ein Maximum an Körperbeherrschung bringt ein Minimum an Körpereinsatz hervor. Sei es in den einzelnen Figuren oder in der Fortbewegung, die Bewegungsintensität ist die geringstmögliche. Ätherische Leiber tanzen in mystischer Schwerelosigkeit wie Federn, wie Bienen, wie Engel oder, eine beliebte dramaturgische Figur, wie Elfen. Auf den Bühnen wimmelt es von »*äußerster Zartheit und Anmut.*«[89] Die Choreologie dieser Tanzart befindet sich in nächster Nähe zur Mariologie: hier tanzen Ikonen.

Explizit drückt dies der Tanzhistoriker Félicien de Ménil im Jahr 1905 aus. Den Kunsttanz würdigt er gleich im abschließenden Satz seines Vorwortes mit folgender Hymne: »Schon in seinen Ursprüngen religiös, bewahrte sich der Tanz immer den Glanz seines heiligen Charakters. Er ist das instinktive Ritual der Geste, das (...) zu einer Ausdrucksform der Verführung und der Schönheit wird. Der Tanz evoziert die Idee eines Kultus, bei dem die Frau bis in die Gegenwart die allmächtige und mysteriöse Priesterin war und ewig bleiben wird.«[90]

Auf dem (meist) in weich wallenden, weißen Musselin und Taft gehüllten Körper der Ballerina liegt die Patina des paradiesischen »in pace«, die Patina des Frigiden, des Asketischen, des Lebens, und damit umgekehrt auch die des Todes. Die berufsbürgerlichen

Ballerinen sprechen die Sprache des Reinen. Die Dialektik jedoch macht sie wieder obszön. Der Ballerinentanz benötigt konstitutiv zwei Gesichter: preisgegeben wird nur das der Makellosen, implizit tanzt das der Hure mit.

Auf die Schwierigkeit, die richtige Dosierung dieser beiden konträren, ästhetischen Kategorien zu treffen, macht (sicherlich unbeabsichtigt) bereits der französische Tanzmeister Jean Georges Noverre (1727–1810) in einer seiner zahlreichen und bedeutsamen Reformschriften des Bühnentanzes aufmerksam. »Ein schön arrangiertes Ballett ist ein lebendes Gemälde der Passionen,« konstatiert der »Rousseau« des akademisierten Tanzes und vermerkt: »Welche Genauigkeit muß doch walten, um nicht über und auch nicht unter das zu imitierende Objekt zu geraten? Es ist sowohl gefährlich, sein Modell zu verschönern, als auch es zu verunstalten. Diese beiden Fehler verhindern die Imitation gleichermaßen, der eine erhöht, der andere erniedrigt die Natur.«[91] Die Darstellung von Leidenschaft und Schönheit ist eine Gratwanderung zwischen Erhöhung und Erniedrigung.

Die lautstarke Verschwiegenheit des Bösen, des Unreinen, des Hurischen läßt sich abschließend an »Giselle«, »der Summa des romantischen Balletts zum Zeitpunkt seiner höchsten Reife,«[92] nachvollziehen. Das Spektakel wird im Jahr 1841 in der Opéra de Paris uraufgeführt und macht über Jahrzehnte hinweg auf den renommierten Bühnen Europas ein Furore, das seinesgleichen sucht; zuweilen wird Giselle noch heute dargeboten. Das Handlungsballett beschreibt ein Liebesdrama, das Aspekte der Tanzwut und des Hexentanzes in Anlehnung an die mittelalterliche Dämonologie aufgreift. Handlungsort des ersten Aktes ist ein Dorf: Um die Liebesgunst Giselles (getanzt von Carlotta Grisi) werben zwei Männer, Hilarion der Wildhüter und der als Bauer verkleidete Herzog Albrecht. Trotz der Warnung ihrer Mutter nimmt Giselle am Dorffest teil, obwohl sich dort junge Frauen »beim Tanzen den

Tod holten und zu Wilis wurden, die als weiße unerlöste Seelen im Mondlicht durch den Wald schweben.«[93] Jählings unterbrochen wird das Fest durch den Auftritt Albrechts. Er zeigt sich nun als Herzog mit seiner Verlobten. Giselle läßt er unbeachtet. Diese, aufgrund des Betruges und des verlorenen Geliebten verzweifelt, »gerät in einen Zustand des Wahnsinns und tanzt zur Bestürzung der Anwesenden in taumelnden Schritten, bis sie endlich den Degen erfaßt, um sich zu töten und in den Armen der Mutter stirbt.«[94] Hier endet der erste Akt, der zweite spielt im Wald. Die Königin der Wilis, Myrtha, nimmt die tote Giselle in ihren tanzenden Hexenhofstaat auf. Schmerzerfüllt pilgern der Herzog und Hilarion zum Grab ihrer Geliebten. Der Wildhüter »wird sofort von Wilis umringt, die ihn nach einem langen, wilden Tanz in den Tod treiben.«[95] Albrecht wird von Myrtha dazu verdammt, »das Schicksal all jener zu erleiden, die in die mitleidlose Gewalt der Wilis geraten,«[96] und muß ohne Unterlaß tanzen. Giselle rettet den Geliebten vor dem Tanztod; das Kreuz auf ihrem Grab und ihre ewigwährende Liebe spenden ihm die Kraft, bis zum Verschwinden der tanzenden Hexenschar im Morgengrauen durchzuhalten. Die Protagonistin hingegen folgt den Wilis in das »Reich der Schatten«[97] und bannt so die Gefahren einer Verbotsübertretung durch den eigenen Tod als Märtyerin.

Was wäre die Reinheit der Ballerinen ohne die Verkehrtheit der Tanzwütigen? Ätherische Leiber, entschwebende Flüge, zierliche Sprünge, grazile Schrittchen und anmutige Krönchen aus Wiesenblümchen legen die konstitutive Gegensätzlichkeit der beiden Figuren offen. Eine negative und eine positive Gallionsfigur des Tanzes: die Besessene wäre ohne die Ikone nicht denkbar und umgekehrt. Die Lüge der Widerspenstigen schafft und bestätigt das Dasein ihres Gegenpols. Das »Gift« der einen wirkt wie Politur bei der anderen.

Die dargelegten Stereotypien zeigen sich in den gereiften Vorgaben der imaginären Gegenwelt des Hexensabbats als feste Formel. Wer hier vom Tanz spricht, wird im gleichen Atemzug von Huren, der Nymphomanie, dem Obszönen und der Destruktion sprechen.

Wie zu sehen war, wird einzig der biblische Tanz Davids vor der Bundeslade positiv gewertet. Die reformierten Autoren verzerren das Erscheinungsbild des königlichen Tanzes und entheben ihn seiner Affektgeladenheit und weltlichen Sinnesentgrenzung. Nicht anders verhalten sich die bibelkundigen Dämonologen. Sprechen sie in ihren Schriften vom Tanz, so versäumen sie nur selten die Erwähnung des alttestamentarischen Tanzes und heben ihn lobend hervor. Überhaupt gilt der Tanz Davids unter denjenigen, die intellektuelle Akrobatik nicht scheuen, als Idealtypus des Tanzes schlechthin, seien dies die Reformatoren, die Dämonologen oder gar die Tanzmeister.

Selbst Zedler biegt sich in mehr zusammenhangslosen Argumenten die königliche Tat zurecht. Vorsichtig deutet er die Möglichkeit eines exegetischen Übersetzungsfehlers an und stellt gleich zu Beginn seines achtzehnspaltigen Artikels zum Stichwort »Tantzen« fest: »David tantzete nicht durch sein unzüchtig Fleisch bewogen, sondern von dem Geiste (...).«[98] Zedler setzt den Tanz Davids den distinguierten höfischen Tänzen gleich und legitimiert letztere anhand des biblischen Exempels wie folgt: »Allein man muß wissen, daß ein anderes ist, aus Frechheit, Geilheit oder andern fleischliches Absehen zu tantzen, das ist nicht Königlich; ist aber der Tantz ehrlich, zierlich, und deutet die Frölichkeit des Gemüthes an, so läufft er nicht wieder die Majestät eines Königs.«[99] Im Anschluß an diese Ausführungen greift Zedler unmittelbar das biblische Warnmal des todeslastigen Verführungstanzes Salomes vor Herodes auf.

Bodin jedoch kommt auf den Tanz Davids ausgerechnet inmitten seiner Phantasien zum Hexensabbat zu sprechen. Mitten im Satz bricht er ab und stellt den königlichen Tanz den Tänzen der

Kehrwelt gegenüber: »Gleichwol war bei disem Dantz/ die Bewegung des Leibs also geschaffen/ das nichts freches/ vppiges noch mutwilligs daran zusehen war (...) sondern die Gelind Bewegung des Leibs erhub das Hertz inn Himmel: welches dann Gott am angenemsten ist.«[100] Ein Staatsphilosoph und Dämonologe scheint hier die marianische Bühnenkunst anzukündigen.

Das Prinzip der ätherischen Leiber wird anhand des distinguierten Tanzes macht- und besitzstarker Gruppierungen vorbereitet. Das Klassische Ballett entwickelt sich relativ bruch- und übergangslos aus dem höfischen Tanz bzw. dem höfischen Ballett heraus. Es sind noch kleine und verhaltene, in Höhe und Tiefe wenig raumgreifende Bewegungen, die den frühen, akademisierten Tanz kennzeichnen, und bei den Ballettinszenierungen bleiben Frauen in der Regel zunächst ausgeschlossen, von Nebenrollen abgesehen. Als (fast) alleinige Herrscherin der Tanzbühnen treten Frauen erst im 19. Jahrhundert auf: »Und schließlich sprengt der Schmetterling seinen Kokon, in dem er jahrhundertelang gefangen war, und die Ballerina erhebt sich zum Fluge.«[101] – So noch einmal Calendoli in einer Ironie über die dem berufsbürgerlichen Kunsttanz charakteristische Sprache.

Mag der Papst anweisen was er wolle, und das »Nein« zum Tanz von seiten der Reformatoren ist für den zumeist katholischen Adel sowieso kaum von Belang. Wie in offenem Widerspruch zu den ex cathedra ertönenden Bestimmungen, folgt der Hoftanz einem anderen, neu geschaffenen Modus, dem der Tanz, wenn auch epochenspezifisch modifiziert, bis in das 20. Jahrhundert hinein verpflichtet sein wird. Erst in der Postmoderne löst sich der Tanz von den einst an den Höfen entworfenen Grundmustern los.

ANMERKUNGEN

1 Praetorius, Johannes: *Blockes-Berges Verrichtung*, a.a.O., S. 331 (Hervorhebungen vom Verfasser).

2 Ebenda.

3 Dülmen v., Richard: *Imaginationen des Teuflischen*, a.a.O. In der Reihenfolge ihrer Gewichtung ließen sich neben den Untersuchungen van Dülmens weitere Anregungen finden in: Bataille, Georges: Michelet, in: Michelet, Jules: *Die Hexe*, München 1974, S. 257–265 (Nachwort); ders.: *Der heilige Eros*, a.a.O., S. 121–125; Kunze, Michael: *Straße ins Feuer*, a.a.O., insb. S. 253–298; Michelet, Jules: *La sorcière*, a.a.O., insb. S. 122–133; Heinemann, Evelyn: *Hexen und Hexenwahn*, a.a.O. Überraschenderweise zeigte sich das wissenschaftliche Interesse am Thema insgesamt als eher dürftig ausgeprägt. Der Hexensabbat wird selten als gesondertes Phänomen betrachtet und meist nur kurz im Zusammenhang der Hexenprozesse abgehandelt.

4 Diese »Liebeserklärung« stammt von dem Poeten und führenden Theoretiker der Surrealisten, André Breton. Die Quelle ist nicht mehr rekonstruierbar.

5 Michelet, Jules: *La sorcière*, a.a.O., im Original S. 122.

6 Bei den Studenten wie auch bei seinem Kollegium ist er nicht sonderlich beliebt. Die zahlreichen Schriften Praetorius' dienen u. a. den Brüdern Grimm als Quellen für Sagen, Legenden und Volksglauben. Seine schulische Sozialisation ist lutherischer Prägung. Weiteres zur Person s.: Henning, H.: Johannes Praetorius und sein Hexenbuch von 1668, in: Praetorius, Johannes: *Blockes-Berges Verrichtung*, a.a.O., S. 1–25 (Nachwort).

7 Zum Werk und dem gesellschaftlich-politischen Einfluß Bodins s.: Dülmen, v., Richard: *Entstehung des frühneuzeitlichen Europa 1550–1648*, a.a.O., insb. S. 434f; Ruggiero, Romano, Tenenti, Alberto: *Die Grundlegung der modernen Welt*, a.a.O., insb. S. 294 ff.

8 So die These von: Dülmen, v., Richard: *Imaginationen des Teuflischen*, a.a.O.

9 S.: ebenda, S. 107.

10 Zahlreiche der vollständigen Bilder sind abgedruckt in: Hauschild, Thomas (Hg.): *Hexen*, Berlin 1987 (Katalog zur Wanderausstellung des Museum für Völkerkunde und Vorgeschichte in Hamburg 1979); s. auch: Haining, Peter: *Hexen*, Oldenburg 1977, S. 18–25.

11 Die Menschen tragen Salz mit sich in ihren Hosentaschen, nähen es in Rocksäume ein, hängen es in kleinen Säckchen in Häusern auf etc. Die Tradition des Salzes als Antidämonikum läßt sich bis zum Orakelzauber der griechischen Antike zurückverfolgen. Auch schreibt das Alte Testament Salz als Zusatz für Opfergaben vor. Weiteres dazu: Verband deutscher Vereine für Volks-

kunde (Hg.): *Handwörterbuch des deutschen Aberglaubens*, a.a.O., Bd. 7, Sp. 898–915.

12 Von der Vorstellung der schwarzen Hostie leitet sich der Begriff »Schwarze Messe« ab. Im deutschsprachigen, lutherischen Raum fehlt dieses Bild.

13 Der Begriff »agnus dei qui tollis peccata mundi« entstammt den seit der Mystik kanonisierten Messetexten, deren Inszenierungen im Barock – also zeitgleich zu den Phantasmagorien – aufblühen. Die Komposition der von Knaben gesungenen »H-moll Messe« von Johann Sebastian Bach (1685–1775) mag hier das bekannteste Beispiel sein.

14 Bataille, Georges: *Der heilige Eros*, a.a.O., S. 114.

15 Bataille, Georges: *Michelet*, a.a.O., S. 262. Für den Religionsphilosophen sind die Hexensabbatphantasien ein letztes Aufbäumen des mythischen Menschen, ein schwarzes Lachen vor seinem Verschwinden.

16 Der Teufelsthron ist bei de Lancre mit »A« und der der Königin mit »B« gekennzeichnet.

17 S. z.B.: Hausen, Karin: Die Polarisierung der »Geschlechtscharaktere« – eine Spiegelung der Dissoziation von Erwerbs- und Familienleben, in: Rosenbaum, Heidi (Hg.): Seminar: *Familie und Gesellschaftsstruktur,* Frankfurt/M. 1978, S. 161–195. Höher, Friederike: Hexe, Maria und Hausmutter, in: Kuhn, Anette, Rüsen, Jörn (Hg.): *Frauen in der Geschichte*, Düsseldorf 1983, Bd. 3, S. 13–63.

18 Darauf macht aufmerksam: Bataille, Georges: *Der heilige Eros*, a.a.O., S. 126–136. In der beruflich organisierten Verbotsübertretung der Prostituierten liegt der Hauptgrund ihrer gesellschaftlichen Geringschätzung. Finanzielle, habituelle, vestimentäre oder andere Motive greifen hier zu kurz. (Vgl.: ebenda.)

19 Die als Pentagramm zu denkenden fünf Hauptpunkte sind: 1. das Bündnis und der Pakt, 2. die Buhlschaft, 3. der Flug, 4. der Hexensabbat und 5. der Schadenzauber. Näheres dazu s.: Behringer, Wolfgang: »*Vom Unkraut unter dem Weizen,*« a.a.O., S. 23 ff.

20 Dülmen, v., Richard: *Imaginationen des Teuflischen*, a.a.O., S. 128.

21 Ebenda, S. 130.

22 Ebenda, S. 314. (Das Zitat ist einer Fußnote entnommen.)

23 Taubert, Gottfried: *Rechtschaffener Tantzmeister/ oder gründliche Erklärung der Frantzösischen Tantz-Kunst*, Leipzig 1717, Repr. Leipzig 1976, 2 Bde., Bd. 1, S. 81 (Hervorhebungen vom Verfasser).

24 Bodin, Jean: *Vom aussgelasnen wütigen Teuffelsheer,* a.a.O., S. 110.

25 Dülmen, v., Richard: *Imaginationen des Teuflischen*, a.a.O., S. 99.

26 Ebenda, S. 315. (Das Zitat ist einer Fußnote entnommen.)

27 Die andere Rationalität der damaligen Zeit empfindet dies nicht als Widerspruch.

28 Praetorius, Johannes: *Blockes-Berges Verrichtung*, a.a.O., S. 332 f. (Hervorhebung vom Verfasser).

29 Vgl.: Dülmen, v., Richard: *Imaginationen des Teuflischen*, a.a.O., S. 109.

30 Bodin, Jean: *Vom aussgelasnen wütigen Teuffelsheer*, a.a.O., S. 110.

31 So z. B. im »Verflüchten Zauberfest« von Michael Herr und im Stich »*Blockes-Berges Verrichtung*« eines Unbekannten (vor 1668).

32 Praetorius, Johannes: *Blockes-Berges Verrichtung*, a.a.O., S. 369. Die Dämonologen sind der Überzeugung, daß der Teufel nicht zeugungsfähig ist. Beweise dafür seien sein kalter, meist schuppiger Penis und sein kaltes Sperma. Auch Praetorius diskutiert und beschreibt dies unablässig und mit beachtlichem Interesse. Erfolgt beim Beischlaf dennoch eine Zeugung – der Widerspruch darf hier nicht stören – so entstehen Mißgeburten (Tod-, Früh-, Fehlgeburten oder Kinder mit Mißbildungen). Aus einer Mischung aus Furcht und Lust ist es (bekanntlich) keine Ausnahme, daß Verkrüppelte, genannt Wechselbälger oder Wechselkinder, auf den Marktplätzen oder anderswo zur Schau gestellt werden.

33 Beitext von: Lancre, de, Pierre: *Description et Figure dv sabbat des sorciers*, o.O. 1613, abgedruckt in: Hauschild, Thomas (Hg.): *Hexen*, a.a.O., S. 76.

34 Meri, Franco-Lao: *Hexen-Musik*, München 1979, S. 10.

35 Unter diesen lebenden Kerzenständern befindet sich auch die unter Anklage stehende Anna Pappenheimer. Das Stadium der Verzweiflung hat sie wohl überschritten, im Kerker beginnen die von ihr angeblich ermordeten Kinder, sie zu umtanzen. Völlig zermürbt läßt sie jede Tortur über sich ergehen und gesteht: »*Man hat meiner wenig geacht. (...) Hab oft leuchten müssen.*« Kunze, Michael: *Straße ins Feuer*, a.a.O., S. 259 (Kap. »Der Tanzplatz«). Der Historiker macht in dieser Veröffentlichung seiner Dissertation nicht immer konkrete Quellenverweise, führt diese aber im Anhang auf.

36 Ebenda, S. 260.

37 Ebenda.

38 Ebenda, S. 260f.

39 Ebenda, S. 261.

40 Ebenda.

41 Ebenda.

42 Ebenda.

43 Ebenda, S. 262.

44 Eine aufschlußreiche Zusammenstellung ikonographischer Zeugnisse zum Themenkreis »Hexen, Frauen, Hexensabbat, Totentanz und Tod« findet sich in dem (leider) unkommentierten Bildband: Lehner, E., Lehner, J.: *Devils, Death and Damnation*, New York 1971 (244 Illustrationen).

45 Kunze, Michael: *Straße ins Feuer*, a.a.O., S. 378 und S. 383.

46 Foucault, Michel: *Résumé des cours 1970–1982*, Paris 1989, im Original S. 59.

47 Charcot, Jean-Martin: *Les Démoniaques dans l'Art*, Paris 1887, Repr. Amsterdam 1972, im Original S. 34.

48 Ebenda.

49 S. dazu: Elias, Norbert: Soziologie und Psychiatrie, in: Wehler, Hans-Ulrich: *Soziologie und Psychoanalyse*, Stuttgart 1972, S. 11- 41.

50 S. z. B.: Sachs, Curt: *Eine Weltgeschichte des Tanzes*, a.a.O., S. 170 ff.; Sorell, Walter: *Der Tanz als Spiegel der Zeit*, a.a.O., S. 29 ff; Klein, Gabriele: *FrauenKörperTanz*, a.a.O., S. 67 ff. Keine dieser Untersuchungen beachtet, daß es sich bei der Tanzwut um eine Erscheinungsform der Hysterie handelt. Wie bereits im Zusammenhang der Totentänze angeführt, wird die Tanzwut gerne mit dem Totentanz verwechselt.

51 Vorarbeiten mit weiteren Literaturweisen finden sich vorrangig in: Hecker, Justus Friedrich Carl: *Die Tanzwuth*, Berlin 1832; ders.: *Die großen Volkskrankheiten des Mittelalters*, Berlin 1865, Repr. Hildesheim 1964, insb. S. 124–185; Martin, Alfred: Geschichte der Tanzkrankheit in Deutschland, in: *Zeitschrift des Vereins für Volkskunde*, 24, Berlin 1914, S. 113–134 und S. 225–239; Katner, Wilhelm: *Das Rätsel des Tarentismus*, Leipzig 1956. Erstaunlicherweise bleibt auch in diesen Untersuchungen der Sachverhalt, daß es sich bei der Tanzwut um eine Erscheinungsform der Hysterie handelt, weitgehend unberücksichtigt.

52 Zur Hysterie s.: Schaps, Regina: *Hysterie und Weiblichkeit*, Frankfurt/M. 1982; Braun, v., Christina: *Nicht ich: Logik, Lüge, Libido*, Frankfurt/ M. 1985; Westerwelle, Karin: *Ästhetisches Interesse und nervöse Krankheit*, Stuttgart 1993, insb. S. 40–132. Einen historischen Überblick zur Hysterie von den antiken Somatikern bis hin zu den modernen Psychoanalytikern findet sich in dem Standardwerk: Akkerknecht, Erwin H.: *Kurze Geschichte der Psychiatrie*, Stuttgart 1985.

53 Zedler, Johann W.: *Grosses vollständiges Universal-Lexikon aller Wissenschaften und Künste*, Halle 1732–1754, Repr. Graz 1961–1964, 68 Bde., Bd. 46, Sp. 1013.

54 Ebenda.

55 Hecker, Justus Friedrich Carl: *Die Tanzwuth*, a.a.O., S. 3.

56 Zedler, Johann W.: *Grosses vollständiges Universal-Lexikon aller Wissenschaften und Künste*, a.a.O., Bd. 41, Sp. 1802.

57 Ebenda.

58 Brandt, Otto H. (Hg.): *Limburger Chronik*, Repr. Jena 1922, S. 56.

59 Katner, Wilhelm: *Das Rätsel des Tarentismus*, a.a.O., S. 13.

60 S. z. B.: Hecker, Justus Friedrich Carl: *Die Tanzwuth*, a.a.O., S. 22 f.

61 Katner, Wilhelm: *Das Rätsel des Tarentismus*, a.a.O. S. 31 (Hervorhebung vom Verfasser).

62 Ebenda, S. 16 f.

63 Foucault, Michel: *Résumé des cours*, a.a.O., im Original S. 60 (Hervorhebung vom Verfasser).

64 Katner, Wilhelm: *Das Rätsel des Tarentismus*, a.a.O., S. 31.

65 Ebenda.

66 Schaps, Regina: *Hysterie und Weiblichkeit*, a.a.O., S. 34. Zur Ätiologie der Tanzwut als Erscheinungsform der Hysterie bei Paracelsus vgl. auch: Hecker, Justus

Friedrich Carl: *Die Tanzwuth*, a.a O., S. 17–21; Ackerknecht, Erwin H.: *Kurze Geschichte der Psychiatrie*, a.a.O., S. 23 f.

67 Braun, v., Christina: *Nicht ich: Logik, Lüge, Libido*, a.a.O., S. 30.

68 Katner, Wilhelm: *Das Rätsel des Tarentismus*, a.a.O., S. 53 f.

69 Zedler, Johann W.: *Grosses vollständiges Universal-Lexikon*, a.a.O., Bd. 41, Sp. 1802.

70 Ebenda, Sp. 1803.

71 Die bekanntesten, termingerechten Anfälle finden sich in der Salpétrière des 19. Jahrhunderts. Zu sehen ist eine bühnenartige Inszenierung: Das Publikum setzt sich zusammen aus dem Krankenhauspersonal, Psychiatern, zum beobachtenden Studium aus verschiedenen Städten angereist, Neurologen und anderen Medizinern; anwesend sind auch Kriminalbeamte, Inspektoren, Fotographen, Journalisten, selbstredend der Intendant der Veranstaltung, Charcot, und weitere Voyeure. Wenn alle Zuschauer bereit sind, bequem auf ihren Stühlen sitzen und die nötigen Utensilien wie Notizblöcke oder Fotoapparate gerichtet – dann beginnt die Kranke pünktlich und in ordnungsgemäßer Serienabfolge mit ihren Attacken.

72 An die Grundhaltung des europäisierten Tangos sei hier nur kurz erinnert: Tänzer und Tänzerin befinden sich im leichten Kniestand. Ihre Beine sind wie Puzzlestücke zusammengefügt, die aneinandergepreßten Innenseiten der Oberschenkel gestatten den Genitalien deutlich spürbaren Kontakt.

73 Daß hier lediglich am eigenen Ast gesägt wird, sei nur nebenbei bemerkt. Zur abendländischen Abwertung des Sexuellen und der Antwort darauf in der modernen Pornographie s.: Lautmann, Rüdiger, Schetsche, Michael: *Das pornographierte Begehren*, Frankfurt/M., 1990.

74 Sozialgeschichtliche Aspekte der Rechristianisierung s.: Wehler, Hans-Ulrich: *Deutsche Gesellschaftsgeschichte*, a.a.O., Bd. 2, S. 458–469.

75 Czerwinski, Albert: *Geschichte der Tanzkunst*, a.a.O., S. 212 (Hervorhebung vom Verfasser).

76 Johnston, William: *L'ésprit viennois*, Paris 1985, im Original S. 142.

77 Vgl.: Heider, Ulrike: *Sadomasochismus – Eine romantische Liebe*, in: Heider, Ulrike (Hg.): *Sadomasochisten, Keusche und Romantiker*, Reinbek bei Hamburg 1986, S. 15–37.

78 Saar v., Ferdinand.: *Novellen aus Österreich*, Wien 1986, S. 10.

79 Ebenda, S. 33.

80 Ebenda, S. 34 (Hervorhebung vom Verfasser).

81 Ebenda, S. 32.

82 Lippe z., Rudolf: *Naturbeherrschung am Menschen*, Frankfurt/M. 1981, 2 Bde., Bd. 1, S. 23.

83 Klein, Gabriele: *FrauenKörperTanz*, a.a.O., S. 120.

84 Wienholz, Margrit: *Französische Tanzkritik im 19. Jahrhundert als Spiegel ästhetischer Bewußtseinsbildung*, Frankfurt/ M. 1974, s. z. B. S. 40 ff., 55 ff., 70 ff., 153 ff.

85 Mallarmé, Stéphane: zitiert nach: ebenda, S. 148.

86 Inhaltsangaben der Erfolgsballette mit Kurzinformationen wie Aufführungsorte, Name der Tänzer, Librettisten, Tanzlehrer, Choreographen etc. finden sich in: Pasi, Mario (Hg.): *Ballett*, Wiesbaden 1980.

87 Ebenda, S. 110.

88 Calendoli, Giovanni: *Tanz*, a.a.O., S. 171.

89 Ebenda, S. 109.

90 Ménil de, Félicien: *Histoire de la Danse*, Genf 1905, Repr. Genf 1980, im Original S. VIII.

91 Noverre, Jean Georges: *Lettres sur la danse et les arts imitateurs*, Paris 1807, Repr. Paris 1952, im Original S. 94 (Brief 13).

92 Pasi, Mario (Hg.): *Ballett*, a.a.O., S. 104.

93 Ebenda. S. 103.

94 Ebenda.

95 Ebenda.

96 Ebenda.

97 Ebenda.

98 Zedler, Johann W.: *Grosses vollständiges Universal-Lexikon*, a.a.O., Bd. 21, Sp. 1742.

99 Ebenda.

100 Bodin, Jean: *Vom aussgelasnen wütigen Teuffelsheer*, a.a.O., S. 110. Folgen wir Hekker, so beschäftigt sich Bodin auch mit der Tanzwut. Die Literaturhinweise des Historikers erwiesen sich allerdings als nicht rekonstruierbar. S.: Hecker, Justus Friedrich Carl: *Die Tanzwuth*, a.a.O., S. 25 f.; ders.: *Die grossen Volkskrankheiten des Mittelalters*, a.a.O., S. 162.

101 Calendoli, Giovanni: *Tanz*, a.a.O., S. 171.

Der Tanz in seiner distinguierten Umformulierung

Unter einem besonders stark lastenden Legitimationsdruck stehen die Verfechter des Kunsttanzes durch die Kritik der Reformatoren, die den Tanz aus ihrer Sicht wohlbegründet, teilweise kompromißlos ablehnen. Geradezu zornig über die reformatorischen Einwände gegen den Tanz läßt sich der dem Kunsttanz wohlgesonnene Thoinot Arbeau zu folgendem Wutausbruch hinreißen: »Wir veranstalten solche Freudenfeiern an den Tagen der Hochzeitszelebrationen und den glanzvollen Feierlichkeiten unserer Kirche. Nun, da die Reformierten dergleichen Dinge abschaffen möchten, verdienen sie doch nichts anderes, als daß man sie zu einem Teig aus irgendeiner Hammelkeule ohne Speck verwurstet.«[1] Auf die Formel gebracht: »Mögen sich die Reformierten zum Teufel scheren. Wir werden weiterhin tanzen!« Offensichtlich kennen auch die Verfechter des Kunsttanzes die Kritik am Tanz und müssen sich legitimieren.

Die Kirche, und am wenigsten die reformierte Liga, hat dem Tanz kein Ritual zur Verfügung gestellt. Infolgedessen drohen die Arabesken des Tanzes in Richtung sexuelle Obsession zu verwildern.

Anders verhält es sich an den Höfen. Die zeitgleich aufkommenden Phänomene Hofkultur und Tanzpädagogik finden für den

Tanz einen neuen Modus und fangen sein Gefahrenpotential im Dienst des frühen Staatswesens ab. Während die Tänze des einfaches Volkes geschmäht und verdammt werden, erhält der höfische Tanz[2] das Prädikat »Kunst«. An der Dramaturgie des Tanzes hingegen ändert sich nichts Grundsätzliches. Das todeslastige Sexuelle bleibt favorisiertes Thema und psychologischer Motor. In spezifisch höfischer Manier erscheint das Sexuelle in stilisierter Distanz zwischen den Geschlechtern und damit auch in Distanz zu sich selbst. Mit diesem stilisierten Distanznehmen wird der Tanz instrumental beim Entstehen einer sozialen Kluft.

Tanzpädagogik und höfischer Tanz

Was ist unter einem »höfischen Tanz« zu verstehen: Beim Hoftanz handelt es sich um ein von der macht- und besitzstarken Noblesse gemeinsam codifiziertes und profaniertes Ritual. Aus choreologischer Sicht wird bei dieser Art zu tanzen der Körper explizit in Raum und Zeit ausgerichtet. Ein kurzes Verharren *in* der Bewegung durch die »posa« oder »positura«, die Begriffe variieren, zerlegt den Körper in Einzelteile und fügt ihn, der Idee eines harmonischen Gesamtgebildes folgend, wieder zusammen. Dazwischen gesellt sich ein variantenreiches, mitunter pantomimenhaftes Figurenspiel. Inklusive dieses Spiels wird bis hin zur äußeren Peripherie der Feinmotorik vom Kopf zur Schulter über die Arme zum kleinen Finger, vom Torso über die Beine bis zu den Zehen der gesamte Körper geometrisiert. Willkürliche und unreflektierte Bewegungen bleiben soweit wie möglich ausgegrenzt. Der Tanzkörper erscheint so als ein selbstreflexiv kontrollierter Körper.

Bei diesem choreologischen Hintergrund ist zu bedenken, daß kein Tanz »vom Himmel fällt«. Weder die Pavane noch die Galliarde, weder das Menuett noch der Tango werden abseits von der

Welt in irgendwelchen Kammern frei erfunden. Jeder Tanz entsteht in Anknüpfung an andere Tänze, und dabei verändert er sich. Zwischen den Tänzen oberer und unterer Stände bzw. Schichten besteht, dynamisch schwankend, ein ständiger Austausch. Tänze fluktuieren vertikal durch die einmal mehr und einmal weniger durchlässigen, sozialen Hierarchien. In diesem Prozeß wandeln sie ihre Gestalt. Steigen sie nach unten, so lockert sich ihre Trieb- und Affektmodellierung, geht ihr Weg nach oben, so strafft sie sich. Manche Tänze verselbständigen sich dann vor Ort.

Was ist schon der »Stampfer« des einfachen Volkes gegen den »Pas glissé«, den leicht und grazil über den Boden geschliffenen Schritt aus dem Repertoire des Hoftanzes? Ein Tanzpaar gehobenen Standes setzt die Choreographie eines auf den ersten Blick identischen Tanzes anders um als der Stallknecht und die Magd. Der Unterschied zwischen den Tänzen macht- und besitzschwacher Gruppierungen zu denjenigen der macht- und besitzstarken besteht im Bewegungsverhalten, weniger in den einzelnen choreographischen Bausteinen wie Schritt, Figur oder Gattung. Die gestraffte Affektmodellierung in der Grob- und Feinmotorik splittet die Tänze in zwei soziale Sphären auf, und trennt sie damit konstitutiv voneinander.

An der sozialen Aufsplittung des Tanzes ist die Tanzpädagogik maßgeblich beteiligt: Aller Wahrscheinlichkeit nach wird der Homo educandus des Tanzes bereits in der ritterlichen Feudalgesellschaft des Spätmittelalters »entdeckt«. In dieser Epoche, die Belege dazu sind noch bruchstückhaft und hypothetisch, müßte das Entstehen der mitteleuropäischen Tanzpädagogik[3] anzusiedeln sein. Gesichert hingegen ist, daß sich in dieser Zeitspanne der Tanz allmählich in einen Tanz für macht- und besitzstarke und in einen Tanz für macht- und besitzschwache Gruppierungen aufsplittet. Diese Trennung wird über ganze historische Epochen hinweg beibehalten. Mit Wucht driften die beiden Tanzarten dann im

16. Jahrhundert auseinander. »Höfischer Tanz und Volkstanz,« stellt Sachs zur Reformations- und Gegenreformationszeit fest, »sind endgültig getrennt. Sie werden sich noch gegenseitig beeinflussen, aber sie haben grundsätzlich verschiedene Ziele und verschiedenen Stil.«[4] Ein ikonographisches Zeugnis über diese beiden Tanzwelten hinterläßt Théodore de Bry (1528–1598); demonstrativ stellt er sie im Vergleich gegenüber (Abb. 16). Eine fast unüberbrückbare Kluft zeigt sich sodann im absolutistischen Zeitalter. Erst im 19. Jahrhundert mit der Verringerung der Machtdifferentiale im Zuge der berufsbürgerlichen Durchbrüche verlieren die Trennlinien zögernd ihre Konturen. Der Tanzunterricht tritt endgültig aus den eher geschlossenen Kreisen der Höfe heraus; kommerzialisiert wird er für breitere Massen der Bevölkerung zugänglicher; auch die Choreographien werden vereinfacht und liberaler. In der Postmoderne schließlich verwischen sich die beiden Sphären des Tanzes, sie sind als solche kaum noch erkennbar.

Den für die späteren Epochen entscheidenden, quantitativen und qualitativen Aufschwung erfährt die Tanzpädagogik parallel zur ständespezifischen Aufsplittung des Tanzes in der frühen Neuzeit im Kontext des aufkommenden Staatswesens oder, mit den Begrifflichkeiten der alten Richtungssymbolik gesagt, im Kontext der aufkommenden »rechten Welt«:

Um die Mitte des 15. Jahrhunderts bildet sich an den feudalen Hochburgen Spaniens und vor allem Oberitaliens ein selbständiger, von nun an prinzipiell angesehener Tanzlehrerstand heraus und drängt von dort aus mehr und mehr nach Frankreich. Hier erst erfährt das in Italien entwickelte Grundgerüst einer spezifisch höfischen Tanzkunst seine Weiterentwicklung und Fortführung. Den Meilenstein setzt eine der politisch einflußreichsten Persönlichkeiten des Jahrhunderts, nämlich die spätere Königin und Regentin Frankreichs, Caterina de Medici (1519–1589). Mit dem Einzug der mit außergewöhnlich hohem diplomatischen Geschick bestückten, florentinischen Großherzogin und Bankierstochter an den französischen Hof durch die Vermählung mit dem König Henri II erfolgt ein Sittertransfer: Caterina bringt aus Italien ihren kompletten Hofstaat und damit die gesamte spezifisch höfische Kultur mit nach Frankreich. Dazu gehört neben der Eßkultur auch die Tanzkultur mit all ihren einzelnen Bestandteilen. Caterina de Medici ist die erste Monarchin, die einen italienischen Tanzmeister engagiert. Baltazarini di Belgioso, in Frankreich Baltasar de Beauioyeulx genannt, und bekannt geworden durch das von ihm komponierte und choreographierte »Circeballett«, hat die Aufgabe, ihre drei Söhne, die späteren Könige François II, Charles IX und Henri III, mit dem spezifisch höfischen Habitus vertraut zu machen und zu Höflingen zu erziehen; er soll die Hofmitglieder im Tanz unterrichten und die Hoffestlichkeiten leiten. Der französische Adel, der Hochadel und auch ein Teil des wohlhabenden Frühbürgertums folgen diesem im königlichen Palast gesetzten Exempel. Die italienischen Tanzmeister, genannt »professori di ballo«, mischen sich unter die französischen »maîtres de danse«, die beiden Gruppen treten miteinander in Diskurs, der Markt der Tanzmeister beginnt zu florieren. Eichberg berichtet, daß es im Paris des Jahres 1600 rund 300 Tanzmeister gegeben haben soll.[5]

Das 16. Jahrhundert ist in Frankreich von gegenreformatorischen Auseinandersetzungen geprägt. Hand in Hand mit der katholischen Kirche stärkt Caterina de Medici die Feudalmacht gegen die aufbegehrenden, von reformiertem Gedankengut angeregten Kräfte. Katholische Ligen kämpfen gegen die reformierten Hugenotten. In der Überzeugung des »Paris ist eine Messe wert« konvertiert der calvinistische Bourbone und König von Navarra, Henri IV (1553–1610), im Jahr 1593 zum Katholizismus. Dadurch erhält er das Recht auf den Thron der ohne legitimen Nachfolger gebliebenen Valois-Dynastie. Auch will er mit diesem Übertritt die verheerenden Auswirkungen der Hugenottenkriege überwinden. Zu diesem Zweck und unter Teilrespektierung der reformierten Forderungen werden unter Henri IV erstmals eine zentralistische Staatsautorität gegründet und für den Absolutismus die Weichen gestellt. Theoretisch grundlegend für das sich nun bildende Staatsgefüge sind neben den Abhandlungen von Hobbes die Abhandlungen über die Souveränität des modernen Staates von dem bereits mehrfach erwähnten Juristen, Parlamentsmitglied und Dämonologen Jean Bodin.

Die Regierung Louis XIV (1638–1715) ist sodann die erste, der es gelingt, die außerfamiliären Instanzen des frühen Verwaltungs- und Regierungsapparates in der vom König personifizierten Staatsmacht zentral zusammenzuführen und von einem Punkt aus, zu lenken.»Ein König, ein Glaube, ein Gesetz« – mit diesen Worten faßt der königliche Kanzelredner Bossuet den Absolutismus zusammen und betont das Gnadentum des Souveräns, der als Stellverteter Gottes ungeachtet seiner sozialen Provenienz weder dem Volk noch der Kirche Rechenschaft schulde. Neben der Steuerhoheit erhält der König das Gewaltmonopol, das ihn allein über die Befriedung oder Nicht-Befriedung des gesamten inner- und außergesellschaftlichen Raumes verfügen läßt. Zur Durchsetzung der absoluten Monarchie wirken zwei Momente entscheidend mit: Erstens die mehr als zwei Jahrhunderte während Ausschaltung der Generalstände; die letzte Versammlung von Vertretern des Adels, des Klerus und der städtischen Körperschaften findet im Jahr 1614 statt, die nächste Einberufung löst die Französische Revolution aus. Zum zweiten ist mit dem Sieg über den letzten Adelsaufstand, der »Fronde«, der Hochadel 1653 *politisch* entrechtet. Nach heftigen, innerstaatlichen Auseinandersetzungen übernimmt der in seinem fünften Lebensjahr gekrönte Louis XIV im Jahr 1661 die Regentschaft und erhält die uneingeschränkte Regierungsgewalt. Mit diesem Ereignis gilt der Absolutismus, der in keinem anderen

Land eine so starke Ausprägung und Wirkkraft erfährt wie in Frankreich, als vollendet.

Elias ordnet dieser noch instabilen Gesellschaftsform entscheidende, vom Hof ausgehende, psycho- und soziogenetische Zivilisationsschübe zu. Im Absolutismus kündigt sich der moderne Staat an und das damit einhergehende, selbstkontrollierte und -distanzierte Ich zeichnet sich ab.[n]

Inmitten dieser Staatsmacht entsteht die erste Tanzakademie Europas. Die »Académie Royale de Danse« wird 1661/62 unter Louis XIV und unter dessen Wirtschafts- und Finanzminister Colbert gegründet. Als Mann vom Fach befindet sich unter den Gründungsmitgliedern ihr späterer Direktor Pierre François Godard Beauchamps (1636–1705), der »Johann Sebastian Bach« des Tanzes. Unter ihm bekommen die Prädikate des Tanzes »Kunst« und »Wissenschaft« buchstäblich ihr königliches Siegel, das heißt, ihre staatliche bzw. frühstaatliche Sanktionierung. Fast täglich und über insgesamt zweiundzwanzig Jahre hinweg dient dieser Docteur de la Danse als persönlicher Tanzmeister dem überaus tanzbegeisterten und zudem noch talentierten Staatsoberhaupt Frankreichs. In einschlägigen Kreisen ist Beauchamps europaweit bekannt. (Der damalige, vergleichsweise noch zäh verlaufende Informationsfluß dürfte in puncto »Bekanntheit« den Stellenwert des höfischen Tanzes bereits an dieser Stelle nur unterstreichen.) Die französische Tanzakademie steht Modell für staatliche Einrichtungen anderer Nationen, deren Gründungen jedoch erst später erfolgen, z.B. die russische Tanzakademie im Jahr 1735, die italienische 1812.[7] Was sich schon seit dem 15. und deutlicher noch im vorabsolutistischen, späten 16. Jahrhundert abzeichnet, wird im Absolutismus zum Manifest: Frankreich ist die tonangebende Metropole des akademisierten Tanzes und wird dies bis weit in die Moderne bleiben. Unter Beauchamps und seinen Schülern reift der höfische Tanz aus und erreicht seinen Höhepunkt. Die von ihnen geschaffene Methode gilt als die bis heute gültige Grundtechnik des Klassischen Balletts, und wenn im folgenden der höfische Kunsttanz seiner Erklärbarkeit halber fast zwangsläufig anhand bestimmter Terminologien beschrieben wird, dann ist dies die Sprache jener absolutistischen Maîtres de danse. Absolventen der Königlichen Akademie[8] werden »gehandelt wie pures Gold«. Mag das Prestige anderer Einrichtungen im Vergleich auch nachhinken – an den europäischen Höfen und großen Universitäten jedenfalls sind es fast allerorts die französischen Maîtres de danse, die ihr in Paris erworbenes Wissen weitergeben. An den Tänzen des französischen Hofes orientieren sich die Fürstenhöfe Italiens, Spaniens und Englands, die Grafschaften, Herzogtümer und Königshäuser des deutschsprachigen Raums wie auch die des russischen Zarenreiches. Obwohl die Tänze in der Regel dem jeweiligen Landeshabitus leicht angepaßt werden, ist es dennoch der französische Hochadel und dessen Tanzmeister, die, unhistorisch gesagt, »die Mode« bestimmen. Die Vormachtstellung des Adels gegenüber der mit ihm rivalisierenden Kraft, dem Bürgertum, bringt es mit sich, daß dieses dem Tanz der Höfe, im großen und ganzen zumindest, beflissentlich nacheifert. Das Tanzverhalten des frühen Bürgertums variiert, soweit überschaubar und kurz gefaßt, nach der jeweiligen Ausprägung ihrer reformatorischen Orthodoxie.

Zur Veranschaulichung des gesellschaftlichen Stellenwertes des akademisierten Tanzes seien einige Beispiele aus den umfangreichen Ausarbeitungen des Tanzhistorikers und Tänzers Karl Heinz Taubert angeführt:

Bereits Königin »Elisabeth I von England (1533–1603) hatte Hofdamen entlassen, die beim Tanzen ihren Ansprüchen nicht genügten. Man erwarb durch den Tanzunterricht gleichzeitig eine Kenntnis ästhetischer Gesetze der Zeit und hatte diese in den einzelnen Tänzen sichtbar zu verkörpern. Dessen war man sich bewußt.«[9]

Die stilbildenden Tänze des Absolutismus sind die Courante und das Menuett. Kreiert Beauchamps in der Macht- und Tanzmetropole Paris eine weitere Variante des (letztgenannten) Paarreigens, notiert er sie auf Briefbögen, gibt sie den berittenen Kurierdiensten mit auf den Weg und »nur wenige Tage später als in Paris tanzte man in London oder Petersburg das ›neueste Menuett‹.«[10]

Was es am französischen Königshof gibt, ist in imitierter, »kleinerer« Form auch in den anderen Höfen zu finden. In der zweiten Häfte des 17. Jahrhunderts hat Paris etwa »500000 Einwohner und 1000 Tanzmeister, da jedes wohlhabende Haus sich einen ›Maître de danse‹ hielt. Tanzen spielte in der Kindererziehung eine große Rolle (...).«[11]

»Alle Studierenden (...) hatten regelmäßigen Tanzunterricht während ihres Studiums. Ohne Beherrschung der Hauptfiguren aller ›Gesellschaftstänze à la mode‹ und der verschiedensten Formen der Reverenz – auch im Alltag des öffentlichen Lebens – wäre eine Karriere undenkbar gewesen. Alle Universitäten hatten Tanzmeister angestellt, von denen die meisten aus Frankreich kamen.«[12] Wahrscheinlich (der Bezug ist nicht ganz eindeutig), bezieht sich Taubert hier auf die 1755 veröffentlichte Hinterlassenschaft des Tanzmeisters Hänsel der Universität Leipzig

Die Negativcodierung des Tanzes wurde in den vorangegangenen Abhandlungen herausgearbeitet und vorgestellt. Umso merkwürdiger erscheinen deshalb folgende, bis dato kaum beachtete und deshalb auch nur unzulänglich aufgelöste Widersprüche:

Von den Biographien der frühen Tanzmeister ist wenig überliefert, Einzelheiten werden oft nur akzidentell vermerkt. Zum Festmachen der sozialen Gruppen, aus denen sich die ersten Tanzmeister rekrutieren, fehlen die »harten Daten«. Wahrscheinlich jedoch befinden sich ihre Vorläufer unter dem mittelalterlichen Fahrenden Volk. Sollte dies haltbar sein, dann ließe sich ein Wandel festhalten: Aus den ehemaligen Vogelfreien werden Männer mit Ruhm und Macht; für die einst ex cathedra geächteten Gaukler und Schausteller wird es möglich, eine privilegierte Position und ein hohes Ansehen innerhalb und außerhalb der Höfe zu erlangen.

So lückenhaft die Informationen über die Lebenswege der einzelnen Tanzmeister auch sind, nachweisbar und offensichtlich ist die soziale Diskrepanz zwischen ihnen und ihren Eleven, die mitunter dem Hochadel zugehörig sind. Hinsichtlich ihrer familiären Herkunft und ihrer beruflichen Laufbahn entstammen diese neuen Akademiker in der Regel den unteren Rängen der sozialen Hierarchie und avancieren dennoch nicht selten bis hin zu Erziehern der Dauphins oder zu Ratgebern des Souveräns. Der oberitalienische Tanzmeister, so ein Beispiel, »hatte eine angesehene Stellung. Er begleitete die Fürstlichkeiten und konnte ihr Vertrauensmann sein, ja, bei venezianischen Vermählungen, in denen die erste Vorstellung der Braut stumm im Tanzschritt zu erfolgen hatte, durfte er die Stellung des Vaters vertreten.«[13] Welchen von den Mitgliedern der Höfe oder anderen Personen wäre solches vergönnt gewesen. Und warum gerade dem – keineswegs standesgemäßen – Professore di ballo? Keiner der Tanzmeister entstammt den großen Dynastien des alten Schwertadels. Vielleicht kauft sich der eine oder andere, wie damals in bürgerlichen Kreisen durchaus üblich, in den Adelsstand ein. Einen Titel hingegen trägt, soweit überschaubar, niemand unter ihnen. Sicher, das höfische Leben prägt, so betont Elias, die »Gleichzeitigkeit von räumlicher Nähe und sozialer Ferne, von innigem Kontakt in der einen Schicht und strengster Distanz in der anderen.«[14] Trotzdem ist das geduldete Mißverhältnis zwischen Tanzmeister und Souverän ungewöhnlich. Zwischen Louis XIV und seinem persönlichen Maître de danse scheint die soziale Inkompatibilität sogar vollständig. Beauchamps ist in einfachen, wahrscheinlich ärmlichen bürgerlichen Verhältnissen geboren; seine berufliche Herkunft ist die Schaustellerei der gemeinen Marktplätze. »Er nahm in seiner Jugend beim Theater

eine sehr untergeordnete Stellung ein: er spielte (...) die Nebenrollen des Boten, Küchenjungen, Zigeuners und Leibjägers, empfing darin Ohrfeigen, Fußtritte und Stockschläge, und mußte sich
bisweilen sogar als Lampenputzer gebrauchen lassen.«[15] Das personifizierte Macht- und Gewaltmonopol eines gesamten Staates
läßt sich also von jemandem unterrichten, der sich vorher auf den
Bühnen der »bedeutungslosen« verachteten Masse des zerlumpten Volkes als niedriger Chargenspieler betätigte. Angesichts der
strikt zu befolgenden und unhinterfragt gottgewollten Hierarchie
der Stände ist ein Karrieresprung wie der Beauchamps' mehr als
nur unüblich – er sprengt die Norm des sozialen Gefüges.

Einem weiteren, ebenfalls ungeklärten und widersprüchlichen
Sachverhalt widmet sich die niederländische Tanz- und Kunsthi-
storikerin Boshoven: Auffallend viele der frühen, vorwiegend italienischen Professori di ballo sind Juden. Diese Bevölkerungsgruppe wird des Gottesmordes bezichtigt und gilt nach den Frauen
auch südlich der Alpen als nächstbeliebtes Medium des Gegengottes. Mitunter noch zeitgleich mit dem Aufschwung des Tanzlehrer-
standes, werden sie entweder verfolgt und hingerichtet oder zur
Taufe bzw. Konvertierung gezwungen.[16]

Die dargestellten Widersprüche sind im Kontext dieser Untersuchung nicht auflösbar. Einer der Gründe für die potentiell privilegierte Position der Tanzmeister müßte konkret in den Aufgaben
und Funktionen liegen, die der Tanzpädagogik zukommen. Damit
sind wir wieder dichter am Thema.

Der Aufschwung der frühen Tanzpädagogik erfolgt mehr oder
minder zeitgleich mit dem radikalisierten, ständespezifischen Auseinanderdriften des Tanzes. Die Entwicklung der Tanzpädagogik
heißt in diesem Zusammenhang zunächst Entstehung der Tanzschrift, das Herausbilden einer methodisch verfaßten Tanzlehre sowie, das eine bedingt das andere, die Ausgestaltung des höfischen
Tanzes selbst.

Zu Beginn der tanzpädagogischen Ära steht der Tanzlehre noch keine Tanzschrift zur Verfügung. Den gestalterischen Freiräumen steht ein vergleichsweise ineffektives und mühsames, schriftliches Festhalten und Vermitteln der Tänze gegenüber. Ob dies nun als störend empfunden wird oder nicht, die Tanzmeister jedenfalls machen es sich zur Aufgabe, eine Tanzzeichensprache zu entwickeln. Die zum Teil noch ungebundenen, losen Blätter der ersten Tanzlehren sind Schilderungen in der herkömmlichen Schriftsprache und nur gelegentlich mit ergänzenden Noten- und Taktangaben durchsetzt. Neben ausformulierten, mitunter poetisch gestalteten Beschreibungen des Tanzes finden sich Anstandsregeln, Kriegsschilderungen, Liebeserklärungen und philosophische Reflektionen.[17] Eine Variante legt Thoinot Arbeau (1520–1595) im Jahr 1589 vor. Seine Tanzlehre ist in Dialogform geschrieben. Nachdem Arbeau im ersten Teil seiner »Orchésographie« unter (dem eingangs angeführten) Legitimationsdruck seinen skeptischen Gesprächspartner Capriol von Sinn und Zweck der Tanzkunst überzeugt hat, unterhält er sich mit dem nun neugierig Fragenden und erläutert die Tänze, einen nach dem anderen. Arbeau verfaßt seine Abhandlung in Anlehnung an den provenzalischen Dichter und Tanzmeister Antonius de Arena (um 1500–1544) und den spätantiken Philosophen Lukian von Samosata. Außerdem hält der 68jährige Domkapitular, Kapellmeister und Papist aus Langres (Burgund) mit der »Orchésographie« seine eigenen Erinnerungen an den Tanz fest. Die Hinterlassenschaft Arbeaus gehört zu den ausführlichsten Tanzlehren bzw. -beschreibungen der frühen Generationen, auf die noch manch späterer Tanzmeister (z.B. Feuillet) rekurriert.[18] Selbstredend werden diese ausformulierten und gerne mit moralischen Gedanken und Handlungsanweisungen gespickten Schilderungen der ersten Tanzlehren nie zur Gänze verdrängt. Sie weichen jedoch zusehends den generalisierten stenographischen Tanzzeichen. Die frühen, nur leidlich kommunikablen Striche, Linien, Punkte, Buchstaben und an Strichmännchen erinnernden Figurinen häufen sich mehr und mehr und differenzieren sich aus. Hand in Hand mit einer zunehmenden Professionalisierung der Tanzlehrer[19] läuft dieser Prozeß auf eine systematische Vereinheitlichung zu. Mit Raoul-Auger Feuillet (um 1660–1710) ist das Ziel erreicht. Der Schüler Beauchamps und Mitglied der Académie Royale de Danse hinterläßt den europäischen Tanzmeistern eine (erläuterte) Tanzgraphik mit der entsprechenden, im Klassischen Ballett noch heute gültigen Terminologie. Feuillet ist es, der der früheren Improvisation und Spontaneität ein Ende setzt. Sein im Jahr 1699 erstmals veröffentlichtes Hauptwerk, die »Choregraphie ou l'Art de de'crire la Dance, par caracteres, figures et signes de'monstratifs (sic)«, wird in den Jahren 1700, 1701, 1712, 1713 und 1725 erneut aufgelegt. Nicht wortgetreue Übersetzungen, eher sinngemäße Übertragungen machen seine Tanzlehre 1705 England und 1717 dem deutschsprachigen Raum zugänglich. Den Lehren und Tanzgraphiken Feuillets folgen zahlreiche seiner in- und ausländischen Kollegen. Das Augenmerk des Maître de danse gilt vornehmlich den äußeren Randbereichen des Körpers, nämlich den Füßen im Stand und in der Bewegung. Allerdings, die Information darf nicht fehlen, bringt Feuillet lediglich das Schaffen seines Meisters zu Papier und zum Verlag, denn Beauchamps schob die Veröffentlichung seiner Lehren sein lebtag immer wieder hinaus.[20]

Mit dem radikalisierten, ständespezifischen Auseinanderdriften des Tanzes läßt sich eine zunehmende Methodisierung und eine damit verbundene, weitere Ausgestaltung des höfischen Tanzes beobachten:

Den Auswertungen des Sekundär-, vor allen Dingen aber des Primärmaterials durch Wolfgang Brunner folgend, ist dafür ein Tanz besonders verantwortlich: die Bassedanse.[21] Diese paarweise und gravitätisch geschrittene Prozession ohne Partnerwechsel ist der Epochentanz zwischen endgültig untergehendem Rittertum und aufkommender Hofkultur in der Renaissance. Die Bassedanse legt den Meilenstein für die Festlegung der Tänze in hintereinander folgenden Serien; ihr zeremonielles Erscheinungsbild ist eine Vorform der Suite. Durch sie wird die Reverenz erstmals zur festen, eigenständigen Figur und als unverzichtbarer Bestandteil in das Bewegungsrepertoire des höfischen Tanzes aufgenommen. Zu der fortan jeden Tanz eröffnenden, gegenseitigen Ehrerbietung gesellt sich der ebenfalls unverzichtbare Kuß des Tänzers auf die Hand seiner Tanzpartnerin. Wahrscheinlich ist die Bassedanse der erste Unterrichtsgegenstand der mitteleuropäischen Tanzpädagogik, die frühen Tanzmeister jedenfalls widmen sich ihr mit herausragender Aufmerksamkeit. Die dem höfischen Tanz charakteristische Geometrisierung des Körpers in Raum und Zeit erfährt hier ihre impulsgebende, praktische und theoretische Ausarbeitung. Choreographisch noch wenig systematisiert, weist die Bassedanse dem Tanz der Hofkultur den Weg.

Im modernen Sinn definiert und dargelegt, erscheint die Metrisierung des Tanzkörpers explizit und umfassend aber erst in den Tanzlehren Feuillets im Absolutismus. Feuillet widmet sich dem Körperraum (oder dem Raumkörper) noch bevor er die Graphiken und Begrifflichkeiten der Schritte, der Schrittfolgen, der Positionen und Choreographien vorstellt. Auf den ersten Seiten seiner Tanzlehre ist ein gleichwinkliges Rechteck abgebildet, das er *»Von der Präsenz des Körpers«*[22] nennt und mit den Winkelbezeichnungen der Mathematik *»A, B, C, D«*[23] versieht. Jede Bewegung unterliegt und folgt den Gesetzen der Geometrie. So auch das Figurenspiel, in all seinen vielfältigen Erscheinungsformen ist es nichts anderes als ein körperliches Nachvollziehen von Raumdefinitionen. »›Figur‹ heißt, einen vorgezeichneten Weg mit Kunst zu folgen,«[24] lehrt Feuillet. Gleiches gilt für die Fortbewegung. Die Tanzfläche des Saales wird in geometrische Linien und Achsen oder andere Raumwege aufgeteilt, die von der Gruppe tänzerisch nachgezogen werden. Das lustvoll verspielte Menuett, der Haupttanz des »Grand siècle« und bevorzugtes »Entredeux« von Louis XV, ist von dieser Flächensystematisierung besonders geprägt. Die geometrischen Hauptformen eines Menuetts, in denen sich die Tänzer paarweise fortbewegen, sind die einer 8, eines spiegelverkehrten S und die eines Z.

Die Ausführung einer bestimmten Figur birgt bereits komplexe Bewegungsvorschriften und -vorgänge verschiedener Teile des Körpers. Ihnen ist die bis in die Feinmotorik festgelegte Haltung und Führung des Kopfes, der Arme, der Beine, der Füße, ja mitunter sogar des Mundes schon grundlegend vorausgesetzt. Damit sich der Tänzer nicht »allenthalben mit seinen Armen greulich verstellet, wenn er im Gehen immerfort, wie ein Brauer-Knecht,« erläutert der Tanzmeister Gottfried Taubert in seiner Schrift »Rechtschaffener Tantzmeister« von 1717, »mit dem einen Arm vor, und mit dem andern zurück schleudert, oder sonst mit den Händen unruhig ist, und allerley wunderliche *Chosen* und Gauckel-Possen machet, und im Gegentheil auch eine gefällige *Air* geben kann,«[25] dafür sorgt das Reglement des »Porte les bras«. Sei dies der Winkel zwischen Oberarm und Unterarm, die Ausrichtung beider in der Horizontalen und Vertikalen oder nur die als geschlossen erwünschte Stellung des Daumens zum Zeigefinger – das »Tragen der Arme« wird in fünf Grund- bzw. Ausgangshaltungen festgelegt. Vergleichbar ergeht es den Füssen. Auf symmetrisch gezogenen Körperachsen folgen sie fortan dem Diktat der fünf »Positions des pieds«. »Gute Stellungen sind es,« meldet Taubert aus dem damals »Klein-Paris« genannten Leipzig über das für ausnahmslos alle Fußhaltungen gültige Positionieren jenes Körperteils, »wenn beyde Füsse fein gleich und richtig, auch mit beyden Spitzen gut auswärts stehen.«[26] In der ersten Position des pieds werden die Füsse an den Fersen geschlossen und die Fußspitzen nach außen gedreht; in der zweiten Grundhaltung stehen die Fersen im Abstand von drei Fußhälften lateral auseinander; in der dritten Position werden die Füsse parallel voreinander gekreuzt und die Fersen direkt vor den jeweiligen Mittelfußknochen gestellt etc. Wie sich die Arme und Füße dann in den komplexen Bewegungsabläufen der einzelnen Figuren und Schrittfolgen zu verhalten haben, ist damit allerdings noch nicht beantwortet. Mit Bewegungsanleitungen über die genaue Führung der Schulter, des Ellenbogens, der Hand und des kleinen Fingers aus dem ersten Porte les bras hin zum ersten Tanzschritt müssen sich die Tanzmeister gesondert beschäftigen.

Doch kompliziert wird es bereits bevor der eigentliche Tanz mit der stets ersten Figur, der Reverenz, beginnt. Gemäß dem »Règlement à la cour« wird sie von beiden Geschlechtern dreimal vor und einmal nach dem Tanz erwiesen. Die korrekte Ausführung der nur scheinbar einfach nachzuvollziehenden Ehrerbietung ist, so kurz und prägnant der Tanzhistoriker Taubert, »eine Wissenschaft für sich.«[27] Hinzu kommt, daß sich die Reverenzen nicht alle gleich sind. Die Eröffungsreferenz einer Pavane ist eine andere als die der Galliarde, die des Menuetts eine andere als die der Sarabande. Befindet sich während des Tanzes die zu grüßende Person rechter Hand des Tänzers, dann erweist er ihr, je nach Tanz, ein- oder zweimal eine »Vor-Reverenz«: Er setzt seinen linken Fuß nach vorn, verbeugt sich leicht, hebt den rechten Fuß gegen die linke Ferse, streicht unter weiterem Verneigen den rechten Fuß einen Schritt nach vorn, überträgt sein Körpergewicht auf das rechte Bein und richtet sich langsam wieder auf; die Verneigung vor dem Gastgeber hingegen erfolgt anhand der »Visit-Reverenz«.[28]

Doch Reverenzen oder nach außen gedrehte Fußspitzen garantieren noch keinen Tanz. Bei der integrativen Koordination jener doch nur einzelnen Elemente wie Verbeugung, Armpositionen, Fußhaltungen und Figuren im Fluß des gesamten Tanzes spitzt sich die Komplexität des Regelwerkes noch einmal zu. In geradezu schwülstiger Detailbesessenheit bleibt nichts dem Zufall oder der

Willkür überlassen. Über dem Tanz liegt der Fetisch der Berechnung. Eingebettet in das strenge, unflexible und fast alles umfassende Reglement eines höfisch hierarchisierten Zeremoniells erhebt sich das choreographische Diktat zur Diktatur.

Die Beschreibung einer solchen, penibel geordneten Tanzzeremonie am absolutistischen Hof von Versailles verdanken wir Taubert: »Wie später unter Ludwig XV das Menuett, so pflegte es unter Ludwig XIV die Courante zu sein, die als erste vom Königspaar getanzt wurde. Es galt als die Regel, daß alle Anwesenden standen, solange der König tanzte. Nach diesem Tanz setzte sich der König, und die ganze Gesellschaft nahm daraufhin Platz bis auf den ranghöchsten Prinzen, der nach einer Verbeugung vor dem König die Königin zum Tanz geleitete. Nach diesem Tanz setzte sich die Königin, und der Prinz forderte die ranghöchste Prinzessin zum Tanz einer Courante auf. Beide machten erst die Reverenz vor dem König, dann gingen sie zurück an den Platz des Tanzbeginns, wo sie zunächst die beiden Reverenzen vollführten: vor der Gesellschaft, vor einander. Nach diesem Tanz ging die Prinzessin zu dem rangnächsten Prinzen, danach dieser zur rangnächsten Prinzessin usw., bis alle Anwesenden getanzt hatten. Wünschte der König einen anderen Tanz zu sehen, überbrachte der oberste Kammerherr diesen Bescheid, und das nächste Paar setzte z. B. mit einer Bourrée den Tanz fort.«[29] Der tänzerische Programmverlauf ist in der sozialen Hierarchie und choreographisch bis zu den Fingerspitzen penibel reguliert. Abweichungen sind kaum möglich, denn die Folgen einer Nichtbeachtung des von der Etikette gesteuerten Tanzreglements können bis zum sozialen Exitus reichen.

Zur Veranschaulichung und zur Erläuterung der sozial durchreglementierten Funktion der Etikette führt Elias das allmorgendliche Ankleidezeremoniell des Königs und der Königin an. Eine Tanzzeremonie läßt sich mit dem nur scheinbar beispiellosen »Lever du Roy« bzw. mit dem »Lever de la Reyne« durchaus vergleichen.[30]

Im zentralstaatlichen Absolutismus verfügt der akademisierte Tanz über eine instutionell verankerte, schriftlich fixierte und von Beauchamps, dem »Vater aller europäischen Tanzlehrer«,[31] zur »Vollendung« gebrachten Methode einer geometrisierten und hierarchisierten Berechnung. Die sich bereits im Mittelalter unter dem Einfluß der Mystik abzeichnenden Merkmale des höfischen Tanzes erhalten zwischen dem 15. und 16. Jahrhundert entscheidende Charakterisierungsschübe und werden im Absolutismus in vollem Prunk zum Manifest. Die bekanntesten Festlegungen sind die der fünf Positionen der Arme und der Füsse. Beharrlich begleiten sie die Tanzgeschichte, nur leicht modifiziert besitzen diese absolutistischen Relikte im Klassischen Ballett noch heute ihre Gültigkeit.

Das Tanzregelwerk des Absolutismus ist dermaßen komplex und erfordert ein solch hohes Maß an Körperbeherrschung (»Maîtrise du corps«), daß es für Ungeschulte fernab jeglichen Zugangs steht. Im Untertitel seines Hauptwerkes kündigt Feuillet an, seine Lehren seien solche, »(a)vec lesquels on apprend facilement de soy-même toutes sortes de Dances«. Die für das unwissende Auge hieroglyphenartige Schrift des Maître de danse wirkt jedoch nurmehr als Beitrag zur Schaffung und zum Erhalt eines (tänzerischen) Analphabetentums. Damit sind wir inmitten des nächsten Aspektes, nämlich dem der sozialen Abgrenzungsfunktion des akademisierten Tanzes.

Die Noblesse konstituiert sich, wie jede andere, gesellschaftliche Gruppierung auch, über die ihr jeweils zugehörigen Symbole. Die Latifundien oder andere materielle Besitztümer reichen vom Symbolgehalt her als alleinige Bausteine einer noblen Existenz nicht aus. Die Lehenseinnahmen allein bieten noch keine Garantie für die Hoffähigkeit des jeweiligen Rentiers. »Das Standesethos des höfischen Menschen,« stellt Elias in diesem Zusammenhang fest, »ist kein verkapptes Wirtschaftsethos, sondern etwas von diesem konstitutiv verschiedenes.«[32] Ein bestimmter Habitus verbindet die Aristokratie identitätsstiftend untereinander, kennzeichnet zugleich deren interne Standeshierarchie und hält als Motor das höfisch-gesellschaftliche Getriebe aufrecht. Der Prägstock eines spezifisch höfischen Verhaltens ist die prestige- und statusträchtige Etikette. Diesen Begriff füllen Phänomene wie distanzierter, feiner Anstand, das obligatorische, schmückende »Aufputzen« des Hauses und des Körpers durch Kleidung,[33] das eher auf Selbstzweck ausgerichtete Divertissement und andere, an den Höfen geübte Förmlich- bzw. Höflichkeiten. Die Etikette ist Instrument der Karriere und der Repräsentation; mit ihr steht und fällt die soziale Existenz eines Höflings. Eine übertrieben lässige oder gar nicht geleistete Reverenz des Herzogs vor dem Souverän vermag in dem geschmack- und launenabhängigen und insofern instabilen gesellschaftlichen Gefüge eine ganze Lebensplanung zunichte zu machen. Umgekehrt kann eine einzige als besonders reizvoll empfundene Handlung Machtzuwachs mit sich bringen. Das Wissen um die Etikette und die (keineswegs frei gewählte) Einhaltung ihres Reglements bilden das symbolische Kapital der Höflinge, mit dem sie sich konstitutiv von oben nach unten bis hinab zum einfachen Volk der Bauern, Bettler und Tagelöhner abgrenzen.

Im Vergleich zu vestimentären, sprachlichen, gestuellen oder anderen Zeichen besitzt der vom Körper getragene Tanz eine höhere semantische Dichte. Dieser Sachverhalt bedingt die besondere Eignung des Tanzes als Handlanger des feudalistischen Machtgefälles, denn die von den Tanzmeistern vermittelten Lerninhalte reflektieren bis ins Detail die Reglements der Etikette, also des allgemeinen, penibel geordneten Verhaltens an den Höfen. Die unverzichtbare Reverenz mag hier ein Beispiel sein, das geradezu ins Auge sticht, und doch ist sie nur eines unter vielen. Im akademisierten Tanz liegt der individuelle und gesellschaftliche Souveränitätsgedanke und das spezifisch höfische Geschlechterverhältnis verborgen; er berichtet über die von einem Höfling geforderte

Trieb- und Affektmodellierung und über seinen Umgang mit Lust und Unlust. Kurzum, am höfischen Tanz läßt sich die gesamte Palette der Höflichkeit ablesen. Aus »nackten«, also bedeutungslosen Leibern formt und bildet der Tanz Höflinge, er macht die Noblesse zur Noblesse; er produziert und reproduziert ihr spezifisch nobles Sein. Diese Funktion des akademisierten Tanzes findet sich in der Gründungsurkunde der Académie Royale de Danse offen dargelegt. Die Schlüsselbegriffe über Sinn und Zweck der Einrichtung, nämlich »Formen des Körpers« und »Divertissement«, fallen in einer Art Auflistung an Superlativen gleich auf der ersten Seite: »Die Tanzkunst wurde schon immer als eine der vorteilhaftesten und nützlichsten Exerzitien zur Formung des Körpers verstanden. Sie verleiht dem Körper die ersten und natürlichsten Dispositionen für alle Arten von Übungen, unter anderem für die mit Waffen. In der Konsequenz ist sie die vorteilhafteste und nützlichste Exerzitie für unsere Noblesse und andere, die die Ehre haben, ihr nicht nur in Kriegszeiten in unseren Armeen, sondern sogar in Zeiten des Friedens beim Divertissement unserer Ballettaufführungen zu begegnen (...).«[34] Das im Jahr 1662 vom Parlament verabschiedete und 1663 mit dem »Privilege du Roy« gedruckte Dokument betont durchgängig auch im weiteren Textverlauf, daß der Tanz unter anderem die körperliche Voraussetzung für den Umgang mit Waffen liefert, womit in erster Linie das Fechten gemeint ist. Denn das Hantieren mit den damals gebräuchlichen Hieb- und Stichwaffen, den Degen, erfordert eine dem Tanz vergleichbare Art der Körperbeherrschung, Tanz- und Fechtmeister sind schon deshalb nicht selten ein- und dieselbe Person.[35] Die Tanzakademie als Schule des Militärs? – Fest steht, daß die Bildungsaufgabe der Einrichtung offen gegen jede Form der Liberalität gerichtet ist. Aus den bedeutungslosen, stummen Leibern der Rentiers sollen die gebildeten Körper der Noblesse werden. Das zu diesem Zweck herangezogene Instrumentarium macht es deutlich: Das (Tanz-)Exerzitium darf mit der modernen, kreislaufanregenden und auf Fitneß ausgerichteten »Übung« nicht verwechselt werden. Es richtet sich auf – so der kaum übersetzbare Begriff aus der Sprache des Kunsttanzes – die »Maîtrise du corps«: ein umfassendes, künstlerisches Bilden und Beherrschen des Körpers bis in seine äußere Peripherie. Der Begriff beschreibt das kontrollierte, durchaus selbstreflexive Distanznehmen zu Momenten des Trieb- und Affektbereiches hin zur Bildung des noblen Köpers bzw. des noblen Körperverhaltens mit dem Effekt der sozialen Distinktion. In diesem Sinn sind die einleitenden Worte der Gründungsurkunde zu verstehen.

Ähnliches berichtet die frühpädagogische Abhandlung Baudoins »De l'Education d'un jeune Seigneur« aus dem Jahr 1728, die nicht ohne Grund den Tanz in die Erziehung der jungen Noblesse miteinzubeziehen sucht. Baudoin kennt offensichtlich die Ablehnung des Tanzes seitens der klerikalen Instanzen sowie die diesbezüglich geführte Diskussion. Er weiß, »daß die Bälle und Tänze mit den Regeln der christlichen Moral generell nicht vereinbar sind, genausowenig wie mit der Gravität eines Edelmannes.«[36] Der unter Legitimationsdruck stehende Baudoin verficht den Tanz als Kunsttanz und erläutert dessen erzieherischen Wert wie folgt: »Damit ein junger Seigneur sich daran gewöhnt, mit liebenswürdiger Grazie zu gehen, sich auf seinen Füßen wohl zu fühlen, die Reverenz mit schicklichem Anstand zu machen und einen freien, natürlichen und gelösten Ausdruck zu haben, würde ich den Tanz schon in den ersten Erziehungsjahren einsetzen.«[37] Die von Baudoin nur angedeutete und in der Gründungsurkunde der Académie Royale de Danse etwas vertrackt dargelegte Funktion des akademisierten Tanzes erläutert Taubert mit deutlichen Worten und ohne rhetorische Schnörkel: »Nun ist es zwar an dem, daß die *noble* Tantz-Kunst, als eine *honette* Leibes-Übung und Gemüths-Ergötzlichkeit, *in spezie* für die hohen Standes- Personen und Adelichen Leute erfunden worden ist, daher sie auch die *noble* und edle Tantz-Kunst genennet wird; indem man dieselben allezeit von den *vulgaribus subjectis* und dem Pöbel an Meriten und Qualitäten zu distingvieren gesuchet hat.«[38] Durch den Kunsttanz und seine noblen Zeichen vermag sich der Landesfürst von seinen Untertanen zu unterscheiden. Anhand einer Gavotte, einer Courante, einer Sarabande oder eines Menuetts sollen Machtdifferentiale zwischen den einzelnen Ständen geschaffen und erhalten werden. Den Kunsttänzern stehen, so die erniedrigenden Worte Tauberts, die »*Tantz-Stümper*«[39] gegenüber.

»Die körperliche Selbsterfahrung der Tanzenden,« analysiert vor diesem Hintergrund Rudolf zur Lippe die soziale Funktion des Hoftanzes, »war als solche ein Privileg für eine Klasse von Herrschenden; sie wurde als Selbstdarstellung der Klasse vor den Beherrschten unmittelbar in die politisch ökonomischen Unterdrückungszusammenhänge einbezogen (...).«[40] Anders gesagt: Die Tanzmeister und der höfische Tanz sind Zwischenhändler bestehender Machtverhältnisse und damit Produzenten und Reproduzenten symbolischer Gewalt. Beim gesellschaftlichen Kräftemessen leisten sie über Epochen hinweg Beihilfe. Zu Recht darf hinsichtlich dieser sozialen Instrumentalisierung des Tanzes der Tanzlehrer Klemm noch um die Mitte des 19. Jahrhunderts konstatieren: »Ein Kenner weiß schon aus der Führung, was er zu erwarten hat, wenn er auch nie die Tänzer sah.«[41] Die Aufgabe, distinktive Zeichen zu setzen, gibt der Tanz parallel mit den sich allmählich verringernden Machtdifferentialen ab. Tatsächlich verloren hat er sie erst heute. Die Präferenz für diesen oder jenen Tanz ist individuell zu erläutern, sie korreliert nicht mehr unmittelbar mit der sozialen Schichtzugehörigkeit.

Aber wer wird schon tanzen, nur um den formalen Gesetzmäßigkeiten der Politik oder gar der Geometrie genüge zu tun? – Entscheidende Aspekte der inhaltlichen Ausgestaltung des symbolischen Kapitals »Kunsttanz« blieben bis hierher noch unbeachtet. Einen zur nächsten Abhandlung überleitenden Hinweis gibt Bourdieu, der an Elias anknüpft und erläutert, wie der Alltagskörper durch die Distanz zu den Affekten Kultiviertheiten schafft, distinktive Zeichen setzt und damit symbolisches Kapital bildet: »Die Gesamtheit der distinktiven Zeichen, die den Körper konstituieren, sind das Produkt eines rein kulturellen Schaffens. Dies hat den Effekt, daß die Individuen unterschieden werden, oder genauer, die Gruppen werden im Grad ihres Beziehungsverhältnisses zur Kultur, in ihrer Distanz zur Natur unterschieden. Diese Distanz scheint ihren Ausgangspunkt in der Natur zu haben, das heißt im Geschmack, der Natur ausdrücken möchte – aber eine kultivierte Natur.«[42] Selbstredend bleibt die Codierung von »Natur« auch bei Bourdieu an ideologische oder, das ist für die hier abgehandelte Zeitspanne ungleich relevanter, an theologische Mythen gebunden. Der Begriff »Natur« beinhaltet – zumindest im Zusammenhang des Tanzes bzw. des Tanzkörpers – das Sexuelle, den Tod, das Triebmotivierte, das Ungezähmte, das Weibliche, das Vulgäre, das Obszöne.[43] Der Kunsttanz trägt die gleiche Codierung, allerdings auf umgekehrte Weise. In spezifisch höfischer Manier nimmt er diese Momente *distanziert* in seinen Diskurs auf und bildet gerade durch diese Distanz symbolisches Kapital.

Stilisierte Distanz: Eros und Tod

»Am Tantz beweist Venus jre hurische kunst/ der ehebrecherisch Mars sein stercke vnd klugheit/,«[44] schreibt Ambach im Jahr 1545 zu den Tänzen der Höfe.

Eine Ständebeschreibung von 1568 widmet selbigen folgende Worte:

»An einem Adelichen Tantz
Mit leisen trittn höflich prangen
Hertzlieb sein Hertzlieb thut umbfangen
Das Hertz und Gemüth sich frewen muß
Und tantzen mit geringem fuß.«[45]

Die Charakterisierung des Hoftanzes von Amman erinnert an die
Spiritualität eines Dantes, eines Boccaccios oder anderer Vertreter
der von der Mystik inspirierten Liebeslyrik, wenn auch etwas »ver-
wässert«. Sie berichtet über die dem höfischen Kunsttanz eigene
Art der Diskursivierung des Sexuellen.

Baudoin zitiert einen anonymen, vermutlich reformierten Autor, der entsetzt von der Königin Elizabeth I berichtet, »daß sie, um
keusch zu sein, viel zu gut tanzen und singen konnte.«[46] Unter
Legitimationsdruck streitet Baudoin im folgenden mit eher un-
sachlichen und ungeschickten Argumenten diese »Unkeuschheit«
des Tanzes ab und verteidigt ihn trotzdem.

Sicherlich bedient sich der höfische Kunsttanz eines diszipli-
nierten Körpers, die Maîtrise du corps nimmt das todeslastige Sexuelle in sich auf und hält es weitgehend zurück. Dennoch finden
sich in ihm Triebverzicht und Triebbejahung – im Gegensatz zum
berufsbürgerlichen Kunsttanz, dem Klassischen Ballett – in *offen*
dargebrachter Ambivalenz vereint. Der höfische Tanz bewegt sich
an der schmalen Schnittstelle von Verbotsachtung und Verbotsübertretung. Gleichzeitig bedient er sich beider Gefilde. Salomefiguren und Heiligenbilder begegnen sich in einem spannungsrei-
chen Nebeneinander. Es sind Pornographien und Fürbitten oder
Loblieder auf Keuschheit und Unkeuschheit in einem Atemzug.
Ätherische Leiber nehmen die Negativcodierung des Tanzes in
sich auf und stilisieren sie bis in die Fingerspitzen. Auf die ihm
eigene Art spricht auch der höfische Kunsttanz vom Sexuellen. Vor
diesem Hintergrund läßt sich mit Schneider behaupten: »Rudolf

zur Lippe folgt in seiner Untersuchung über die Hofballette im 16. und 17. Jahrhundert, ›Naturbeherrschung am Menschen‹, einer falschen Spur, wenn er die komplizierten zeremoniösen Bewegungen und Figuren des Gesellschaftstanzes als Sublimations-Codes analysiert, die den sexuellen Körper lediglich disziplinieren sollten. Die ›stumme Rhetorik des Tanzes‹, wie man Ende des 16. Jahrhunderts sagte, die Elemente von Pose, Metrik, Memoria sollten vielmehr den Körper vorteilhaft zur Geltung bringen: ihn begehren und begehrenswert machen.«[47] Schneider macht hier auf einen Aspekt aufmerksam, der bei zur Lippe so gut wie ausgeblendet bleibt.

Der Figurationswandel des Tanzes beginnt an den Minnehöfen der Rittergesellschaft etwa im 11. und 12. Jahrhundert. In dieser Epoche und zeitgleich mit dem Auftreten des Liebesgedankens zwischen den Geschlechtern wird die Aufsplittung der Gruppe in Mann-Frau-Konstellationen erstmals beobachtbar. Aller Wahrscheinlichkeit nach ist die subjektorientierte Paarfiguration im Tanz also die Errungenschaft der Edelleute und nicht die des einfachen Volkes.[48]

Beim höfischen Tanzritual handelt es sich vorwiegend um offene Paarreigen mit oder ohne Partnerwechsel. Ein profaniertes, sexuell motiviertes Geschlechterspiel ist auch hier das zentrale Thema. Denn »die Tänze werden betrieben«, erläutert Arbeau ihren Sinn und Zweck ohne weitere Umschweife, »um zu wissen, ob die Verliebten wohlbehalten und disponibel beisammen sind.«[49] Eventuelle Entgleisungen des sexuellen Themas werden durch das Reglement der Choreographien und durch ihr Eingebettetsein in ritualisierte Suiten oder Zeremonien festgehalten bzw. diszipliniert. Zudem überwacht eine stets anwesende Gesellschaft, seien dies die Mittänzer, Familienmitglieder, Gäste, Gouvernanten, Tanzmeister die von einem Höfling geforderte, relative Zurückhaltung, von der seine oder ihre gesamte soziale Existenz abhängig ist.

Beim höfischen Tanz ist das verhaltensregulierende Moment der Augenkontrolle weitgehend garantiert. Bereits dadurch bedingt, wird dem Kunsttanz ein gewisser Freiraum für das genuin höfische, nur allzu oft sexuell und traditionell außerehelich ausgerichtete Plaisir gewährt.[50]

Zur Ausleuchtung der dem höfischen Tanz spezifischen Trieb- und Affektmodellierung, seiner stilisierten Distanz zwischen den Geschlechtern, sei auf die Art der Bewegungsführung und des Bewegungsansatzes aufmerksam gemacht: Was wären die Tänze der Noblesse ohne die Grazie? Sie darf als erster Schlüsselbegriff des Hoftanzes gelten. Aus der lateinischen »gratia« abgeleitet, beinhaltet sie eine Fülle von Bedeutungen. Sie meint z. B. »Anmut, Lieblichkeit« wie auch »Gunst, Lob, Preis, Dank, Erkenntlichkeit«. All diesen Begriffen liegt die religiöse Vorstellung von etwas Verherrlichtem und Gepriesenem zugrunde. Gleich um welchen Tanz es sich handelt, die Grazie der Bewegung verleiht dem Kunsttanz seinen ästhetischen Rahmen. Im Laufe des 15. und dann deutlicher im 16. Jahrhundert differenzieren sich die Tänze der Noblesse in verspielt leichte und gravitätisch schwere Formen. Trotz, oder gerade wegen dieser Aufsplittung darf im Zusammenhang des Bewegungsansatzes die Gravität als zweiter Schlüsselbegriff des Hoftanzes nicht fehlen. Im 16. Jahrhundert aus der lateinischen »gravitas« hergeleitet, bezeichnet »Gravität« in etwa »Schwere, Ernst, große Bedeutung, Würde«. Nicht zuletzt ist auch die Contenance[51] anzuführen. Erst die Anmut der Grazie, die würdevolle oder ernste Bemessenheit der Gravität und das Zusammenhalten des Körpers durch die Contenance machen eine Reverenz zur Reverenz, ein »Plié« (Beugen oder Falten der Knie) zum Plié, den kleinen, verspielten Sprung einer »Capriole« zur spezifisch höfischen Capriole und die balanceartige Gewichtsverlagerung von einem Bein auf das andere zur »Branle«. Diese Art des Bewegungsansatzes und der Bewegungsführung verleihen dem höfischen Tanz den ihm eigenen Spannungseffekt und das ihm eigene, lustvoll distanzierte, ästhetische Interesse. Je nach Gattung des jeweiligen Tanzes zeigen sich die Leichtigkeit und die Gravität verschieden stark ausgeprägt, die Grazie und die Contenance hingegen bleiben weitgehend konstant.

Bei der Grazie, der Gravität und der Contenance ist das Moment der Rückdrängung offensichtlich. Zwangsläufig bedingen sie eine andere, nämlich reduzierte Form der Entgrenzung. Unter Zuhilfenahme eines ätherischen Minimalleibes erscheint die todeslastige (potentiell intensive) Entgrenzung des Tanzes im Hoftanz als eine kontrollierte, nur leicht schwelgende Ekstase, auf den schmalen Kanälen des Spirituellen verfeinert.

Das Konzept der feinen Entgrenzung und der Rückdrängung findet sich bereits bei dem »Hausgott« der frühneuzeitlichen Tanzpädagogik, Lukian von Samosata, vorformuliert: »Du jammerst mich ordentlich, Lycinus! Du sprichst ja wie ein Mensch, den die Bacchantenwut ergriffen hat.«[52] – Das Zitat weist schon darauf hin, die angeführte, »bacchantische« Kraft des Tanzes stellt Lukian wie auch zahlreiche seiner Nachfolger unter Legitimationsdruck. Die in Dialogform verfaßte Abhandlung »Über die Tanzkunst« besteht aus zwei Teilen. Im ersten Teil bekundet Lukians fiktiver Gesprächspartner, Kraton, seine Bedenken am Tanz, und sie führen ein heftiges Streitgespräch. Im zweiten Teil setzt Lukian zu einem vergleichsweise langen Monolog an, um die im ersten Teil vorgebrachten Zweifel Kratons nun vollends zu beseitigen. Recht aufschlußreich erweisen sich die für und gegen den Tanz angeführten Argumente im einleitenden Dialog. Kraton warnt voller Schrecken: »Fürs Künftige aber siehe dich wohl vor, (...) daß wir dich nicht, wie Ulysses seine Gefährten, von diesem gefährlichen Zauberschmause mit Gewalt weggerissen und zu deinen gewöhnlichen Zeitverwendungen zurückgeführt hätten, ehe du unbesonnenerweise unwiederbringlich in die Klauen dieser Theatersirenen geraten wärest, die um soviel gefährlicher sind als jene homerischen, gegen deren Gesang die Vorbeifahrenden sich nicht nur die Ohren wohl zuzukleben brauchten, weil sie dich nicht allein durch die Ohren, sondern noch mehr, wie es scheint, durch die Augen gänzlich zu ihrem Sklaven machen werden.«[53] Kraton führt die entgrenzende, todbringende Kraft der Sirenen an und verweist darauf, daß sich beim Tanz zu ihrem unwiderstehlichen Gesang auch noch die verderbnisbringende Macht des Anblicks gesellt. Die von Kraton vorgetragenen Bedenken finden bei Lukian Verständnis, doch wendet er ein:»Indessen muß ich dir sagen, daß dein Gleichnis von den Lotophagen und von den Sirenen sehr schlecht auf meinen Fall passen dürfte. Denn wer den Lotos kostete oder die Sirenen singen hörte, hatte den Untergang dafür zum Lohne.«[54] Wie diese Machtpotentiale nun aber zu entschärfen sind, erklärt Lukian erst im Folgetext. Dialektisch splittet er den – doch nur fiktiv teilbaren – Tanzleib auf und stellt Körper und Geist als voneinander getrennte Momente nebeneinander. Damit weist der Philosoph der griechischen Spätantike seinen frühneuzeitlichen Rezipienten den Weg zu einer spirituell verspielten und gleichsam selbstreflexiven Kontrolle im Tanz. Denn Lukian erklärt seinem Kontrahenten, daß die Tanzkunst»sogar zur Verbesserung des Gemüts beitrage, indem sie die Seelen der Zuschauer in wohlgeordnete Bewegung setzt, ihren Geschmack an den schönsten Gegenständen übt und schärft, ihr Ohr mit den feinsten Wirkungen der Tonkunst vertraut macht und ihnen das, was die innere Schönheit der Seele mit der äußerlichen des Körpers gemein hat, und den Punkt, worin beide gleichsam zusammenfließen, anschaulich darstellt (...), daß es vielmehr ihr größtes Lob ist.«[55] An späterer Stelle, im Monolog, erläutert er das Instrumentarium jener ästhetisierten und selbstreflexiven Entmachtung: »In tausend anderen Gelegenheiten scheint nur *eine* Hälfte des Menschen, entweder nur die Seele oder nur der Körper, geschäftig zu sein: im Tanz fließt gleichsam die Wirkung von beiden ineinander, jeder Gedanke ist Gebärde, jede Gebärde ist Gedanke; ein durch die größte Übung ausgebildeter Körper strengt alle seine Geschicklichkeit an, das, was in der Seele vorgeht, auszudrücken, und (was das Vornehmste ist) nicht die geringste Bewegung wird hier dem Zufall überlassen, sondern alles ist gedacht, alles zweckmäßig und mit Weisheit getan.«[56] Dem Ziel, dem die vom Denken in die Ferne gesteuerte Entgrenzung unter den Musen in erster Linie dienen soll, sind Lukian zufolge die »sanfteren Regungen der Göttin der Liebe, die Anrufung des Venus und der Liebesgötter, daß sie ihnen 7(den Menschen, M.K.) tanzen und hüpfen helfen sollen.«[57] Hier findet sich der Grundgedanke des frühneuzeitlichen Hoftanzes vorformuliert.

Unser Interesse richtet sich nun auf die beiden Tänze, bei denen die Gravität dominiert und bei denen das Moment der Rückdrängung vorherrscht, nämlich die Bassedanse und deren artverwandte Nachfolgerin, die Pavane.[58] Beide Tänze sind paarweise geschrittene Prozessionen ohne Partnerwechsel.

Von der Bassedanse, dem Epochentanz zwischen endgültig untergehendem Rittertum und aufkommender Hofkultur, war bereits die Rede. Allem Anschein nach erreicht mit diesem Aufzugsreigen der höfische Paartanz seinen ersten Höhepunkt. Die eigentliche Blütezeit der Bassedanse liegt zwischen dem ersten Viertel des 15. und dem frühen 16. Jahrhundert. Ihre besonderen Pflegestätten sind die Höfe Frankreichs, hier allen voran die des Burgund, die Höfe Italiens und die der Niederlande. In diesen Macht- und Kulturzentren Westeuropas zählt sie zum fast alltäglichen Bestandteil des kulturellen Repertoires. Die Kennzeichen des »Tiefen Tanzes«, der Name teilt es bereits mit, sind seine tiefen, schweren Schritte zu baßbetonten Melodien von Harfen, Lauten und anderen »bas instruments«, so die mittelalterliche Bezeichnung für die »leisen Instrumente«.[59] Das Bewegungsvokabular besteht aus den fünf Grundeinheiten »Reverenz, Double, Simple, Reprise und

Branle. Außerdem gibt es noch den Congé, eine Verbeugung am Schluß, die nicht zum Tanz selbst gezählt wird.«[60] Eine Bassedanse gestaltet sich also wie folgt: Zu Beginn erweisen sich Tänzer und Tänzerin gegenseitig die Reverenz und dann setzt sich die Prozession in Gang. Der »Pas double« und der »Pas simple« dient der Fortbewegung: Beim ersten »Doppelschritt« geht der linke Fuß nach links vor, der rechte zieht nach und dann werden beide Füsse am Platz – zweimal – ins »Elevé« angehoben und wieder abgesenkt. Daraufhin folgt der eigentlich gleiche Schritt mit dem »Pas simple« nach rechts vor, wobei bei dem »einfachen Schritt« das Anheben und Absenken der Ferse des »Elevé« – einmal – erfolgt. Die Wiederholung dieser Schrittfolgen ergibt, von der Seite betrachtet, einen in sanften Wellenbewegungen langsam vorwärtsschreitenden Zug, den das rudimentäre Figurenspiel der »Reprise«, eine Art Zittern oder Trippeln der Füße und Beine, wie auch das Spiel der Branle durchsetzt. Nach beendetem Tanz nimmt der Tänzer mit dem »Congé« von seiner Partnerin Abschied. Soviel zum Grundschema der Bassedanse, ein Tanz, der verschiedene regionale bzw. nationale Ausprägungen und Variationsmöglichkeiten mit einigen gestalterischen Freiräumen der Improvisation kennt. Die Branle beispielsweise, die wiegende Gewichtsverlagerung von einem Bein auf das andere, wird manchmal so oft wiederholt, daß sie eine Art Tanz im Tanz ergibt. Im hiesigen Kulturkreis ist die Bassedanse der erste Tanz, der auf den teilweise noch losen Blättern der frühen Tanzlehren schriftlich niedergelegt wird. Die umfangreichste Hinterlassenschaft zu dieser Prozession, das »Manuscript dit des Basses Danses«, stammt aus der damaligen französischen Macht-, Kultur- und eben auch Bassedansemetropole, dem Burgund. In der anonym niedergelegten Handschrift sind 54 bzw. 58 Bassedanses überliefert. Brunner stellt dieses doch absonderliche Dokument vor: »Das kostbare kleine Buch im Querformat besticht als kalligraphisches Meisterwerk. Das Papier ist tiefschwarz gefärbt, die Text-

anfänge und Notenlinien sind mit Gold gezeichnet, die Schritt-
buchstaben und Choralnoten mit Silber. Die prunkvoll verzierten
Initialien sind in Gold und Silber ausgeführt.«[61] Künstlerische
Schönschriftschnörkel und Edelmetalle auf schwarzem Grund – ob
beabsichtigt oder nicht, bereits die Gestaltung dieser Tanzlehre aus
der zweiten Hälfte des 15. Jahrhunderts weist auf die Bestimmung
der Bassedanse hin.

Doch widmen wir uns ihrer Konkurrentin, der Pavane. Denn
die Unterschiede zwischen den beiden Prozessionen bestehen –
zumindest im angeführten Zusammenhang – lediglich darin, daß
die Pavane choreographisch einfacher gestaltet ist, das rudimentäre
Figurenspiel fast zur Gänze wegfällt und sich im Gegenzug dazu
die Gravität des Tanzes deutlich steigert. Eine Pavane beginnt mit
der gegenseitigen Reverenz, dann folgt eine Branle am Platz (Reverenz und Branle sind als eine fast geschlossene Einheit zu verstehen); daraufhin setzt sich der Zug mit aufeinanderfolgenden
zwei Pas simples und einem Pas double in Gang; die Vorwärtsbe-
wegung kann (z.B. am Saalende) rückwärtsschreitend wiederholt
werden; mit einer gegenseitigen Reverenz ist der Tanz beendet.
Die Choreographie dieses Aufzugsreigens besteht also im wesentlichen aus lediglich drei Schreiteschritten. Anfang des 16. Jahrhunderts beginnt die Pavane ihre Vorläuferin zu verdrängen und gegen
Ende des Jahrhunderts ist die Bassedanse so gut wie verschwunden. Wahrscheinlich dringt die Pavane von den Höfen der Iberischen Halbinsel zunächst nach Frankreich und Italien, von dort aus
nach England und in den deutschsprachigen Raum vor. In der historischen Tanzforschung wird ihre Bezeichnung mehrheitlich entweder über den »pavo« aus dem Spanischen oder über den »pavo-
ne« aus dem Italienischen, das heißt den »Pfau«, hergeleitet. Das
mit diesem Vogel assoziierte Stolze, Majestätische und Sich-Brü-
stende ist bei der Pavane denn auch kaum zu übersehen. Die besonderen Pflegestätten dieser Prozession sind die Höfe; in den

Tanzhäusern oder auf anderen Tanzflächen des Frühbürgertums findet sie – wie auch die Bassedanse – kaum Eingang. Von etwa der Mitte des 16. bis ungefähr zum frühen 17. Jahrhundert darf sie als der höfische Repräsentationstanz schlechthin verstanden werden. In den festgelegten seriellen Folgen der Tänze steht die Pavane an erster Stelle, als Vortanz eröffnet sie stets die in derselben Zeitspanne manifest gewordenen Suiten. Begleitet von einem Lied, akzentuiert das Schlagen der Trommel den Rhythmus der tiefen und leisen Klänge der Oboen und Posaunen. Etwa so dürfte sich der musikalische Rahmen der Pavane gestalten, wenn sie die grossen Zeremonien der höfischen Feste einleitet. Der »Große Tanz« oder »Le Grand Bal«, so wird dieser Aufzugsreigen damals hin und wieder genannt, findet Aufnahme im Ballet de cour, darunter wahrscheinlich auch im Circeballett. »Die Spanier wagten es sogar,« berichtet Taubert, »Pavanen zu Ehren der Muttergottes zu schreiben und ihr zu widmen.«[62] Bei fürstlichen Eheschließungen oder »wenn Musikanten religiöse Prozessionen der Kaplane, Betbrüder und Meister ehrenwerter Gilden anführen,«[63] dringen diese gravitätischen Schritte auch in die Kirchen. »Die Pavane ist zu bedeutsam und zu schwer, um sie in einem Saal mit einem jungen Mädchen alleine zu tanzen,«[64] vermerkt Arbeau. Außer in England darf sie ausdrücklich nur in einer Gruppe und nicht von einem Paar allein ausgeführt werden.

Ein Zug der Seligen? Ein Zug der reuigen Sünder, ähnlich dem der Weltgerichtstympana? – diese Assoziation drängt sich auf: Geben die Spielleute den Auftakt zur Pavane, dann schreiten im Abstand von etwa sechzig Zentimetern hintereinander geordnete Paare auf einer geraden Linie nach vorn und eventuell auch wieder zurück. Bemessen, grazil und vor allen Dingen ruhig ziehen die Tanzpaare gravitätisch dahin. Ihre drei Schreiteschritte folgen dem langsamen und eher gleichförmig monotonen 4/4 – oder auch 2/2-Takt. Die innere Spannung dieses Tanzes erfordert ein Höchstmaß an Körperbeherrschung und Zurückhaltung.[65] Die schweren Schritte werden dicht am Boden entlanggezogen, die Elevés der Pas simples und des Pas double sind nur ein leichtes Hochschwingen und sanftes Wiederabsenken des Körpers. Die aufrechten Leiber verlassen kaum, aber eben doch angedeutet, die Erde, die ihrerseits wiederum wohl nichts anderes als die Civitas mundi darstellen soll. Aufschlußreiche Hinweise gibt in diesem Zusammenhang der Totentanzforscher Hammerstein, der diese Tänze mit ihren kulturellen Zeitgenossen – eben den Totentänzen – vergleicht: »Man schaut gewissermaßen einem realen Tanz zu, dessen Nähe zur höfischen Welt unverkennbar ist (...).«[66] Bei den soeben skizzierten Aufzugsreigen hingegen scheint die Ähnlichkeit im Bewegungsverhalten mit den Totentänzen noch größer: »Basse danse und Pavane bilden ihrerseits das choreographische Modell für eine große Zahl von Totentänzen.«[67] Die augenfälligste Gemeinsamkeit zwischen dem Tanzenden Tod und den zwei Hoftänzen liegt in ihrer Erscheinungsform als Zug. Es handelt sich jeweils um Aufzugsreigen, um bedächtige Prozessionen. Eines nach dem anderen ziehen die Paare dahin. Bei den ikonographischen Darstellungen sind es lediglich die Todesfiguren, die dem todeslastigen Tanz frönen und nicht ihre Dialogpartner. Die Aufgabe der Lebenden hingegen besteht in der Reue und der Buße ihrer – den Begriffen »Tanz« und »Tod« gleichgestellten – Weltlichkeit. Aus den Menschen spricht so das selbstreflexive Schuldbewußtsein über ihre falsche Entgrenzung im babylonischen Sein. Aus diesem Grund sind die Bewegungen der Lebenden im Tanzenden Tod der Klostermauern genauso rudimentär wie die der Bassedanse und der Pavane, nämlich bedächtig, still und ernst.[68]

Die gravitätisch geschrittenen Aufzugsreigen der Noblesse als eine Art Kontratotentanz, als eine Ars moriendi der Tanzflächen? – Die innere Verwandtschaft der beiden Phänomene deutet darauf hin.

Wie bereits erwähnt, prägt die – wahrscheinlich gegen den Todesgedanken gerichtete – Gravität den Bewegungsansatz eines jeden Hoftanzes. Einmal mehr und einmal weniger ist sie in jedem Fall eines seiner grundlegenden Momente. Den beiden von der Gravität dominierten Aufzugsreigen kommt insofern für die Bewegungsführung des Kunsttanzes eine herausragende Relevanz zu, da sie die Schwere schulen. Sie liefern die motorischen Bausteine für die Gavotte, die Galliarde, die Sarabande, die Bourrée, die spätere Courante, das Menuett und weitere Tänze. Hierauf verweist z. B. Arbeau: »Wenn man die Schritte und Bewegungen einer Pavane und einer gemeinen Bassedanse kennt, kann man alle anderen Tänze tanzen.«[69] Ähnlich äußert sich Baudoin noch im Jahr 1728, als die Bassedanse eigentlich schon längst vergessen war. Um aus dem »nackten«, bedeutungslosen Leib des Knaben den Körper eines Edelmannes zu formen, dafür erachtet der frühe Pädagoge die Schwere, den Ernst und das Bemessene dieser Prozession als besonders geeignet: »Ich ließe ihn nur die einfachsten, die gravitätischsten Tänze lernen, wie die Sarabande und die anderen, die man gemeinhin Bassedanses nennt (...), diese sind die geeignetsten, um den Körper und die Statur zu formen, was die Hauptsache an dieser Exerzitie ist.«[70]

Die Vielfalt und die Variationsmöglichkeiten der höfischen Tänze sind kaum überschaubar. Hinsichtlich ihrer offenen Ambivalenz, jenes Beisammenseins von Zurückhaltung und sexueller Anspielung in einem Atemzug, springt ein Tanz besonders ins Auge: die Galliarde,[71] die zur Gattung der leichten Tänze gehört. Die Herkunft dieses Tanzes ist nicht mehr sicher nachweisbar, wahrscheinlich kommt er als »gagliardo« aus Italien. Sein Name deutet es bereits an, eine Galliarde ist lebhaft und bewegungsreich, fröhlich, kühn und keck und vor allen Dingen: kokett. Die Koketterie bezeichnet eine demonstrativ lockende Selbstdarstellung einer Person, die gleichzeitig eine nicht überwindbare Distanz signalisiert.[72] Gegen Ende des 15. Jahrhunderts wird die Galliarde in einem Liebesgedicht erstmals erwähnt und um die Mitte des 18. Jahrhunderts ist sie wieder verschwunden. Ihren höchsten Verbreitungs- und Beliebtheitsgrad erreicht sie an den mitteleuropäischen Höfen während des frühen 16. Jahrhunderts bis etwa zur zweiten Hälfte des 17. Jahrhunderts. Solange die schwere Pavane existiert, folgt auf diese die leichte Galliarde als ihr steter Nachtanz.[73] Das Grundmotiv der Galliarde, die »fünf Schritte«, besteht aus vier kleinen Hüpfschritten und einem anschließenden hohen Sprungschritt. Jedoch, wer sich bei diesem getanzten Liebesspiel »auf die Cinq Pas beschränkte, galt als Stümper.«[74] Will der Kavalier seiner Mätresse, seiner Mignon, seiner Herzensdame oder wie immer die Edelmänner das hochstilisierte Objekt ihres Begehrens auch nennen, den Hof machen – kaum ein anderes Medium reicht an die Aussagekraft einer Galliarde heran. Die Galliarde ist der einzige Hoftanz, der unbedingt barhaupt ausgeführt wird. Der Tänzer nimmt seine Kopfbedekung bei der ersten Reverenz ab und behält sie in der Hand. Dynamische und doch verhaltene, vom Kopf bis zum Boden reichende Schwünge und Kreise des mit Federn geschmückten Hutes unterstreichen das Interesse seines Tanzes. Eine Galliarde wird entweder von einem Paar einzeln vor der anwesenden Gesellschaft getanzt oder von mehreren Paaren gleichzeitig als offener Paarreigen. Bis auf eine ihrer etwa zwanzig Varianten, sieht die Galliarde keinen Partnerwechsel vor. Leichtfüßig und kühn nimmt sie im schnellen 3/4-Takt fast den ganzen Saal ein. Nahezu stürmisch geht ihr Raumweg vor, zurück, seitwärts und schräg. Mit nach vorn gestoßenen Schritten, hohen und niedrigen virtuosen Sprüngen sowie kleinen Hüpfern legt sie ein keck dargebrachtes, überaus ornamentenreiches Werbe- und Spröden-motiv offen: Der Tänzer umwirbt die Tänzerin, woraufhin diese entweicht, so das Grundmuster. Arbeau beispielsweise – für die Erläuterung der Galliarde benötigt er rund fünfzig Seiten – beschreibt diesen Tanz wie folgt: »Von Beginn an tanzte man sie mit der größten Diskretion. Nachdem der Tänzer eine Demoiselle nahm und sie sich am Ende des Saales plazierten, machten sie, nach der Reverenz, eine oder zwei Touren im Saal, nur schreitend. Dann ließ der Tänzer die besagte Demoiselle los, die sich sodann tanzend ans Ende des besagten Saales bewegte; einmal dort, machte sie an der gleichen Stelle tanzend halt. Währenddessen folgte ihr der Tänzer, kam auf sie zu und präsentierte sich vor ihr. Und dort machte er einige Passagen, drehte sich, wenn er wollte, nach rechts, dann nach links. Dies führte dazu, daß sie bis ans andere Ende des Saales tanzte, wo sie der besagte Tänzer tanzend wieder aufsuchte, um vor ihr einige andere Passagen zu machen. Und so setzte sich dieses Gehen und Kommen fort; der besagte Tänzer machte neue Passagen, zeigte, was er konnte, bis die Spielleute aufhörten zu spielen.«[75] Danach erweist das Paar einander die Reverenz, der Tänzer dankt seiner Tänzerin und führt sie zurück an ihren Platz. Hiermit ist die Galliarde beendet. In ständiger Steigerung, berichtete Arbeau, »zeigt« der Tänzer, »was er kann«. Immer wieder bewegt sich der Tänzer auf die Dame zu, und immer wieder entweicht die Umworbene in verspielter Unnahbarkeit. So mannigfach das Repertoire des höfischen Tanzes auch ist, in seiner charakteristischen Symbiose von Distanz und Annäherung findet sich in der Galliarde das Beispiel schlechthin. Bei dem kokett thematisierten Geschlechter- und Liebesspiel berühren Tänzer und Tänzerinnen einander während des gesamten Tanzes »nur« an den Fingern. Auch dies ist ein Aspekt, der eine nähere Betrachtung lohnt und den Hoftanz allgemein betrifft.

Körperkontakt erlaubt der höfische Kunsttanz kaum; undenkbar, sittenwidrig und unmoralisch wäre eine Umarmung. Dies gilt ganz besonders für die suitenfähigen, also die ranghöchsten Tänze. Die sündig gesprochenen Leiber verharren untereinander in – beinahe – vollständiger Distanz. Dieses »beinahe« jedoch ist gerade das Besondere, allerdings nur als *inszenierter* Augenblick. Der Körperkontakt beschreibt im Kunsttanz eine stilisiert in Szene gesetzte Minimalberührung. »Die Hände«, resümiert Taubert das Reglement, »galten für den Tanz als Ornament. Das Händereichen sollte nur mit den Fingerspitzen geschehen.«[76] Getanzt wird »à la main« oder, die Begriffe variieren, »de la main«, das heißt, »an bzw. von der Hand«. Berührungen ergeben sich lediglich an der äußeren Peripherie des Körpers, nämlich an den oberen Gliedmaßen der Finger und maximal an den oberen Handballen. Diese Berührung geschieht nicht durch ein festes, kräftiges Zupacken, sondern leicht und en passant, wie hingehaucht und ohne Spannung der Muskulatur. Die Tänzer und Tänzerinnen begegnen einander, reichen einander die Hand, legen die Finger aufeinander und machen ihr Figurenspiel oder einige gemeinsame Schritte. Sodann lösen sie den Kontakt unmittelbar wieder auf; zierlich und leicht gleiten die Finger auseinander. Das Sexuelle zeigt sich im Kunsttanz weder stumm noch lauthals, es wird »geflüstert«. Es ist die permanente Andeutung, die die Erahnung des Anderen nurmehr weckt und ködert. Auf diese Anspielung beschränkt sich der höfische Tanz generell und diese verleiht ihm den Reiz.

Die aus Nähe und zugleich Ferne erzeugte Spannung hält Nilson auf dem Kupferstich »Menuett« von etwa 1730 fest (Abb. 17). Exemplarisch ist ein Tanzpaar abgebildet. Dem Reglement folgend, faßt die Tänzerin mit der linken Hand ein Zipfelchen ihrer uneinnehmbaren Kleiderburg; ob sie dieses hüft- und taillenbetonende Bewegungsghetto aus Brokat und Draht, Satin und Spitzen ordnungsgemäß mit der Spitze des Daumens und des Zeigefingers hält, ist nicht zu sehen. Der Tänzer hat einen Fuß etwas nach vorn gesetzt und steht auf den vorderen Fußballen. Den Hut hält er in der linken Hand. Das Paar befindet sich auf etwa zwei Meter Abstand und hat den jeweils rechten Arm zueinander ausgestreckt, im Begriff, einander die Hände zu reichen. Erhobenen Hauptes schaut die Tänzerin ihren Partner an. Der Tänzer hingegen blickt mit leicht geneigtem Kopf auf den alsbald aufgelösten Leerraum zwischen seiner Hand und der seiner Tanzpartnerin. Diese noch ungebrochene Distanz ist thematischer Mittelpunkt des Bildes. Tatsächlich ist es unter allen Hoftänzen der Haupttanz des Absolutismus – eben das Menuett – das sich dem stilisierten Spiel der Finger ganz besonders widmet:

Vorläufer des Menuetts ist die »Branle de Poitou« der Bauern, ein Kettenreigen aus der gleichnamigen Provinz, der wahrscheinlich nur von Männern ausgeführt wird. Auf ihrem Weg zum Hoftanz gerät die einst sicherlich derb getanzte Branle unter den Einfluß der Courante und es entsteht das grazile Menuett.[77] Vermutlich war es Beauchamps, der diesem offenen Paareigen den letzten choreographischen Schliff verlieh und ihm somit zur Hoffähigkeit verhalf. »›Die erste Menuett‹ wurde 1653 zu Versailles von Ludwig XIV. mit seiner Maîtresse getanzt.«[78] Damit gibt der Bourbonenkönig den Auftakt für das mehr als zweihundert Jahre währende Bestehen des Menuetts. Daß sich im Laufe der Zeit im mitteleuropäischen Raum über hundert Variationsmöglichkeiten des Menuetts entwickeln, spricht hinsichtlich seiner fortan dominierenden Stellung unter den höfischen Tänzen wohl für sich. In den Jahren vor der Französischen Revolution flacht das Interesse am Menuett allmählich ab. Verschwunden ist es jedoch erst im späten 19. Jahrhundert.[79] Die letzten Reaktivierungsversuche geschehen am Hof von Kaiser Wilhelm II. (1859–1941) und scheitern – die monarchistisch-feudale Gesellschaft hat ausgedient.[80]

Im Menuett wird der Sachverhalt besiegelt, daß aus Rittern endgültig Höflinge geworden sind. In diesem Entredeux zwischen Puder und Perücke, Brokat und Korsagen fließt das gesamte, im Laufe der Jahrhunderte entwickelte Können und Wissen der höfischen Tanzkunst zusammen und kulminiert. Wohl aus diesem Grund widmet Taubert dem Menuett und seiner Choreographie eine eigene Untersuchung, arbeitet zahlreiche Primärquellen wie auch einen Teil des Sekundärmaterials zum Thema auf und macht in einer, für die historische Tanzforschung charakteristischen Polemik des nostalgischen Blicks »(e)ine historische Reverenz vor der Königin der Tänze«.[81] In diesem hymnenartigen Epilog auf die höfische Tanzkultur faßt er das Menuett in einem sachlichen Satz zusammen: »Das Menuett, der ›stilbildende Tanz der Blütezeit einer Kultur‹ war geprägt von höchster aristokratischer Gesamthaltung.«[82] Daraufhin resumiert er die choreographische Bewegungscharakteristik: »Diese basierte auf körpertechnisch anspruchsvollen Gesetzen: die Schritte waren ›auf der Spitze‹ (…) auszuführen, die Füße mußten gut auswärts gestellt (…), die Knie gestreckt (…) werden. Der Oberkörper war aus der Hüfte heraus aufzubauen (…), die Schultern sollten leicht zurückgenommen (…) und gerade gehalten, der Kopf frei erhoben sein.«[83] (»Auf der Spitze« heißt damals noch, auf den vorderen Fußballen und Zehen zu tanzen. Auf die Zehenspitzen, die »Pointe«, begeben sich erst die Tänzer und Tänzerinnen des Klassischen Balletts im 20. Jahrhundert.) Das Moment der Rückdrängung oder der Verbotsachtung ist bei der von Taubert angeführten, kontrollierten Bewegungsführung offensichtlich. Dazwischen jedoch gesellt sich, durch die Körperkontrolle garantiert und zugleich auch hervorgerufen, das stilisierte Spiel der Finger. Dieses sowohl am Platz als auch in der Fortbewegung dargebrachte Spiel setzen die Tanzpaare in Szene, wenn sie sich auf den vorgeschriebenen geometrischen Bahnen im Saal bewegen.

Den spielerischen, fast unerschöpflichen Ornamentenreichtum jenes Schmelztiegels der höfischen Tanzkunst beschreibt der Tanzmeister Gottfried Taubert: »Doch werden hierunter nicht allein die hohen *Capriolen* und mancherley gewaltigen Lufft-Sprünge, so aus *le Ballet serieux* herbeygeholet werden, verstanden; sondern auch alle diejenigen *doucen* figurierten *Pas*, welche bey denen übrigen Täntzen in *la belle Danse* unter denen ordentlichen Haupt

Pas mit untergemenget, und dißfalls *Variationes* genennet werden, als da ist: *Pas de Balance, Pas de Bourrée* oder *Fleurets, Pas de Sissonne, Pas Battu, Pas des Jettes, Pirouettes, Chassées, Contretemps, u.s.w.* welche allezeit ihren Nahmen behalten, ob ihnen gleich unterweilen durch die Erhöhung und *Batt*ierung einiger Zierrath angehänget wird. Kurz: es können zu der *Menuet* alle Pas, so in der gantzen Frantzösischen Tantz- Kunst, als welche, wie gesagt, in das hohe *Theatralische* und niedrige Kammer-Tantzen abgetheilet wird vorkommen (. . .).«[84] Wenig verwunderlich – diese Vielfalt an Schritten, Schrittfolgen und Figuren, die die »ordentlichen Haupt Pas« schmücken, erfordert umfangreiche Erklärungen. Obwohl die Reverenzen, die Schritte, die Figuren, die Portes les bras etc. aus anderen höfischen Tänzen bekannt sind und im Menuett lediglich variiert werden, benötigt Taubert zur Darstellung dieses Tanzes insgesamt rund einhundertzwanzig Seiten. Die Erläuterung der Handfassungen, die »Aus- oder Fortführung des Frauenzimmers bey der Menuet,«[85] nimmt dabei allein zehn Seiten in Anspruch. In dieser gesonderten Abhandlung erklärt Taubert »die Art und Weise, wie die *Cavaliers* ihre *Dames* von derjenigen Stelle, wohin sie sich zum Tantzen *postiret* haben, mitten auf den Platz fortzuführen, und sie daselbst von sich in die ordentliche Haupt-Figur eingehen zu lassen pflegen.«[86] Er widmet sich in diesem Kapitel (neben einer kurzen Abhandlung zum Umgang mit dem Hut) exklusiv den Händen und den Fingern: Darf der Tänzer der Tänzerin auch die linke Hand reichen? Wie hoch und wie tief dürfen die gefaßten Hände geführt werden? Wie lange darf der Handkontakt gehalten werden? Präsentiert zuerst der Tänzer der Tänzerin die Hand oder umgekehrt die Tänzerin dem Tänzer? Zur Beantworung dieser letzten Frage knüpft Taubert an das französische Anstandsreglement der Etikette an und schreibt: Der Tänzer »müsse den *Damen* die Ehre der Hand zuerst *präsentiren* (…)«[87] oder aber, so der doch etwas teutonisch klingende Alternativvorschlag seinerseits, Tänzer und Tänzerin reichen einander die Hände gleichzeitig, denn dadurch wird »man noch diesen Vortheil haben, daß wenn man die Hände freywillig, und ehe denn die andere Person *präsentiret,* man sich desto besser darzu *präpariren,* und *consequenter* sie mit einem besseren *Douceur* hinreichen kan, als wenn es unvermuthet geschehen muß.«[88] Hinsichtlich der Frage, ob der Tänzer nun die Rechte oder die Linke auf die Hand der Tänzerin legt und ob sich die Hand der Tänzerin nun auf oder unter der Hand des Tänzers befindet, entscheidet Taubert, es sei »der *Commodität* wegen freylich weit besser, daß man die rechte Hand unter derselben ihrer lincken (…) hält, damit man sie solchergestalt, als ein *subtiles* und schwaches Werckzeug, desto füglicher heben (. . .) könne; Im (sic) Tantzen aber mag der *Cavalier* die Hand über oder unter der Damen ihrer Hand halten, sonderlich allhier bey der *Menuet.*«[89] Da mit der Beantwortung all dieser nur grundsätzlichen Fragen aber das Reichen, Führen und Entziehen der Hände konkret bei den Eröffnungs-, den Vor- und Hinterreverenzen, den Pas de Balance, den Pirouetten im Tanz selbst noch nicht erklärt sind, muß Taubert dieses Thema bei der Erläuterung der Schritt- und Figurenfolgen des Menuetts nochmals aufgreifen, im einzelnen erörtern und stenographisch festhalten. Taubert stellt das Entredeux in fünf Tanzzeichnungen dar. Die ersten beiden Graphiken widmen sich den Schritten, den Figuren und dem als Z beschriebenen Raumweg. Die dritte Abbildung stenographiert sodann »Das Geben der rechten Hand bey der Menuet«, die vierte »Das Geben der linken Hand bey der Menuet« und die letzte »Das Geben beyder Hände bey der Menuet«.[90] Kurzum, das im Menuett thematisierte und zurückhaltend à la main über die Finger getanzte Geschlechterspiel ist umfangreich und penibel genau reguliert.

»Das ständige Anblicken während des Tanzens«, schreibt der Tanzhistoriker Taubert zu den Grundregeln des Entredeux, »blieb ein immer neu betontes Erfordernis.«[91] So weitreichend die Bedeutung dieses Reglements aus der Sittenlehre zum Menuett auch ist, den höfischen Liebes- oder Geschlechtergedanken dürfte es um ein weiteres schulen.

Betrachten wir die Inszenierung des Menuetts nun aus der Nähe: Leichtigkeit und Gravität halten sich die Waage. Der Tanz-, Reit- und Fechtmeister der Universität Göttingen, Valentino Trichter beschreibt das im Jahr 1742 wie folgt: »Ihrem Affecte nach soll sie (das Menuett, M. K.) mäßig, lustig, nicht flüchtig oder rennend seyn, was zärtliches u. eine edle Einfalt an sich haben, und solte man nicht mit so viel schwermenden Füssen und hüpfenden Figuren darinnen herumjagen (...).«[92] Der doppelte Dreivierteltakt eines Menuetts wird zusammengehörig auf eine Einheit von jeweils vier, aus Schritten, Schrittfolgen, Figuren oder Posa bestehenden Tanzelementen gezählt.[93]

Mögen die Eröffnungszeremonien der verschiedenen Menuetts auch variieren, Grundmuster sind dennoch erkennbar: Zu Beginn befinden sich die Tänzer paarweise entweder vis-à-vis oder Seite an Seite auf der Grundlinie der jeweiligen geometrischen Figur in Reihen geordnet. Nach acht Takten präsentieren die Paare einander beide Hände und heben sie auf Schulterhöhe an. Nach einem gemeinsamen Schritt zur Seite lösen sie den Handkontakt wieder. Die folgende Reverenz gilt der anwesenden Gesellschaft und den Mittänzern. Danach reichen sich die Paare erneut die Hände, machen, je nach choreographischer Vorgabe, einige gemeinsame Schritte und brechen den Kontakt der Finger wieder auf. Hiernach erweisen sich Tänzer und Tänzerin gegenseitig die Reverenz. Über die Ausgestaltung des Tanzes informiert der Name selbst wie ein offenes Buch: Der »Pas menu«, der »menu fretin«, das (heutige) »Menü« und vor allen Dingen die »menus plaîsirs« – dieser Name setzt sich zusammen aus dem Adjektiv »menu« und dem Diminutiv »ette«. »Menu«, »klein«, »winzig«, »zierlich«, hat die Konnotation »belanglos«, »unwesentlich«, »unwichtig«. Das thematisierte, sündige Geschlechterspiel wird in dem »unwichtigen, winzigen Kleinen« oder dem »unwesentlichen Kleinchen«, so die Übersetzung dieser doppelten Verniedlichung von »Menuett«, zu einer Art »péché mignon«[94] der Tanzfläche – zur Quantité négligeable angesichts des Beichtstuhls und anderer Kontrollinstanzen. Im Menuett ist jede Regung klein und genauso programmatisch auf ihre Andeutung reduziert, wie seine ständig wiederholten Kulminationspunkte des an den Fingerspitzen hergestellten Körperkontaktes:

Mag der Raumweg des Z oder anderer geometrischer Formen auch fast den gesamten Saal einnehmen, das Kommunikationsterrain der Paare beschränkt und konzentriert sich auf einen (z.B. im Vergleich zu einer Galliarde) kleinen, eng bemessenen Radius. Der Abstand, den die Tänzer und Tänzerinnen als Paar am Platz oder in der Fortbewegung einnehmen, beträgt höchstens anderthalb bis zwei Meter und die Tanzenden nähern sich einander bis auf maximal etwa fünfzig Zentimeter. Ihr eigentliches Spielfeld ist eng und dicht gefüllt. Sieht die Choreographie eine Trennung des Paares vor – mit nach außen gewendeten Fußspitzen und fast auf den Zehen folgt dann der Tänzer seiner Partnerin mit leichtfüßig kleinen, steifen Trippelschritten. Denn auch hier, ob in der Fortbewegung oder im Figurenspiel am Platz, im Menuett wird ausnahmslos jeder Schritt »immer *menu* vor den andern gesetzt, d. h. ein Fuß nur handbreit von dem andern entfernt.«[95] Bereits in den vier Grundschritten zeigt das Menuett sein Wesen. Die Rechts-links-rechts-links-Folge der zwei Beugeschritte mit halbem Plié und den anschliessenden zwei einfachen Spitzenschritten auf dem Vorderfuß ist minimal raumgreifend, nur knapp zehn Zentimeter weit reichend, ein je nach Richtungsangabe Vor- oder Hintereinandersetzen der Füße. Der Weg, den die Tänzer zum erstrebten Handkontakt beschreiten, ist lediglich ein graziles Getrippel, ein Getänzel verbunden mit leichtem Heben und Senken des Körpers.

Von nichts anderem berichten die Schrittvariationen, wie beispielsweise der Pas chassé, dessen Benennung »von dem Wörtlein *Chasser*, Jagen, her *deriviret*, weil dabey allemal ein Fuß den andern gleichsam jaget, und von seiner Stelle fort in die Höhe und gleichsam in die Flucht treibet.«[96] Je nach choreographischer Vorgabe wird der »Gejagte Schritt« als einfacher Chassé oder als »Chassé battu«, »Chassé tour de jambe«, »Chassé emboité«, »Chassé tourné« dargebracht. In der Regel dienen die Chassés der Fortbewegung und selten dem Figurenspiel am Platz. Alle Chassés können vor-, rück- und seitwärts ausgeführt werden. Das Grundmuster eines solchen Schrittes sieht folgendermaßen aus: Beide Füße bleiben während des gesamten Bewegungsablaufs im Winkel von neunzig Grad lateral gedreht. Die Beine befinden sich im leichten Plié; dann wird der rechte Fuß kurz zur rechten Seite gezogen und nimmt – ausgelöst durch einen winzigen Sprung bzw. ein winziges Sprüngchen – zügig die Stelle des linken Fußes ein, wobei der rechte Fuß eine Handbreit vor den linken Fuß gesetzt wird, um so eine Fortbewegung möglich zu machen. Dieser Bewegungsablauf wird im raschen Wechsel der Füße wiederholt. Ein Chassé ist somit nichts anderes als ein schnelles Hin- und Herpendeln parallel nach außen gekehrter Fußspitzen. Was die oben von Taubert erläuterte Ableitung des Begriffs vermuten ließ, stimmt also nur bedingt. Mit den »Gejagten Schritten« gehen (bzw. springen) die Tänzer und Tänzerinnen verhalten und »nur ein bißchen zur Jagd«. Alles bleibt in der Andeutung. So auch das variantenreiche Figurenspiel. Zur Veranschaulichung dieses Sachverhaltes soll die Drehung um die eigene Körperachse – der Kunsttanz nennt diese (zumindest im hiesigen Kulturkreis) traditionell eher von Frauen ausgeführte Figur »Pirouette« – als Exempel dienen.

Die Rotationsfigur ist in der Tanzgeschichte ein überaus geläufiges Phänonem. Das Drehen um die eigene Achse findet sich in zahlreichen Sakraltänzen, die Derwischtänze der islamischen Sufisekten sind wohl das bekannteste Beispiel hierfür. In einem stetigen Kreiseln drehen sich die Derwische wortwörtlich in die religiöse Ekstase hinein.[97] Auch die späte Nutznießerin des Hoftanzes, die heutige Ballerina, kennt die Rotation um die eigene Achse. Bei der »Pirouette fouettée« beispielsweise – ein höchst technisierter Bewegungsablauf – dreht sich die geübte Ballerina auf einem Bein »*bis zu dreißigmal und mehr.*«[98]

Anders die Rotation im Menuett, es sind angedeutete, wenn nicht gar Schein-Rotationen. Ihr Bewegungsfluß ist gebrochen und von minimaler Dynamik. Das Menuett kennt die viertel, die halben, die dreiviertel und die ganzen Pirouetten. Letztere werden höchstens viermal hintereinander wiederholt. Als sei es selbstverständlich, wird die Rotation im Paar ausgeführt. »Die halbe Pirouette hinter den Fuß (sic),« hebt Taubert zum Thema hervor, ist »eine überaus schöne bey der Menuet gebräuchliche.«[99] Diese halbe Drehung nach rechts gestaltet sich (verkürzt) so: Die Tänzerin befindet sich frontal in etwa fünfzig Zentimeter Abstand vor ihrem Tänzer, der ihr die rechte Hand reicht. Die Tänzerin legt die Fingerspitzen ihrer rechten Hand in die seine, und der Tänzer führt beide Hände über Kopfhöhe. Vor dem Tänzer und direkt unter seiner Hand begibt sich die Tänzerin in ein leichtes Plié und setzt den rechten Fuß eine Handbreit hinter den linken. Dabei zieht sie sich auf die Vorderfüße, macht – mit steifen Knien »und dicht geschlossen Ober-Schenkeln, hoch auf den Spitzen stehend, wiewohl etwas langsam«[100] – eine halbe Drehung nach rechts und senkt den Körper wieder ab. Je nach Choreographie mit einem anderen Schritt, meist aber mit einem Chassé, springt sie zierlich um die andere Hälfte ihrer Körperachse herum und steht dann wieder vis-à-vis von ihrem Tänzer. Bei einer ganzen Drehung tanzt sie nacheinander zwei halbe – durch einen Zwischenschritt verbundene – Rotationen. Im Menuett rotiert die Tänzerin also nur angedeutet und in verfeinerter Ekstase. Nach der Drehung führt der Tänzer seine Partnerin über die Hand aus der Figur heraus. Er senkt die Hand und damit auch die seiner Partnerin, und die Fingerspitzen beider lösen sich. Erst damit ist die Pirouette zu Ende getanzt.

In dieser Art und Weise präsentieren sich die Tanzpaare in einem steten Aufeinanderzu ihre Hände, und in einem steten Voneinanderweg gleiten diese wieder auseinander. Grazil und in Contenance begegnen sich die Paare, reichen sich die Fingerspitzen und tänzeln à la main nebeneinanderher oder umeinanderherum. Ist – wie so oft – der »Tour de main« vorgesehen, dann tanzen die Paare mit kleinen, steifen Trippel- und Spitzenschrittchen die Form einer 8. An den nach vorn gestreckten, leicht nach innen gebogenen Armen fallen ihre Hände locker herab; die Paare kreuzen sich und im Wechsel geben und entziehen sich dabei die Fingerspitzen.

Kein bißchen mehr – aber auch kein bißchen weniger als der, über das von Gottfried Taubert angeführte »subtile Werkzeug« der Hände, hergestellte Körperkontakt trübt die Freuden des Menuetts. Durch die ständig angedeutete Nähe und ständig angedeutete Ferne baut sich eine Spannung auf, die zu keinem Moment endgültig gebrochen oder gelöst wird. Unablässig bekundet der Kavalier sein Begehren, doch seine Dame, eine Verschmelzung aus Salome und Beatrice, verharrt in selbstverständlicher Unnahbarkeit. Sachs bringt das Menuett auf den Punkt, er führt jeden Schlüsselbegriff an: »Was für eine Bedeutung hat schon die Reverenz, mit der die Tänzer den zeremoniellen Aktus des Menuetts einleiten! (…) Und nach der Reverenz das galante Spiel: die Geschlechter begegnen und trennen sich zierlich, gleiten vorbei – das Erotische ist bis ins letzte stilisiert, alles bleibt angedeutet, aufgelichtet und bis zur Grenze des Formelhaften verallgemeinert. Eros ist hier Minne, nicht Liebe; Erziehung, nicht Trieb. Menuett tanzen heißt Frauendienst zelebrieren.«[101]

Schließen wir die Betrachtung des höfischen Kunsttanzes ab: Der Hoftanz nimmt den Dämonen-Code des Tanzes in sich auf, und stilisiert ihn – im Menuett wortwörtlich – bis in die Fingerspitzen. Penibel reguliert, bewegt er sich genau an der Schnittstelle von Verbotsachtung und Verbotsübertretung, bedient sich beider in einem Atemzug.

Die Ambivalenz des Tanzes findet sich modifiziert[102] ebenfalls bei den Gesellschaftstänzen des 19. Jahrhunderts, darunter, allen voran, beim Wiener Walzer. Hier ist allerdings zu bedenken, daß dieser Tanz nie als Kunst verstanden wurde. Dieses Prädikat wird in der bürgerlichen Epoche allein dem Bühnentanz, dem Klassischen Ballett zugestanden, das sich seinerseits explizit asexuell nur dem Reinen widmet. Der männliche Tänzer tritt zurück und die Gegen-Hure oder Anti-Salome hervor.

Wie jeder andere Tanz reflektiert auch das Klassische Ballett sein gesellschaftliches Umfeld. Es gibt Auskunft über den Umgang mit dem Körper. Sei es der abgespreizte kleine Finger beim Anheben eines Gegenstandes oder der leichte, aufrechte Gang mit dezent nach außen gekehrten Fußspitzen – das Klassische Ballett informiert in konzentrierter Form über das allgemeine Körper- und Bewegungsverhalten. Auf diesen Spiegeleffekt verweist Bourdieu: »Unter allen sozialen Gebrauchsweisen des Körpers ist der Tanz die vollkommenste Verwirklichung des bürgerlichen Körpergebrauchs, indem er den Körper als Zeichen behandelt, als Zeichen seiner eigenen Leichtigkeit, das heißt seiner eigenen Beherrschung. Diese Art des Körperumgangs bestätigt sich nirgends so deutlich wie im Tanz.«[103] Was unter »Leichtigkeit« und »Beherrschung« als Charakteristika des bürgerlichen (Tanz-) Körpers zu verstehen ist, haben meine Analysen zur Streitfrage Tanz erörtert. Es ist die zivilisierte und zivilisierende Kontrolle über die Momente des Trieb- und Affektbereiches. Pointierter, es ist die in den Totentänzen proklamierte Rückdrängung der semantisch gleichgesetzten Begriffskette von »Tanz« und »Tod, Welt, Frau«.

Der Weg, den der Tanz und der Tanzkörper in seinem Zivilisierungsprozeß beschreitet, findet im Hofballett eine erste greifbare Ausformulierung. Die im Zeichen des aufkommenden Staatswesens oder, anders gesagt, im Zeichen der aufkommenden »rechten Welt« stehenden Darbietungen sollen abschließend betrachtet werden. Unausgesprochen berichten diese Aufführungen auch über den Preis, den der moderne (Tanz-) Körper für seine Zivilisierung zu bezahlen hat.

ANMERKUNGEN

1 Arbeau, Thoinot: *Orchésographie*, Langres 1589, Faks. Langres 1988, im Original S. 4, links.

2 So spärlich das Sekundärmaterial zu den vorangegangenen Themenbereichen war, so umfangreich ist es signifikanterweise zum Aspekt Hoftanz. Als Sekundärquellen, auf die neben dem Primärmaterial zurückgegriffen wurde, sind an erster Stelle die dicht am Tanz dargelegten Untersuchungen von Taubert zu nennen: Taubert, Karl Heinz: *Höfische Tänze*, Mainz 1968; ders.: *Barock-Tänze*, Zürich 1986; ders.: *Das Menuett*, Zürich 1988. In der Reihenfolge ihrer Gewichtung sind noch anzuführen: Sachs, Curt: *Eine Weltgeschichte des Tanzes*, a.a.O.; Horst, Louis: *Pre-Classic Dance Forms*, New York 1937, Repr. Princeton 1987; Brunner, Wolfgang (Deutscher Bundesverband Tanz e.V., Hg.): *Höfischer Tanz um 1500, 8*, Berlin 1983; Calendoli, Giovanni: *Tanz*, a.a.O.; Voß, Rudolph: *Der Tanz und seine Geschichte*, a.a.O.; Czerwinski, Albert: *Geschichte der Tanzkunst*, a.a.O.; Desrat, G.: *Dictionnaire de la danse*, Paris 1895, Repr. Hildesheim 1977; Bonnet, Jacques: *Histoire générale de la Danse sacrée et profane*, a.a.O.; Boehn, v., Max: *Der Tanz*, a.a.O.; Ménil, de, Félicien: *Histoire de la Danse*, a.a.O., insb. S. 152–180; Bie, Oskar: *Der Tanz*, Berlin 1923; Christout, Marie-Françoise.: *Histoire du ballet*, Paris 1975; Sorell, Walter: *Der Tanz als Spiegel der Zeit*, a.a.O.; Salmen, Walter: *Tanz im 17. und 18. Jahrhundert*, Leipzig 1988. Es handelt sich bei diesen Untersuchungen oft um eingängig geschriebene Darlegungen auf Hochglanzpapier. Einmal mehr und einmal weniger, gemeinsam sind ihnen, daß Kommentar und Analyse durch die Brille des nostalgischen Blicks das historische Bild des Tanzes verzerren. Anknüpfungspunkte zu einer Analyse fanden sich in einem anderen Standardwerk zum The-

ma: Lippe, z., Rudolf Naturbeherrschung am Menschen, a.a.O. Des weiteren sind zu nennen: Eichberg, Henning: *Leistung, Spannung, Geschwindigkeit*, a.a.O., S. 168–299; Klein, Gabriele: *FrauenKörperTanz*, a.a.O., insb. S. 97 ff.

3 Der langfristige Werdegang der Tanzpädagogik ist noch nicht systematisch erfaßt. Hinweise fanden sich in der unter Anmerkung 2 angegebenen Literatur. Explizit widmen sich dem Thema das »Marx-Engels-Pamphlet«: Fritsch, Albin: Beispiele der pädagogischen Funktion des Tanzes in der Geschichte der Erziehung, unveröffentlichte Dissertation, Leipzig 1953 und: Günther, Helmut (Deutscher Bundesverband Tanz e.V., Hg.): *Tanzunterricht in Deutschland, 2*, Berlin 1970.

4 Sachs, Curt: *Eine Weltgeschichte des Tanzes*, a.a.O., S. 200.

5 Eichberg, Henning: *Leistung, Spannung, Geschwindigkeit*, a.a.O., S. 177.

6 S.: Elias, Norbert: *Die höfische Gesellschaft*, Frankfurt/M. 1983. Grundlegende Hinweise zum Aspekt Hofkultur gab des weiteren die zu Unrecht etwas in Vergessenheit geratene, vorrangig kulturpsychologische Untersuchung: Alewyn, Richard, Sälzle, Karl: *Das große Welttheater*, Hamburg 1959.

7 Die Tore der »Association of Operatic Dancing of Great Britain« und der 16 Jahre später zur »Royal Academy of Dancing« umbenannten Einrichtung Englands werden erst 1920 geöffnet.

8 Für den Besuch der Académie Royale ist vorherige Schulbildung keine Voraussetzung. Die zukünftigen Tanzakademiker verbringen dort vier Jahre, und zum Abschluß ihrer Ausbildung legen sie vor einem Gremium von 24 Maîtres de danse eine Prüfung in Tanz und Musik ab. Weitere Einzelheiten sind bis dato unbekannt. Die angeführten Hinweise sind entnommen aus: Günther, Helmut: *Tanzunterricht in Deutschland*, a.a.O., S. 18.

9 Taubert, Karl Heinz: *Das Menuett*, a.a.O., S. 126.

10 Ebenda, S. 25.

11 Ebenda, S. 24.

12 Ebenda, S. 38.

13 Sachs, Curt: *Eine Weltgeschichte des Tanzes*, a.a.O., S. 200.

14 Elias, Norbert: *Die höfische Gesellschaft*, a.a.O., S. 78.

15 Czerwinski, Albert: *Geschichte der Tanzkunst*, a.a.O., S. 100.

16 S.: Boshoven, Thérèse: Jewish Dancing Masters in Renaissance Italy, in: Brack, Clairette, Wuyts, Irina (Hg.): *Dance and Research*, Brüssel 1990, S. 41–45. Boshoven bilanziert in dieser Untersuchung die (dürftige) Forschungslage, stellt einen Fragenkatalog auf und macht einen Erklärungsvorschlag: Sie erinnert daran, daß Juden damals bereits jahrhundertelang an Verfolgung gewöhnt und von ihr gezeichnet sind. Dieser Sachverhalt bedinge möglicherweise ein erhöhtes Durchsetzungs- und Adaptionsvermögen der jüdischen Bevölkerungsgruppe.

17 Einen Einblick in die äußere und inhaltliche Gestaltung der ersten Tanzlehren gibt: Brunner, Wolfgang: *Höfischer Tanz um 1500*, a.a.O.

18 Arbeau, Thoinot: *Orchésographie*, a.a.O. Arbeau veröffentlicht seine Schrift unter dem Anagramm seines eigentlichen Namens Jehan Tabourot. Der Grund dafür ist nicht geklärt.

19 Bis etwa zum Ende des 16. Jahrhunderts liegt das Abfassen von Tanzlehren oder -beschreibungen noch nicht mit der gleichen Ausschließlichkeit im Zuständigkeitsbereich der Tanzmeister wie nach dieser Zeit.

20 S. z.B.: Taubert, Karl Heinz: *Barock-Tänze*, a.a.O., S.49. Spricht Taubert von Feuillet, dann nennt er ihn aus diesem Grund meistens Beauchamps-Feuillet (z.B. ebenda).

21 Brunner, Wolfgang: *Höfischer Tanz um 1500*, a.a.O.

22 Feuillet, Raoul-Anger: *Choregraphie ou l'Art de de'crire la Dance, par caracteres, figures et signes de'monstratifs*, Paris 1700, Faks. Hildesheim 1979, im Original S.3.

23 Ebenda.

24 Ebenda, S.2.

25 Taubert, Gottfried: *Rechtschaffener Tantzmeister*, a.a.O., Bd. 2, S.542 (Hervorhebungen vom Verfasser).

26 Ebenda, S.820.

27 Taubert, Karl Heinz: *Höfische Tänze*, a.a.O., S.20.

28 Eine Darstellung der epochen- und tanzspezifischen Reverenzen mit choreographischen Angaben findet sich in: Ebenda, S.18–37.

29 Taubert, Karl Heinz: *Das Menuett*, a.a.O., S.28f. Bei der Imitation dieser Zeremonie außerhalb von Versailles wählen die jeweiligen Festteilnehmer einen König und eine Königin und eifern sodann ihrem Staatsoberhaupt nach.

30 Elias stellt das Lever der Königin Marie-Antoinette vor: *»Die Hofdame vom Dienst hatte das Recht, der Königin beim Ankleiden das Hemd zu reichen. Die Palastdame zog ihr den Unterrock aus und das Kleid an. Kam aber zufällig eine Prinzessin der königlichen Familie dazu, so stand dieser das Recht zu, der Königin das Hemd überzuwerfen. Einmal also war die Königin gerade von ihren Damen ausgekleidet worden. Ihre Kammerfrau hielt das Hemd und hatte es soeben der Hofdame präsentiert, als die Herzogin von Orléans eintrat. Die Hofdame gab das Hemd der Kammerfrau zurück, die es gerade der Herzogin übergeben wollte, als die ranghöhere Gräfin von Provence dazu kam. Nun wanderte das Hemd wieder zu der Kammerfrau zurück und erst aus den Händen der Gräfin von Provence empfing es endlich die Königin. Sie hatte die ganze Zeit nackt (...) dabei stehen und zusehen müssen, wie die Damen sich mit ihrem Hemd bekomplementierten.«* Elias, Norbert: *Die höfische Gesellschaft*, a.a.O., S.131 f.

31 Günther, Helmut: *Tanzunterricht in Deutschland*, a.a.O., S.18. Über das einflußreiche Verdienst Beauchamps' in seinem unmittelbaren Umfeld berichtet auch: Astier, Régine: Pierre Beauchamps et les »ballets de collège«, in: Serre, Jean-Claude (Hg.): *La Recherche en Danse*, 2, 1983, S.45–51.

32 Elias, Norbert: *Die höfische Gesellschaft*, a.a.O., S.156.

33 Die im Zusammenhang des einfachen Volkes gezogene Parellele soll auch hier

nicht fehlen: Die entscheidenden Schübe hin zum modernen, schambefrachteten Hygieneempfinden gehen im wesentlichen von macht- und besitzstarken Gruppierungen aus. Dennoch, von »gefliesten Bädern und deodorierten Monatsbinden« sind auch die Höflinge noch weit entfernt. Die Körper der noblen Tänzer und Tänzerinnen des 16. Jahrhunderts bleiben ihr lebtag ungewaschen, lediglich der Mund wird morgens mit purem Wasser ausgespült. Bei ihrer Kleidung wird nur der (sicherlich nicht zufällig auf jedem zeitgenössischen Porträt zu sehende) demonstrativ weiße, gestärkte und in Falten gelegte Hemdkragen regelmäßig gereinigt. Zögernd etabliert sich im Laufe des 17. Jahrhunderts der Habitus, die Hände einmal täglich in einer Schüssel mit Wasser zu waschen. Louis XIV gibt noch manch offizielle Audienz in der »Chambre du Roy«, einer Art üppig ausgestattetem Schlafzimmer. Wegen einer Hautkrankheit – und nicht zur Reinigung seines Körpers – nimmt er auf Rat seines Hofarztes ein einziges Mal in seinem Leben ein Bad. Da ihm dieses, laut eigener Aussage, nicht bekommt, nimmt er davon in aller Zukunft Abstand. Und überhaupt, in den Gängen und Räumen seines Schlosses liegt (für das moderne Riechempfinden) ein erbärmlicher Gestank. Näheres s.: Vigarello, Georges: *Wasser und Seife*, a.a.O., insb. Teil 2.

34 Ville de Paris: *Lettres patentes du Roy*, Paris 1663, im Original S. 3f.

35 Auch der Prestigegehalt des Kunsttanzes und des Fechtens ist sich – neben dem Reiten und dem Jagen – ähnlich, wobei der Kunsttanz bezüglich seines Ansehens das der anderen Phänomene übertrifft.

36 Baudoin, N.: *De l'Education d'un jeune Seigneur*, Paris 1728, im Original S. 237.

37 Ebenda, S. 243.

38 Taubert, Gottfried: *Rechtschaffener Tantzmeister*, a.a.O., Bd. 2, S. 1043. Der höfische Tanz sei deshalb notwendig, »weil man der Noblesse *und denen vornehmen Standes-Personen*«, so fährt Taubert an der oben zitierten Stelle fort, »*das allgemeine Spatzierengehen, Holzhacken, Kegelschieben, und dergleichen* populare *Dinge mehr nicht zumuthen, noch zu ihrer* Motion *und* Recreation recommandieren *kan (...).*« Ebenda, (Hervorhebungen vom Verfasser).

39 Ebenda, Bd. 1, S. 22.

40 Lippe z., Rudolf: *Naturbeherrschung am Menschen*, a.a.O., Bd. 1, S. 22.

41 Klemm, Bernhard: *Tanzkunst*, a.a.O., S. 5.

42 Bourdieu, Pierre: Remarques provisoires sur la perception sociale du corps, in: *Actes de la Recherche en Sciences Sociales*, 14, 1977, S. 51–54, im Original S. 51.

43 Der Ausdruck »*Naturbeherrschung am Menschen (...) besagt, daß die Herrschaft des Menschen über Natur auch ›am eigenen Leib‹ ausgeführt wird.*« (Lippe, z., Rudolf: *Naturbeherrschung am Menschen*, a.a.O., Bd. 1, S. 26.) Im Prozeß dieser »Naturbeherrschung« ordnet zur Lippe dem höfischen Kunsttanz eine zentrale Rolle zu. Jedoch, wie meine Dechiffrierung von »Tanz« bereits vermuten ließ, läßt sich der Tanz der damaligen Elite allein mit dem Begriff Beherrschung von »Natur«

nur unzulänglich entziffern und deuten. So aufschlußreich die Analysen zur Lippes auch sind – sein Begriffsinstrumentarium greift zu kurz. »Natur« besitzt keine Objektivierbarkeit und ist insofern nicht operationalisierbar.

44 Ambach, Melchior: *Von Tantzen*, a.a.O., S. 18.
45 Amman, J.: *Eygentliche Beschreibung aller Stände*, Frankfurt/M. 1568, zitiert nach: Nettl, Paul: *Tanz und Tanzmusik*, a.a.O., S. 74, ohne weitere Angaben.
46 Baudoin, N.: *De l'Education d'un jeune Seigneur*, a.a.O., im Original S. 241.
47 Schneider, Manfred: *Liebe und Betrug*, München 1992, S. 408.
48 Darauf macht aufmerksam: Oetke, Herbert: *Der deutsche Volkstanz*, a.a.O., Bd. 1, S. 98.
49 Arbeau, Thoinot: *Orchésographie*, a.a.O., im Original S. 3, links.
50 Daß Arbeau mit den »Verliebten« nicht die Ehepaare meint, versteht sich von selbst. Die Aufgabe der höfischen Ehe liegt primär im Machterhalt der Dynastien und im Besitztransfer der Güter. So sehr sich die höfischen Liebesmodelle im Wandel der Epochen auch ändern, gemeinsam ist ihnen, daß sie außerehelich ausgerichtet sind. Der Alltag höfischer Ehepaare ist völlig voneinander getrennt, ihr Verhältnis gestaltet sich wenig intim und eheliche Zuneigungen gelten als verwerflich und unmoralisch. Zur Veranschaulichung dieses Sachverhaltes soll ein Zitat von Elias genügen.2 » ›Wie lebt sie mit ihrem Mann?‹ « fragt ein neuer Diener die Kammerzofe Marie-Antoinettes über deren Eheleben mit Louis XVI aus.» ›Oh, gegenwärtig sehr gut‹ «, ist die Antwort. » ›Er ist ein wenig pedantisch; sie hat sehr viele Freunde; sie gehen nicht in dieselben Gesellschaften, sie sehen sich sehr selten und leben sehr anständig zusammen.‹ « Duc de Lauzun: Pariser Gespräche, zitiert nach: Elias, Norbert: *Die höfische Gesellschaft*, a.a.O., S. 79, ohne weitere Angaben.
51 »Contenance« ist mit dem Begriff »Kontinent« verwandt und bedeutet in etwa »mithalten, zusammenhalten« oder auch »zusammenhängend«.
52 Lukian von Samosata: *Werke in drei Bänden*, Berlin 1974, 3 Bde., Bd. 2, S. 428.
53 Ebenda, S. 426.
54 Ebenda, S. 427.
55 Ebenda, S. 428.
56 Ebenda, S. 449 (Hervorhebung vom Verfasser).
57 Ebenda, S. 431.
58 Über die Bassedanse berichtet ausführlich: Brunner, Wolfgang: *Höfischer Tanz um 1500*, a.a.O. Der (meist gemeinsam mit der Bassedanse abgehandelten) Pavane widmet sich besonders: Taubert, Karl Heinz: *Höfischer Tanz*, a.a.O., insb. S. 61–70; Horst, Louis: *Pre-Classic Dance Forms*, a.a.O., S. 7–17; Sachs, Curt: *Eine Weltgeschichte des Tanzes*, a.a.O., insb. S. 188ff., 233ff., Calendoli, Giovanni: *Tanz*, a.a.O., S. 80, 94, 112f.; Bonnet, Jacques: *Histoire générale de la danse*, a.a.O., S. 112 bis 138 (Kapitel »Danse grave & sérieuse«).
59 S.: Brunner, Wolfgang: *Höfischer Tanz um 1500*, a.a.O., S. 15.

60 Ebenda, S. 51.

61 Ebenda, S. 16f.

62 Taubert, Karl Heinz: *Höfische Tänze*, a.a.O., S. 62.

63 Horst, Louis: *Pre-Classic Danse Forms*, a.a.O., im Original S. 7.

64 Arbeau, Thoinot: *Orchésographie*, a.a.O., im Original S. 33, rechts.

65 So einfach eine Pavane auf den ersten Blick auch scheint, korrekt ausgeführt, zählt sie zu den schwierigsten Tänzen. Mag der Vergleich auch hinken, der Anschaulichkeit halber sei er trotzdem gebracht: Unter den heutigen, standardisierten Tänzen ist der Langsame Walzer der figurenärmste und hinsichtlich seiner Schritte und Schrittfolgen der einfachste Tanz. Trotzdem steht er – zumindest für die Turniertänzer – auf der Schwierigkeitsskala an erster Stelle. Die Gründe dürften in seiner geforderten Contenance und in seinem nur leidlich nachvollziehbarem Pathos zu finden sein.

66 Hammerstein, Reinhold: *Tanz und Musik des Todes*, a.a.O., S. 72.

67 Ebenda, S. 76.

68 Der Hinweis soll nicht fehlen: Mehr oder minder gelungen, schreiten heute Brautpaare vergleichbar gravitätisch in die Kirche hinein und nach der Messe heraus. In gewisser Hinsicht tragen auch Demonstrationen oder Amtseinführungen hochrangiger Persönlichkeiten die Züge einer Prozession.

69 Arbeau, Thoinot: *Orchésographie*, a.a.O., im Original S. 38, links.

70 Baudoin, N.: *De l'Education d'un jeune Seigneur*, a.a.O., im Original S. 243.

71 Zur Galliarde zeigt sich aufschlußreich: Sachs, Curt.: *Eine Weltgeschichte des Tanzes*, a.a.O., S. 240ff.; Taubert, Karl Heinz: *Höfische Tänze*, a.a.O., S. 71–86; Horst, Louis: *Pre-Classic Dance Forms*, a.a.O., S. 18–24.

72 Einfacher gesagt, »kokett« meint in einem Atemzug: »Schau, hier bin ich! Doch schau, du bekommst mich nicht!«

73 Daß Elizabeth I zur Erfrischung (oder weshalb auch immer) jeden Morgen sieben bis acht Galliarden tanzt, ist in der historischen Tanzforschung inzwischen legendär. Komponisten wie John Dowland kreieren für die Königin Galliarden mit Titeln wie »Queen Elizabeth her morning galliard«. Über diese Leidenschaft der Monarchin berichtet Großkreutz: »*Einem Höfling, Sir Christopher Hatton, der als famoser Galliardentänzer galt, gab die Königin ein hohes Amt, um ihn als standesgemäßen Tanzpartner zu gewinnen.*« Großkreutz, Peter: *Tanz und Politik am Renaissance- und Barockhof*, a.a.O., S. 64.

74 Sachs, Curt: *Eine Weltgeschichte des Tanzes*, a.a.O., S. 242.

75 Arbeau, Thoinot: *Orchésographie*, a.a.O., im Original S. 39, links f.

76 Taubert, Karl Heinz: *Höfische Tänze*, a.a.O., S. 31.

77 Dem Menuett widmet sich allen voran: Taubert, Karl Heinz: *Das Menuett*, a.a.O. Ausführlich berichtet auch: Salmen, Walter: *Tanz im 17. und 18. Jahrhundert*, a.a.O.

78 Taubert, Karl Heinz: *Das Menuett*, a.a.O., S. 17.

79 Das Menuett ist der einzige Tanz, der als selbständiger Satz in Sinfonien, Sonaten und in der Kammermusik aufgenommen wird.

80 Diesen Reaktivierungsversuch arbeitet der Züricher Tanzhistoriker Braun auf: Braun, Rudolf: *»The Invention of Tradition«*, a.a.O.

81 Taubert, Karl Heinz: *Das Menuett*, a.a.O., S. 125. In diese überschwengliche Hymne auf den Hoftanz integriert Taubert eine ebenso übermäßige Abwertung des heutigen Diskothekentanzes; ebenda.

82 Ebenda.

83 Ebenda. In den Klammern wiederholt Taubert die angeführten Charakteristika anhand der entsprechenden französischen Fachbegriffe.

84 Taubert, Gottfried: *Rechtschaffener Tantzmeister,* a.a.O., Bd. 2, S. 664 f. (Hervorhebungen vom Verfasser).

85 Ebenda, S. 642 (Hervorhebung vom Verfasser).

86 Ebenda (Hervorhebungen vom Verfasser).

87 Ebenda, S. 646 (Hervorhebungen vom Verfasser).

88 Ebenda, S. 646 f. (Hervorhebungen vom Verfasser).

89 Ebenda, S. 644 (Hervorhebungen vom Verfasser).

90 Ebenda, S. 657–661.

91 Taubert, Karl Heinz: *Das Menuett*, a.a.O., S. 21.

92 Trichter, Valentino: *Curiöses Reit- Jagd- Fecht- Tanz- oder Ritter- Exercitien Lexikon,* Leipzig 1742, S. 1479 f.

93 Beim Menuett wird also eine gerade Schrittzahl auf eine ungerade Taktzahl getanzt. Die einzelnen Schritte werden dabei folgerichtig nicht (wie z. B. in den berufsbürgerlichen Tänzen üblich) auf jeden Taktschlag ausgeführt, sondern versetzt.

94 »Péché mignon« bedeutet im damaligen Französisch die »kleine und verzeihbare, alltägliche Lieblingssünde«.

95 Taubert, Karl Heinz: *Das Menuett*, a.a.O., S. 22.

96 Taubert, Gottfried: *Rechtschaffener Tantzmeister,* a.a.O., Bd. 2, S. 708 (Hervorhebungen vom Verfasser).

97 Den islamitischen Derwischtänzen liegt ein dialektisches Weltbild zugrunde, eine Richtungssymbolik, die der christlichen Rechts-links-Bedeutung durchaus vergleichbar ist: Bei diesen Gebetstänzen resultieren die Drehungen aus einem relativ gleichförmigen Treten um die Körperachse. Hierbei strecken die Derwische ihre Arme waagrecht zur Seite. Die linke Hand halten sie nach unten, und die rechte Hand nach oben. Ekstatisch kommunizieren sie so mit den sich jeweils gegenüberliegenden Polen ihrer religiösen Symbolwelt.

98 Bourgat, Marcelle: *Technique de la Danse*, Paris 1978, im Original S. 84.

99 Taubert, Karl Heinz: *Das Menuett*, a.a.O., Bd. 2, S. 715.

100 Ebenda, S. 714.

101 Sachs, Curt: *Eine Weltgeschichte des Tanzes*, a.a.O., S. 268.

102 Die berufsbürgerlichen Modifikationen des Tanzes sind insbesondere: Wegfall des Figurenspiels und der Posa; ungleich höhere Bewegungsdynamik; Loslösung des Paars von der Gruppe und ungleich mehr Körperkontakt.

103 Bourdieu, Pierre: *Pratiques sportives et pratiques sociales*. Unveröffentlichter Eröffnungsvortrag zu der Conférence au Congrès International de L'HISPA, Paris, März 1978, im Origianl S. 37.

Circes Ringen mit der Staatsmacht

Im Zuge der frühneuzeitlichen Selbstdistanzierungs- und Staatsbildungsprozesse erfährt der Tanz einen entscheidenden Bedeutungswandel. Das dem Tanz genuine Moment der Entgrenzung wird mit weiblich belegten Todesmetaphern ausgefüllt. Damit steht sich der Tanz gewissermaßen selbst im Wege.

Diese Kerngedanken sollen in der abschließenden Betrachtung von zwei Hofballetten nochmals aufgenommen werden. Beispiele sind eins der ersten Ballette, das 1581 im Louvre aufgeführte »Balet Comiqve de la Royne« – aufgrund seines Inhalts im nachhinein »Circeballett« genannt – und eines der letzten Ballets de cour unter Louis XIV.

»Circe ist die einzige, die heute in Frankreich zu besiegen verbleibt,«[1] verkündet Minerva, die römische Pallas Athene, im Balet Comiqve de la Royne in einer an Henri III (1551–1589) gerichteten Rede. – Die Zauberin und ihre Künste sollen von der frühen Staatsmacht vernichtet werden. Wie zu sehen sein wird, verbindet sich mit Circe eine dem Tanz vergleichbare Symbolik. Circe zeigt sich als Salome der Antike auf einer Bühne des französischen Hochadels.

Die ersten der getanzten, pantomimisch gespielten, gesungenen und gesprochenen Ballets de cour finden nach der Mitte des

16., die letzten im ausgehenden 17. Jahrhundert statt. Mit dem Zentrum in Frankreich, daneben aber auch in Italien, umfaßt die Epoche ihrer Aufführungen also etwas mehr als hundert Jahre. Das Phänomen kommt im Frühabsolutismus auf, mit dem Manifestwerden des Staatswesens im Absolutismus verliert es seine Konturen und verschwindet.

Direkt oder indirekt, der Protagonist der Darstellungen ist immer der Souverän, um ihn kreist jegliches Geschehen: Der Monarch übernimmt die Hauptrolle; stets tritt er in symbolträchtigen Figuren verschiedener Mythologien auf und gibt einen säkularisierten Erlösungs- und Befreiungsgedanken wieder: »Der König, stets das Zeichen von Ordnung und Macht durch seine Präsenz auf der Bühne, bringt das Glück und sichert die Ruhe. Manchmal ist er als fahrender Ritter, manchmal als himmlischer Gott (Apollon, Mars, Jupiter) und manchmal als antiker Held (Herkules, Gallier) oder Romanheld (Renaud, Tankred) verkleidet.«[2] Gleichgültig in welcher Figur der Souverän auftritt, »er ist immer Sieger,«[3] faßt McGowan die Rolle der personifiziert aufkommenden Staatsmacht zusammen. Zweitens ist der Monarch während des gesamten Ablaufs des Spektakels präsent; die einzelnen Handlungsetappen oder Entrées nimmt er entgegen wie eine Parade. In den frühen Aufführungen beschränkt sich seine Funktion hingegen noch auf das Abnehmen der Paraden, so auch im Balet Comiqve de la Royne.

Bei den Darbietungen bleibt der Adel unter sich. Die Aufführungsorte sind die Festsäle der Residenzen. Professionelle Tänzer oder Schausteller wirken nicht mit, den Ballettkorpus bildet der Hofstaat selbst. Die Höflinge sind Zuschauer und Darsteller in einem. Frauen sind in der Regel nur in Nebenrollen vertreten, wohl inhaltlich bedingt macht das Circeballett hier eine Ausnahme.

Bühnen- und Gesellschaftstanz bilden im Hofballett noch eine weitgehend geschlossene Einheit. Die einmal von der gesamten Gesellschaft und einmal von den Hauptakteuren dargebotenen

Tänze sind die gleichen wie die anderer Anlässe. Manche Tänze werden vorher speziell für das festliche Spektakel leicht abgeändert choreographiert. Auch die dem Ballet de cour charakteristischen pantomimischen Auftritte und Einlagen entstammen dem Repertoire des herkömmlichen Kunsttanzes. Bei der Architektur, der Raumaufteilung, der Platzvergabe und der Darbietung selbst bleibt eine Bühne als solche nur angedeutet. Denn überhaupt besteht zwischen »Schau« und »Wirklichkeit« eine nur geringe Differenz, die beiden Momente überlagern sich. »Das Hofballett«, schreibt zur Lippe, »war Ritual des aktuellen Mythos unmittelbar.«[4] In diesen »totalen Polit-Revuen,« erläutert Eichberg, tanzt, singt und spielt der Souverän »persönlich mit seinem Hof das Programm seiner Politik.«[5]

Unter allen Ballettdarbietungen kommt dem berühmten[6] Balet Comiqve de la Royne im Rahmen des frühneuzeitlichen, psycho- und soziogenetischen Wandels eine besondere Bedeutung zu. Warum das so ist, soll im folgenden dargelegt werden:

Das »Balet Comiqve de la Royne, faict avx nopces de Monsieur le Duc de Joyeuse & madamoyselle de Vaudemont sa sœur« – so lautet der vollständige Originaltitel – ist eine Veranstaltung des französischen Hochadels. Die Aufführung erfolgt im Rahmen der rund drei Monate währenden Feierlichkeiten zu der von Henri III angeordneten Eheschließung zwischen dem Herzog de Joyeuse und der Madamoiselle de Vaudemont. Bei dem Bräutigam handelt es sich um einen »Pair«, ein dem Souverän gleichgestellter Edelmann. Noch bedeutsamer jedoch scheint die Braut, deren wenig spezifische Benennung »Madamoiselle« zunächst nur auf eine noble Provenienz schließen läßt. Tatsächlich ist sie die Herzogin Marguerite de Lorraine, die einem der großen, damals noch relativ machtstarken »Maisons Souveraines« (Valois, Clèves, Savoie, eben Lothringen etc.) entstammt. Sie ist die Schwester der mit Henri III verheirateten Königin Louise de Lorraine. Auf diese Monarchin bezieht sich denn auch die im Ballettitel angeführte »Königin« und »ihre Schwester«.

Als Aufführungsort des Circeballetts fällt die Entscheidung auf die »Grande Salle« des »Palais du Petit Bourbon«. Dieser dem Louvre zugehörige Palast streckte sich einst am Ufer der Seine entlang; er befand sich zwischen dem Hauptgebäude des Louvre und einem angrenzenden Kloster. Sein Festsaal bildete mit stattlichen 30 auf 70 Metern einen der größten des Schloß- und Regierungskomplexes.[7]

Die gereimten Verse und Lieder des Circeballetts schreibt der Hofpoet La Chesnay. Die Kostüme, den Dekor und das Bühnenbild entwirft der am Louvre bedienstete Maler Jacques Patin. Baltasar de Beauioyeulx, der Hauptverantwortliche, der »Regisseur« der Inszenierung, komponiert die Musik, die, wie damals üblich, ihre Spannung aus dem Element der Gegenstimmigkeit bezieht. Auch die Choreographien stammen von de Beauioyeulx. Die einzelnen Tänze nennt der höfische Tanzmeister und Erzieher aber leider nur ausnahmsweise bei ihrem Namen; zumeist beschränkt er sich auf lückenhafte Umschreibungen oder Begrifflichkeiten wie »kleine«, »grazile« oder »gravitätische Schritte«, »geometrische Figuren« etc. Auch verfaßt de Beauioyeulx das ein Jahr nach der Ballettaufführung unter seinem Namen veröffentlichte Libretto. Die Auftraggeberin ist Königin Louise.

Dramaturgische Aufgliederungen in einzelne Akte geben sich nur unscharf zu erkennen, jede der Partituren geht bruchlos in die folgende über. Unterteilen ließe es sich in dreiundzwanzig Handlungsetappen und Entrées.

Inhaltlich orientiert sich das Balet Comiqve de la Royne ausdrücklich an der »Odyssee« von Homer, wobei es sich auf die Episoden der unsterblichen Göttin und Zauberin Circe konzentriert; es sind aber auch andere mythologische Berichte zur Circefigur in das Bühnengeschehen eingeflossen.

Nach Homer herrscht Circe über Aiaia, dort, »wo Eos, der Göttin der Frühe, Haus und Tanzplatz liegen, die Insel, wo Helios aufsteigt.«[8] Der allessehende und lichtspendende Helios, die Sonne und der Sonnengott, ist Circes Vater, dessen Metaphorik (Feuer, Licht, Wärme) das äußere Erscheinungsbild der Bühnenprotagonistin besonders prägt. Circe ist eine ausgeprägt sinnen- und lustbetonte Göttin, deren Zauber die Sterblichen – aber nicht die Unsterblichen – in Tiere und Ungeheuer verwandeln kann. Sie setzt diese Zauberkraft in dem Moment ein, wenn sich ein von ihr Begehrter ihrem Verlangen widersetzt.

Zweifelsohne birgt die Homerische Circe Ambivalenzen, dennoch wird sie aber keineswegs nur negativ und zerstörerisch dargestellt. Auf der Bühne im Louvre fallen die positiven und konstruktiven Eigenschaften dieser Göttin aber weg. Im Anhang des Librettos wird Circe als Allegorie beschrieben: Sie ist »das Verlangen allgemein, das über alles was Leben hat, herrscht und dominiert.«[9] In dieser Charakterisierung erweist sich Circe als – faszinierender – Inbegriff des Unheils. Das eigentliche Instrument ihrer Zerstörung jedoch ist weniger der Zauberstab oder das Giftkraut als ihr Charme, den sie – gemäß der Begriffsableitung aus dem lateinischen »carmen« – als »Zauberformel«, »Verzauberung«, »Lied«, »Gesang« gebraucht. Circe nutzt ein Medium, das dem Salomes, dem Tanz, durchaus vergleichbar ist, das ihre Gegenweltlichkeit besiegelt und sie zur Dämonin macht.

»Odysseus versinnbildlicht den zur Vernunft fähigen Teil der Seele,«[10] so wird ebenfalls im Appendix zum Libretto der Homerische Held als Widersacher Circes vorgestellt. Durchsetzt mit staatsphilosophischen Gedanken erscheinen die Irrfahrten des Odysseus in semantisch nächster Nähe zu Frankreich. Aus der endlichen Heimkehr des Odysseus wird die endliche Erlösung Frankreichs durch die gesellschaftlich steuernde Macht und Kraft des Königs. Zu diesem Zweck und aus dieser Notwendigkeit heraus erfolgt die – letztlich freiwillige – Unterwerfung Circes unter Henri III.

Jupiter (oder Zeus) bezeichnet in der antiken Mythologie den Beherrscher des Himmels und der Himmelsgewalten. Er teilt mit seinen Brüdern Poseidon und Hades die Herrschaft über die Welt. Nachdem er den Kampf gegen seinen Vater Kronos gewinnt, wird ihm von seinen Brüdern und Schwestern die Oberherrschaft über alle olympischen Götter übertragen. Mit diesem Gott der Götter wird Henri III gleichgesetzt und als sein irdischer Repräsentant gepriesen. Der König wird »sich mit Jupiter inmitten des Großteils der Götter und Göttinnen befinden; ich höre göttlichen Beistand, der den Zauber des Bösen vernichtet,«[11] steht insofern bereits in der einleitenden Hommage »Av Roy de France et de Pologne«. Nur mit der in Henri III realisierten, mythologischen Verschmelzung von »Jupiter« und »König« durch die Eliminierung Circes kann in Frankreich, so die Folgerung, »ein langer Frieden und Ruhe (...) zu neuem Leben erwachen und blühen.«[12]

Verfolgen wir nun die Unterwerfungsszenerie auf einer Bühne des Louvre um 22 Uhr am 15. Oktober des Jahres 1581 – ein Sonntag, hebt de Beauioyeulx hervor – im einzelnen:

Am König orientiert sich das Geschehen. So auch die Raumbeschreibung, die der Tanzmeister aus der Perspektive des Dynasten macht: An den Türen des Festsaals stehen die Wachen. Die Zuschauertribüne umfaßt die Bühne hufeisenförmig. An zentraler Stelle sitzt Henri III. Links neben ihm hat seine Mutter ihren Platz, die zu diesem Zeitpunkt 62jährige Caterina de Medici. Von dem Monarchen und der Monarchin ausgehend, befinden sich »Prinzen, Prinzessinnen, Seigneurs und Damen, Botschafter der Könige und ausländische Fürsten (...) nach dem Rang«[13] geordnet. Auf den beiden Galerien an der linken und rechten Saalwand sitzen »die Damen und Demoiselles des Hofes.«[14] Der Tanzmeister meint, »daß sich etwa neun- bis zehntausend Zuschauer versammelt hatten.«[15]

Auf der rechten Seite der Bühne sieht Henri III einen kleinen, erdigen Wald mit Gräsern und Blumen. Das sogenannte »Wäldchen« ist mit schifförmigen Öllampen ausgeleuchtet. Zwischen den Bäumen sitzt Pan als Satyr verkleidet auf einem Erdklumpen. Kaum sichtbar streckt sich im hinteren Teil des Waldes eine kleine, dunkle Grotte der Saalwand entgegen. Die hierin beherbergten Musikanten spielen nur selten. Das anhand versteckter Lichtquellen hell erstrahlende »Goldene Gewölbe« sieht der König auf der linken Seite der Bühne. In dieser golden und azurblauen Grotte befindet sich das singende und musizierende Hauptorchester. In der Mitte der Bühne hängt eine Wolke von der Saaldecke herab. In diesem mit Sternen geschmückten Gebilde sitzt Merkur (bzw. Hermes). Frontal dem König gegenüber liegt der »Garten«, die Wohn- und Regierungsstätte Circes. Auf diesen werfen Öllampen aus buntem Glas ihr Licht; verstreut stehen hundert brennende Fackeln aus weißem Wachs. Circes Reich durchziehen zwei, von Lavendel-, Rosmarin- und Salbeibüschen gesäumte Alleen. Fruchtige Delikatessen stehen in voller Reife, üppig prangen an den Obstbäumen Granatäpfel, Orangen, Zitronen und Äpfel. Im vorderen Teil des Gartens türmen sich drei Torbögen aus Weinstöcken nebeneinander empor. Das mittlere Spalier ist höher und breiter als die beiden anderen. Über dem größeren Torbogen blickt eine Sonne mit Strahlen aus Golddukaten – sicherlich eine Allegorie des Helios – in den Raum hinein. Hinter diesem Bogen, weit im Hintergrund in Richtung der Saalwand, sind eine Stadt, Felder und Straßen zu sehen. Die zwei kleineren Weinspaliere stehen fast ausserhalb des Gartens. Ihre Türen dienen dem Ein- und Auszug der Hauptdarsteller. Direkt hinter dem großen Torbogen befindet sich Circes Schloß. Mit Schießscharten ausgerüstet, besteht dieser Palast aus zwei mächtigen Türmen aus glitzernden Steinen. Die Türme verbindet eine Mauer. Auf dem Schloßportal sitzt Circe mit dem Zauberstab in der Hand. Ihr langes, goldenes Gewand aus

kleinen Quasten ist mit weich fließenden, silberfarbenen Crêpes-
und Seidenvolants besetzt; in ihrem Haar glitzern weiße Perlen.
Die Circedarstellerin ist Demoiselle de Sainte Mesme.

Soweit die Beschreibungen des Saales durch de Beauioyeulx.
Der Tanzmeister schließt dieses Kapitel jedoch nicht ab; bruchlos
geht das Balet Comiqve de la Royne in die Ouvertüre über:

Die Musik ist gerade verstummt, da läuft der Sieur de la Roche
flüchtend aus dem Garten Circes. Atemlos bewegt er sich grazilen
Schrittes auf Henri III zu, erweist ihm die Reverenz und schildert
sein Erlebnis mit der Zauberin. Erschrocken, verwirrt und faszi-
niert stellt der Edelmann Circe dem Publikum vor:

»Dies war keine Frau: Eine, die Luft atmet,
hätte nicht soviel Schönheit, trüge sie nicht soviel
verbitterten Zorn in sich.
In ihren verwirrenden Augen glänzte eine Sonne,
Augen, in denen Amor versteckt seine goldenen
Pfeile schärft,
Ihr Teint war aus Lilien und Purpur, aus Rosen:
Aber unter soviel Schönheit war das Gift verborgen,
Aus Honig, der in Worten aus ihrem Munde floß,
Um das Herz derjenigen zu ködern, die sie begehrt.«[16]

De la Roche ist also einer ambivalenten Figur, einer Frühform der
Femme fatale begegnet. Circe erschien ihm als ausgeprägt anzie-
hend und gleichermaßen »giftig«. Schönheit und Zerstörung stehen in Kausalzusammenhang. Beide Momente verleihen Circe –
ähnlich wie Salome – die ihr charakteristische dämonische Allmacht, »das Herz« all derjenigen an sich zu reißen, die sie begehrt,
denen sie den Willen, genauer, die Fähigkeit zur Selbstreflexion
raubt und die sie unwiderruflich in ihrem Bann gefangen hält.

»Ich, Circe, die ich allerorts durch meine Künste berühmt bin

(...), vergeblich wirst du mir Widerstand leisten,«[17] sprach noch im Garten siegessicher die Zauberin zu dem Edelmann, der sich wehrte. Fatalerweise, denn Circe duldet keine Verweigerung. Wer sich ihrem Verlangen entgegenstellt, den bestraft sie mit dem (symbolischen) Tod. »Ihr Auge steht in Flammen, und die Angst kämpft,«[18] mußte de la Roche erfahren, ohne dies einordnen zu können. Aus einer ihm unerklärlichen Laune heraus hatte Circe ihn in einen Löwen verzaubert und aus genauso unerfindlichen Gründen ihm später wieder seine Menschengestalt zurückverliehen. Verängstigt und irritiert bittet der Edelmann Henri III, er möge den Göttern beiseite stehen und die Unheilstifterin aus der Welt schaffen.

Nach dieser Ansprache eilt Circe zornig aus ihrem Garten, um den Geflüchteten zu suchen und in ihr Gefängnis zurückzuholen. Da sieht sie Merkur in der Wolke. Circe weiß, daß es sich bei dem Götterboten, Beschützer des Weges und Inhaber des Gegengiftes um ihren Widersacher handelt. Der Anblick Merkurs bringt sie zu der Erkenntnis:

> »Ich verfolge ihn vergeblich: Er flüchtet ohne Hoffnung,
> Ihn jemals wieder meiner Macht zu unterwerfen.
> Ach! Circe, was hast du getan? Nie mehr solltest du
> Diejenigen in Menschen zurückverwandeln, denen du
> Den Verstand raubtest.«[19]

Die Schöne kündigt Rache an: »Folge deinem einzigen Naturell: dem verbitterten Zorn und der Grausamkeit.«[20] Wütend und beleidigt verläßt Circe den Saal. Das Publikum, berichtet de Beauioyeulx, ist entzückt und in gleichem Maße konsterniert.

Nach dieser Eröffnungsszene halten drei Sirenen und ein Triton Einzug. In fünf gesungenen Partituren rufen die Wassernymphen und der niedrige Flußgott den Okeanos an. Okeanos ist der

Gott des als Kreisstrom gedachten Weltmeeres, nach dessen Durchquerung Odysseus in das Reich der Toten gelangte.[21] Dieser weißbärtige Gott – bei Homer der Vater aller Götter – soll allegorisch nun auch Frankreich wohlbehalten durch seine unruhigen Fluten geleiten. »Auf, Töchter des Archeloos,« stimmt hoffnungsvoll das Orchester im Goldenen Gewölbe zum Echo an,

> »Jupiter ist nicht allein in den Himmeln,
> Das Meer beherbergt tausend Götter:
> In Frankreich lebt ein einziger König,
> HENRY, großer König der Franzosen,
> Im Volk, in der Justiz, im Gesetz.«[22]

Nach dieser (ohne Musikbegleitung gesungenen) Hymne auf das vereinte und gerettete Frankreich führt die Truppe (wahrscheinlich) einen Kreistanz auf und begibt sich zur Saaltür, als ein riesiger Springbrunnen, von überdimensioniert großen Seepferdchen gezogen, durch ebendiese Tür zur Bühne geschleppt wird. Auf dem mit zahlreichen Skulpturen und Reliefs, Putti und Delphinen geschmückten, dreistöckigen Brunnen befinden sich zwölf Wassernymphen – dargestellt u. a. von der Königin Louise und der Braut, der Herzogin de Lorraine – sowie Tethys und Glaukos. Die Sirenen schließen sich dieser Gruppe an, alle schreiten hin zum König und erweisen ihm die Reverenz. In einem gemeinsamen Lied bekunden sie ihm ihre Treue, ehren Königin Louise und leiten zum Auftritt des Glaukos und der Tethys über.

Tethys, eine Titanin, ist die Gattin und Schwester des Okeanos. Glaukos ist ein ehemaliger Fischer, der durch den Genuß eines ihm unbekannten Krautes in einen prophetischen Wassergott verwandelt wurde. Er verliebt sich in die Jungfrau Skylla. Als diese ihn zurückweist, bittet er Circe um einen Liebestrank mit der Folge, daß nun die Dämonin selbst den Wassergott begehrt. Glaukos aber kommt dem Verlangen der Zauberin nicht entgegen, er liebt nur Skylla. Da Circe den unsterblichen Göttern – und somit auch Glaukos – kein Leid zufügen kann, rächt sie sich auf andere Weise: Sie vergiftet die Gewässer, und als die Geliebte des Wassergottes darin schwimmt, verwandelt sie sich in ein hundeartiges, sechsköpfiges Meeresungeheuer. Über diesen Mythos berichtet das Duett zwischen Tethys und Glaukos. »Um nicht vergeblich in dieser grausamen Flamme zu verbrennen,«[23] wünscht sich der unsterbliche Gott Glaukos zurück in seine sterbliche Gestalt. Nur so könne er Skylla zurückgewinnen und dem Liebestod entgehen.« »Tochter des Gottes, der die großen Flammen der Himmel hält, wagst du es jetzt, die Götter zu verzaubern? Du,« fragt Glaukos klagend, »die vormals nur die Menschen mit deinem Charme getroffen hast?«[24] Tethys weiß, wer den Wassergott retten kann. In einer Art gesungenem Rätselraten geben beide zunächst Venus als mögliche Retterin an und gehen dann über zu Juno, der römischen Hera, Göttin der Ehe, Schutzpatronin weiblicher Belange und Gattin Jupiters. Die Lösung des Problems jedoch kommt von Königin Louise, denn »ihr Name wird allen Namen Junos Macht verleihen.«[25]

Nach diesem – letztlich hoffungsträchtigen – Duett nähert sich das Balet Comiqve de la Royne allmählich seinem ersten Höhepunkt. Während der Springbrunnen vor Henri III paradiert, erklingt noch einmal die Musik des vorangegangenen Liedes. Bevor der Brunnen langsam zurückgezogen wird, steigen die Nymphen herab; zehn Violinisten, zwölf Hofbedienstete und zwölf weitere Wassergeister betreten den Saal durch die seitlich des Gartens gelegenen Weinspaliere. In einer nach dem sozialen Rang geordneten Dreiecksformation mit Königin Louise an der Spitze tanzt diese Truppe auf Henri III und – de Beauioyeulx hebt dies eigens hervor – auf Caterina de Medici zu. Weitere, jeweils mit Paraden durchsetzte Tänze folgen. Der letzte dieser Tänze ist die lebhaft fröhliche Clochette.[26]

Als Circe die freudvollen Klänge dieses Tanzes vernimmt, eilt sie zornig aus dem Garten und auf die Nymphen zu, die sich erschrocken an den König wenden. Circe verzaubert die Wassergeister und Violinisten, jedoch nicht – wie zu erwarten gewesen wäre – in Tiere: Sie macht es der Gorgo Medusa nach und verwandelt ihre Opfer in Statuen aus Stein (also in symbolisch Tote). Befriedigt kehrt sie in ihren Garten zurück.

Daraufhin kündigt starker, lang anhaltender Donner einen weiteren möglichen Retter an, nämlich Merkur. Die Wolke, in der der Unsterbliche sitzt, senkt sich bis knapp über die Köpfe der regungslosen Wassergeister herab. Merkur, von Sieur du Pont dargestellt, verläßt das Himmelsgefährt nicht. In einem von der Wolke herab gesungenen Lied stellt sich Merkur vor und erläutert den Grund seines Kommens:

Die Flügel an seinen Fersen und an seinem Kopf sowie sein Äskulapstab sollen die Leichtigkeit symbolisieren, mit der er den Menschen in den dunklen Abgründen des Hades Geleitschutz bietet und ihnen zu neuem Leben verhilft. Da die Wisssenschaften, die Künste und die Städte dank seiner Wirkkraft entstanden seien, so argumentiert Merkur, sei folgerichtig auch er es, der den Menschen beigebracht habe, Gesetze zu schaffen, diese zu verstehen, zu besprechen und zu befolgen. Der Götterbote erscheint, »um den von Vernunft beraubten Geist zu heilen, den, von der Tugend verlassen, das Plaisir durch seinen Charme verzaubert hat.«[27] Warum gerade Circe seine Gegenspielerin, die Urheberin von Gesetzlosigkeit sei, erklärt er so:

»Diese Circe hat Augen schamlosen Verlangens,
Die auf den ersten Blick (...)
Menschen selbstvergessen machen,
Und mit der Vernunft ihre menschliche Gestalt verlieren lassen.«[28]

Es genügt also »ein Blick« in Circes »Augen des Verlangens«, um sozusagen kontra-cartesianisch das Selbst zu vergessen, den Ich-Verlust herbeizuführen und das Steuerungsvermögen zu verlieren. Die Zauberin verführt zu nicht kontrollierbarer Grenzübertretung, von ihrem verwirrungstiftenden Charme betört, enthebt sie die Menschen ihres menschlichen Seins. Besonders hier wird Nähe zwischen Circe und dem Tanz deutlich. Beide versprechen gegenweltliche Entgrenzung und werfen kulturschaffende Kräfte aus der Bahn. Nahezu tautologisch zeigen sich diese beiden Phänomene im Kontext der Salomelegende, dem Deutungsmuster gegen den Tanz schlechthin. Mit einem Verführungstanz verwirrt Salome Herodes die Sinne, und machtlos über sich selbst, ichlos, befiehlt er die Eliminierung des lebensspendenden Propheten Johannes. Das verderbnisbringende Wirkprinzip der Dämoninnen Circe und Salome ist also identisch.

Singend verweist der Götterbote auf die Gefährten Odysseus', die Circe in Schweine verzauberte. In Merkurs Übertragung dieses Geschehens liegt einer der Schlüsselsätze dieses Ballet de cour: Die Begleiter des Homerischen Helden weilen »verzaubert durch die Künste Circes, der Hexe, in einem Schloß, das in Frankreich sie gebaut hat (...).«[29] Circes Schloß- und Regierungsstätte befindet sich nicht auf der Bühne, sondern – und das ist festzuhalten: in Frankreich, das sich jener Brutstätte des Unheils entledigen will und muß.

Eine Gleichsetzung der Opfer Circes mit den Toten im Hades? – Nach beendetem Lied besprenkelt Merkur die Köpfe der Nymphen und Violinisten mit dem *Wasser des Vergessens*.[30] Dadurch aus der Starre erlöst und zu neuem Leben erweckt, beginnen die Musikanten sogleich wieder zu spielen, und grazil heben die Wasserdämoninnen zu einem fröhlichen Tanz an.

Doch die Freude währt nicht lange. Circe stürmt auf die Gruppe zu und verwandelt sie abermals. Zornig und verbittert hält sie eine flammende Rede:

Wie sinn- und zwecklos sei doch das Wirken und Walten der Menschen. Langeweile kennzeichne diese trübseligen, sterblichen Kreaturen. Den Tieren vergleichbar, vagabundieren sie seit Jahrhunderten ohne Ziel. Die Erde und ihre Felder sind fruchtbar und die ungehobelten Menschen nicht in der Lage, dies zu nutzen. Sie führen Kriege und schwimmen in ihrem eigenen Blut. Der Tempel Justitias ist nutzlos. So stellt Circe eine von unfähiger Menschenhand gemachte Ordnung an den Pranger, erklärt damit die Wirkmacht Merkurs für nichtig und legitimiert ihr eigenes Handeln. Sie beschließt, Merkur selbst zu eliminieren und berührt ihn mit ihrer »*verge charmé*,«[31] mit ihrem »Zauberstab«.

Merkur läßt den Äskulapstab fallen, und die Wolke senkt den zur Bewegungslosigkeit verdammten auf die Erde herab. Circe führt den Götterboten langsam und gravitätischen Schrittes in den Garten; die Nymphen folgen. Den Beschreibungen zufolge tanzt die Gruppe hierbei eine Pavane. Triumphierend setzt sich die Zauberin vor das Portal ihres Schlosses, und starr liegt ihr Merkur zu Füßen. Circes Macht ist ungebrochen; demonstrativ ziehen nacheinander ein Hirsch, ein Hund, ein Elephant, ein Schwein und andere in Tiere verwandelte Männer aus ihrem Reich heraus, um dann wieder dorthin zurückzukehren.

Es folgen Auftritt und Gesang der vier Tugenden. Diese sind mit ihren entsprechenden Attributen ausgestattet und in hellblaue, mit Sternen besetzte Gewänder gekleidet. Prudentia (Klugheit), Temperantia (Mäßigkeit), Fortitudo (Stärke, Mut) und schließlich Justitia (Gerechtigkeit) stellen sich als Töchter der Frankreich schützenden Götter vor. Das besondere Verdienst der Tugenden liegt darin, daß sie diejenige herbeirufen, die Circe, »diese unwillige Hexe, die dem Volk die Augen charmiert (…),«[32] eigentlich mehr noch als Jupiter, als einzige fürchten muß: Pallas Athene, Minerva, die jungfräuliche Göttin der Künste, des Handwerks und des Krieges.

Um Minerva winden sich zahlreiche Mythen. Aus diesem Dik-
kicht an Berichten treten im Balet Comiqve de la Royne zwei Legenden in den Vordergrund. Die erste handelt von ihrer Geburt: In
voller Rüstung entspringt sie dem von einer Axt gespaltenen
Haupt ihres Vaters Jupiter. Gewichtiger und zentraler jedoch zeigt
sich ihr mythologischer Zusammenhang mit Medusa, einer mit Circe wie auch Salome artverwandten, keineswegs zufällig weiblichen
Figur des Todes.

Minerva erscheint, während die vier Tugenden nach beendetem Lied vor dem König paradieren. Die von Madamoiselle de
Chaumont dargestellte Göttin thront auf einer riesigen Karosse, die
auf einer immensen Schlange in den Saal gezogen wird, mit Kriegs-
trophäen, Waffen, Büchern, Musikinstrumenten und brennenden
Fackeln aus weißem Wachs geschmückt. Nicht zuletzt sind an dem
Wagen – de Beauioyeulx schildert es ausführlich – drei vergoldete
Reliefs mit dem abscheulichen Schlangenhaupt Medusas befe-
stigt. Minerva tritt als Kriegerin auf; sie trägt eine gepanzerte Rüstung, einen Helm, eine Lanze und einen Schild. Auf dem Schild
ist ebenfalls das Haupt der Gorgo abgebildet.

Voller Freude sehen die vier Tugenden Minerva kommen, gesellen sich zu ihr und paradieren vor Henri III.»Tugend in der
Seele, ewige Bleibe, notwendig ist, daß alles andere Ding stirbt,«[33]
stimmt währenddessen das Goldene Gewölbe mit dem gesamten
Chor zu einem hoffnungsvollen Lied an. Der Tugend einzige Konkurrenz, nämlich unspezifiziert »das Böse,«[34] soll verbannt werden.

Nach dieser verheißungsvollen Szene bewegt sich der Wagen
Minervas auf Henri III zu, die Göttin erhebt sich von ihrem Thron
und wendet sich zuerst an den König, dann an Jupiter.

Die Rede an den Monarchen handelt von Jupiter und Merkur
sowie der ihrem Wirken und Walten zuwiderlaufenden Macht Circes. Die ersten Worte Minervas berichten von ihrer jungfräulichen
Geburt aus dem Kopf ihres Vaters Jupiter. Dieser habe sie in seinen

Armen zum Olymp getragen und ihr Merkur zur weiteren Wegbegleitung mitgegeben. Minerva stellt Jupiter in einer Art und Weise vor, die ihn in seiner spätantiken Version des Optimus maximus, als Alleinherrschenden, als monotheistischen Gott erscheinen läßt. Alles sei seiner Allmacht zu verdanken, so auch das Wirken Merkurs. Mit Worten wie die »Imaginationen führen den Willen einmal zur Tugend, einmal zur Wollust,«[35] betont die Göttin eindringlich die Notwendigkeit der kulturschaffenden Kräfte Merkurs, den Circe nun ja »anhand ihres Charmes«[36] ausgeschaltet hat. Nur die von dem Götterboten geschützten vier Tugenden versprächen Unsterblichkeit, und Circe wirke dieser Kontinuität von Mensch und Welt entgegen, da sie die Menschen »vom Verstand beraubt, unter der grausamen Kette des Vergnügens, das der Geist ohne Vernunft verhext.«[37]

Gegen Ende ihrer emphatischen Worte an den König kommt Minerva zu der Folgerung, die als einer der Schlüsselsätze des Balet Comiqve de la Royne bereits eingangs zitiert wurde: »Circe ist die einzige, die heute in Frankreich zu besiegen verbleibt.« Anders gesagt, das mythologische Schauspiel auf der Bühne im Louvre steht in Einklang mit der sozialen Wirklichkeit: Die psycho- und soziogenetische Schnittstelle zur modernen, zivilisierten Welt hat mit einem nicht mehr lenkbaren, gegenweltlichen Störfaktor zu kämpfen.

Die Karosse der Göttin dreht einen Kreis und hält in der Mitte des Saales an. Da erblickt Minerva den allmächtigen Jupiter hoch oben in der silbrigen Wolke. In der zweiten, an den Vater gerichteten Rede verdeutlicht Minerva, warum gerade sie in der Lage ist, den Kampf gegen das personifizierte Unheil aufzunehmen:

Minervas Macht ist ihr Schild, »der von dem bösartigen Haar Medusas besät ist. Haare aus Schlangen, und mit dem fatalen Blick vergiftet sie die Augen«[38] derjenigen, die sie anblicken, um sodann zu Stein zu erstarren. Ausgerüstet mit dem Schlangenhaupt Medusas als Waffe stellt sich Minerva Jupiter als unbezwingbare Gegnerin Circes vor. Diesen Kampf aber kann sie ohne die Hilfe Jupiters nicht gewinnen; so fleht sie den Vater an, seine Wolke zu öffnen, um das von Circe unter den Sterblichen angerichtete Unheil zu betrachten. Inbrünstigen Wortes bittet sie Jupiter um Gerechtigkeit und Hilfe. Sein Blitz soll sein schwarzes Gewitter befiedern, und flammend möge er herabrasen, was denn auch geschieht.

Von Donnerschlägen begleitet, senkt sich die rauchende Wolke langsam von der Saaldecke ab. Während sich Jupiter nähert, stimmt das Goldene Gewölbe mit allen vierzig Musikanten dem Retter zu Ehren eine Hymne an. Der gesamte, gegenstimmig mehrfach wiederholte Text lautet:

»Oh, glücklich der Himmel, der mit seinen neuen Feuern
alle anderen Flammen löschen wird,
Oh, glücklich auch unter diesen Prinzen die Erde,
Oh, glücklich auch das Französische Schiff,
Von seinen Feuern erhellt, glücklich ihre Gesetze,
Die die Boshaftigkeiten und den Krieg von hier bannen werden.«[39]

Jupiter wird also mit »neuen Feuern alle anderen Feuer löschen« und die Erde glücklich machen. Im Widerschein seiner Flammen werde das »französische Schiff« – das heißt: das Schiff des Homerischen Helden – in neuem Glanz erglühen und die Gesetze Frankreichs werden fortan alle »Boshaftigkeit und Kriege bannen«. Jupiter erscheint als säkularisierter Gott, sein Reich ist das eines mythologisierten, weltlichen Souveräns.

Nun tritt Jupiter selbst auf, dargestellt von Sieur de Savornin. Neben dem Blitz als Zeichen der Herrschaft über alle olympischen Götter trägt der Jupiter im Balet Comiqve de la Royne auch die Königssymbole Krone und Zepter. Wie eine Antizipation des

Sonnenkönigs Louis XIV ist Jupiter in goldene und gelbe Gewänder gekleidet und strahlt, so hebt de Beauioyeulx eigens hervor, »wie die Sonne«.[40]

Noch in der langsam absinkenden Wolke beginnt Jupiter zu singen. Der Tochter Pallas Athene und den »ruhelos lebenden Sterblichen (...)«[41] beizustehen, komme er nun von den Himmeln herab. »Alles, was vom Körper und dem Gefühl lebt, ist nicht von Dauer,«[42] verweist der Gott auf ein Postulat, das uns bereits im Zusammenhang des Tanzes begegnete. Circe nutze diese Schwäche der Sterblichen aus. Doch die Überwindung der Zauberin verspricht den verzauberten Menschen ein »schöneres Sein, wenn sie den Verstand wiedergefunden haben«[43] und damit erlöst sind, verkündet Jupiter. »Du bist die Schwester dieses Königs,«[44] richtet sich nun der Gott an Minerva und bittet sie, zu bleiben. Bewehrt mit dem Haupt Medusas soll schließlich »dieser König, mein Sohn,«[45] also Henri III, die Feinde seines Landes schlagen, und das ehrfürchtig gehorsame Volk werde daraufhin unter seinen gerechten Gesetzen Ordnung finden.

Nach beendetem Gesang verläßt Jupiter sein Himmelsgefährt, und Minerva steigt von ihrer Karosse herab.

Nur kurz beginnt Pan, begleitet von den Klängen der Orgeln, auf seinem Flageolett zu spielen, und es folgt eine Art Zwiegespräch zwischen Minerva und Pan, dem Sohn Merkurs und Schutzgott der Schäferei.

Minerva fragt Pan, ob er es denn richtig finde, daß Circe sich jetzt sogar an den Göttern vergreife und seinen Vater gefangen halte. Den ewigen Tadel der Götter müsse er ertragen, würde er dergleichen dulden. »Du warst unter allen von furchterregender Kraft,«[46] sagt Minerva zu Pan und kritisiert sein Nichtstun.

Bestürzt antwortet Pan, Minerva möge ihn nicht anklagen, vergeblich habe er bereits versucht, Merkur und die Nymphen zu verteidigen, aber gegenüber Circe sei er machtlos. »Nichts und niemand kann, außer dir,« bestätigt der Unsterbliche Minerva, »den Künsten und dem Charme Circes ein Ende setzen.«[47] Doch scheint Pan vom Mut Minervas beeindruckt und inspiriert:

Pan und die acht, nun mit stacheligen Keulen gerüsteten Satyre verlassen den Wald, gehen zum König, erweisen ihm die Reverenz und marschieren sodann entschlossen auf den Garten der Dämonin zu. Dieser Truppe folgt hintenan Minerva mit jeweils zwei Tugenden zur Rechten und zur Linken; die vier Dryaden gesellen sich dazu, und Jupiter beschließt den Zug. Die Truppe beabsichtigt, die Opfer Circes zu befreien.

Circe bleibt gelassen. Zur Demonstration der Machtlosigkeit des Angriffs, ein Sturm im Wasserglas, hebt die Dämonin ihren Zauberstab, läutet die Turmglocke ihres Schlosses, und ein seltsam tosender Lärm erschüttert den Saal; die verzauberten Tiere beginnen zu bellen, zu brüllen und zu heulen. Erhaben tritt Circe vor das Portal ihrer Residenz, und in einer an sich selbst gerichteten Rede zeigt sie sich ihrer Macht, ihrer Allmacht, bewußt:

»Oh Circe, gegen dich Circe, unsterbliche Nymphe?,«[48] klagt die Zauberin die Götter und Göttinnen an, die sich nun gegen sie – selbst eine Unsterbliche – rüsten. Sie spricht von der eigenen Unbezwingbarkeit. Nichts und niemand habe die Macht, ihre Macht zu brechen. Nicht einmal das Haupt Medusas brauche sie zu fürchten. Ihr allessehender Vater Helios ließe die Zeiten wandern und die Jahreszeiten wechseln. Ihm sei es zu danken, daß die Sterne als immerwährender Ball tanzten und das Universum sich bewege. Sein Feuer spende dem Himmel das Licht, und wie könne der Blitz Jupiters der Tochter eines Sonnengottes etwas anhaben? Den Lauf der Flüsse könne sie ändern, dem Mond befehlen, in den Wäldern unterzugehen und die Nacht zu schwärzen; sein Antlitz verfärbe sie einmal rot zum Ausdruck seiner Schande und einmal blaß zum Ausdruck seiner Furcht. Jupiter möge doch gestehen, daß sie es sei, die ihn zur Erinnerung in die Sternbilder eines

Adlers und eines Stiers, eines Satyr und eines Schwans verwandelt habe und mit der Leuchtkraft versehen, ohne die ein Gestirn bedeutungslos ist. »Ich kann euch, wenn ich will, ich kann euch widerstehen (...),«[49] sagt Circe erhaben. Ob sie zu entmachten sei oder nicht, stehe einzig und allein in ihrer Entscheidungsgewalt. Die Bedingungen, die die Dämonin – selbstbestimmt – zu ihrer Unterwerfung motivieren können, gibt sie in folgenden Schlüsselsätzen preis:

»Ich werde euch widerstehen, wenn das Schicksal
Die Kraft meines goldenen Zauberstabes gebrochen hat.
Dies ist nicht zu deinen Gunsten, Jupiter, glaube das nicht.
Und wenn alsbald jemand über mich triumphieren wird,
Dann ist dies der König der Franzosen, und du mußt ihm,
Wie auch ich es tue, den Himmel, den du besitzt, überlassen.«[50]

Dies sind die letzten Worte des Balet Comiqve de la Royne. Sie meinen: Circe ergibt sich in dem Moment, wenn die im König personifizierte, frühe Staatsmacht die Stelle Jupiters eingenommen hat.

Circes Widerstand währt nur noch kurz. Drohend hebt sie ihren Zauberstab gegen die Angreifer, doch dieser »verlor mehr und mehr seine Kraft durch die Mühen Minervas,« und als Jupiter Circe schließlich »mit seinem Blitz schlägt,«[51] sinkt sie zu Boden. Minerva, die sich das Siegeslob nicht entgehen lassen will, nimmt den nun wirkungslosen Zauberstab an sich, führt Circe an der Hand aus dem Garten und schreitet mit ihr im Saal demonstrativ auf und ab. Diesem Zug – der sich zum König begibt – schließt sich, hintereinander geordnet, der gesamte Ballettkorpus an. Minerva überreicht Henri III den Zauberstab. Währenddessen legt Circe ihr Bühnendasein ab und setzt sich in die Zuschauerreihe zu den ranghöchsten

Edelmännern. Hiernach offeriert Jupiter dem König »seine zwei Kinder, Merkur und Minerva, die sich Seiner Majestät vor die Füße werfen«[52] (als Zeichen ihres Gehorsams und zur Bestätigung seiner Alleinherrschaft).

Daraufhin verlassen alle Darsteller – außer Circe – den Saal und betreten ihn zur Einleitung des Grand bal erneut. In dieser festlich prunkvollen Darbietung tanzt der gesamte Ballettkorpus in fünf Partituren zahlreiche (zwar beschriebene, aber nicht namentlich genannte) gravitätische und leichte, langsame und schnellere Tanzformationen in Dreiecken, Kreisen, großen und kleinen Quadraten und anderen geometrischen Figuren. Einen der einleitenden Tänze – die Beschreibung von de Beauioyeulx deutet auf eine Pavane – führt Königin Louise mit der Herzogin de Lorraine an, denen die anderen Tänzer und Tänzerinnen paarweise und nach dem sozialen Rang geordnet, folgen. Alle Tanzaufführungen sind so choreographiert, daß die Darsteller am Ende des jeweiligen Tanzes dem König zugewendet stehen.

Auf diese, mit einer Reverenz vor Henri III abgeschlossene Tanzdarbietung folgt eine festlich inszenierte Geschenkvergabe. Alle Darstellerinnen – auch Circe – überreichen eine nach der anderen Caterina de Medici sowie den männlichen, ranghöchsten Zuschauern Goldmedaillen mit Gravuren, die der Figurensymbolik des Circeballetts entnommen sind. Als erste übergibt Königin Louise dem König eine solche Auszeichnung, danach werden in der Reihenfolge ihrer gesellschaftlichen Stellung Edelmänner aus dem Publikum bedacht.

Mit der Geschenkvergabe ist die Aufforderung zum Tanz verbunden. Nacheinander führen die Darstellerinnen ihre Tanzpartner auf die Bühne und leiten so zum abschließenden Grand bal über. Von diesem Ballettfinale der Hofmitglieder nennt de Beauioyeulx namentlich verschiedene Branles, zu den anderen Tänzen meint er lediglich, daß diese bekannt und gebräuchlich seien.

Als sich Henri III und »die Königin, Gattin von Jupiter in Frankreich,«[53] gegen 3.30 Uhr morgens in ihre Gemächer zurückziehen, ist das Balet Comiqve de la Royne beendet. Die Unterwerfungsszenerie der gegenweltlichen, salomeverwandten Dämonin unter die frühe Staatsmacht ist abgeschlossen.

Das Circeballett ist letztlich nur ein Entwurf, eine Ausformulierung von Dringlichkeiten an der instabilen Schnittstelle zur modernen Welt. Zwischen seiner Aussage und deren Umsetzung auf konkreter, realhistorischer Ebene bleiben Diskrepanzen bestehen. Frankreich ist zum Zeitpunkt der Aufführung noch nicht zentral gesteuert, und Henri III geht als vergleichsweise unbedeutender Monarch in die Geschichtsschreibung ein. Als Stellvertreter Jupiters und Bezwinger Circes bleibt er unbeachtet. Dergleichen wird erst einem seiner Nachfolger beigemessen:

Acht Jahre vor der Regierungsübernahme Louis XIV wird im Februar 1653 das »Ballet Royale de la Nuit« dargeboten.[54] Das »Königliche Ballett der Nacht« zählt zu den letzten Aufführungen seines Genres. Als Darbietungsort dient derselbe Festsaal des Louvre-Schloßkomplexes, in dem einst das Circeballett stattfand. Das Ballet Royale de la Nuit versinnbildlicht die staatliche, von einer einzigen Person gelenkte Herrschaft. Die Choreographie des Stückes stammt von Beauchamps, die Musik komponiert der Hofmusikmeister Lully, und die Verse und Lieder schreibt Benserade. Das Königliche Ballett der Nacht wird von Louis XIV selbst in Auftrag gegeben und für ihn entworfen. Die Darsteller kommen aus seinem Hofstaat, wobei die zentrale Rolle der zu diesem Zeitpunkt 15jährige König singt, spielt und tanzt.[55] Unter den aktiv Mitwirkenden befinden sich auch Beauchamps und Lully als erste Professionelle. Angelehnt an die griechische Mythologie, wird in dem vieraktigen und von insgesamt vierzig Entrées durchsetzten Hofballett allegorisch all das inszeniert, was sich – laut Imagination – in Paris während einer Nacht ereignet. Der erste Teil schildert die Ereignisse der Abenddämmerung von sechs bis neun Uhr, der zweite die Vergnügungen mit Tänzen und Spielen von neun bis Mitternacht. Im dritten Teil führt Amor den Mond einem Hirten zu und bewirkt damit eine Mondfinsternis. Durch die Dunkelheit begünstigt, zieht nun das herauf, was in der ersten Hälfte des 17. Jahrhunderts sein Vollbild erreicht, die Gegenwelt des Hexensabbats. Auf einer Bühne im Louvre treiben so Dämonen, Teufelsgestalten, Hexen und Werwölfe ein phantastisch inszeniertes Unwesen. Das Geschehen gipfelt in einem zerstörerischen Brand. Nachdem im letzten Akt der Schlaf und das Schweigen die Träume vergeblich beschwören, kommt die Rettung: Auf einem prunkvollen Wagen führt Eos, die Göttin des Morgenlichtes Louis XIV in einem goldglänzenden, von Kopf bis Fuß mit Sonnen besetzten Kostüm herbei, so daß er mehr einem Sonnensystem als nur der Sonne gleicht. Als Sonnen-Apollon und Alleinherrscher über Frankreich in einer Person verscheucht er die nächtlichen, unheilvollen Wolken. Der Monarch läßt das erlösende Tageslicht aufkommen, setzt dem gegenweltlichen Treiben ein Ende und verspricht Recht, Frieden und Ordnung.

»Um eine Sonne als König hatten die Territorialfürsten zu rotieren. Von nun an war die Herrschaft des Königs unbestritten,«[56] so analysiert der Tanzhistoriker Großkreutz die Quellen zum Königlichen Ballett der Nacht und stellt weiter fest: »Ludwig XIV. hatte seine kulturpolitische Regierungserklärung nicht erst bei der Übernahme der Macht nach Mazarins Tod 1661 abgegeben,«[57] sondern eben in diesem Hofballett.

In einer abschließenden Analyse faßt Rudolf zur Lippe die gesellschaftliche Funktion des Ballet de cour allgemein zusammen und ordnet dabei der Circefigur eine besondere Bedeutung zu: Das Hofballett »hat zwei vornehmliche Aufgaben, mit denen sich das Angenehme von Augenweide und Unterhaltung verbindet: zum einen die Kräfte und Gruppen Frankreichs, die der modernen zentralistischen Disziplinierung widerstrebten, als das Opfer der Circe darzustellen, und zum anderen den König als den Befreier und Sieger zu zeigen.«[58]

Es ist kein Zufall, daß Louis XIV den Beinamen »Roi Soleil« ausgerechnet aufgrund der von ihm im Ballet Royale de la Nuit dargebotenen Rolle erhält, zumal die assoziative Darstellung der Sonne durch den Souverän im Hofballett schon vor ihm Tradition besaß. Sein Vater Louis XIII beispielsweise versuchte sich in der Sonnenrolle insgesamt viermal. »Sonnenkönig« meint hier nichts weniger als »Stellvertreter Gottes«. Die Benennung kennzeichnet ein staatlich gesteuertes Macht- und Gewaltmonopol, das der absolute Monarch Louis XIV erstmals in der Geschichte zu personifizieren vermag und »l'Etat c'est moi!« insofern zu Recht von sich behaupten darf. Der Sonnenkönig ist der persönliche Garant der Rückdrängung der sich in der Circe- bzw. Salomefigur konzentrierenden Symbolik des Tanzes durch ein Gesellschaftssystem, das die Weichen für das moderne, männlich modellierte Staatswesen stellt. Diesem ambivalenten, psycho- und soziogenetischen Prozeß laufen die entgrenzenden Momente des Tanzes zuwider.

Augustinus führt – wenig überraschend – zur Verdeutlichung der Kräfte, die der Civitas dei entgegenwirken, auch das Beispiel »von jener berüchtigten Zauberin Circe«[59] an. »Wer das liest,« schließt er aus den ihm vorliegenden Quellen zum Thema, »wird vielleicht gespannt sein, zu erfahren, was wir über diese ganze Fopperei der Dämonen zu sagen haben. Und was sollen wir anderes sagen als: ›Hinaus aus Babylon?‹ Dieser prophetische Befehl ist geistig und so zu verstehen, daß wir flüchten sollen aus dem Staate dieser Welt (…). Je mehr wir nämlich in der Tiefe dieser Niederungen die Macht der Dämonen gewahren, desto beharrlicher müssen wir uns an den Mittler klammern, durch den wir uns aufschwingen könnnen aus dem Niedrigsten zum Höchsten.«[60]

ANMERKUNGEN

1 Beauioyeulx, de, Baltazar: *»Balet Comiqve de la Royne, faict avx nopces de Monsieur le Duc de Joyeuse & madamoyselle de Vaudemont sa sœur«*, Paris 1582, Faks. Turin 1962, im Original S.48, rechts.

2 McGowan, Margaret: Le Ballet de Cour remis au jour, in: Serre, Jean-Claude (Hg.): *La Recherche en Danse*, 2, 1983, S.33–37, im Original S.34f.

3 Ebenda, S.35.

4 Lippe, z., Rudolf: *Naturbeherrschung am Menschen*, a.a.O., Bd. 2, S.433.

5 Eichberg, Henning: *Leistung, Spannung, Geschwindigkeit*, a.a.O., S.178.

6 Um dieses Hofballett kreisen nicht wenig Mißverständnisse. Zahlreiche Richtigstellungen sind (neben den Informationen des Librettos) den archivarischen, vorwiegend architektonischen und personellen Nachforschungen Germaine Prudhommeaus zu verdanken: Prudhommeau, Germaine: A propos du ballet-Comique de la Reine, in: Serre, Jean-Claude (Hg.): *La Recherche en Danse*, 3, 1984, S.15–24.

7 Der Louvre hatte damals nur etwa ein Viertel seiner heutigen Größe. Zu seiner Erweiterung wird der Palais du Petit Bourbon auf Geheiß von Louis XIV im Jahr 1660 abgerissen. In seinem Festsaal fanden zahlreiche, fürstliche Veranstaltungen statt: Die Vermählungen von Louis XIII und Louis XIV wurden dort gefeiert; Künstler wie Molière und Corneille gaben in diesem Saal ihr Schaffen zum Besten.

8 Homer: *Odyssee und Homerische Hymnen*, München 1990, S.236 (Gesang 12, 3–4). Laut spätantiken Berichten liegt Aiaia an der Westküste Italiens. Eos ist die Schwester des Helios und der Selene (Mond).

9 Beauioyeulx, de, Baltazar: *Balet Comiqve de la Royne*, a.a.O., im Original S.75, links (Anhang).

10 Ebenda.

11 Ebenda, 5 ungezählte Seiten, S.4 (Vorwort).

12 Ebenda, S.3.

13 Ebenda, S.8, links.

14 Ebenda, S.5, links.

15 Ebenda, S.8, links. Die architektonischen Nachprüfungen Prudhommeaus zeigen, daß in dem Saal zwar immerhin, aber doch nur maximal zweitausend Personen Platz finden konnten. S.: Prudhommeau, Germaine: *A propos du ballet-Comique*, a.a.O., im Original S.22.

16 Beauioyeulx, de, Baltazar: *Balet Comiqve de la Royne*, a.a.O., im Original S.8, rechts.

17 Ebenda, S.9, links.

18 Ebenda, S.9, rechts.

340

19 Ebenda, S. 10, links.

20 Ebenda, S. 10, rechts.

21 Nach der Mythologie entspringt Okeanos im Hades und fließt als Kreisstrom um die als flache Scheibe gedachte Erde. Im Osten seiner Ufer wohnen Helios und Eos, die abends an seiner Westküste, dort, wo sich das Reich der Toten befindet, verschwinden. Offensichtlich manifestiert sich in diesen Ortsangaben die antike Richtungssymbolik.

22 Ebenda, S. 14, links. Archelois bzw. Archeloos ist der Vater der Sirenen; ihre Mutter ist Terpsichore.

23 Ebenda, S. 22, links.

24 Ebenda.

25 Ebenda, S. 22, rechts.

26 Um welchen Tanz es sich bei der Clochette genau handelt, konnte nicht herausgefunden werden. Bei den ihr vorangegangenen Tänzen spricht de Beauioyeulx von zwölf verschiedenen geometrischen Figuren, die er jedoch nicht weiter erläutert.

27 Ebenda, S. 24, rechts.

28 Ebenda.

29 Ebenda.

30 Ebenda, S. 25, links.

31 Ebenda, S. 27, links.

32 Ebenda, S. 44, rechts.

33 Ebenda, S. 46, links.

34 Ebenda.

35 Ebenda, S. 48 links.

36 Ebenda, S. 48, rechts.

37 Ebenda.

38 Ebenda, S. 49, links.

39 Ebenda, S. 50 f.

40 Ebenda, S. 52, links.

41 Ebenda, S. 52, rechts.

42 Ebenda.

43 Ebenda.

44 Ebenda.

45 Ebenda.

46 Ebenda, S. 53, rechts.

47 Ebenda.

48 Ebenda, S. 54, links.

49 Ebenda, S. 54, rechts.

50 Ebenda, S. 54, rechts f.

51 Ebenda, S. 55, links.

52 Ebenda, S. 55, rechts.

53 Ebenda.
54 Die Informationen zu diesem Hofballett sind entnommen aus: Calendoli, Giovanni: *Der Tanz*, a.a.O., S. 135ff.; Pasi, Mario: *Ballett*, a.a.O., S. 55f.; Großkreutz, Peter: *Tanz und Politik am Renaissance- und Barockhof*, a.a.O., S. 65 ff.
55 Bis zu seinem 30. Lebensjahr wirkt Louis XIV an insgesamt 27 Hofballetten mit. Dann verläßt er die Bühne und beschränkt sein ausgeprägtes Gefallen am Tanz auf das Parkett.
56 Ebenda, S. 65.
57 Ebenda.
58 Lippe, z., Rudolf: *Naturbeherrschung am Menschen*, a.a.O., Bd. 2, S. 430 f.
59 Augustinus, Aurelius: *Vom Gottesstaat*, a.a.O., Bd. 2, S. 323 (Buch 18, Kap. 17).
60 Ebenda, S. 325 (Kap. 18). Als Berichterstatter über die Zauberin nennt Augustinus namentlich Vergil. Daß sich auf die Auslegungen der Circelegende von seiten des Kirchengründers auch das Hand- und Gesetzbuch der Inquisition, der »Hexenhammer«, beruft (Sprenger, Jakob, Institutoris, Heinrich: *Der Hexenhammer*, a.a.O., Teil 2, S. 90 ff.), sollte nun folgerichtig erscheinen.

Bibliographie

Primärzeugnisse

Agrippa, Henricus Cornelius: *Von den Rayen und Tentzen*, im Anhang von: Böschenstein, J.: *Hebrayscher zungen Lerer*, a.a.O., 10 ungezählte Seiten, S. 7–10.

Albrechten, Georg: *Bedencken vom Tantzen/ Zur Uberzeugung/ Daß man zu dieser Zeit/ und auf die allenthalben übliche Weise/ Mit gutem Gewissen/ und ohne Gefahr der Seelen nicht mit tantzen könne*, Schwäbisch Hall 1705.

Ambach, Melchior: Warhaffte widerlegung vnd verantwortung des vnbescheiden schmählichen schreibens/ so Jacob Ratz, in: ders: *Von Tantzen/ Urtheil/ Auß Heiliger Schrifft*, a.a.O., 78 ungezählte Seiten, S. 37–78.

– *Von Tantzen/ Urtheil/ Auß Heiliger Schrifft/ vnnd den alten Christlichen Lerern gestelt*, Frankfurt/M. 1545.

Anonymus: *Instruction sur la danse*, Clermont-Ferrand 1832.

Anonymus: *Plaidoyer pour la danse des salons contre la réforme d'icelle par G. Boullay*, Paris 1855.

Anonymus: *Die Gefahren des Tanzes*, dargestellt in einigen Erzählungen, und der Jugend zur Beherzigung und Warnung gewidmet von einem ihrer Freunde, o.O. 1832.

Anonymus: *Les Danses et les Bals d'aujourd'hui, la lecture des romans et les spectacles au point de vue moral et chrétiens*, Le Mans 1863.

Anonymus: *Das Gefährliche und Unzuläßige der Tanzbelustigung. Von einem aufrichtigen Freunde der christlichen Jugend*, Luxemburg 1867.

Anonymus: *Essai de discussion oratoire sur les bals, proposée à la bonne foi, à tous les amis de la religion, de la vérité et de la vertu*, Paris 1832.

Anonymus: *Essai de dissertation sur la danse*, Paris 1843.

Anonymus: *Reflexions morales sur la danse*, Caen 1853.

Anonymus: *De l'instruction des femmes*, Paris 1866.

Anonymus: *Anmuth und Schönheit aus den Misterien der Natur und Kunst*, Berlin 1797, Faks. Dortmund 1978.

Anonymus: *Erstes Toiletten-Geschenk*. Ein Jahrbuch für Damen, o.O. 1805.

Anonymus: Was schaden tantzen bringt. Wiener Handschrift 3009, 15. saeculum, Blatt 73–85, in: *Altdeutsche Blätter*, 1, Leipzig 1835, S. 52–63.

Anonymus: *Instruction sur la danse*. Extraits des Sts. Ecritures, des Sts. Pères, des Sts. Concils et des Théologiens les plus reconnaissables par leur pitié et leur science, Charlesville 1821.

Arbeau, Thoinot Jehan: *Orchésographie traité en forme de dialogue par lequel toutes personnes peuvent facilement apprendre et pratiquer l'honneste exercice des dances*, Langres 1589, Faks. Langres 1988.

Augustinus, Aurelius: *Der Gottesstaat. De Civitate Dei*, Paderborn 1979, 2 Bde.

Avila, von, Teresa: *Die innere Burg*, Zürich 1979.

– *Von der Liebe Gottes*, Frankfurt/M. 1984.

Baron, Auguste: *Lettres à Sophie et entretiens sur la danse*, Paris 1824.

Bartholomay, Paul Bruno: *Die Tanzkunst in Beziehung auf die Lehre und Bildung des wahren Anstandes und des gefälligen Äußern*, Gießen 1838.

Baudoin, N.: *De l'Education d'un jeune Seigneur*, Paris 1728.

344

Bautain: *Chrétienne à nos jours, lettres spirituelles*, Paris 1861.

Beauioyeulx, de, Baltazar: *Balet Comiqve de la Royne, faict avx nopces de Monsieur le Duc de Joyeuse et madamoyselle de Vaudement sa sœur*, Paris 1582, Faks. Turin 1962.

Beckerle, Monika: *Der Toten Tanz*, Landau/Pfalz 1987.

Blasis, Charles: *Manuel complet de la danse, comprenant la théorie, la pratique et l'histoire de cet art depuis les temps les plus reculés jusqu'a nos jours*, Paris 1830, Faks. Paris 1980.

– *Traîté élémentaire, théorique et pratique de l'art de la danse*, Mailand 1820.

Bodin, Jean: *Vom aussgelasnen wütigen Teuffelsheer*, Straßburg 1591, Faks. Graz 1973.

Böschenstein, Johann: *Hebrayscher zungen Lerer/ wünschet allen tantzern vnd tantzerin/ ein schnell vmbkeren am Reyen*, Augsburg 1533.

Boullay, Gustave: *Les danses des Salons par un observateur*, Paris 1855.

– *Réforme de la danse des salons*, Paris 1855.

Brandt, Otto H. (Hg.): *Die Limburger Chronik*, Repr. Jena 1922.

Brant, Sebastian: *Das Narren Schyff*, Basel 1494, Faks. Tübingen 1986.

Brieux-Saint-Laurent, de, Vte: *Quelques mots sur les danses modernes*, Paris 1868.

Calvin, Johannes: *Commentaires sur le Nouveau Testament*, Genf 1561, Repr. Paris 1854, 4 Bde., Bd. 1.

Caroso da Sermoneta, Fabritio Marco: *Il Ballarino di M. Fabritio Caroso da Sermoneta diviso in due Trattati*, Venedig 1581.

Casorti, Louis: *Der instructive Tanzmeister*, Ilmenau 1826.

Cellarius, Henri: *La Danse des Salons*, Paris 1849.

Daneau, Lambert: *Traité des danses, Auquel est amplement resolue la question, asauoir s'il est permis aux Chrestiens de danser*, Paris 1579.

Daull, Florian: *Tantzteuffel: Das ist/ wider den leichtfertigen/ vnuerschempten Welt tantz*, Frankfurt/M. 1569, Faks. Leipzig 1984.

Dechamps, R. P.: *La vie de plaisirs*. Lettres à des gens du monde, suivies de lettres nouvelles sur le même sujet et d'un mot aux riches, Paris 1863.

Deumier le Fevre, Jules: *Philosophie de la danse. Lettre d'un philosophe qui ne danse pas à une inconnue qui voudrait danser,* in: *L'Artiste,* 2, Paris 1847, S. 241–245.

Eenens, Ferdinand: *Les bals et les prêtres.* Reponse à M. le Père Dechamps, Brüssel 1857.

Faulkner, T. A.: *From the ball-room to hell.* Facts about dancing, Los Angeles 1903.

Feuillet, Raoul-Anger: *Choregraphie ou l'Art de'crire la dance, par charactère, figures et signes démonstratifs, Avec lesquels on apprend facilement de soy-même toutes sortes de Dances,* Paris 1700, Repr. Hildesheim 1979.

Flaubert, Gustave: *Oeuvres complètes,* Paris 1964, 2 Bde., Bd. 1.

– *Drei Erzählungen. Trois contes,* Frankfurt/M. 1982.

Förster, C. Friedrich: *Der Tanzlehrer oder Anweisung zur gründlichen Erlernung der Tanzkunst zum Selbstunterricht für Freunde des Schöntanzes,* Leipzig 1829, Breslau 1831.

– *Anweisung zur Tanzkunst,* Proskau 1822.

Freising, A.: *Neuestes Saison-Tanz-Album.* Anleitung zum besseren Verständnis der Ballordnung nebst einer Sammlung der neuesten und beliebtesten Tänze, Berlin 1873.

Gail, Paul: Des Pfarrers Tanzstunde, in: *Deutsches Pfarrerblatt,* 52, 5, 1952, S. 146 f.

– Moderne Tänze? Ja! in: *Katholischer Digest,* 10, Aschaffenburg 1956, S. 162 ff.

Gauthier: *Traîtés contre les danses et les mauvaises chansons,* Lyon 1819.

Geiler von Kaisersberg, Johann: Predigten zu Brandt's Narrenschiff von 1498, Repr. in: Scheible, J. (Hg.): *Das Kloster,* Stuttgart 1845, 3 Bde., Bd. 1, S. 213–814.

Gerbou, Dom. G.: *Jugement du bal et de la danse,* Paris o. J. (um 1700).

Gerster, G.: *Die Tanzkunst verbunden mit der Complimentir- und An-*

standslehre. Systematischer Leitfaden zur Erlangung einer schönen Haltung, eines aufrichtigen Ganges und Beschreibung aller
derzeit beliebten Tänze, Speyer 1854.

Gourdoux-Daux, J. H.: *De l'Art de la danse, dans ses vrais rapports
avec l'éducation de la jeunesse* Ou Méthodes, Principes et Notions
élémentaires sur l'Art de La Danse pour la Ville, suivis de quelques leçons sur la manière de se présenter et de se conduire dans
la bonne société, Paris 1823.

Haraschin, Carl: *Tanzfragmente*, Wien 1874.

– *Unsere Gesellschaftstänze*, Wien 1880.

– *Curse für Tanzunterricht und ästhetische Körperbildung*, Wien 1882.

Haselberger, Carl: *Die Tanzkunst*. Vollständiges Handbuch der
Tanz- und Anstandslehre, München 1896.

Die Heilige Schrift, Freiburg 1965.

Helmke, Eduard David: *Neue Tanz- und Bildungsschule*. Ein gründli-
cher Leitfaden für Eltern und Lehrer bei der Erziehung der Kinder und für die erwachsene Jugend, um sich einen hohen Grad der
Bildung zu verschaffen und sich zu kunstfertigen und ausgezeich-
neten Tänzern zu bilden, Leipzig 1829, Faks. Leipzig 1982.

Hellmund, Egid. Günther: *Theologische Antwort auf zwey Fragen: I.
Ob das heutige Weltübliche Tantzen Sünde sey? II. Ob das Spielen Sünde
sey? Auf Begehren gutwilliger Seelen kürzlich/ jedoch gründlich und deutlich in zwey besonderen Tractätlein abgefasset*, Büdingen 1720.

Herrmann, Wolfgang: *Realenzyklopädie für protestantische Theologie
und Kirche*, Leipzig 1906, Bd. 18.

Herrnschmidt, J. Daniel: *Dreyerley wolbekannte aber unerkannte Laster der Welt*, Nürnberg 1709.

Hillebrand, Joseph: *Die Tanzbelustigungen, beurtheilt nach der Lehre
der Heiligen Schrift, der Kirchenversammlungen, der Kirchenväter, sogar der Weltleute und auch der täglichen Erfahrung*, Paderborn 1862.

Homer: *Odyssee und Homerische Hymnen*, München 1990.

Kieffer: Die heutigen Tanzbelustigungen vor dem Forum der

Moral, in: *Pastor bonus*, 8, 1911–1912, S.458–465; 9, S.549–556; 10, S.610–619.

Klemm, Bernhard: *Katechismus der Tanzkunst*. Ein Leitfaden für Lehrer und Lernende, Leipzig 1887.

Klencke, Hermann: *Hauslexikon der Gesundheitslehre für Leib und Seele. Ein Familienbuch*, Leipzig 1880, 2 Bde.

Korff, von, M.: *Das Tanzen. Eine Gewissensfrage*, Hannover 1900.

Kunstverein Oberhausen (Hg.): *Totentänze aus fünf Jahrhunderten. Von Holbein bis Grieshaber*, Oberhausen 1977 (Ausstellungskatalog).

Lange, Johann Christian: *Vernunfft-mässiges Bescheidenes und unparteyisches Bedencken über die durch mancherley öffentliche Schrifften und anderweitig zum öfftern angeregte Streitigkeit vom Tantzen*, Leipzig 1704.

LeCourtier, François-Marie-Joseph: *Retraite annuelle des dames, prêchée dans l'église metropolitaine de Paris de 1849–1860*, Paris 1863.

Lépitre, Louis: *Réflexions sur l'art de la danse, Relativement à la décadence momentancé et à la renonnaissance actuelle des danses nationales françaises et allemandes*, Darmstadt 1844.

Link, Karl: *Die Tanzkunst vom theoretischen und ästhetischen Standpunkt*, Prag 1872.

Louis, Gustave: *Physiologie de l'opinion*, Paris 1867.

Lukian von Samosata: *Werke in drei Bänden*, Berlin 1974, 3 Bde., Bd. 2.

Luther, Martin: *Biblia: Das ist: Die gantze Heilige Schrifft/ Deudsch/ Auffs new zugericht*, Wittemberg 1545, Faks. Stuttgart 1983.
– *Sämtliche Schriften*, St. Louis 1880–1910, Repr. Groß-Oesingen 1986, 24 Bde.

Marchand, Laurent C.: *Manuel de la vertu angelique*, Paris 1857.

McGann, Jerome (Hg.): *Lord Byron. The Complete Poetical Works*, Oxford 1981, 3 Bde., Bd. 3.

Messiers les Docteurs en Théologie de la Faculté de Paris: *Cas de conscience sur les danses*, Paris 1722.

Michelet, Jules: *La sorcière*, Paris 1966.

Mühe, Ernst: *Darf ein Christ tanzen?* Berlin 1898.

Münster, von, Johann: *Ein gotseliger Tractat/ von dem vngotseligen Tantz: Dem sohn Gottes zu ehren/ vnd seiner Kirchen zum besten: dem Teufel aber zu trotz/ vnd der welt abzubrechen/ gestellet,* Herborn 1594.

Néama, May: *Le Miroir du Ballet.* 80 récits sur la danse du XIVe au XXe siècle, Paris 1969.

Noverre, Jean Georges: *Lettres sur la danse et les arts imitateurs,* Paris 1807, Repr. Paris 1952.

Nyssen, J.-J.: *Un mot sur la danse adressé aux pères et mères de famille et à leurs enfants,* Paris 1863.

Praetorius, Johannes: *Blockes-Berges Verrichtung/ Oder ausführlicher Geographischer Bericht/ von den hohen trefflich alt und berühmten Blokkes-Berge ingleichen von der Hexenfahrt/ und Zauber-Sabbathe/ so auff solchen Berge die Unholden aus ganz Teutschland,* Leipzig 1669, Faks. Hanau 1968.

Roller, Franz Anton: *Systematisches Lehrbuch der bildenden Tanzkunst und körperlichen Ausbildung von der Geburt an bis zum vollendeten Wachsthume des Menschen. Ausgearbeitet für das gebildete Publikum, zur Belehrung bei der körperlichen Erziehung und als Unterricht für Diejenigen, welche sich zu ausübenden Künstlern und zu nützlichen Lehrern dieser Kunst bilden wollen,* Weimar 1843.

Saar, von, Ferdinand: *Novellen aus Österreich,* Wien 1986.

Schackwitz, Franz: *Leitfaden bei der Erlernung der modernen Gesellschaftstänze nebst Regeln zur Erlernung körperlicher Bildung im gesellschaftlichen Leben,* Berlin o.J. (zw. 1870–1880).

Schönwald, Andreas: *Grundregeln der Tanzkunst,* Freiburg 1812.

Schramm, Albert (Hg.): *Der doten dantz mit figuren/clage vnd antwort von alle staten der werlt,* o.O. um 1480, Faks. Leipzig 1922 (Bildband).

Schreiber, W. L. (Hg.): *Der Totentanz.* Blockbuch von etwa 1465, Faks. Leipzig 1900 (Bildband).

Schwarz, R. (Hg.): *Johannes Calvins Lebenswerk in seinen Briefen,* Tübingen 1909, 2 Bde.

Süskind, Patrick: *Das Parfüm*, Zürich 1985.

Spangenberg, Cyriacius: *Ehespiegel in LXX Brautpredigten*, Straßburg 1570.

Sprenger, Jakob/ Institutoris, Heinrich: *Der Hexenhammer. Malleus maleficarum*, Straßburg 1487, Repr. München 1985.

Stilb, G.: *Les Danses des Salons*, Paris 1895.

Taubert, Gottfried: *Rechtschaffener Tantzmeister/ oder gründliche Erklärung der Frantzösischen Tantz-Kunst*, Leipzig 1717, Faks. Leipzig 1976, 2 Bde.

Traub, Johann Christian: *Ueber den Tanzunterricht*, Stuttgart 1829.

Trichter, Valentino: *Curiöses Reit- Jagd- Fecht- Tantz- oder Ritter-Exercitien- Lexikon, Worinne der galanten ritterlichen Uibungen, Vortreflichkeit, Nutzen und Nothwendigkeit, nebst allen in denselben vorkommenden Kunst-Wörtern hinlänglich erkläret*, Leipzig 1742.

Ville de Paris: *Lettres patentes dv Roy povr l'etablissement d'vne Academie Royale de Danse en la Ville de Paris*, Paris 1663.

– *Arrêt du Conseil d'Etat condammant le »Malade Imaginaire«*, Paris, 20. Juni 1716.

Wendt, D. J.: *Ueber den Tanz als Vergnügen und Schädlichkeit*. Ein Beytrag zur Diätetik, Breslau 1803.

Wilson, Thomas: *A description of correct method of waltzing. The truly fashionable species of dancing*, London 1816.

Wolf, S. J.: *Beweis, daß das Walzen eine Hauptquelle der Schwächen des Körpers und des Geistes unserer Generation sey*, o.O., o.J. (zw. 1797–1799).

Literatur zum Tanz

Andresen, Carl: Die Kritik der Alten Kirche am Tanz der Spätantike, in: Heyer, Friedrich (Hg.): *Der Tanz in der modernen Gesellschaft*, Hamburg 1958, S. 139–169.

– Altchristliche Kritik am Tanz. Ein Ausschnitt aus dem Kampf der alten Kirche gegen heidnische Sitte, in: *Zeitschrift für Kirchengeschichte*, 72, 1961, S. 218–262.

Angerstein, W.: Volkstänze im deutschen Mittelalter, in: *Sammlung gemeinverständlicher wissenschaftlicher Vorträge*, 3. Serie, Heft 49/72, 1868–1869, S. 16.

Astier, Régine: Pierre Beauchamps et les »ballets de collège«, in: Serre, Jean-Claude (Hg.): *La Recherche en Danse*, 2, Paris 1983, S. 45–51.

Baaren, van, Th. P.: *Selbst die Götter tanzen*. Sinn und Formen des Tanzes in Kultur und Religion, Gütersloh 1964.

Benz, Ernst: Meditation, Musik, Tanz. Über den Handspalter, eine mittelalterliche Meditationsform aus dem Rosetum des Mauburnus, in: *Akademie der Wissenschaften und der Literatur*, Nr. 3, Mainz 1976, S. 1–37.

Bie, Oskar: *Der Tanz*, Berlin 1923.

Blacking, John: Song, dances, mimes and symbolism of Venda girls initiation schools, in: *African Studies*, 28, 1, Johannesburg 1969, S. 3–35.

– Dance, conceptual thought and production in archeological record, in: Sieveking, L. W. (Hg.): *Problems in economic and social archeology*, London 1977, S. 3–13.

– Towards an Anthropology of the Body, in: ders. (Hg.): *The Anthropology of the Body*, London 1977, S. 1–28.

– *How musical is man?* Washington 1983.

Bloch, Maurice: Symbols, Songs, Dance and Features of Articulation: Is religion an extreme form of traditional authority?, in: *Archives Européennes des Sociologies*, 15, 1974, S. 55–81.

Boas, Franziska: *Primitive art*, New York 1955.

– *The Function of Dance in Human Society*, New York 1972.

Boehn, von, Max: *Der Tanz*, Berlin 1925.

Böhme, Franz: *Geschichte des Tanzes in Deutschland*. Beitrag zur deutschen Sitten-, Literatur- und Musikgeschichte, Leipzig 1886, Repr. Hildesheim 1980, 2 Bde.

Bonnet, Jacques: *Histoire générale de la danse sacrée et profane. Ses progrès et ses révolutions, depuis son origine jusqu' à présent*, Paris 1723, Faks. Genf 1969.

Boshoven, Thérèse: Yewish Dancing Masters in Renaissance Italy, in: Brack, Clairette/ Wuyts, Irina (Hg.): *Dance and Research. An interdisciplinary approach*, Brüssel 1990, S. 41–45.

Bourdieu, Pierre: *Pratiques sportives et pratiques sociales*. Unveröffentlichter Eröffnungsvortrag zu der Conférance au Congrès International de l'HISPA, Paris, März 1978.

Bourgat, Marcelle: *Technique de la danse*, Paris 1978.

Brainard, Ingrid: *Die Choreographie der Hoftänze in Burgund, Frankreich und Italien im 15. Jahrhundert*, unveröffentlichte Dissertation, Göttingen 1956.

Braun, Rudolf: »The Invention of Tradition.« Wilhelm II. und die Renaissance der höfischen Tänze, in: *Zeitschrift für Volkskunde*, 82, 1986, S. 227–249.

Breede, Ellen: *Studien zu den lateinischen und deutschsprachigen Totentanztexten des 13. bis 17. Jahrhunderts*, Halle 1931.

Brunner, Wolfgang (Deutscher Bundesverband e.V., Hg.): *Höfischer Tanz um 1500 unter besonderer Berücksichtigung der Bassedanse*, 8, Berlin 1983.

– *Städtisches Tanzen und das Tanzhaus im 16. Jahrhundert*, in: Kohler, A./Lutz, H. (Hg.): *Alltag im 16. Jahrhundert*. Studien zu Lebensformen in mitteleuropäischen Städten. München 1987, Bd. 14, S. 45–64.

Bucheit, Gert: *Der Totentanz*. Seine Entstehung und Entwicklung, Leipzig 1926.

Buenaventura, Wendy: *Bauchtanz. Die Schlange und die Sphinx*, München 1984.

– *Die Schlange vom Nil. Frauen und Tanz im Orient*, Hamburg 1990.

Calendoli, Giovanni: *Tanz: Kult-Rhythmus-Kunst*, Braunschweig 1986.

Charcot, Jean-Martin: *Les Démoniaques dans l'Art*, Paris 1887, Repr. Amsterdam 1972.

Christout, Marie-Françoise: *Histoire du ballet*, Paris 1975.

Clark, James M.: *The dance of death in the Middle Ages and the renaissance*, Glasgow 1950.

Commenda, Hans: *Unser Volkstanz*, in: *Heimatgaue 3*, Linz 1922, S.185–194.

Corvisier, André: *La représentation de la société dans les danses des morts du XV^2 au XVIII^2 siècle*, in: *Revue d'histoire moderne et contemporaine*, 16, 1969, S.489–535.

Cosacchi, Stephan: *Makabertanz*. Der Totentanz in Kunst, Poesie und Brauchtum des Mittelalters, Meisenheim am Glan 1965.

Cottle, Thomas J.: Social class and social dancing, in: *Sociological Quarterly*, 7, 2, 1966, S.179–196.

Czerwinski, Albert: *Geschichte der Tanzkunst bei den cultivirten Völkern von den ersten Anfängen bis auf die gegenwärtige Zeit*, Leipzig 1862.

Daffner, Hugo: *Salome*. Ihre Gestalt in Geschichte und Kunst, München 1912.

Davis, Martha: *The Potential of Nonverbal Communication*, in: *CORD News* 6, 1, 1973, S.10–29.

Delzanges, Ferdinand: *La danse*. Son utilité. Sa renovation, Paris o.J. (um 1912).

Desrat, G.: *Dictionnaire de la danse historique, théorique, pratique et bibliographique depuis l'origine de la danse jusqu'à nos jours*, Paris 1895, Repr. Hildesheim 1977.

Dörrer, Anton: *Die alten Tanzhäuser und Spieltennen*, in: *Zeitschrift für Volkskunde*, 41, Berlin 1931, S.50–56.

Dülmen, van, Richard (Hg.): Imaginationen des Teuflischen. Nächtliche Zusammenkünfte, Hexentänze, Teufelssabbate, in: ders. (Hg.): *Hexenwelten*, a.a.O., S.94–130.

Eichberg, Henning: *Leistung, Spannung, Geschwindigkeit.* Sport und Tanz im gesellschaftlichen Wandel des 18. und 19. Jahrhunderts, Stuttgart 1978.

Eichstedt, Astrid/ Polster, Bernd: *Wie die Wilden.* Tänze auf der Höhe ihrer Zeit, Berlin 1985.

Eliade, Mircea: *Schamanismus und archaische Ekstasetechnik,* Frankfurt/M. 1980.

Farese-Sperken, Christine: *Der Tanz als Motiv in der bildenden Kunst des 20. Jahrhunderts (Stilkunst, Expressionismus, Fauvismus, Futurismus),* Hagen 1969.

Fehse, Wilhelm: *Der Ursprung der Totentänze,* Halle 1907.

– *Der oberdeutsche vierzeilige Totentanztext,* in: *Zeitschrift für deutsche Philologie,* 40, 1908, S.67–92.

Fischer, Cornelia: Tanz, in: Jugendwerk der Deutschen Shell (Hg.): *Jugendliche und Erwachsene '85.* Generationen im Vergleich, Hamburg 1985, Bd. 2, S.59–106.

Fluri, Adolf: *Niklaus Manuels Totentanz in Bild und Wort,* in: *Neues Berner Taschenbuch,* o.O. 1901, S.119–126.

Freybe, A.: *Das Memento mori in deutscher Sitte, bildlicher Darstellung und Volksglauben, deutscher Sprache, Dichtung und Seelsorge,* Gotha 1909, Repr. Wiesbaden 1972.

Fritsch, Albin: *Beispiele der pädagogischen Funktion des Tanzes in der Geschichte der Erziehung.* Eine Untersuchung der Bedeutung des Tanzes innerhalb der Erziehung und Bildung an Beispielen von theoretischen Absichten und Realisierungen in den verschiedenen Gesellschaftsordnungen, unveröffentlichte Dissertation, Dresden 1953.

Fritsch, Ursula: *Tanz, Bewegungskultur, Gesellschaft.* Verluste und Chancen symbolisch-expressiven Bewegens, Frankfurt/M. 1988.

Gell, Alfred: *On dance structures: A reply to Williams,* in: *Journal of Human movement Studies,* 5, 1979, S.18–31.

Göttler, Norbert: Der Tod lernt tanzen. Geschichte eines abendländischen Motivs, in: *Süddeutsche Zeitung*, 270, 1990, S. 11.

Goldschmidt, Anne: *Handbuch des deutschen Volkstanzes*. Systematische Darstellung der gebräuchlichsten deutschen Volkstänze, Berlin 1967, 2 Bde.

Grasberger, Franz: Die Legende von der Erfindung des Walzers, in: *Österreichische Musikzeitschrift*, 22, 1, 1967, S. 33–40.

Gregor, Joseph: *Kulturgeschichte des Balletts*. Seine Gestaltung und Wirksamkeit in der Geschichte und unter den Künsten, Wien 1944.

Großkreutz, Peter: *Tanz und Politik am Renaissance- und Barockhof*. Die höfische Gesellschaft im Spiegel ihrer Tänze, in: *Archiv für Kulturgeschichte*, 71, 1, 1989, S. 55–70.

Guisset, Jacqueline: *Salomé au XIXe siècle: rapports entre littérature et arts plastiques*, in: *Annales d'histoire de l'art et d'archéologie*, 5, Brüssel 1983, S. 67–82.

Günther, Dorothea: *Der Tanz als Bewegungsphänomen*, Reinbek bei Hamburg 1962.

Günther, Helmut/ Schäfer, Helmut: *Vom Schamanentanz zur Rumba*. Die Geschichte des Gesellschaftstanzes, Stuttgart 1959.

Günther, Helmut (Deutscher Bundesverband Tanz e.V., Hg.): *Tanzunterricht in Deutschland*. Eine kultursoziologische Studie, 2, Berlin 1970.

Günther, Helmut: *Die Tänze und Riten der Afro-Amerikaner*. Vom Kongo bis Samba und Soul, Bonn 1982.

Hammerstein, Reinhold: *Diabolus in Musica*. Studien zur Ikonographie der Musik im Mittelalter, Bern 1974.

– *Tanz und Musik des Todes*. Die mittelalterlichen Totentänze und ihr Nachleben, Bern 1980.

– *Macht und Klang: Tönende Automaten als Realität und Fiktion in der alten und mittelalterlichen Welt*, Bern 1986.

Hanna, Judith Lynne: To Dance is Human. Some Psychobiological Bases of an Expressive Form, in: Blacking, J. (Hg).: *The Anthropology of the Body*, London 1977, S. 211–232.

– Toward a cross-cultural conceptualization of dance and some correlate considerations, in: Blacking, J.(Hg.): *The Performing Arts: Music, Dance, Theater (World Anthropology Series, IX)*, Berlin 1979, S. 17–45.

– Toward Semantic Analysis of Movement Behavior: Concepts and Problems, in: *Semiotica*, 25, 1/2, 1979, S. 77–110.

Hausamann, Torsten: *Die tanzende Salome in der Kunst von der christlichen Frühzeit bis um 1500*, unveröffentlichte Dissertation, Zürich 1980.

Hecker, Justus Friedrich Carl: *Die Tanzwuth eine Volkskrankheit im Mittelalter*, Berlin 1832.

– *Die großen Volkskrankeiten des Mittelalters*. Historisch-pathologische Untersuchungen, Berlin 1865. Repr. Hildesheim 1964.

Hieb, Louis A.: Rhythms of significance: Toward a symbolic ananlysis of dance in ritual, in: *CORD*, 6, 1974, S. 225–232.

Hingkeldey, Helmut: *Vitalität und Tanzbrauchtum – einst und jetzt*, in: *Schauen und Bilden*, Jg. 1, Gerabronn 1960, S. 8–13.

Horst, Louis: *Pre-Classic Dance Forms*, New York 1937, Repr. Princeton 1987.

Huet, Michael: *Afrikanische Tänze*, Köln 1979.

Jacob, Heinrich Eduard: *Johann Strauß und das neunzehnte Jahrhundert*. Die Geschichte einer musikalischen Weltherrschaft 1819–1917, Amsterdam 1937.

– *Johann Strauss, Vater und Sohn: die Geschichte einer musikalischen Weltherrschaft*, Hamburg 1953.

Kaiser, Gert: *Das Memento mori*. Ein Beitrag zum sozial-geschichtlichen Verständnis der Gleichheitsforderung im frühen Mittelalter, in: *Euphorion*, 68, 1974, S. 337–370.

– *Der tanzende Tod*. Mittelalterliche Totentänze, Frankfurt/M. 1982.

– Der tanzende Tod, in: *Spektrum der Wissenschaft*, 10, 1984, S. 134–145.

Karkutli, Dietlinde: *Das Bauchtanzbuch*, Reinbek bei Hamburg 1986

Katner, Wilhelm: *Das Rätsel des Tarentismus*. Eine Ätiologie der italienischen Tanzkrankheit, Leipzig 1956.

Klein, Gabriele: »Wenn das Blut in Wallung kommt ...« Vom Menuett zum Walzer oder: Zum Wandel der Tanzformen im Prozeß der Zivilisierung, in: Korte, H. (Hg.): *Gesellschaftliche Prozesse und individuelle Praxis*, a.a.O., S. 197–215.

– *FrauenKörperTanz*. Eine Zivilistaionsgeschichte des Tanzes, Weinheim 1992.

Klingenbeck, Fritz: *Unsterblicher Walzer*. Die Geschichte des deutschen Nationaltanzes, Wien 1940.

– *Das Walzerbuch*, Wien 1952.

Köllinger, Bernd: *Der Tanz*. 10 Versuche, Berlin 1975.

Kronberg, Max: *König Walzer*. Ein Johann-Strauß-Lebensroman, Leipzig 1938.

Lancelot, F.: *Ecriture de la danse: le système Feuillet*, in: *Ethnologie française*, 1,0.O. 1971, S. 29–58.

Lawhead, Steve: *Das Schaf im Wolfspelz*. Rock aus der Sicht eines Christen, Wiesbaden 1983.

Leeuw, van der, Gerard: *Vom Heiligen in der Kunst*, Gütersloh 1957.

Lehner, E./ Lehner, J.: *Devils, Death and Damnation*, New York 1971 (Bildband).

Lippe, zur, Rudolf: *Naturbeherrschung am Menschen*, Frankfurt/M. 1981, 2 Bde., Bd. 1: *Körpererfahrung als Entfaltung von Sinnen und Beziehungen in der Ära des italienischen Kaufmannskapitals, Bd. 2: Geometrisierung des Menschen und Repräsentation des Privaten im französischen Absolutismus.*

Mahr, Otto: *Schleifer, Dreher, Walzer*, in: *Hessische Blätter für Volkskunde*, 27, 1939, S. 185ff.

Maringer, Johannes: *Der Tanz im Leben des vorgeschichtlichen Menschen*, in: *Zeitschrift für Ethnologie*, 107, 1, 1982, S. 7–22.

Martin, Alfred: *Geschichte der Tanzkrankheit in Deutschland*, in: *Zeitschrift des Vereins für Volkskunde*, 24, Berlin 1914, S. 113–134 und S. 225–239.

Maßmann, Hans Ferdinand: *Literatur der Totentänze*, Leipzig 1840–1850, Faks. Hildesheim 1963.

– *Tafeln zu Maßmann, Hans Ferdinand*, Stuttgart 1847.

Matile, Heinz: *Zur Überlieferung des Berner Totentanzes von Niklaus Manuel*, in: *Jahrbuch des Bernischen historischen Museums 1971–1972*, 51/52, Bern 1975, S. 271–284.

McGowan, Margaret: Le Ballet de Cour remis au jour, in: Serre, Jean-Claude (Hg.): *La Recherche en Danse*, 2, Paris 1983, S. 33–37.

Meerloo, Joost A. M.: *Rhythmus und Ekstase*. Vom primitiven Tanz zum Rock'n' Roll und modernen Ballett, Wien 1959.

Meier, E.: *Deutsche Sagen, Sitten und Gebräuche in Schwaben*, Stuttgart 1842.

Mendelssohn, Ignaz: Zur Entwicklung des Walzers, in: *Studien zur Musikwissenschaft*, 13, 1926, S. 57–87.

Ménil, de, Félicien: *Histoire de la Danse à travers les âges*, Genf 1905, Repr. Genf 1980.

Meri, Franco-Lao: *Hexen-Musik*. Zur Erforschung der weiblichen Dimension in der Musik, München 1979.

Meuli, Karl: *Der Griechische Agon*. Kampf und Kampfspiel im Totenbrauch, Totentanz und Totenlob, Köln 1968.

Mezger, Werner: *Discokultur. Die jugendliche Superszene*, Heidelberg 1980.

Moores, D.: *Abriß des gesellschaftlichen Lebens und Sitten in Frankreich, der Schweiz und Deutschland*, Leipzig 1785.

Muchow, H. H.: *Tanz II*, in: *Religion in Geschichte und Gegenwart*. Handwörterbuch für Theologie und Religionswissenschaft, Tübingen 1962, Bd. 6.

Müller, Hedwig/ Servos, Norbert: *Pina Bausch – Wuppertaler Tanz-theater.* Von Frühlingsopfer bis Kontakthof, Köln 1979.

Nettl, Paul: *Beethoven.* Frankfurt/M. 1958.

– *Mozart und der Tanz.* Zur Geschichte des Balletts und des Ge-sellschaftstanzes, Zürich 1960.

– *Tanz und Tanzmusik.* Tausend Jahre beschwingter Kunst, Frei-burg 1962.

Nitschke, August: *Bewegungen in Mittelalter und Renaissance.* Kämp-fe, Spiele, Tänze, Zeremoniell und Umgangsformen, Düsseldorf 1987.

– *Körper in Bewegung.* Gesten, Tänze und Räume im Wandel der Geschichte, Stuttgart 1989.

Oetke, Herbert: Der Paartanz, in: *Volkstanz,* 3, 1976, S. 67ff.

– *Der deutsche Volkstanz,* Wilhelmshafen 1983, 2 Bde.

Pasi, Mario (Hg.): *Ballett.* Eine illustrierte Darstellung des Tanz-theaters von 1581 bis zur Gegenwart, Wiesbaden 1980.

Perrault, Michel: Les changements dans les rôles des danseurs masculins depuis le XVIIᵉ siècle: un premier regard sociologique, in: Brack, Clairette/ Wuyts, Irina (Hg.): *Dance and Research.* An in-terdisciplinary approach, Brüssel 1990, S. 63–73.

Petermann, Kurt (Deutscher Bundesverband Tanz e.V., Hg.): *Wechselbeziehungen zwischen Volks- und Gesellschaftstanz,* 7, Berlin 1982.

Pirchan, Emil: *Fanny Elssler. Eine Wienerin tanzt um die Welt,* Wien 1940.

Polatschek, K.: *Sambaschule für Mammuts,* in: Die ZEIT, 20, 1992, S. 83.

Prokosch, Kurath Gertrude: *Choreology and Anthropology,* in: *Ameri-can Anthropologist,* 58, 1956, S. 177ff.

– *Panorama of Dance Ethnology,* in: *Current Anthropology,* 1, 3, 1960, S. 233–254.

Prudhommeau, Germaine: A propos du ballet-Comique de la

Reine, in: Serre, Jean-Claude (Hg.): *La Recherche en Danse*, 3, Paris 1983, S. 15–24.

Regitz, Hartmut (Hg.): *Tanz in Deutschland. Ballett seit 1945*, Berlin 1984.

Radcliffe-Brown, A. Reginald: *Structure and function in primitive society*, London 1986.

Rebling, Eberhard: *Ballett A-Z*, Berlin 1984.

Rehm, Walther: *Der Todesgedanke in der deutschen Dichtung vom Mittelalter bis zur Romantik*, Halle 1928, Repr. Tübingen 1967.

Richardson, Philip J. S.: *The social dances of the nineteenth century in England*, London 1960.

Rieger, M.: *Der jüngere Todtentanz*, in: *Germania. Vierteljahresschrift für deutsche Alterthumskunde*, 19, Stuttgart 1874, S. 257- 279.

Rosenfeld, Hellmut: *Totentanz*, in: *Die deutsche Literatur des Mittelalters*. Verfasserlexikon Bd. 5 (Nachtragsband), Berlin 1955, Spalte 1090 f.

– *Der mittelalterliche Totentanz*. Entstehung-Entwicklung-Bedeutung, Köln 1968.

Rothe, Wolfgang: *Tänzer und Täter. Gestalten des Expressionismus*, Frankfurt/M. 1979.

Rouget, Gilbert: *La musique et la transe*. Esquisse d'une théorie générale des relations de la musique et de la possession, Paris 1980.

Royce, Anya Peterson: *The Anthropology of the Dance*, London 1980.

Sachs, Curt: *Eine Weltgeschichte des Tanzes*, Berlin 1933, Repr. Hildesheim 1984.

Saftien, Volker: Von der höfischen Tanzkultur zum Tanzgeschmack des Biedermeier – Der Umbruch sozioästhetischer Werte, in: Kunstverein Württemberg (Hg.): *Baden und Württemberg im Zeitalter Napoleons*, Stuttgart 1987, S. 599–611 (Ausstellungskatalog).

– Vom Totentanz zum Reigen der Seligen. Eine christliche Kulturgeschichte des Tanzes, in: Kirchliche Hochschule Berlin (Hg.): *Berliner Theologische Zeitschrift*, 8, 1, 1991, S. 2–18.

Salmen, Walter: Ikonographie des Reigens im Mittelalter, in: *Acta Musicologica*, 52, 1980, S. 14–26.

– *Tanz im 17. und 18. Jahrhundert.* Musikgeschichte in Bildern, Leipzig 1988.

Saugnieux, Joel: *Les danses macabres de France et d'Espagne et leurs prolongements littéraires*, Lyon 1972.

Schikowski, John: *Geschichte des Tanzes*, Berlin 1926.

Schneider, Otto: *Tanzlexikon*, Mainz 1985.

Schott-Billmann, France: *Possession, danse et thérapie*, Paris 1985.

Schubart, Walter: *Religion und Eros*, München 1941.

Schubert, F. J.: *Die Tanzmusik dargestellt in ihrer historischen Entwicklung nebst einer Anzahl von Tänzen aus alter und neuer Zeit*, Leipzig 1867.

Schulz, Eduard: *Das Bild des Tanzes in der christlichen Mystik.* Sein kultischer Ursprung und seine psychologische Bedeutung, unveröffentlichte Dissertation, Marburg 1941.

Sheets, Maxime: *The Phenomenology of Dance*, Madison 1966.

Sorell, Walter: *Knaurs Buch vom Tanz. Der Tanz durch die Jahrhunderte*, München 1969.

– *Der Tanz als Spiegel der Zeit.* Eine Kulturgeschichte des Tanzes, Wilhelmshaven 1985.

Stammler, Wolfgang: *Der Totentanz.* Entstehung und Deutung, München 1948.

Taubert, Karl Heinz: *Höfische Tänze.* Ihre Geschichte und Choreographie, Mainz 1968.

Barock-Tänze. Geschichte-Wesen-Form »La Bourgogne«, Zürich 1986.

– *Das Menuett.* Geschichte und Choreographie, Zürich 1988.

Tenenti, Alberto: Ars moriendi. Quelques notes sur le problème de la mort à la fin du XVe siècle, in: *Annales*, 6, 1951, S. 433–446.

Thiess, Frank: *Der Tanz als Kunstwerk*, München 1920.

Tylor, Edward: *Einleitung in das Studium der Anthropologie und Civilisation*, Braunschweig 1883.

Verband deutscher Vereine für Volkskunde (Hg.): *Handwörterbuch des deutschen Aberglaubens*, Berlin 1935–1937, 10 Bde.

Vietta, Egon: *Der Tanz*. Eine kleine Metaphysik, Frankfurt/M. 1938.

Vollbrecht, Ralf: *Reach Out for the Music*. Zur Bedeutung der Diskothek im Jugendalter, in: *Deutsche Jugend*, 9, 1989, S.437–444.

Voß, Rudolph: *Der Tanz und seine Geschichte*. Eine kulturhistorisch-choreographische Studie, Erfurt 1868.

Vuillier, Gaston-Charles: *La Danse*, Paris 1898.

Wagner, Anne M.: *Jean-Baptiste Carpeaux. Der Tanz. Kunst, Sexualität und Politik*, Frankfurt/M. 1989.

Waldmann, P. Gg.: *Christliche Bewertung des Tanzes*, in: *Der Prediger und Katechismus*, 89, 1950, S.182–188.

Wallner, Bertha Antonia: *Die Bilder zum achtzeiligen oberdeutschen Totentanz*, in: *Zeitschrift für Musikwissenschaft*, 6, 11, Leipzig 1923, S.65–74.

Weckerlin, J.-B.: *L'Opéra Français*. Le Ballet-Comique de la Reine, Paris 1881.

Weidig, Jutta: *Tanz-Ethnologie*. Einführung in die völkerkundliche Sicht des Tanzes, Hamburg 1984.

Weigl, Bruno: *Die Geschichte des Walzers nebst einem Anhang über die moderne Operette*, Langensalza 1910.

Wienholz, Margrit: *Französische Tanzkritik im 19. Jahrhundert als Spiegel ästhetischer Bewußtseinsbildung*, Th. Gautier-J. Lemaître-S. Mallarmé, Frankfurt/M. 1974.

Wild, Stephen A.: *Men as women: Female dance symbolism in Walbiri men's rituals*, in: *Dance Research Journal*, 10, New York 1977–1978, S.14–22.

Williams, Drid: Signs, Symptoms and Symbols, in: *Journal of the Anthropological Society of Oxford*, 3, 1, 1972, S.24–34.

– Deep Structures of the Dance, in: Schwimmer, E. (Hg.): *The Yearbook of Symbolic Anthropology I*, London 1978, S. 211–230.

Witzmann, Reingard: *Der Ländler in Wien*. Ein Beitrag zur Entwicklungsgeschichte des Wiener Walzers bis in die Zeit des Wiener Kongresses, Wien 1976.

Wolfram, Richard: Volkstanz – nur gesunkenes Kulturgut? In: *Zeitschrift für Volkskunde*, 41, Berlin 1931, S. 26–42.

– *Schwerttanz und Männerbund*, Kassel 1936.

– *Die Volkstänze in Österreich und verwandte Tänze in Europa*, Salzburg 1951.

Wolfram, Richard (Deutscher Bundesverband Tanz e.V., Hg.): *Reigen und Kettentanzformen in Europa*, 10, Berlin 1986.

Youngerman, Suzanne: Curt Sachs and his heritage: A critical review of world history of the dance with a survey of recent studies that perpetuate his ideas, in: *Dance Research Journal*, 6, 2, 1974, S. 6–19.

– *Method and theory in dance research: An anthropological approach*, in: *Yearbook of the International Folk Music Council*, 7, Urbana 1976, S. 116–133.

Zedler, Johann W.: *Grosses vollständiges Universal-Lexikon aller Wissenschaften und Künste*, Halle 1732–1754, Repr. Graz 1961–1964, 68 Bde.

Zinsli, Paul: *Der Berner Totentanz des Niklaus Manuel* (etwa 1484–1530) in den Nachbildungen von Albrecht Kauw (1649), Bern 1979.

Material

Abels, Joscijka Gabriele: *Erkenntnis der Bilder in der Kunst der Renaissance*, Frankfurt/M. 1985.

Ackerknecht, Erwin H.: *Kurze Geschichte der Psychiatrie*, Stuttgart 1985.

Ahme, Elisabeth: *Die Wertung und Bedeutung der Frau bei Martin Luther*, in: *Luther*, 35, 1964, S.61–68.

Alewyn, Richard/ Sälzle, Karl: *Das große Welttheater*. Die Epoche der höfischen Feste in Dokument und Deutung, Hamburg 1959.

Ariès, Philippe: *Studien zur Geschichte des Todes*, München 1976.

– *Bilder zur Geschichte des Todes*, München 1984.

– *Geschichte des Todes*, München 1987.

Baacke, Dieter: *Kommunikation und Kompetenz*. Grundlegung einer Didaktik der Kommunikation und ihrer Medien, München 1980.

– *Unsere Ambivalenz-Kultur*, in: Böllert, Karin/ Otto, Hans-Uwe (Hg.): *Soziale Arbeit auf der Suche nach Zukunft*, Bielefeld 1989, S.63–72.

Baethge, Martin: Individualsierung als Hoffnung und als Verhängnis. Aporien und Paradoxien in spätbürgerlichen Gesellschaften oder: die Bedrohung von Subjektivität, in: *Soziale Welt*, 1985, S.299-312.

Barthes, Roland: *Mythologies*, Paris 1970.

Bataille, Georges: *Michelet*, in: Michelet, Jules (König, Traugott, Hg.): *Die Hexe*, München 1974, S.257–265 (Nachwort).

– *Die Souveränität*, München 1978.

– *Les larmes d'éros*, Paris 1981.

– *Der heilige Eros*, Frankfurt/M. 1984.

Beauvoir, de, Simone: *Le deuxième sexe*, Paris 1981, 2 Bde.

Becher, Ursula/ Rüsen, Jörn (Hg.): *Weiblichkeit in geschichtlicher Perspektive*. Fallstudien und Reflexionen zu Grundproblemen in der historischen Frauenforschung, Frankfurt/M. 1988.

Becker, Gabriele/ Bovenschen, Silvia/ Brackert, Helmut (Hg.): *Aus der Zeit der Verzweiflung*. Zur Genese und Aktualität des Hexenbildes, Frankfurt/M. 1977.

Behringer, Wolfgang: *»Vom Unkraut unter dem Weizen«*. Die Stellung der Kirchen zum Hexenproblem, in: Dülmen, v., R. (Hg.): *Hexenwelten*, a.a.O., S.15–49.

– »Erhob sich das ganze Land zu ihrer Ausrottung ...«. Hexenprozesse und Hexenverfolgung in Europa, in: Dülmen, v., R.
(Hg.): *Hexenwelten*, a.a.O., S. 131–169.

Bérard, Pierre: *Le sexe entre tradition et modernité, XVIe–XVIIIe -
siècle*, in: *Cahiers internationaux de sociologie*, 31, Jan.-Juni 1984,
S. 135–160.

Berger, Peter L./ Luckmann, Thomas: *Die gesellschaftliche Kon-
struktion der Wirklichkeit. Eine Theorie der Wissenssoziologie*, Frank-
furt/M. 1980.

Bergeron, Louis/ Furet, François/ Koselleck, Reinhart: *Das Zeitalter der europäischen Revolutionen 1780–1848*, Frankfurt/M. 1981.

Bernard, Michel: *Der Körper und seine gesellschaftliche Bedeutung*,
Bad Homburg 1980.

Bourdieu, Pierre: *Zur Soziologie der symbolischen Formen*, Frank-
furt/M. 1974.

– Remarques provisoires sur la perception sociale du corps, in:
Actes de la Recherche en Sciences Sociales, 14, 1977, S. 51–54.

– *Pratiques sportives et pratiques sociales*. Unveröffentlichter Eröffnungsvortrag zu der Conférence au Congrès International de
L'HISPA, Paris, März 1978.

– *Die feinen Unterschiede*. Kritik der gesellschaftlichen Urteils-
kraft, Frankfurt/M. 1987.

– *La noblesse d'état*. Grandes écoles et ésprit de corps, Paris 1989.

Braudel, Fernand: *Sozialgeschichte des 15. bis 18. Jahrhunderts*, München 1985, Bd. 1: *Der Alltag*.

Braun, von, Christina: *Nicht ich: Logik, Lüge, Libido*, Frankfurt/M.
1985.

Buber, Martin: *Ekstatische Konfessionen*, Leipzig 1921.

Bulst, Neithard: Der Schwarze Tod. Demographische, wirt-
schafts- und kulturgeschichtliche Aspekte der Pestkatastrophe
von 1347–1352. Bilanz der neueren Forschung, in: *Saeculum*, 30,
1979, S. 45- 67.

Castel, Robert: *Le psychanalysme*. L'ordre psychanalytique et le pouvoir, Paris 1981.

Chartier, Roger: *Phantasie und Disziplin*. Das Fest in Frankreich vom 15. bis 18. Jahrhundert, in: Dülmen, v., R./ Schindler, N. (Hg.): *Volkskultur*, a.a.O., S. 153–176.

– Hofstaat und Über-Ich, in: *die tageszeitung*, 8.8.1990, S. 15ff.

Dali, Salvador: *Unabhängigkeitserklärung der Phantasie und das Recht des Menschen auf seine Verrücktheit*. Gesammelte Schriften, München 1974.

Darmon, Pierre: *Mythologie de la femme dans l'Ancienne France*. *XVI*ᵉ–XVIIIᵉ siècle, Paris 1981.

Dane, Gesa: *Anschlüsse*. Versuche nach Michel Foucault, Tübingen 1985.

Delumeau, Jean: *Angst im Abendland*. Die Geschichte kollektiver Ängste im Europa des 14. bis 18. Jahrhunderts, Reinbek bei Hamburg 1989.

Denzler, Georg: *Die verbotene Lust*. 2000 Jahre christliche Sexualmoral, München 1988.

Dezernat für Kultur und Freizeit (Hg.): *Langsamer Abschied*. Tod und Jenseits im Kulturvergleich, Frankfurt/M. 1989 (Ausstellungskatalog).

DiMaggio, Paul: Review Essay: On Pierre Bourdieu, in: *AJS*, Vol. 84, Nr. 6, California 1979, S. 1460–1475.

Douglas, Mary: *Ritual, Tabu und Körpersymbolik*. Sozialanthropologische Studien in Industriegesellschaft und Stammeskultur, Frankfurt/M. 1974.

Duby, Georges: *Die Frauen und die feudale Revolution*, in: *Das Argument*, 150, März/April 1985, S. 219–228.

Duerr, Hans Peter: *Nacktheit und Scham*. Der Mythos vom Zivilisationsprozeß, Frankfurt/M. 1988.

Düfel, Hans: Luthers Stellung zur Marienverehrung, in: *Luther*, 35, 1964, S. 122–131.

Dülmen, van, Richard (Hg.): Das Schauspiel des Todes. Hinrichtungsrituale in der frühen Neuzeit, in: Dülmen, v., R./ Schindler, N. (Hg.): *Volkskultur*, a.a.O., S. 203–245.

– *Volkskultur*. Zur Wiederentdeckung des vergessenen Alltags (16.–20. Jahrhundert), Frankfurt/M. 1984.

– *Entstehung des frühneuzeitlichen Europa 1550–1648*, Frankfurt/M. 1987.

– *Hexenwelten*. Magie und Imagination vom 16.–20. Jahrhundert, Frankfurt/M. 1987.

Dunning, Eric/ Elias, Norbert: *Sport im Zivilisationsprozeß*. Studien zur Figurationssoziologie, Münster 1983.

Durkheim, Emile: *Les formes élémentaires de la vie religieuse*. Paris 1925.

Elias, Norbert: Soziologie und Psychiatrie, in: Wehler, Hans-Ulrich (Hg.): *Soziologie und Psychoanalyse*, Stuttgart 1972, S. 11–41.

– Zum Begriff des Alltags, in: *Kölner Zeitschrift für Soziologie und Sozialpsychologie*, Sonderheft Nr. 20, 1979, S. 22–29.

– *Über den Prozeß der Zivilisation*. Soziogenetische und psychogenetische Untersuchungen, Frankfurt/M. 1980, 2 Bde.

– *Die höfische Gesellschaft*. Untersuchungen zur Soziologie des Königtums und der höfischen Aristokratie, Frankfurt/M. 1983.

– *Über die Einsamkeit der Sterbenden in unseren Tagen*, Frankfurt/M. 1984.

Wandlungen der Machtbalancen zwischen den Geschlechtern, in: *Kölner Zeitschrift für Soziologie und Sozialpsychologie*, 38, 1986, S. 425–449.

– *Was ist Soziologie?* München 1986.

– *Die Gesellschaft der Individuen*, Frankfurt/M. 1987.

– *Was ich unter Zivilisation verstehe*. Antwort auf Hans Peter Duerr, in: Die ZEIT, 25, 1988, S. 37f.

Fabeck, von, Hans: *An den Grenzen der Phänomenologie*. Eros und Sexualität im Werk Merleau-Pontys, München 1994.

Fischer-Lichte, Erika: *Semiotik des Theaters,* Tübingen 1984, 3 Bde.
Flandrin, Jean-Louis: Contraception, mariage et relations amou-
reuses dans l'occident chrétien, in: *Annales: économies, sociétés, civi-
lisations,* 24, 1969, S. 1370–1390.
Foucault, Michel: *Histoire de la folie à l'âge classique,* Paris 1972.
– *Histoire de la séxualité,* Paris 1976, Bd. 1: La volonté de savoir.
– *Mikrophysik der Macht.* Michel Foucault über Strafjustiz, Psych-
iatrie und Medizin, Berlin 1976.
– *Dispositive der Macht.* Michel Foucault über Sexualität, Wissen
und Wahrheit, Berlin 1978.
– *Résumé des cours 1970–1982,* Paris 1989.
Freud, Sigmund (Mitscherlich, A., Hg.): *Die Weiblichkeit.* 33. Vorle-
sung, Frankfurt/M. 1969, S. 544- 565.
Freud, Sigmund: *Abriß der Psychoanalyse.* Das Unbehagen in der
Kultur, Frankfurt/M. 1980.
Gauchet, Marcel: De l'avènement de l'individu à la découverte
de la société, in: *Annales,* 5/6, 1979, S. 451–464.
– *Die Erklärung der Menschenrechte.* Die Debatte um die bürgerli-
chen Freiheiten 1789, Reinbek bei Hamburg 1991.
Glantsching, Helga: *Liebe als Dressur. Kindererziehung in der Aufklä-
rung,* Frankfurt/M. 1987.
Gleichmann, Peter/ Goudsbloum, Johan/ Korte, Hermann (Hg.):
Macht und Zivilisation. Materialien zu Norbert Elias' Zivilisation-
theorie 2, Frankfurt/M. 1984.
Gold, Penny Schine: *The Lady and the Virgin.* Image, Attitude and
Experience in Twelfth-Century France, Chicago 1985.
Goudsbloum, Johan: Zum Hintergrund der Zivilisationstheorie
von Norbert Elias: Das Verhältnis zu Huizinga, Weber und
Freud, in: Gleichmann, P./ Goudsbloum, J./ Korte, H. (Hg.):
Macht und Zivilisation, a.a.O., S. 129–147.
– Les épidémies et la civilisation des mœurs, in: *Actes de la Re-
cherche en Sciences Sociales,* 68, 6, 1987, S. 3–15.

Haining, Peter: *Hexen*, Oldenburg 1977.

Hauschild, Thomas (Hg.): *Hexen*, Berlin 1987 (Ausstellungskatalog).

Hausen, Karin: Die Polarisierung der »Geschlechtscharaktere«. Eine Spiegelung der Dissoziation von Erwerbs- und Familienleben, in: Rosenbaum, Heidi (Hg.): *Seminar: Familie- und Gesellschaftsstruktur. Materialien zu den sozioökonomischen Bedingungen von Familienformen*, Frankfurt/M. 1978, S. 161–195.

Heider, Ulrike: Sadomasochismus – Eine romantische Liebe, in: dies. (Hg.): *Sadomasochisten, Keusche und Romantiker. Vom Mythos neuer Sinnlichkeit*, Reinbek bei Hamburg 1986, S. 15–37.

Heinemann, Evelyn: *Hexen und Hexenangst*. Eine psychoanalytische Studie, Frankfurt/M. 1989.

Höher, Friederike: Hexe, Maria und Hausmutter. Zur Geschichte der Weiblichkeit im Spätmittelalter, in: Kuhn, Anette/ Rüsen, Jörn (Hg.): *Frauen in der Geschichte*, Düsseldorf 1983, Bd. 3. S. 13–63.

Hofmann, Werner (Wiener Festwochen, Hg.): *Zauber der Medusa*. Europäische Manierismen, Wien 1987 (Ausstellungskatalog).

Honegger, Claudia (Hg.): *Die Hexen der Neuzeit*. Studien zur Sozialgeschichte eines kulturellen Deutungsmusters, Frankfurt/M. 1978.

Huizinga, Johan: *Herbst des Mittelalters*, Stuttgart 1965.

Institut für Auslandsbeziehungen, Württembergischer Kunstverein (Hg.): *Exotische Welten Europäische Phantasien*, Stuttgart 1987 (Ausstellungskatalog).

Irigaray, Luce: *Ce sexe qui n'en est pas un*, Paris 1977.

Johnston, William: *L'ésprit viennois*. Une histoire intellectuelle et sociale 1848–1938, Paris 1985.

Kamper, Dietmar/ Wulf, Christoph (Hg.): *Das Heilige*. Seine Spur in der Moderne, Frankfurt/M. 1987.

Konnertz, Ursula (Hg.): *Zeiten der Keuschheit*. Ansätze feministischer Vernunftkritik, Tübingen 1988.

Korte, Hermann (Hg.): *Gesellschaftliche Prozesse und individuelle Praxis*, Bochumer Vorlesungen zu Norbert Elias' Zivilisationstheorie, Frankfurt/M. 1990.

Kunstbibliothek Berlin, Pädagogischer Dienst (Hg.): *Feste, Spiele und Spektakel*. Französische Hoffeste und Zeremonien im 17. und 18. Jahrhundert, Berlin 1987 (Begleitheft zur Ausstellung).

Kunze, Michael: *Straße ins Feuer.* Vom Leben und Sterben in der Zeit des Hexenwahns, München 1982.

Kuzmics, Helmut: Das »moderne Selbst« und der langfristige Prozeß der Zivilisation, in: Korte, H. (Hg.): *Gesellschaftliche Prozesse und individuelle Praxis*, a.a.O., S. 216–255.

Kybalová, Ludmila (Hg.): *Encyclopédie illustré du costume et de la mode*, Paris 1986.

Lautmann, Rüdiger/ Schetsche, Michael: *Das pornographierte Begehren*, Frankfurt/M. 1990.

Le Goff, Jacques: *Die Geburt des Fegefeuers.* Vom Wandel des Weltbildes im Mittelalter, Stuttgart 1990.

Lehmann, Hans-Thies: Ökonomie der Verausgabung – Georges Bataille, in: *Merkur,* 9/10, 1987, S. 835–849.

Lenckfeld, J. G.: *Historia Spangenbergensis*, Aschersleben 1712.

Link-Heer, Ursula: »Le mal a marché trop vite.« Fortschritt-und Dekadenzbewußtsein im Spiegel des Nervositäts-Syndroms, in: Drost, W. (Hg.): *Fortschrittsglaube und Dekadenzbewußtsein im Europa des 19. Jahrhunderts*, Heidelberg 1986, S. 45–67.

Luhmann, Niklas: *Liebe als Passion.* Zur Codierung der Intimität, Frankfurt 1982.

Maasen, Sabine: *Vom Beichtstuhl zur psychotherapeutischen Praxis.* Zur Therapeutisierung der Sexualität, Bielefeld 1988.

Moine, Marie-Christine: *Les fêtes à la Cour du Roi Soleil 1653–1715*, Paris 1984.

Maple, Eric: *Witchcraft.* The story of man's search for supernatural power, London 1973.

Mauss, Marcel: *Les techniques du corps*, in: *Journal de Psychologie normale et pathologique*, 32, 3/4, Paris 1935, S. 271–293.

Meinel, Kurt: *Bewegungslehre*, Berlin 1977.

Merleau-Ponty, Maurice: *Phänomenologie der Wahrnehmung*, Berlin 1966.

Métral, M. O.: *Die Ehe. Analyse einer Institution*, Frankfurt/M. 1981.

Metzsch, von, Friedrich-August: *Johannes der Täufer. Seine Geschichte und seine Darstellung in der Kunst*, München 1989.

Michaud, Stéphane: *Science, droit, religion: Trois contes sur les deux natures*, in: *Romantisme*, 13/14, 1976, S. 23–39.

Mitchell, Juliet: *Psychoanalyse und Feminismus*. Freud, Reich, Laing und die Frauenbewegung, Frankfurt/M. 1985.

Moeller, Bernd: *Deutschland im Zeitalter der Reformation*, Göttingen 1981.

Muchembled, Robert: *Kultur des Volkes – Kultur der Eliten*, Stuttgart 1982.

Mumford, Lewis: *Mythos der Maschine*. Kultur, Technik und Macht, Frankfurt/M. 1981.

Nietzsche, Friedrich (Colli, G./ Montinari, M. Hg.): *Kritische Studienausgabe*, München 1988, 15 Bde.; Bd. 1: *Die Geburt der Tragödie*, Bd. 4: *Also sprach Zarathustra*, Bd. 6: *Der Antichrist*.

Olivier, Christiane: *Jokastes Kinder. Die Psyche der Frau im Schatten der Mutter*, Düsseldorf 1989.

Paulus, Nikolaus: *Hexenwahn und Hexenprozeß vornehmlich im 16. Jahrhundert*, Freiburg 1910.

Pfister, Gertrud: Das Frauenbild in den Werken Jahns, in: *Stadion. Zeitschrift für Geschichte des Sports und Körperkultur*, 4, 1978, S. 136–167.

Podack, Klaus: Renaissance der Religiösität? in: *Merkur*, 9/10, 1985, S. 822–831.

Rieger, Eva: *Frau, Musik und Männerherrschaft*. Zum Ausschluß der Frau aus der Musikpädagogik, Musikwissenschaft und Musikausübung, Frankfurt/M. 1981.

Roskoff, Gustav: *Geschichte des Teufels*. Eine kulturgeschichtliche Satanologie von den Anfängen bis ins 18. Jahrhundert. Leipzig 1869, Repr. Nördlingen 1987.

Rückert, Sabine: Ans Licht der Welt, in: Die ZEIT, 53, 1992, S. 11–14.

Ruggiero, Romano/ Tenenti, Alberto: *Die Grundlegung der modernen Welt*. Spätmittelalter, Renaissance, Reformation, Frankfurt/M. 1981.

Schaeffer-Hegel, Barbara/ Wartmann, Brigitte (Hg.): *Mythos Frau*. Projektionen und Inszenierungen im Patriarchat, Berlin 1984.

Schaps, Regina: *Hysterie und Weiblichkeit*. Wissenschaftsmythen über die Frau, Frankfurt/M. 1982.

Scharffenorth, Gerta: »Im Geiste Freunde werden«. Mann und Frau im Glauben Luthers, in: Wunder, H./ Vanja, Chr. (Hg.): *Wandel der Geschlechterbeziehungen zu Beginn der Neuzeit*, a.a.O., S. 97–108.

Scherer, Georg: *Das Problem des Todes in der Philosophie*, Darmstadt 1988.

Schmidt, Gunter: *Das Grosse Der Die Das*. Über das Sexuelle, Herbstein 1986.

Schneider, Manfred: *Liebe und Betrug*. Die Sprachen des Verlangens, München 1992.

Schröter, Michael: Scham im Zivilisationsprozeß. Zur Diskussion mit Hans Peter Duerr, in: Korte, H. (Hg.): *Gesellschaftliche Prozesse und individuelle Praxis*, a.a.O., S. 42–85.

– Staatsbildung und Triebkontrolle. Zur gesellschaftlichen Regulierung des Sexualverhaltens vom 13. bis 16. Jahrhundert, in: Gleichmann, P./ Goudsblom, J./ Korte, H. (Hg.): *Macht und Zivilisation*, a.a.O., S. 148–192.

– »*Wo zwei zusammenkommen in rechter Ehe …*«. Sozio- und psychogenetische Studien über Eheschließungsvorgänge vom 12. bis 15. Jahrhundert, Frankfurt/M. 1990.

Sédat, Jacques: L'amour courtois, in: Perrier, F.: *La chaussée d'Antin/2*, Paris 1978, S. 179–194.

Sennet, Richard: *Verfall und Tyrannei des öffentlichen Lebens*. Die Tyrannei der Intimität, Frankfurt/M. 1983.

Shorter, Edward: *Naissance de la famille moderne*, Paris 1977.

Stoll, André: Poetische Rückeroberung der irdischen Paradiese des Ichs. Elemente einer (weiblichen) Liebestheorie, in: Avila, v., T.: *Von der Liebe Gottes*, a.a.O., S. 86–176 (Nachwort).

Theweleit, Klaus: *Männerphantasien*, Reinbek 1983, 2 Bde.

Treptow, Rainer: *Pädagogische Thematisierung der Bewegungsweisen und jugendliche Bewegungssouveränität*, unveröffentlichte Habilitation, Tübingen 1992.

Ussel, van, Jos: *Sexualunterdrückung*. Geschichte der Sexualfeindschaft, Gießen 1977.

Vigarello, Georges: *Le corps redressé*. Histoire d'un pouvoir pédagogique, Paris 1978.

– *Wasser und Seife, Puder und Parfüm*. Geschichte der Körperhygiene seit dem Mittelalter, Frankfurt/M. 1988.

Weber, Max: *Die protestantische Ethik*. Eine Aufsatzsammlung, Gütersloh 1984.

Wehler, Hans-Ulrich: *Deutsche Gesellschaftsgeschichte*, München 1987, 2 Bde.

Werlhof, von, Claudia/ Mies, Maria/ Bennholdt-Thomsen, Veronika: *Frauen, die letzte Kolonie*, Hamburg 1983.

Westerwelle, Karin: *Ästhetisches Interesse und nervöse Krankheit. Balzac, Baudelaire, Flaubert*, Stuttgart 1993.

Wunder, Heide: Überlegungen zum Wandel der Geschlechterbeziehungen im 15. und 16. Jahrhundert aus sozialgeschichtlicher Sicht, in: Wunder, H./ Vanja, Chr. (Hg.): *Wandel der Geschlechterbeziehungen zu Beginn der Neuzeit*, a.a.O., S. 12–26.

Wunder, Heide/ Vanja, Christina (Hg.): *Wandel der Geschlechterbeziehungen zu Beginn der Neuzeit*, Frankfurt/ M. 1991.

Zahn, Susanne: *Töchterleben*. Studien zur Sozialgeschichte der Mädchenliteratur, Frankfurt/M. 1983.

Bildnachweis

Abb.   1 und 6: Oetke, H.: *Der deutsche Volkstanz*, a.a.O., Bd. 1, Abb. 1 und 4.

Abb.   2: Sorell, W.: *Knaurs Buch vom Tanz*, a.a.O., S. 10.

Abb.   3: *Aufnahme des Museums für Schöne Künste, Gent.*

Abb.   4 und 17: Boehn, v., M.: *Der Tanz*, a.a.O., nach S. 120 und nach S. 128.

Abb.   5: Schikowski, J: *Geschichte des Tanzes*, a.a.O., Bildteil.

Abb.   7 und 10: Schreiber, W. L. (Hg.): *Der Totentanz*, a.a.O., Tafel 25 und 23.

Abb.   8: Baumhauer, Hermann: *Das Ulmer Münster und seine Kunstwerke*, -
          Stuttgart 1977, S. 31.

Abb.   9: Zinsli, P.: *Der Berner Totentanz des Niklaus Manuel*, a.a.O., Tafel 2.

Abb.   11: Metzsch, v., F.-A.: *Johannes der Täufer*, a.a.O., S. 111, Abb. 109.

Abb.   12: Hauschild, Th. (Hg.): *Hexen*, a.a.O., S. 76.

Abb.   13: Merloo, J.: *Rhythmus und Ekstase*, a.a.O., Abb. 35.

Abb.   14: Kramer, Hans: *Deutsche Kultur zwischen 1871 ud 1918*, Frankfurt/M. 1971,
          13 Bde., Bd. 3, S. 155, Abb. 82.

Abb.   15: Pasi, Mario: *Ballett*, a.a.O., S. 110.

Abb.   16: Sachs, C.: *Eine Weltgeschichte des Tanzes*, a.a.O., Tafel 28.

eva

Bernd Neumann
Uwe Johnson
Mit zwölf Portraits
von Diether Ritzert
ISBN 3-434-50051-0

Ralph-Rainer
Wuthenow
Nietzsche als Leser
Drei Essays
ISBN 3-434-50046-4

Caroline Fetscher
Die Tropen als Text
Albert Schweitzers
„Zwischen Wasser und
Urwald"
ISBN 3-434-50019-7

Ernst H. Gombrich
Aby Warburg
Eine intellektuelle
Biographie
EUROPÄISCHE BIBLIOTHEK 12
ISBN 3-434-00708-3

Maya Schärer
Octavio Paz
Metaphern der Freiheit
ISBN 3-434-50002-2

Gisela von Wysocki
Peter Altenberg
Bilder und Geschichten
des befreiten Lebens
ISBN 3-434-50049-9

Oliver Sturm
Der letzte Satz
der letzten Seite
ein letztes Mal
Der alte Beckett
EUROPÄISCHE BIBLIOTHEK 20
ISBN 3-434-50045-6

Ursula Ruppel
Der Tod und Canetti
Essay
ISBN 3-434-50052-9

Hans Mayer
Über Erich Fried
Drei Reden
ISBN 3-434-50000-6

Um Thomas Mann
Der Briefwechsel
Käte Hamburger –
Klaus Schröter
1964 – 1990
in Zusammenarbeit
mit Armin Huttenlocher
herausgegeben von
Klaus Schröter
Mit Faksimiles
ISBN 3-434-50039-1

Arnoldo Liberman
Gustav Mahler
Annäherung in vier Sätzen
Aus dem Spanischen
übersetzt von
Heidrun Adler
ISBN 3-434-50006-5

Lebensgeschichten

Europäische Verlagsanstalt

eva

Europäische Verlagsanstalt
Parkallee 2
20144 Hamburg
Telefon 040/45 01 94-0
Fax 040/45 01 94-50